现代企业管理与创新系列

专利战略中的实物期权与期权博弈

蔡 强 曾 勇 等 著

科 学 出 版 社
北 京

内 容 简 介

专利战略是技术创新管理、知识产权管理最经典的研究内容之一。本书系统性地针对专利战略相关领域研究中所存在的问题和已有成果进行梳理、总结、思考和分析，切实把握学科发展前沿，开展专利投资战略中的实物期权与期权博弈问题研究，从完全信息到不完全信息，从无记忆到有记忆，从购买到研发，从申请到商业化，从对称到不对称到双不对称，从竞争到合作到R&D联盟，从企业价值到社会福利，全面地讨论、拓展了这一体系下的各种情形。书中研究所得出的投资策略不仅对我国企业的技术创新投资决策具有一定的应用价值，并对政府创新激励政策的制定同样具有参考借鉴价值。

本书可以作为高等院校金融、技术创新管理、知识产权管理等专业师生的参考书，也可以为以上专业的研究者和企业的技术创新投资决策提供参考和思路。

图书在版编目(CIP)数据

专利战略中的实物期权与期权博弈 / 蔡强等著. —北京：科学出版社，2014.11

（现代企业管理与创新系列）

ISBN 978-7-03-042358-0

Ⅰ.①专… Ⅱ.①蔡… Ⅲ.①企业管理-专利-投资-研究 Ⅳ. ①F275.1

中国版本图书馆 CIP 数据核字（2014）第 254269 号

责任编辑：韩卫军 / 责任校对：唐静仪

责任印制：余少力 / 封面设计：墨创文化

科 学 出 版 社 出版

北京东黄城根北街 16 号

邮政编码：100717

http://www.sciencep.com

北京凌奇印刷有限责任公司 印刷

科学出版社发行 各地新华书店经销

*

2015 年 9 月第 一 版 开本：787×1092 1/16

2015 年 9 月第一次印刷 印张：13 3/4

字数：320 千字

POD定价： 73.00元

（如有印装质量问题，我社负责调换）

国家自然科学基金资助项目（编号：71473031）、
教育部博士点基金资助项目（编号：2004－164）成果

前　　言

由于技术创新的高额前期投入和高风险性特征，各国政府纷纷制定创新政策以保护和激励企业的创新活动，而专利制度正是历史上最早的激励创新的政策手段，即通过授予最先实现创新的企业对其创新技术的独占权，以补偿发明创造者，并阻止模仿者无偿的模仿活动，从而使发明创造者获得垄断利润来实现对其创新活动的激励。正是专利这种“天然”的独占性、排他性特征，使得专利的获取过程从一开始就被打上了“竞争”、“非合作”的烙印，并被称为“赢者通吃”（winner-take-all)的博弈。另一方面，专利往往产生在技术创新过程的较早阶段，从目标专利技术的选择到实施研发投资，再到真正产生经济效益的商业化阶段，注定是一个“漫长”的过程。其间，由于知识创新速度的不断加快和消费者需求的快速变化，各种市场、技术和战略增长机会等方面的不确定性无不充斥于专利投资的全过程，这些不确定性赋予企业延迟投资、扩大和缩减投资、放弃投资等决策灵活性(flexibility)，使得专利投资又表现出极强的实物期权特征。同时，专利投资所需的高额前期投入大都不可逆，这更加提升了等待最佳投资时机的到来再投资这一实物期权的价值。

专利投资中的极强竞争性特征和蕴含其中的高实物期权价值对企业的投资时机选择会产生两种不同的效应，即竞争会诱使投资提前，而由不确定性带来的实物期权则让企业产生等待和延迟投资的动机和愿望。现实中，这两种作用相反的效应常常使得在复杂不确定性经济环境中进行竞争性专利投资的企业难于决策。处理此类问题，采用将博弈论与实物期权理论相结合的期权博弈理论作为基本分析工具已逐渐成为学术界的共识。

由于专利投资是一个广泛的概念，它涵盖目标专利技术的选择、专利研发、专利购买、专利申请和维护及专利商业化等多阶段、多途径投资过程。不同阶段中、不同投资方式下的企业所面临的竞争和不确定性特征均有所不同，很难用统一的模型去描述进而去分析这些不同情况下的期权博弈问题。正基于此，本书作者在多年从事专利战略、技术创新投资等科研的基础上，力求以战略的高度，从方法论的角度，为广大企业技术创新决策和管理者及其相关专业的学生提供一本全面介绍专利战略中的各种实物期权、期权博弈模型和方法的图书。本书重点介绍针对不同专利投资阶段、不同专利投资方式和不同竞争环境下的企业专利战略决策问题，如何构建实物期权及期权博弈模型以确定企业最优专利投资时机。

全书共分 12 章。第 1 章导论，重点介绍本书选题的意义、国内外研究现状、本书的创新点、结构和主要研究方法。第 2 章对专利研发投资中的一般期权博弈模型进行分析和总结，为后续章节起到一定的铺垫作用。第 3 章介绍专利 R&D 联盟问题。第 4 章介绍不完全信息下的专利竞赛，分没有后发优势和有后发优势两种情形加以讨论。第 5 章介绍有记忆专利竞赛中的期权博弈问题。通过引入非齐次泊松过程，使企业的 R&D 活动产生"学习效应"，将无记忆专利竞赛改变成有记忆专利竞赛。第 6 章为不完全保护下的专利竞赛。第 7 章对不完全信息和市场不确定条件下专利的购买性投资决策进行分析。第 8 章主要介绍在专利申请费用、专利商业化投资成本、竞争对手到达等不确定条件下的专利申请投资时机的选择问题。第 9 章介绍专利商业化投资中的非对称期权博弈问题。第 10 章介绍竞争和合作模式下的不同专利研发投资策略对社会福利的影响问题。第 11 章为专利投资中的实物期权应用。第 12 章对全书做了总结，同时对今后的研究方向进行展望。

本书既注重理论与方法的系统介绍，又注重问题和模型的应用和求解，同时辅以大量的应用实例。本书可作为高等院校金融类、技术创新管理类专业的教材，也可作为广大企业管理人员的培训教材或参考用书。

本书中，蔡强主要完成第 1、2、4、5、7、8、10、12 章，参加了第 9、11 章的编写；曾勇主要负责整个书稿的框架设计；邓光军主要完成第 3 章，参加了第 9 章的编写；夏晖主要完成第 6 章；李强参加了第 11 章的编写。全书由蔡强统稿。

尽管我们对书稿进行了多次修改，尽量保持全书的整体性、逻辑性和连贯性，但由于研究本身的复杂性和相互之间的独立性，整个书稿难免有不足和疏漏之处，望广大读者批评指正。

作　者

2014 年 6 月于成都

目　　录

第1章　导　　论

1.1　问题的提出

随着经济全球化、一体化进程的加快，企业普遍面临来自国内和国际的竞争。日益激烈的竞争使得竞争性市场中企业绩效的核心即竞争优势受到普遍重视和关注；同时，现代企业竞争的中心已由资本竞争转向技术竞争，企业的技术创新已成为企业获取和保持竞争优势的基础；不仅如此，由于技术进步在改善人类福利中日益重要和明显的作用，使得研究企业创新行为的技术创新理论乃至传统的产业组织理论得到迅速发展和更新。

为保护创新者权益并激励创新行为，各种创新激励政策纷纷用于保护和激励企业的创新活动，而专利制度则是最早的有效激励创新的一种政策手段，即首先实现创新的企业将获得对其创新技术的独占权，其垄断利润受到一定程度的法律保护。因此，专利投资具有“天然”的“竞争”、“非合作”特征。同时，必须看到，从开始技术创新投资到新技术的商业化通常需经历一个“漫长”的过程，其间各种不确定性的存在将赋予专利投资极强的实物期权特征。

我们知道，竞争通常会诱使投资提前，而不确定性却让投资延迟。“提前”和“延迟”这两种完全相反的效应同时存在于专利投资中，使得企业的技术创新投资决策更为困难，而期权博弈理论则应运而生。

专利投资这样一个“漫长”的过程注定其概念范畴的广泛性，无论是目标专利技术的选择、专利研发，还是专利购买、专利申请和维护以及专利商业化等多阶段、多途径投资过程，统统属于专利投资范畴。必须对不同专利阶段、不同专利投资方式中的专利战略问题逐一研究。

就专利获取途径而言，专利研发的重要性不言而喻，因为它不仅可以获取专利保持竞争优势，还会不断提升企业的研发能力，把握技术创新的主导权。但由于专利研发距离投资回报期尚早，其间存在诸多不确定性，从而对企业的研发投资决策提出了严峻挑战。

首先，现实中的企业往往受到资金、研发能力等条件的制约，而如何发挥自身比较优势、开发何种专利技术以获取竞争优势、何时进入市场等问题则是无法回避的。即企业首先要确定创新方向，明确目标专利技术，这是企业专利战略中非常重要的一个环节。此时，企业的研发投资决策除了受到技术不确定性、研发项目未来收益不确定性和潜在对手的竞争影响外，还会受到随机到达的不同事件的影响。这些不同随机事件蕴含的项目未来前景信息有的清楚明了，有的则模糊难辨。对于前者，尽管项目前景毋庸置疑且成功后的竞争优势显著，但往往受制于企业的自身条件。如艾滋病疫苗研制、各种癌症的预防与医治以及各种可再生新能源等技术的市场前景路人皆知，但绝非谁都能实施研发。对于后者，决策者需要通过不断观测随机到达事件，解析事件中蕴含的信息并做出大致的推断。

然而，人的认知能力有限，决策者对随机事件中蕴含的真实信息难以百分之百把握，即随机事件蕴含的信息对决策者而言是不完全的。显然，这对企业的决策造成很大困扰。因此，需要对企业在蕴含不完全信息、技术不确定性和极强竞争性（“赢者通吃”）的研发投资决策环境中的投资行为进行研究。

以往对专利竞赛的研究大都基于“赢者通吃”这一基本假设，因为专利制度本身就是以促进社会科技和生产发展为目的的一种法律制度，用以保护发明创造所产生的专利权。现实中，专利法下的专利权并不能确保完全的排他性，而应该是一种试图排他的权利，即受到专利保护后，企业并不能像“赢者通吃”那样独占市场。由此看来，“赢者通吃”只是“相对”的，而专利的不完全保护却是“绝对”的，需要对专利不完全保护条件下的企业专利竞赛行为重新审视。

其次，传统的有记忆专利竞赛模型和基于实物期权的无记忆专利竞赛模型在各自的视角范围内均得到很好的发展和应用，而将期权理论引入到有记忆专利竞赛模型中，使企业的 R&D 活动既有“学习效应”又具期权价值，是对现实专利研发竞争环境的更好模拟。因此，对此类有记忆专利竞赛中竞争者理性的研发投资决策问题的研究同样值得我们去关注。

再者，随着知识经济的到来，国际经济一体化加剧，传统的对抗性竞争不仅不可能使任何企业永远保持竞争优势同时还存在“双败”的可能。人们逐渐认识到需要摒弃原来针锋相对、非赢即输的竞争观念，而应树立双赢、多赢的合作理念，合作创新已成为必然趋势，各种研究合作组织及相应的合作博弈理论应运而生。在这样的背景下，实物期权对合作和竞争两种模式下（特别是当企业研发能力非对称时）企业研发投资时机乃至企业价值的影响尚需进一步探讨。

除专利研发、自主创新外，专利购买是获取专利技术的又一种投资途径。由于新技术的日新月异和市场的快速变化，增加了掌握有限资源的企业在 R&D 领域出现分工和合作的可能。一些企业可能会发现自己在为获取专利而进行的研发方面具有优势，而在将专利进行商业化方面则不具备优势甚至有劣势；另一些企业则反之。另一方面，在专利或技术交易市场，企业专利投资决策除了受竞争对手的影响外还会受到随机到达的不同事件的影响以及专利产品市场不确定性的影响。企业会常常对这些不同随机事件所蕴含的不完全信息和未来专利产品的市场不确定性感到困惑，既希望待专利未来前景“明朗”或专利价值较高时再投资，又担心对手的抢先投资使自己丧失专利的机会。因此，对这类不完全信息和不确定条件下的专利购买决策问题进行研究具有现实意义。

通常的看法是，一旦进入专利商业化阶段，由于拥有专利实际上就得到一个对具有一定价值的该专利项目独家进行商业化投资的期权，企业完全可以在充分吸纳掉等待期权价值后再进行投资。

但现实未必如此，现代科技的迅猛发展不仅催生了众多新技术、新学科，也加速了技术间的融合、交叉与互补。技术的多用途性与商品使用价值实现手段的多样性并存，新技术和专利不再是垄断的代名词，专利持有者仍然可能面临对手的竞争威胁。如针对同一种疾病但采用不同药理的新药，共同瞄向未来移动通信市场的3G、4G和Wi-Fi技术，力求代替或部分代替石油能源的新生物能源和氢能源，采用等离子或液晶新技术面向共同的高清彩电市场等。即任何专利都不可能覆盖相同或相似创新过程中的所有技术路径且大多不会是“完美”专利。

另一方面，基于不同企业、不同技术路径所研发的不同专利在同一个未来市场的表现又一定会是非对称的。这样，专利持有者为了实现其价值最大化同样需要考虑竞争对手也就不足为怪了。因此，基于有限专利保护宽度思想，需要对“瞄准”同一个新产品市场的不同专利持有者间的竞争行为进行研究。

综合来看，对以上诸多问题的思考均站在技术创新的主体即企业的角度。尽管在政府是否应当制定创新政策问题上学术界尚未有定论，但现实中的专利制度已被公认为最早并在各国普遍采用的技术创新保护和激励制度。因此，从政府的立场出发在更为宏观的层面上审视专利投资问题一直未曾间断。

政策制定者以社会福利最大化为目标，但专利竞赛这种针对同一种技术的重复性投资活动在某种程度上是对社会资源的浪费，对社会福利有负面影响，这也是西方理论界一直以来热衷于运用经济学模型对专利制度进行优化设计的重要原因。随着形势的发展，人们逐渐认识到仅从专利制度设计上去思考、探索创新问题已不能适应经济发展现状的要求，合作创新的呼声顺势高涨。

值得注意的是，尽管非合作博弈中的竞争者以自身利益最大化为行为准则会导致诸多负面影响，但这绝不应成为竞争的优势可以被忽视的理由。在市场、技术不确定性共存且“赢者通吃”的专利竞赛中，由个体理性所导致的集体非理性固然会使企业价值达不到最优，而由“争先恐后”所导致的早投资和研发效率的努力提高等都可能使专利研发成功及新产品面市周期大为缩短，从而带来消费者剩余的增加。另外，专利竞赛中的失败者也并非就真的“一无所获”。因此，以社会福利最大化为目标的政策制定者在制定创新激励政策时不应因噎废食或搞“一刀切”，而应根据具体情况做出最有利于社会福利的政策选择。基于以上思想，为给政府制定专利投资激励政策提供具有参考价值的建议，需要对合作研发与专利竞赛条件下的社会福利间的差异以及影响该差异变化的诸多因素间的动态变化特征进行比较分析。

1.2 专利投资分析的实物期权与期权博弈方法综述

专利投资战略涵盖目标专利技术的选择、专利研发、专利购买、专利申请和维护及专利商业化等多阶段、多途径投资过程，不同阶段、不同投资方式下的企业所面临的竞争和不确定性特征均有所不同，很难用统一的模型去描述进而去分析这些不同情况下的期权博弈问题。因此，如何针对专利投资的不同阶段，考虑诸如技术、市场、信息等不确定性的专利投资决策问题一度成为国际管理科学与工程和技术创新管理等领域的前沿研究方向之一，并涌现出大量富有价值的开创性研究成果。本节正是在对这些已有成果进行梳理的基础上，着重对专利投资决策中的期权博弈理论模型、方法及结论进行综述，并对此类问题的进一步研究进行展望。

下面依次对专利投资的一般博弈模型和期权博弈模型进行总结，在重点的期权博弈模型部分，按专利研发、专利购买、专利商业化三个投资阶段或投资途径以及合作博弈分别评述，并着重归纳不同研究间的不确定性特征和竞争条件的差异，最后是专利投资中的社会福利问题。

1.2.1 一般博弈模型

由于专利制度只对最先实现发明创新者授予对该项创新的独占所有权，企业间的竞争就如同一场争夺第一的竞赛，而这种以获取专利为目的的技术创新过程也被形象地称为专利竞赛。因此，企业专利研发投资决策必须考虑对手的影响。早期的专利竞赛理论没有考虑实物期权，就研究内容来看，高山行等(2005)将其归纳为两大方面：一是环境影响因素分析，主要研究市场结构和政府行为对专利竞赛的影响；二是模型化分析及实证研究。其中，后者是专利竞赛理论的核心并产生出较丰富的研究成果，代表性文献主要集中在三类：一是以Loury(1979)、Dasgupta和Stiglitz(1980)、Lee和Wilde(1980)、Reinganum(1981)等研究成果为代表的无记忆模型(即泊松模型)，它假设企业在某时点上做出发明或获取专利的概率仅取决于该企业目前的研发费用，而与过去的研发经验无关。由于它排除了时间因素对企业R&D投资决策的影响，因此被视为静态博弈模型。尽管该模型有其局限性，但它构造了专利竞赛的研究框架，为以后的研究打下了基础。二是以Fudenberg(1983)、Gilbert和Newbery(1982)、Grossman和Shapiro(1987)、Harris和Vickers(1987)、Reinganum(1982)等为代表的ε-先占模型。他们认为R&D中的竞争受到先动优势和经验效应的影响，引入最优进入时机决策问题，使模型成为决策有先后次序的的动态博弈模型，但大多都没考虑期权价值。三是以Fudenberg(1983)、Judd(1985)、Harris和Vickers(1987)、Grossman和Shapiro(1987)、Choi(1993)、Bloch和Markowitz(1996)等构建的多阶段专利竞赛模型，以动态的眼光来看待专利竞赛，即竞赛不是“短跑”，而是“中长跑”甚至“马拉松”，其目的是对专利竞赛进行更精确地模拟。

1.2.2 期权博弈模型

随着市场环境越来越倾向不完全竞争，由于博弈论与实物期权理论的互补性和技术投资市场的现实需求，期权博弈理论应运而生并得到较快发展。其中，离散时间期权博弈开始于Smit和Ankum(1993)的工作，连续时间期权博弈则以Dixit和Pindyck(1994)中的新兴市场模型和Smets(1991)提出的已有市场模型为代表。在《不确定条件下的投资》一书中，Dixit 和 Pindyck(1994)在连续时间上对双寡头市场的等待实物期权进行了分析，并得到了领导者和追随者执行期权的临界值及项目期望值的解析解。随后，Lambrecht 和 Perraudin(1994)、Trigeorgis(1996)、Huisman 和 Kort(1999)、Grenadlier(2000)等分别在已有模型基础上进行了发展和应用。国内对期权博弈理论的研究起步较晚，安瑛晖和张维(2001)对期权博弈理论的产生与发展进行了综述，夏晖和曾勇(2004，2005)分别对竞争环境下的企业技术创新策略进行了综述并应用期权博弈理论对不完全竞争环境下不对称企业技术创新战略投资进行了研究。

1. 专利研发投资

在“赢者通吃”的游戏规则下，无论是无记忆专利竞赛还是有记忆的 R&D 竞争过程，企业往往都具有推迟投资、降低和加强投资强度、退出(放弃)竞赛等多种选择。近年来，一些学者开始把实物期权理论和方法同博弈论相结合对此进行研究。Garlappi(2000)对两个竞争企业间多阶段专利竞赛进行建模，以此研究技术竞争中企业在竞赛中继续投资、延迟投资和放弃投资的策略，以及他们所处的相对阶段位置对 R&D 价值和风险补偿的动态影响。Weeds(2002)考虑了技术和专利价值不确定性，研究两对称企业的竞争行为，指出由于企业惧怕在竞争中失败而一无所得，所以存在着推迟 R&D 投资的选择。Miltersen 和 Schwartz(2003)就两对称企业针对同种疾病各自开发不同新药且先后申请到专利的情形建立期权博弈模型，分析了企业的不完全竞争决策行为，指出 R&D 中的竞争，不但增加了产品生产、降低了价格，而且缩短了研发的时间。然而，这些基于实物期权的专利竞赛的战略研究都基于完全信息的情况，并且参与竞赛的企业在融资、研发能力方面均是完全对称的。

不完全信息是有别于技术、市场不确定性的有关项目评价的另一类不确定性，它随着信息的不断到来而慢慢减少，其主要特点是信息的不完全性。在已有相关文献中，Jensen(1982)最早将不确定性和不完全信息引入到采纳新技术的完全垄断模型中。Dias(1997)建立了离散时间下的期权博弈模型，研究了两个毗邻石油公司的石油勘探问题。Thijssen 等(2001a，2001b)在 Dixit 和 Pindyck(1994)的基础上，结合 Jensen(1982)的模型非常详细地讨论了不完全信息下完全垄断企业和双寡头企业的投资策略。Lambrecht 和 Perraudin(2003)建立了另一种有关信息到来的双寡头期权博弈模型，该模型假定信息与竞争者的行为有关：每个企业都有一个关于其他企业何时投资的信念，该信念随着他所观察到的其他企业行为的变化而更新。Baker 等(2005)解释了专利竞赛中的企业为何用信息披露策略来获取竞争优势的原因并分析了加速研发投资和信息披露两种决策间的交互作用。Decamps 等(2005)应用过滤及 Martingale 技术对双变量马尔科夫过程最优停时问题进行求解，研究了不完全信息下的投资时机选择问题。针对企业在技术特性方面的信息具有对称和非对称两种情形，Patrick(2006)建立了专利竞赛模型对企业投资行为和社会福利进行了研究。Halmenschlager(2006)研究了创新企业的吸收能力对其竞争行为的影响。

值得注意的是，以上研究要么是完全信息情况下企业的投资决策问题，要么是专利的商业化投资决策问题，或者是完全信息专利竞赛，或者是一般项目投资，或者是技术采纳等情形，而对不完全信息专利竞赛特别是既考虑先发优势又考虑后发优势以及不完全信息条件下的专利购买等问题尚缺乏研究。我国学者吴建祖和宣慧玉(2006)通过假设企业不知道竞争对手的抢先投资临界值但知道其概率分布的方式引入不完全信息，运用实物期权与博弈论相结合的方法，研究了在不确定的竞争环境和不完全信息条件下企业R&D投资的最优时机问题。蔡强等(2009)将Weeds(2002)和Thijssen等(2001a)相结合，通过构建实物期权投资决策模型，研究了不完全信息条件下的企业专利竞赛行为，得到单个企业和双寡头企业投资专利研发所需的临界信念，并进一步分析了两对称企业专利竞赛可能出现的均衡类型及产生条件。企业间的竞争不仅存在先发优势还有可能存在后发优势，这两种优势如果同时存在于专利竞赛中，它们的相对大小将决定企业在专利研发投资时机选择博弈中所产生的均衡类型并影响企业的研发投资决策。蔡强、曾勇等(2009)考虑不完全信息和技术不确定性，引入信息披露及其滞后效应使得追随者和领导者分别具有后发优势和先发优势，建立期权博弈模型，通过对各最优投资临界信念的计算和分析，得到博弈均衡结果所可能出现的占先博弈和消耗战(war of attrition)的产生条件，并对影响均衡类型的诸参数进行了分析。

尽管Weeds(2002)对企业在完全信息完全对称条件下的专利竞赛及合作研发策略进行了较为全面和深入地研究，成为后续研究必须参考的经典文献，但仍需将其拓展到更一般的非对称情形。蔡强等(2009)对研发能力非对称的两企业在完全信息条件下的专利竞赛及合作研发策略进行研究，结论表明，非对称企业间的专利竞赛其期权博弈结果则只有两种可能：占先均衡、同时投资均衡。值得注意的是，非对称企业间的同时投资均衡发生在较高专利价值处，这与对称企业明显不同，其原因在于前者中的劣势企业因“惧怕”优势企业的优势而不敢贸然抢先，致使在较低专利价值区域优势企业不必担心劣势企业的抢先(当然这种“担心”的程度与企业间的非对称程度有关)。因此，只有当专利初始价值高到劣势企业也会立即投资的程度时，同时投资均衡才有可能发生，这是与对称条件下的根本不同。另一方面，非对称性使得双方的同时投资时价值不同，通常不存在对双方均最优的同时投资临界点，所产生的同时投资均衡也一定是非帕累托最优的。

另外，尽管Fudenberg(1983)、Gilbert和Newbery(1982)、Grossman和Shapiro(1987)、Harris和Vickers(1987)等在没有考虑期权价值的模型中对有记忆专利竞赛问题进行了研究，但显然需要在期权博弈理论框架下继续加以拓展。蔡强等(2009)通过引入非齐次泊松过程并考虑企业R&D活动中的“学习效应”或“记忆性”，研究了两企业间的专利竞赛问题。分别就单个企业的投资时机选择和两家企业在非合作博弈条件下所形成的有记忆专利竞赛进行分析，得到博弈将在较低专利价值处产生双方均不愿接受的同时投资均衡的结论。

2. 专利购买投资

现有的专利投资文献中较少涉及专利购买投资方面的研究，特别是对竞争性购买决策中的期权博弈问题。事实上，专利技术的获取除了自主研发这一途径外，专利购买是另一重要途径。特别在新技术日新月异和市场快速变化的当今，掌握有限资源的企业在R&D领域出现分工和合作的可能性大为提高，一些企业可能会发现自己在为获取专利而进行的研发方面具有优势，而在将专利进行商业化方面则不具备优势甚至有劣势，另一些企业则反之。为了满足企业力求发挥各自比较优势的这一现实需求，各类技术交易市场得到快速发展。

在技术交易市场，尽管用来交易的技术都是已研发成功的新技术，自然没有技术不确定性，但关于新技术的不完全信息或市场不确定性以及竞争仍使企业的购买决策难言轻松。这种对专利购买性决策施加影响的不完全信息与前面不完全信息专利竞赛相类似。蔡强、曾勇、邓光军(2008)借鉴Thijssen等(2001a，2001b)的模型及分析方法，先对单个企业独自面对某项专利时的购买投资决策进行分析，得到使企业购买专利的临界信念；然后引入竞争关系，两个对称企业面对同一专利的购买展开期权博弈。最终得到单个企业和双寡头企业投资专利所需的临界信念，以及两对称企业竞买同一个专利可能出现的均衡类型及产生条件。

而来自于市场不确定性的影响却类似于Dixit和Pindyck(1994)中的新兴市场模型，但由于研究对象是专利，“赢者通吃”是其区别于其他一般性项目的特征。蔡强(2009)将来自于目标专利所代表的未来新市场的市场不确定性“赋予”专利购买投资决策环境，分析了单个企业和双寡头企业投资专利所需的临界投资点，以及相应的博弈均衡类型。

值得注意的是，两种情况下的专利购买问题，都出现竞争使得期权价值完全丧失，甚至“个体理性导致集体不理性”局面，这不仅值得企业本身去思考和反省，同时也对技术交易市场的政策制定者提出了挑战。

3. 专利商业化投资

当R&D成功之后，最后的胜利者可以向专利部门申请从而获得专利的独享权。这给予了投资者推迟商业投资的权利。在不存在技术不确定性的单阶段专利竞赛情况下，Lambrecht和Perraudin(1997)建立了连续时间的非完全信息期权执行博弈模型，他们指出，企业赢得专利竞赛之后让专利搁置是最优的。Weeds(1999)建立了两阶段模型，研发阶段取得专利，在商业阶段利用专利进行投资实现商业化。Weeds指出，在不考虑有阻碍竞争的嫌疑下，让专利搁置一段时间是明智的。然而，这种延迟投资的期权在一定程度上阻碍了技术创新的扩散。Takalo和Kanniainen(2000)指出，随着专利保护力度的增加，增加了等待期权价值对于项目价值的弹性，提高了市场引入的门槛值进而增强了创新等待的能力。另外，Reiss(1998)对企业中的专利战略采用实物期权的方法进行了研究，把竞争对手的到达时间外生地设为服从泊松过程，结果显示企业的最优投资策略完全依靠对手到达时间和专利申请费用。这些研究都侧重于包括技术水平在内的技术特性完全相同的专利。

对于专利商业化投资时机选择问题，现有文献大都不再考虑竞争，即使考虑竞争也是在专利尚未申请的情况下，一旦申请也就不再有竞争，即一旦进入专利商业化阶段，由于拥有专利实际上就得到一个对具有一定价值的该专利项目独家进行商业化投资的期权，企业完全可以在充分吸纳掉等待期权价值后再进行投资，如Reiss(1998)。究其原因，专利的“赢者通吃”观念可谓“根深蒂固”。事实上，随着现代科技的迅猛发展，不仅催生了众多新技术、新学科的诞生，也加速了技术间的融合、交叉与互补。技术的多用途性与商品使用价值实现手段的多样性并存，新技术和专利不再是垄断的代名词，专利持有者仍然可能面临对手的竞争威胁。因此，那种认为在专利商业化投资阶段企业完全可以在充分吸纳掉等待期权价值后再进行投资的看法如 Weeds(1999)前期研究需要重新审视。即专利商业化投资决策同样需要考虑竞争者的影响。对于这方面的研究特别是针对非对称期权博弈尚不多见。

Milterson 和 Schwartz(2003)就两个对称医药企业针对同一种疾病分别研发出两种不同专利药品的情形，分析了两家企业的专利研发投资决策问题；Pawlina 和 Kort(2002)研究了投资成本的非对称程度对企业价值和博弈均衡类型的影响；Huisman(2001)研究了存在正或负的投资外部性情况下，投资成本不对称企业间的竞争对企业投资行为的促进作用；国内学者吴建祖和宣慧玉(2004)借鉴 Pawlina 和 Kort(2002)的成果对具有非对称经营成本的双寡头企业的研发投资决策进行分析；Luigi Sereno(2007)对专利中的实物期权及定价应用进行综述，明确归纳出产生于专利投资中的战略交互作用有两类，一类是有关专利的获得方面即专利竞赛和专利购买，另一类是围绕专利的相关诉讼即专利持有者必须考虑仿冒者侵权对专利价值的影响。对于前者，Weeds(2002)基于期权博弈方法研究了两对称企业的研发竞争和合作行为；Hsu 和 Lambrecht(2007)对在位者和潜在进入者在争夺具有随机收益的专利技术中的竞争行为进行了研究；Chan 和 Kwok(2007)分析了在位者和挑战者的两阶段非对称专利投资竞争行为。对于后者，因仿冒者侵权会给专利持有者带来损失，从而产生法律诉讼的可能性。同时，诉讼本身存在“成本”和“收益”的权衡，因而诉讼此时成为一项实物期权或专利持有者的策略，仿冒者和专利持有者必须考虑这一策略对双方的交互作用。Baecker(2007)系统地论述了以上观点并建立基于专利不完全保护即所谓“或然专利”的期权博弈模型。

通过对以上相关文献的梳理不难发现，对专利商业化投资中的竞争研究要么将竞争“解释”成外生力量要么在现有垄断产品和与专利相对应的替代品之间构建期权博弈模型，缺乏对不同专利技术面向同一个市场的竞争性商业化投资的“正面”研究。蔡强等(2010)借鉴 Pawlina 和 Kort(2002)关于新、旧产品市场的建模及分析方法，针对双寡头企业各自研发出面向同一新兴市场的两种专利技术的情形，分析交互策略对专利商业化投资期权价值的影响，揭示了企业价值和专利技术非对称性的关系特征，总结出专利非对称程度的差异对期权博弈均衡的影响。

4. 合作博弈

随着知识经济的到来，国际经济一体化加剧，传统的对抗性竞争不仅不可能使任何企业永远保持竞争优势同时还存在“双败”的可能。人们逐渐认识到需要摒弃原来针锋相对、非赢即输的竞争观念，而应树立双赢、多赢的合作理念，合作创新已成为必然趋势，各种研究合作组织(RJVS)及相应的合作博弈理论应运而生。另一方面，专利竞赛这种高度对抗性竞争对资源的浪费必然会对社会福利产生负面影响，这不仅受到政策制定者的长期关注，也引起学术界对此问题的深入思考和不断探索以寻求解决之道。

Katz 等(1986，1988)分别用合作博弈模型论证了合作 R&D 克服 R&D 过度投资的有效性；Aspremont 等(1988)研究了合作研发组织中的搭便车及成本分享问题；Kogut(1989)对合作组织稳定性的相互作用与竞争问题进行了研究；在关于专利竞赛的合作博弈方面，Petit 和 Tolwinski(1999)对新技术传播渠道和消除重复研究方面进行研究；Martin 等(2000)发现 R&D 集中度、技术溢出和企业规模是影响合作研发组织形成的重要因素；Weeds(2002)对两对称企业为获得专利在合作与非合作博弈条件下的最优研发投资时机问题进行了研究；国内学者孙利辉、高山行和徐寅峰(2002)对合作创新效果的影响因素进行了分析；孙利辉、徐寅峰和高山行(2003)运用三阶段模型对具有非对称成本的三寡头进行 R&D 时的合作研发组织成员选择问题进行了研究；邓光军、曾勇(2008)利用实物期权方法对 R&D 联盟的组建及其组建时机进行了研究。

在宏观政策方面，政府专利政策的目的是在保护和促进企业创新的积极性的同时，促进技术创新的扩散，增加整个社会的福利。Pakes(1986)建立了关于专利的模型，该模型利用英国、法国和德国的专利数据(申请专利的数目、每年收缴的专利年金和仍有效的专利数目)进行了统计分析，并用期权理论建立了估价模型并对模型参数进行了估计。统计分析表明，由于政府对专利的审批、专利的维持年金的不同，会影响企业维持专利和放弃专利的决策。Weeds(1999)在讨论了专利搁置问题时，还讨论了强制企业进行专利的应用开发问题。Bloom 和 Reenen(2002)通过统计模型分析了专利、实物期权和企业效益之间的关系，指出如果政府能够减少市场不确定性的话，能够促使企业尽快专利商业化并提高企业效能。由于政府的专利政策对专利的开发和采用具有很大的影响，因此，实物期权理论和方法为促进企业开发和采纳专利成果的政策机制的分析和设计提供了新的视角。

1.2.3 社会福利问题思考

综合来看，以上研究均站在技术创新的主体即企业的角度。尽管在政府是否应当制定创新政策问题上学术界尚未有定论，但现实中的专利制度已被公认为最早并在各国普遍采用的技术创新保护和激励制度。因此，从政府的立场出发在更为宏观的层面上审视专利投资问题一直未曾间断。

政策制定者以社会福利最大化为目标，专利竞赛这种针对同一种技术的重复性投资活动在某种程度上是对社会资源的浪费，对社会福利有负面影响，这也是西方理论界一直以来热衷于运用经济学模型对专利制度进行优化设计的重要原因。早期的最优专利设计和专利竞赛文献将专利保护度等价为保护期限，如最早的 Nordhaus(1969)证明了社会最优的专利保护期限应是有限的。在此基础上，学术界对专利保护期限投入了巨大的关注，如 Scherer(1972)、Loury(1979)、Dasgupta 和 Stiglitz(1980)、Lee 和 Wilde(1980)。直到 20 世纪 90 年代人们逐渐意识到应该将专利保护宽度(patent breadth)同保护期限相结合，以实现社会总福利最大化。涌现的代表性文献如 Gilbert 和 Shapiro(1990)将专利保护宽度看作专利保护期内专利持有者获得的利润流；Klemperer(1990)在一个区位模型中将专利保护宽度理解为保护范围的大小；Gallini(1992)明确引入了非侵权模仿成本，并将其定义为专利保护宽度；Tirole(1999)则认为知识产权制度本身是一种导致垄断扭曲的成本高昂的激励机制；Hartwick(1999)提出次优专利制度并证明次优专利能够缓解原有专利制度所导致的过度R&D投资问题。

随着形势的发展，人们逐渐认识到仅从专利制度设计上去思考、探索创新问题已不能适应经济发展现状的要求，合作创新的呼声顺势高涨。但值得注意的是，尽管非合作博弈中的竞争者以自身利益最大化为行为准则会导致诸多负面影响，但这绝不应成为竞争的优势可以被忽视的理由。在市场、技术不确定性共存且“赢者通吃”的专利竞赛中，由个体理性所导致的集体非理性固然会使企业价值达不到最优，而由“争先恐后”所导致的早投资和研发效率的努力提高等都可能使专利研发成功及新产品面市周期大为缩短，从而带来消费者剩余的增加。另外，专利竞赛中的失败者也并非就真的“一无所获”。因此，以社会福利最大化为目标的政策制定者在制定创新激励政策时不应因噎废食或搞“一刀切”，而应根据具体情况做出最有利于社会福利的政策选择。正缘于此，蔡强等(2012)以旨在通过研发专利技术从而垄断新兴市场的两非对称企业即各自拥有不同的研发能力为背景，分别以双方开展专利竞赛和合作博弈两种情形构建投资时机选择期权博弈模型，得到两种情形下两家企业的总投资净现值；并构建消费者剩余模型得到两种情形下的消费者剩余现值；最后，比较分析合作与非合作博弈条件下由总投资净现值与消费者剩余现值所构成的社会福利间的差异与影响该差异变化的诸多因素间的动态变化特征，并给出了相应的创新政策建议。

专利制度本身是社会福利最优化原则下的产物，同时对于掌握有限资源并力求创新的企业来说，专利投资环境的高度复杂性、高不确定性、极强竞争性(赢者通吃)以及高昂的不可逆投资成本等市场因素的动态变化使企业的专利投资难以决策。也就是说，专利投资问题是一典型的“看得见的手”和“看不见的手”在同时起作用的复杂性问题、系统性问题，解决这类问题自然成了包括研发管理、产业组织、福利经济学等多学科多领域的理论及实践工作者共同的使命和方向。而期权博弈理论及方法的出现和不断发展无疑为我们提供了良好的思考视角和解决方案。

但就目前而言，专利投资中的期权博弈模型大都限于在双寡头市场的框架下进行讨论，而如何将模型扩展到多寡头市场并且更好地应用于实际应该是未来期权博弈研究的主要方向。总结起来，至少可以发现以下富有价值的研究方向。

在不完全信息专利竞赛、专利购买问题中，基于对现实的思考，一方面可以考虑将模型扩展到多家企业、非对称企业，另一方面，专利竞赛可以“变成”多阶段，让追随者存在追赶甚至超越的可能。另外，在信号的获取方面可以考虑引入成本问题。在竞争策略方面，让信息披露成为进攻或防御的一种策略，从而让对手彻底放弃竞争或者将对手拖入“加时赛”等。

在专利商业化方面，若将专利的非对称性仅归于保护宽度的不同，那决定和影响保护宽度的其他因素又应是什么呢？这种不同专利间的非对称期权博弈又是如何在影响社会福利呢？这不仅是政策制定者在专利制度设计中所必须考虑的，也是理论工作者不可回避的话题。

另外，随着经济一体化的发展，产业结构的日趋成熟以及来自于IT业的冲击，各类边缘性产业层出不穷，这使得即使再强大的企业也不能忽视合作、双赢、多赢的竞争理念和行为方式。这种以双方、多方利益最大化为目标的行为准则决定了合作博弈可能更有利于提高社会经济效益和福利水平，也更有可能达到帕累托最优。因此，专利投资领域的合作博弈研究应该成为进一步研究的重点。

1.3 本书内容及结构安排

全书共分12章，各章具体内容如下。

第1章为导论，主要介绍本书选题的意义、国内外研究现状、本书的创新点、结构和主要研究方法。其中重点突出研究意义与相关的文献综述，明确本书与以往研究的不同之处，力求展现给读者一个较为清晰的本书全貌，并发现本书的意义、价值所在。

第2章针对专利研发投资中的一般期权博弈模型进行分析和总结，并作为一个基准模型而存在。分企业合作和非合作、对称与非对称四种情形讨论，其中既包含以往较成熟的研究结论(Weeds，2002)，又有对原模型的补充(引入企业间研发能力的非对称性)。通过本章的分析，不仅对专利竞赛和合作研发两种模式进行了较为全面的比较，同时，也为后续章节起到一定的铺垫作用。

第3章至第10章是本书的主体部分也是主要贡献所在。按专利投资各阶段的时间先后顺序，构建具有各阶段特征的实物期权与期权博弈模型，分析其期权博弈过程并得到均衡结果，进而给出经济学解释。

第3章为专利R&D联盟问题，主要介绍成本节约效应、创新效应以及成员在联盟中的相对重要性如何影响专利R&D动态联盟组建及其组建时机。

第4章讨论不完全信息下的专利竞赛问题，即企业首先会面对选择何种专利技术的“难题”，企业对专利技术的未来市场前景的判断取决于对来自市场的诸多不完全信息，同时，企业还将面对专利研发能否成功的技术不确定性。在对不完全信息的处理上，首先考虑没有后发优势的情形，即追随者不能从领导者的先投资中获取任何有关专利未来市场前景的信息。通过建立实物期权投资决策模型，分别得到单个企业和双寡头企业投资专利研发所需的临界信念，并进一步分析了两对称企业专利竞赛可能出现的均衡类型及产生条件。在此基础上，考虑后发优势，即引入信息披露及其滞后效应让先发优势和后发优势同时存在于专利竞赛中，分别得到了在蕴含不完全信息的专利研发投资决策环境中，单个企业投资专利研发所需的临界信念和双寡头企业在专利竞赛中的抢先进入信念、最优同时投资信念，以及博弈中所可能出现的占先博弈和消耗战的产生条件，并对影响均衡类型的诸参数进行了分析。

第5章讨论有记忆专利竞赛中的期权博弈问题。通过引入非齐次泊松过程，使企业的R&D活动产生“学习效应”，将无记忆专利竞赛改变成有记忆专利竞赛，在不确定条件下应用期权博弈理论分别对单个企业和两对称企业在非合作博弈中的投资时机选择问题进行分析，以发现有记忆专利竞赛中竞争者理性的研发投资决策。

第 6 章为不完全保护下的专利竞赛，重点介绍在专利不完全保护这一“客观现实”条件下，发生于研发投资成本非对称企业间的专利竞赛。

第 7 章对不完全信息和市场不确定条件下专利的购买性投资决策进行分析。先后考虑不完全信息、市场不确定性和竞争，建立实物期权投资决策模型，分别得到了单个企业和双寡头企业投资专利所需的临界信念，并进一步分析了两对称企业竞买同一个专利可能出现的均衡类型及产生条件，同时给出一个应用举例。

第 8 章主要介绍在专利申请费用、专利商业化投资成本、竞争对手到达等不确定条件下的专利申请投资时机的选择问题。

第 9 章讨论专利商业化投资中的非对称期权博弈问题。由于有限的专利保护宽度使专利的商业价值同样会受到竞争的影响，针对各自拥有面向同一新兴市场但具有不同市场表现的专利技术的双寡头企业，构建投资时机选择期权博弈模型并分析企业的专利商业化投资决策特征。另外，本章还将企业专利商业化投资中的非对称性从单不对称扩展到双不对称。

第 10 章介绍竞争和合作模式下的不同专利研发投资策略对社会福利的影响问题。由于专利技术的研发投资策略不仅影响企业价值还会影响消费者剩余，两种影响通常会呈现出两种不同的效应，从而导致专利研发投资决策对社会福利的不确定影响。针对旨在通过研发专利技术从而垄断新兴市场的两非对称企业，构建投资时机选择期权博弈模型和消费者剩余模型得到非合作博弈(即专利竞赛)和合作博弈两种模式下的总投资净现值和消费者剩余，进而分析社会福利与影响其变化的诸多因素间的动态变化特征并提出相应的创新政策建议。

第 11 章为专利投资中的实物期权应用，主要以实际案例的形式介绍如何应用二项式、四项式期权定价方法对专利投资特别是多阶段专利投资中的投资决策进行分析。

第 12 章为全书总结，同时对今后的研究方向作出展望。

1.4 本书的主要创新

近年来，随着实物期权与期权博弈理论及方法在研发管理特别是专利投资领域的广泛应用和不断发展，极大地丰富了实物期权与期权博弈这一现代投资决策分析工具的内容，为进一步的理论和实证研究奠定了坚实的基础。同时，通过对大量国内外相关文献的阅读和梳理，发现仍存在诸多“空白”或不足，如不完全信息下的专利竞赛、专利购买问题；具有后发优势的专利竞赛问题；将期权博弈理论用于有记忆专利竞赛问题；专利商业化投资与合作研发中的非对称期权博弈问题以及社会计划者基于社会福利的角度对专利研发投资中合作与非合作战略的审视问题等。而正是基于对这些问题的不断思考和研究，本书逐渐形成如下几方面的创新。

第一，同时引入三类不确定性：信号何时到达的不确定性、信号是否真实的不确定性以及研发能否成功的技术不确定性，对不完全信息条件下企业研发竞争行为进行研究，较好地模拟了不完全信息条件下的企业专利竞赛环境，这是以往的研究所没有的。

第二，针对不完全信息专利竞赛特别是既考虑先发优势又考虑后发优势的情形尚缺乏研究的现状，在 Thijssen 等(2001a，2001b)基础上引入技术不确定性、专利竞赛的“赢者通吃”特性以及信息披露及其滞后效应，通过构建实物期权投资决策模型，研究不完全信息条件下企业专利竞赛行为。与 Thijssen 等(2001b)相比除引入技术不确定性外，在领导者先发优势的产生原因上，根据专利竞赛的特征，引入信息披露滞后效应代替产品竞争中的 stackelberg 优势，较好地模拟了此类专利竞赛。

第三，通过引入非齐次泊松过程，使企业的 R&D 活动产生“学习效应”，将无记忆专利竞赛改变成有记忆专利竞赛，拓宽了 Weeds(2002)中无记忆模型的适用范围，弥补了以前模型中的一些不足。

第四，在专利商业化投资方面，首先，引入有限专利保护宽度思想使针对同一个市场的不同专利在理论及政策上成为可能，“发现”了拥有专利的企业同样会受到竞争威胁的“正当”原因(来自于仿冒、模仿的威胁从来就有)；其次，这种发生在不同专利间的竞争情形是对 Luigi(2007)专利投资战略交互作用分类的补充和完善，即可将其归为专利投资中的第三类交互作用；最后，将专利商业价值非对称的原因归于专利的不同技术路线和技术先进性、不同的专利保护宽度和消费偏好、企业的品牌差异等综合因素，从而反映出专利商业化投资期权的非对称特征，这在方法论上又与以往文献将非对称特征“统一”“解释”成投资成本有着明显区别①。

第五，针对隐含于专利竞赛和合作研发中的社会福利问题，首先，本书将企业价值与消费者剩余相结合以比较社会福利的变化特征；其次，为了比较不同模式下的社会福利变化特征，本书让不同时点下投资所产生的预期消费者剩余得以比较，并“还原”出“真实”的消费者剩余，而不是采用以往研究如 Pawlina 和 Kort(2002)中的分段比较法；另外，与 Weeds(2002)不同，为了更接近现实，书中模型选用研发能力非对称的两企业为研究对象，更好地反映了现实的 R&D 竞争环境。

第六，本书在研究视角和方法上也与以往研究有所不同。在研究方法方面，早期的专利竞赛文献主要以决策论和博弈论为研究工具，而应用期权博弈模型来研究专利竞赛和合作研发则以 Weeds(2002)为代表，但该文未讨论社会福利。在研究视角方面，社会福利分析通常从专利保护期限和保护宽度两个维度来讨论如何最优设计专利制度，大多考虑的是已经研发出专利技术后的“利益分配”问题，且大都没考虑期权价值。而本书的出发点是，早投资会有益于消费者剩余但有损于企业价值，反之亦然。从本书后面的分析可以看出，两种研发模式即竞争和合作最显著的区别正是投资时间的早晚不同，从而企业价值和消费者剩余之和也将随之不同且相互关系不确定。

1.5　研究思路与方法

为了便于了解本书的研究思路和所采用的分析方法，图 1-1 为本书研究框架。

① Kong 和 Kwok(2007)将企业间的非对称性扩展为成本和收益，但考虑的是一般项目新兴市场问题。

如图 1-1 所示，图形中部的椭圆框表示本书研究目标即企业在各种复杂不确定条件下的专利投资决策问题，与之相连的四个方框表示本书重点研究的四个专利投资阶段或战略，即专利研发投资、专利购买、专利商业化投资、专利申请。其中，专利研发投资由于不确定性最大、距离企业实际收益的获得时间最长、研究意义最为重大，自然成为“重中之重”；三根指向椭圆框即研究目标的箭头及其后面所连接的方框代表具体分析过程中的三个步骤，即首先建立实物期权投资决策模型，然后进行企业价值分析，最后是博弈均衡分析；专利研发投资方框内针对“非对称企业”的虚线方框表示最后进行社会福利分析时所选取的研究对象。

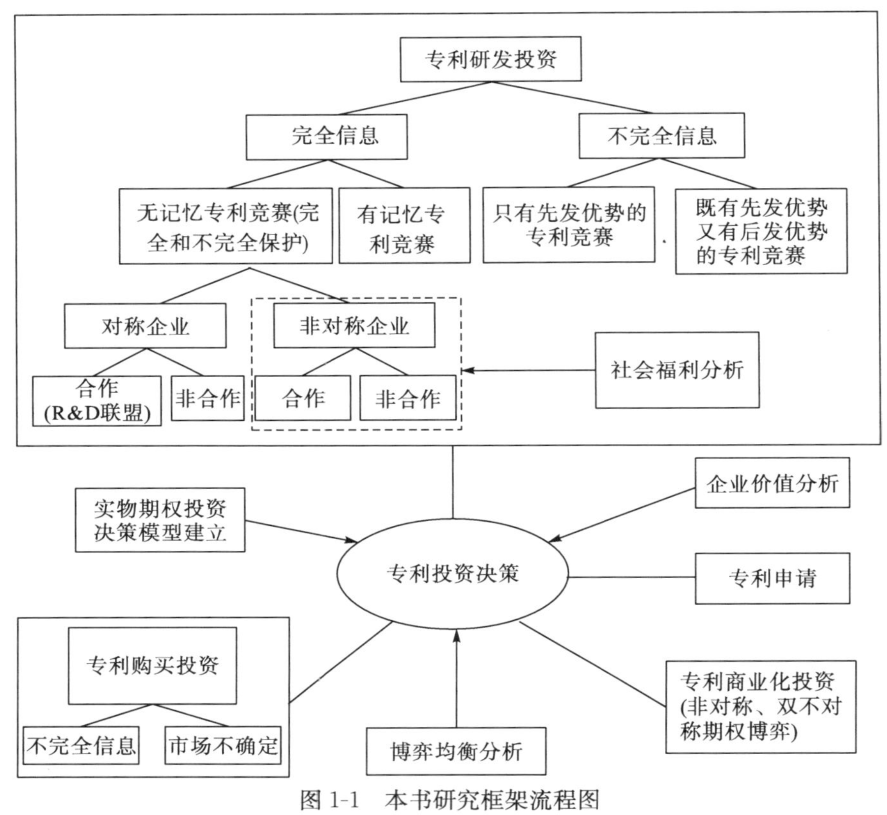

图 1-1 本书研究框架流程图

就实现研究目标所采用的具体研究方法和手段而言，由于我们的研究对象是专利投资中的期权博弈问题，各种特征各异的不确定性和来自于对手的竞争威胁使企业的投资决策环境异常复杂和多变，有时甚至难以直接用语言来表述，更难直观地推断出令人信服的结论。因此，必须借助于数学模型这一清晰、富有逻辑的表达工具。由于实物期权本身就涉及较为复杂的数学，例如随机过程、动态规划、Itō's 引理等，再加上博弈论，模型肯定会显得较为复杂。为了让源于这些模型的定性结论便于理解和更有说服力，本书对隐含于各种结论中的经济意义尽可能地予以挖掘和分析。

另外，对于难以直接求得解析解或难以进行比较分析的情况，本书采用对模型进行数值模拟分析的方法达到了研究目的，如专利商业化投资中的非对称期权博弈分析、研发投资中的社会福利分析等。

第 2 章　专利研发投资中的一般期权博弈

Weeds(2002)在企业互为对称的假设条件下，对竞争和合作两种模式下的企业专利研发投资时机选择问题进行了较为详细、深入的研究，相关结论已逐渐得到公认并被大量文献所引用。下面将在 Weeds(2002)的基础上，首先对原模型及相关结论进行描述，然后将模型推广到更一般的情形，即企业研发能力非对称时，最后进行比较。

2.1　对称企业模型

2.1.1　专利竞赛

1. 引言

当一家企业拥有一个具有不确定性未来的不可逆投资机会时，等待或延迟决策的期权价值不可忽视。类似于金融买权，即使当立即行权是有利可图时，基于希望在未来获得更高收益的思想，延迟执行投资期权也往往是最优的。将这种实物期权思想用于改进传统的基于 NPV 的投资决策方法，必须考虑对延迟投资和决策灵活性的价值进行量化并结合于投资决策分析中。

不同于金融期权，实物期权很少依靠法律契约通过精确的条款来担保持有人的权利。绝大多数情况下，实物期权并非一种独占性权利，相应的投资机会甚至有些“模糊”并难以被担保。特别地，一家企业保持期权的能力受到其他企业行使能影响其期权价值的相关期权的可能性的影响。现实中，一些受到法律强制性保护的权利比如石油租赁或专利，可以得到类似于金融期权那样受到担保的所有权。或者偶尔地，一家企业具有很强的市场地位、自然垄断或网络产业等，其投资机会则具有实际上的独占权。而大多数具有某种竞争程度的行业，无论是现实的还是潜在的投资机会都不能不取决于战略思考。

当相关期权被拥有先发优势的一小部分企业所持有时，每家企业延迟投资的能力将因担心对手占先而被逐渐破坏。考虑两家企业竞争的情形，第一家成功投资的企业将立刻获得全部的标的资产，而“第二名”将“一无所有”，即所谓的“赢者通吃”规则。由于每家企业都愿意刚好在对手之前执行期权，期权将在其被执行后的边际收益刚刚为正时被执行，而延迟的价值则难以顾及，此时传统的 NPV 法则将重新成为适用的投资决策方法。

为了研究实物期权与战略竞争间的紧密关系，Weeds(2002)针对市场(经济)和技术不确定性应用 Fudenberg 和 Tirole(1985)中的连续时间框架模型以适用于特定的专利竞赛环境，并将这两类不确定性明确地反映在企业的收益函数中。市场(经济)不确定性导致产生期权价值和延迟投资倾向，同时专利竞赛的“赢者通吃”属性使得先发优势将阻碍或抵消延迟动机的产生。然而，技术不确定性的存在将会减轻占先的动机，因为领导者不一定必然赢得竞赛[①]。这样，期权价值至少在某种程度上得以保存。而研发成功的瞬时概率或风险率将决定先发优势的大小，较高的风险率意味着技术突破有可能在研发开始后不久就产生，从而强化占先效应。

基于马尔科夫完美均衡，非合作双人博弈因参数值的不同而产生两类均衡结果：一类是一家企业投资严格早于博弈对手的占先均衡即“领导者-追随者均衡”，此时期权价值将被破坏殆尽；另一类则分两种情况，一是被称为“连续统”的博弈双方在同一触发点上投资的对称均衡，二是帕累托最优同时投资均衡即双方的最优选择均愿意在一共同触发点上开始投资，如同双方展开合作一般，其结果将导致比单个企业时更长的投资延迟。

对于两家企业(或一家企业中的两研发部门)的最优合作投资情形，Weeds(2002)推导出可作为基准的最优顺序投资规则。顺序投资的目的是让研发努力得以分阶段投入。与占先均衡相比，合作时的投资触发点高于对应的非合作情形。从企业的立场看，最优同时投资均衡也优于占先均衡并被称为次优结果，仅次于合作投资。

相对于占先均衡与顺序投资均衡，最优同时投资均衡似乎更难理解，但可以从考虑专利竞赛的效果方面加深理解。我们知道，减少投资带给企业的价值可延迟投资行为的发生，而对手抢先投资从而获取先动优势的可能性会倾向于诱使产生更早的投资。同时，来自于领导者创新成功的威胁也会减少对手等待期权的价值，并加速对手的竞争性反应。正因为如此，博弈双方都明白抢先投资所带来的“后果”，均愿意延迟它们的投资。实际上，如果博弈双方能等到最优同时投资均衡点的到来才开展专利竞赛，这对双方来说都是最佳选择。这就好比进行长跑比赛的选手，比较有代表性的做法是在大多数路程里以中等速度与其他选手“齐步”向前，直到临近终点有人试图“突破重围”时，激烈的冲刺战随即开始。专利竞赛中期权价值与占先间的这种相互作用与结合实物期权与战略互动的现有模型形成鲜明对比，如 Smets(1991)中竞争对手的存在仅仅减少投资的价值，但等待或延迟的期权价值保持不变。其原因在于专利权的排他性或专利竞赛的“赢者通吃”属性迫使博弈双方间的战略互动更加“紧密”。

Weeds(2002)构建实物期权模型对 R&D 竞争中的战略延迟开展研究，将三类文献结合起来并通过研究实现了对它们的补充和完善。实物期权模型已在许多环境下被用于解释延迟和滞后现象，但大多在垄断和完全竞争框架下，如 McDonald 和 Siegel(1986)，Pindyck(1988)和 Dixit(1989，1991)；第二类文献主要在确定的框架下分析进入和退出的时机博弈问题，如 Fudenberg 等(1983)、Fudenberg 和 Tirole(1985)模拟了占先博弈；

---

① 应该注意的是在无记忆情况下先发所带来的优势不是持久固定的：如果领导者在追随者投资前没有取得研发突破，则两家企业在此后的竞赛中获胜的概率是相同的。

Ghemawat 和 Nalebuff(1985)、Fudenberg 和 Tirole(1986)模拟了“消耗战”；最后，对于技术不确定性，Loury(1979)，Dasgupta 和 Stiglitz(1980)，Lee 和 Wilde(1980)，Reinganum(1983)和 Dixit(1988)均采用泊松过程对其进行了模拟。然而，这些研究均假定R&D 成功后带给投资者的收益是确定的，因而排除了任何等待的期权价值和相关时机问题。

将实物期权与战略互动结合起来研究投资行为方面，Smets(1991)针对双寡头面对随机性市场需求时的不可逆市场进入行为进行研究，结果表明，双寡头间的非合作行为会导致一个非对称领导者－追随者均衡，而当领导者角色被事前外生指定时，则可能得到合作的对称性结果；Grenadier(1996)针对房地产市场考虑期权的战略作用，其研究显示仅当随机过程开始于足够高的价值点上乃至不必发生于最优同时投资点时，同时投资均衡才有可能发生；两人博弈且每个参与人的行动成本均为私人信息时，Lambrecht 和 Perraudin(2002)发现投资触发点位于垄断和按传统 NPV 法时所选择的临界点之间；Kulatilaka 和 Perotti(1998)研究了不确定性对战略性投资的影响。

2. 模型框架

假定两个对称的风险中性企业，同时拥有一个研发某种新技术的机会，先研发成功并获取专利者，将得到该专利技术所开辟的新产品市场带来的所有收益，而对手将一无所获。两企业对称是指他们面临相同的技术、市场不确定性和需要相同的研发成本。

该专利技术的价值 P_t 服从以下几何布朗运动①：

$$dP_t = \alpha P_t dt + \sigma P_t dz \tag{2-1}$$

其中，$0<\alpha<r$(令 $\delta=r-\alpha$，如果 $\delta<0$，那么企业将永远不会投资，因为 δ 可以看成推迟项目投资而保持投资期权有活力的机会成本，参见 Dixit 和 Pindyck(1994))；r 为无风险利率，α 为瞬时漂移率，σ 为瞬时波动率；dz 为标准维纳过程增量。

双方从事该专利技术研发的沉没成本的现值为同一常量 $I>0$，且一旦开始从事专利研发，其 R&D 成功的时间服从强度或风险率为常量 λ 的齐次泊松过程 q，即：

$$dq = \begin{cases} 0, & \text{以概率 } 1-\lambda dt \\ 1, & \text{以概率 } \lambda dt \end{cases} \tag{2-2}$$

参数 λ 独立于研究的持续时间和投资企业的数量。

假设 $E_0\left[\int_0^{+\infty} e^{-(r+\lambda)t}\lambda P_t dt\right]-I<0$，这是指专利的初始价值 P_0 足够的低，致使双方立即投资的 NPV 均为负。这样，没有企业会在初始点投资。称率先投资企业为领导者，根据领导者的投资作出相应最优投资决策的企业为追随者。对双方来说，所有参数和行动都是共同知识，即博弈是一个完全信息博弈。双方的投资机会只有一次，且一旦投资必

① 该价值可理解为专利研发成功后在相应的产品市场上获得的现金流。为简化起见，该现金流可理解为专利研发成功后在相应的产品市场上获得的净利润流。相应地，该专利技术 t 时刻的价值为：$V_t = E\left[\int_t^{\infty} P_S e^{-r(s-t)} ds\right] = \frac{P_t}{r-\alpha}$。

将持续到博弈结束，投资沉没成本完全不可逆。

3. 企业价值

(1)单个企业的价值

为了更好地理解和分析竞争时的企业投资时机和价值，我们先求单个企业的最优投资时机和企业价值函数。对于从 $t=0$ 开始的泊松过程，在时间间隔$(0, t)$内事件不发生的概率为 $e^{-\lambda t}$，而在小的时间间隔$(t, t+dt)$内事件第一次发生的概率为 $e^{-\lambda t}\lambda dt$。这样，企业投资时机的选择就在于求解如下的一个随机最优停时问题：

$$V(P_t)=\max_T \quad E_t\left[e^{-rT}\left(\int_T^{+\infty}e^{-(r+\lambda)(s-T)}P_s\lambda ds-I\right)\right] \tag{2-3}$$

式中，E_t 表示t 时刻所对应的期望，T 表示开始投资的时间。此问题的求解可仿照 Dixit 和 Pindyck(1994)中的步骤进行。正如 Dixit 和 Pindyck(1994)所论述的，若时间期限是无穷的，利润流、转移概率分布函数和贴现率都独立于实际标记的日期。因此，为了分析的方便，在以后的讨论中我们将省略各参数的时间下标。其中，连续区域通过求解相关 Bellman 方程，此时，企业尚未投资，泊松过程不对价值产生影响。在停止区域，不可逆投资使得企业价值即为项目投资净现值。在两个区域的边界，应用价值匹配和平滑粘贴条件可求得最优研发投资临界点 P_U，直接引用 Weeds(2002)的结论，则单个企业的价值函数为：

$$V_U(P)=\begin{cases}B_UP^{\beta_0} & P<P_U\\ \dfrac{\lambda P}{r+\lambda-\alpha}-I & P\geqslant P_U\end{cases} \tag{2-4}$$

式中，$B_U=\dfrac{\lambda P_U^{1-\beta_0}}{(r+\lambda-\alpha)\beta_0}$,$\beta_0=\dfrac{1}{2}-\dfrac{\alpha}{\sigma^2}+\sqrt{\left(\dfrac{\alpha}{\sigma^2}-\dfrac{1}{2}\right)^2+\dfrac{2r}{\sigma^2}}$,$1<\beta_0<\dfrac{r}{\alpha}$ ，投资临界点 P_U 为：

$$P_U=\frac{\beta_0}{\beta_0-1}\frac{r+\lambda-\alpha}{\lambda}I \tag{2-5}$$

(2)追随者的价值

根据动态博弈分析逆序求解的原则，先考虑追随者的最优决策问题。由于追随者一定在领导者投资后投资，专利竞赛的“赢者通吃”属性使追随者面临领导者率先研发成功的一个条件概率，而两企业专利研发风险率的相互独立使得该条件概率无论追随者自身投资与否均保持一致。因此，追随者的投资问题等价于单个企业面对一增大了的贴现率 $r+\lambda$ 时的投资时机选择问题。这样，正好应用上面对单个企业的分析结果，只需将其中的 r 全部替换成$r+\lambda$ 即可，则追随者价值函数 $V_{1F}(P)$、投资临界点 P_{1F}分别为①：

① 参量下标中出现的“1”代表本节的对称企业情形，并与下节非对称企业中的下标“2”相区别。

$$V_{1F}(P)=\begin{cases}B_{1F}P^{\beta_{11}} & P<P_{1F}\\ \mathrm{NPV}(P)-I=\dfrac{\lambda P}{r+2\lambda-\alpha}-I & P\geqslant P_{1F}\end{cases}\tag{2-6}$$

$$P_{1F}=\frac{\beta_{11}}{\beta_{11}-1}\frac{r+2\lambda-\alpha}{\lambda}I\tag{2-7}$$

其中，$B_{1F}=\dfrac{\lambda P_{1F}^{1-\beta_{11}}}{(r+2\lambda-\alpha)\beta_{11}}>0$，$\beta_{11}=\dfrac{1}{2}-\dfrac{\alpha}{\sigma^2}+\sqrt{\left(\dfrac{\alpha}{\sigma^2}-\dfrac{1}{2}\right)^2+\dfrac{2(r+\lambda)}{\sigma^2}}$。

(3)领导者的价值

如果没有追随者将在 P_{1F} 处的投资或者说领导者投资后没有影响其价值的其他因素，领导者的价值即为单个企业在停止区域内的投资净现值。但显然该价值将受到追随者于 P_{1F} 处投资的影响而减少，因此领导者的价值应该包含追随者投资前和投资后的两部分价值。

追随者投资前，领导者的价值由两部分构成：第一部分是领导者独自研发所获得的净现值；第二部分是潜在价值损失项，表示由于追随者可能也会参与专利研发投资从而带给领导者的损失，显然这一类似于期权的项应为负值；追随者投资后的领导者价值 $V_{1L}(P)$ 与追随者价值相同，则有：

$$V_{1L}(P)=\begin{cases}\dfrac{\lambda P}{r+\lambda-\alpha}-B_{1L}P^{\beta_{11}}-I & P<P_{1F}\\ \mathrm{NPV}(P)-I=\dfrac{\lambda P}{r+2\lambda-\alpha}-I & P\geqslant P_{1F}\end{cases}\tag{2-8}$$

应用价值匹配条件求得 $B_{1L}=\dfrac{\lambda^2P_{1F}^{1-\beta_{11}}}{(r+\lambda-\alpha)(r+2\lambda-\alpha)}>0$。

(4)最优同时投资

在完全信息博弈条件下，双方除了知道成为领导者、追随者的“后果”外，还必须了解最优同时投资时的自身价值，即它们会理性地将领导者、追随者和最优同时投资价值相互比较，以发现最优投资时机。最优同时投资相当于两个企业同时投资，以谋求双方的投资价值最大化。即两企业在同一个临界点上选择同时投资，这相当于求解一家“整体”企业拥有风险率 2λ、投资成本 $2I$ 时的最优投资时机问题①。类似于前面单个企业的求解过程得最优同时投资临界点：

$$P_C=\frac{\beta_0}{\beta_0-1}\frac{r+2\lambda-\alpha}{\lambda}I\tag{2-9}$$

最优同时投资下每个企业的价值函数：

---

① 此时，两企业共同选择在同一时点投资，各自独立进行研发，每个企业研发成功的概率仍彼此独立。任何一个企业的成功均视为“整体”企业的成功，可以证明，该“整体”企业的风险率为 2λ，而单个企业的净现值就为“整体”企业净现值的一半。

$$V_C(P)=\begin{cases}B_C P^{\beta_0} & P<P_C \\ \mathrm{NPV}(P)-I=\dfrac{\lambda P}{r+2\lambda-\alpha}-I & P\geqslant P_C\end{cases} \tag{2-10}$$

其中，$B_C=\dfrac{\lambda P_C^{1-\beta_0}}{(r+2\lambda-\alpha)\beta_0}$。

4. 均衡分析

我们知道，企业是否成为领导者以及它所选择投资的点是否成为临界点取决于每个企业企图占先于对手的动机和避免自己被占先而必须选择投资的点，而这又依赖于领导者价值 V_{1L} 和双方都等待至最优同时投资点才投资时的价值 V_C 之间的相对数量大小(Fudenberg 和 Tirole，1985)。也就是说，如果领导者价值大于最优同时投资价值或在最优同时投资点到达之前存在 $V_{1L}>V_C$ 的区域，则企业占先的动机一定强于等到最优同时投资点到达时才投资的动机，双方的博弈成为占先博弈。反之，若最优同时投资价值恒大于或等于领导者价值，双方都会等待最优同时投资点的来临，最优同时投资均衡就会出现。

容易提出的问题是，当出现占先博弈时成为领导者的“底线”或诱使双方投资的最低专利价值点 P_{1L} 在哪里呢？这就是满足 Fudenberg 和 Tirole(1985)租金均等化(rent equalization)原则的点，即满足：

$$V_{1L}(P_{1L})=V_{1F}(P_{1L}) \tag{2-11}$$

Weeds(2002)利用上式得到 P_{1L} 的隐含解表达式，并证明其一定小于 P_{1F}。这样，企业间的专利研发投资时机博弈分两种情形讨论如下。

情形一：最优同时投资价值并非恒大于或等于领导者价值，此种情形如图 2-1 所示。

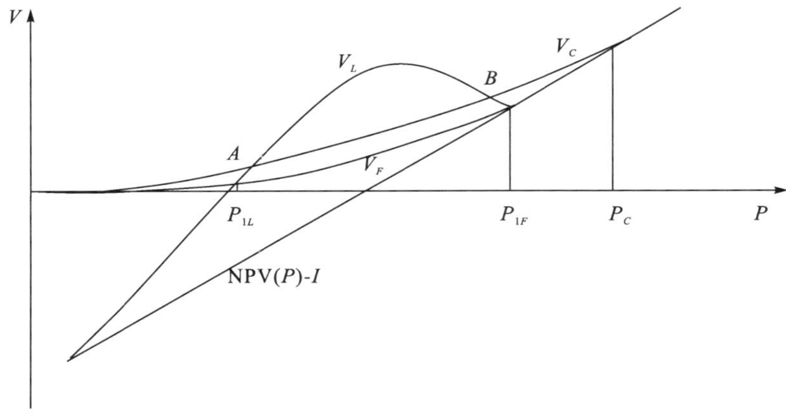

图 2-1 占先均衡

当专利的初始价值 $P_0\in(0, P_{1L})$时，$V_L<V_F$，双方均愿意对方成为领导者，等待是双方的最优策略，而一旦 P_t 达到 P_{1L}，双方将抢先进入，争当领导者。此时，双方成为领导者的概率均为 0.5，而“不幸”成为追随者的企业将等到 P_{1F} 的到来才投资；当 $P_0\in[P_{1L}, P_{1F})$时，双方都愿意投资成为领导者，但可能出现在较低专利价值处同时投

资的不利情况，即所谓“个体理性导致集体非理性”；当 $P_0 \in [P_{1F},\ P_C)$ 时，博弈参与者最优的策略是立即投资并产生非帕累托最优的同时投资均衡；当 $P_0 \in [P_C,\ +\infty)$ 时，博弈双方的最优策略是立刻投资并出现最优同时投资均衡。

情形二：最优同时投资价值恒大于或等于领导者价值

此时，在完全信息条件下，没有企业会在 P_C 到达之前投资，一定会等待 P_C 的来临才投资并产生帕累托最优的同时投资均衡（图 2-2）。

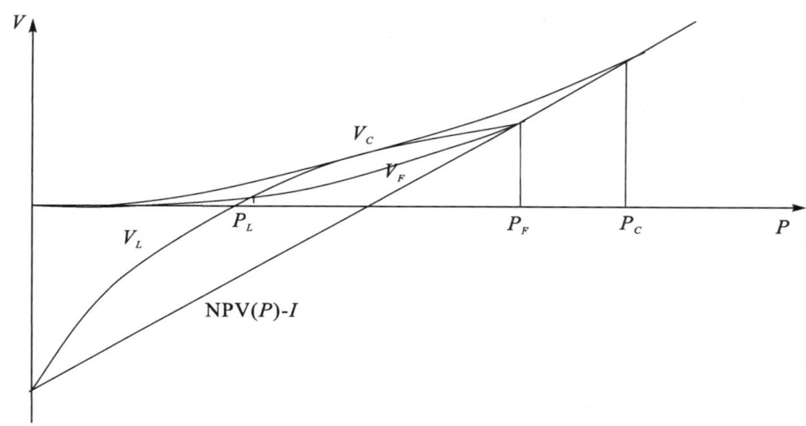

图 2-2　同时投资均衡

2.1.2　合作研发

如果双方在某种约束或利益机制下进行专利的合作研发(如一个“单位”下的两个研发部门)，共同分享研发成功后的收益，双方均无偏离合作的动机①。由 Weeds(2002)知，双方合作时的最优投资策略必定是一个顺序投资策略，即一方在第一个临界点 P_{11} 处投资，另一方在第二个临界点 P_{12} 处投资，且 $P_{12} > P_{11}$。合作双方的总价值表示如下②：

$$V_{L+F}^{1}(P) = \begin{cases} A_0 P^{\beta_0} & P < P_{11} \\ \dfrac{\lambda P}{r+\lambda-\alpha} + A_1 P^{\beta_{11}} - I & P \in [P_{11}, P_{12}) \\ 2\mathrm{NPV}(P) - 2I = \dfrac{2\lambda P}{r+2\lambda-\alpha} - 2I & P \geqslant P_{12} \end{cases} \tag{2-12}$$

经求解，两投资临界点 P_{11} 和 P_{12} 分别满足式(2-13)和(2-14)：

$$(\beta_0 - 1)\frac{\lambda P_{11}}{r+\lambda-\alpha} - \frac{\beta_{11}-\beta_0}{\beta_{11}-1} I \left(\frac{P_{11}}{P_{12}}\right)^{\beta_{11}} - \beta_0 I = 0 \tag{2-13}$$

$$P_{12} = \frac{\beta_{11}}{\beta_{11}-1}\frac{(r+2\lambda-\alpha)(r+\lambda-\alpha)}{\lambda(r-\alpha)} I \tag{2-14}$$

---

① 由于合作双方的利益分配问题已超出本书研究范围，在此仅需强调这种合作的稳定性即可。

② 参量上标中出现的“1”代表本节的对称企业情形，并与下节非对称企业中的上标“2”相区别。

$$A_1 = \frac{IP_{12}^{-\beta_{11}}}{\beta_{11} - 1} > 0 \tag{2-15}$$

由 Weeds(2002)知：$P_{1L} < P_{11} < P_C < P_{12}$；$P_{1L} < P_{1F} < P_C < P_{12}$。即两对称企业合作研发时的两投资临界点 P_{11} 和 P_{12} 分别晚于专利竞赛时的抢先进入点和追随者投资临界点，而 P_{11} 和 P_{1F} 的大小关系并不能确定。

由此可见，两家合作研发企业将分步骤地进行 R&D 投资而不是同时投资，更不是为了争当领导者而抢先投资。这种顺序投资策略一方面具有在专利价值较低时获得收益的可能性(因 NPV 始终为正)，降低等待的机会成本；另一方面通过阻止成本的一次性投入而保留在将来扩张 R&D 的期权。因此，就博弈双方的总价值而言，顺序投资策略无疑是最优的。

当两家企业受到某种限制无法达成这种“非对称”的顺序投资均衡时，“次优”情形即最优同时投资均衡就可能出现，根据前面对此种情形的分析，双方将选择同时在 P_C 处投资。

将式(2-9)与式(2-5)比较，容易发现 $P_C > P_U$，即两家企业同意共同投资时的投资临界点严格晚于单个企业的投资临界点。这是源于临界点表达式中广义贴现率中风险率的间接影响，而投资成本和风险率双双加倍对研发效率并无直接影响(此时两家完全对称的企业其各自价值等于它们组成一个“整体”时的“整体价值”的一半)。对每家企业价值产生实际影响的是成功前没有成功的概率，与单个企业时相比，同时投资时企业成功研发前没有成功的概率比前者增加一倍，从而降低了企业的投资期望价值，使得投资临界点后移。

2.1.3 进一步讨论

通过对合作和非合作行为的比较，容易发现非合作行为的低效率。当非合作行为导致占先均衡出现时，专利的“赢者通吃”属性会阻碍投资期权被保持足够长的时间致使双方太快投资。尽管领导者在暂时的垄断研发上获得先发优势，但随后就被追随者的投资所破坏，双方的期望收益变得一样且低于其他均衡结果时的收益。

如果能实现同时投资均衡，这对双方是有利的，这与企业间一致同意采取共同投资规则并且最优地选择投资点时的结果一样。尽管这还不是合作时的最优结果[Weeds(2002)证明最优顺序投资均衡一定优于同时投资均衡]，但或许是达不成非对称的投资规则时最好的策略选择。

有趣的是，当均衡包含“同时投资”时，非合作行为的效果将是推迟最早投资的时间，即非合作时的投资触发点 P_C 超过合作时的首次投资触发点 P_1。这样的结果与竞争会破坏延迟能力的通常推定形成强烈反差，这是因为由于害怕爆发专利竞赛，企业倾向于延迟投资，而博弈双方的战略行为致使投资时机延迟到较晚的临界点。因此，在这种情况下，投资延迟是由于企业间的战略互动而不是通常的不确定性所带来的影响。另外，非合作时的投资触发点 P_C 也晚于单个企业的最佳投资点，而一旦产生投资行为，研发活动突然“井喷”一般，这与合作计划下的第二次投资将延迟到更晚的时点才发生，研发活动显得“秩序井然”形成对比。

任何一种特定情况下的均衡类型的显现取决于两股相反力量的相对大小，即等待或延迟的期权价值和占先的期望收益。当延迟的期权价值增加或更早投资的先占效应减少时，同时投资均衡将更为普遍。如现有数值分析结果表明，在其他条件保持不变的条件下，波动率 σ 上升、风险率 λ 下降①或者无风险利率 r 上升②时，同时投资将成为均衡结果。(这与金融期权具有相似的结论，纯贴现率的增加将降低在未来某个时点上支付的投资成本或执行价格的现值，从而提升期权价值。)

这些发现对认识和评价实证投资行为具有一定的启示，既然战略互动和不确定性对投资时机和模式具有显著影响，对投资的实证研究可通过将产业集中度和战略优势作为解释变量得到完善。如果占先的效应很强，竞争倾向于加速投资，且投资因企业为避免“头碰头”的激烈竞争而顺序地发生；另一方面，剧烈的波动性会增加专利竞赛在较晚时间发生的可能性，突然爆发的竞争性活动使得长时间的等待、观望得以结束，这种现象类似于 Choi(1991)中的描述，但产生的原因有所不同。

专利制度是一种激励创新的政策手段，而创新活动是人类不断促进社会进步、提高社会福利的有效和必要选择，社会计划者可通过专利制度影响技术创新投资行为进而影响社会福利。因此，从专利研发、专利申请、专利购买到专利商业化等投资行为无不受到基于社会福利思考的各种专利制度的影响。从前面对专利研发投资时机、投资方式的分析中同样可以得到一些社会福利启示。尽管一个全面的社会福利评价需要给定消费者价值函数才能确定出社会最优化方案，但从一些简单的例子中仍然可以发现有益结论。例如，假定创新所带来的消费者剩余为 P 乘以一固定比例并随 P 的变化而变化(也就是说专利持有者一直从创新带来的社会剩余中提取相同的比例给消费者)③，则社会最优的专利研发投资方案应与合作情形下的解决方案一致④，社会计划者将按合作时的各投资触发点渐进地安排、实施创新投资活动，突然爆发的专利竞赛因此被认为对社会是低效的。比较非合作时的两种均衡形式，最优同时投资均衡被发现为次优结果且优于双方投资太早并损失掉期权价值的占先均衡，只是在某些时候即由于某些原因致使早投资对消费者具有重大的正社会外部性，而固定比例模式下所存在的消费者剩余并不足以弥补这种因延迟投资所造成的正社会外部性损失时，社会计划者会更愿意占先均衡的出现。如对人类健康有重大积极意义的医疗技术、替代传统化石能源有益于生态环境的可再生能源新技术以及国防军事急需的尖端技术的研发投资等，其特点在于社会对该类技术需求的紧迫性，而越早投资使社会正外部性得以体现的时间也越早，蕴含其中的“时间价值”远大于延迟带给投资者的期权价值。关于此种情形下的专利制度安排、设计问题，我们将在后面的章节中从社会福利最大化的角度加以详细讨论。

另一个发人深省的政策问题是专利研发的合资、联合，通过前面的分析已对合作性

---

① 适当地调整投资成本 I 可使专利技术的期望价值保持不变。

② 适当调整漂移率 α 可使延迟的机会成本 $\delta=r-\alpha$ 保持恒定。

③ 假定该比例主要取决于专利许可中表明或传达的专利有效期以及专利持有者的垄断势力。

④ 所有的价值量和触发点均以相同的比例放大，最优投资时机保持不变。

专利R&D情形有了诸多启示，并为对其采取更为开明的态度提供进一步的理由，除此之外，目前还存在有关技能互补、溢出效益以及研发投资规模和风险承担等对合作投资有利的论点。当专利研发投资延迟期权无论对社会还是对企业自身都是一样的有益时，分析结论强烈支持创立R&D合资企业，并由双方合作性地自主选择投资时机和规模。当然，必须将合作的种种“收益”与其可能的“损失”相权衡，特别是因合作导致研发效率激励方面有所降低，以及将合作延伸到下游的产品市场上继续“合作”继而产生勾结与合谋等。关于专利R&D合作、联盟中的诸多问题，我们将在下一章中详细讨论。

2.2 非对称企业模型

2.2.1 专利竞赛

1. 模型框架

企业间的非对称性在以往的文献中有多种假设，如成本、收益等，总结起来，无论何种假设都会使博弈双方呈现出一方相对优势而另一方相对劣势的态势。不失一般性，我们假设博弈双方的非对称性体现在专利的研发能力、经验方面，具有相对较强研发能力、较多研发经验的一方称为优势企业，另一方则称为劣势企业。专利技术的价值 P_t 与前面对称情形具有相同的假设，双方从事该专利技术研发的沉没成本的现值为同一常量 $I>0$，且一旦开始从事专利研发，其R&D成功的时间分别服从强度或风险率为常量 λ_1、λ_2 的齐次泊松过程 q_1、q_2，即：

$$\mathrm{d}q_1=\begin{cases}0, & \text{以概率 } 1-\lambda_1\mathrm{d}t\\ 1, & \text{以概率 } \lambda_1\mathrm{d}t\end{cases} \tag{2-16}$$

$$\mathrm{d}q_2=\begin{cases}0, & \text{以概率 } 1-\lambda_2\mathrm{d}t\\ 1, & \text{以概率 } \lambda_2\mathrm{d}t\end{cases} \tag{2-17}$$

显然，$\lambda_1>\lambda_2>0$。此外，假设 $E_0\left[\int_0^{+\infty}\mathrm{e}^{-(r+\lambda_1)t}\lambda_1P_t\mathrm{d}t\right]-I<0, E_0\left[\int_0^{+\infty}\mathrm{e}^{-(r+\lambda_2)t}\lambda_2P_t\mathrm{d}t\right]-I<0$，与前面一样，这是指专利的初始价值 P_0 足够的低，无论优势企业还是劣势企业立即投资的NPV均为负。其他假设与对称情形完全相同，不再赘述。

2. 企业价值

双方一旦产生专利竞赛，由于两企业非对称，优势企业的风险率更大，总是有“资本”在劣势企业能“承受”的极限投资临界点之前进入市场，从理论上讲，它只需“领先”一“无穷小”时间即可。因此，双方博弈均衡结果一定是，优势企业成为领导者，劣势企业成为追随者。与Weeds(2002)中的对称企业模型不同的是，此时的抢先投资点 P_{2L}，即为使劣势企业分别成为领导者和追随者的价值正好相等的临界点。为此，我们需要分别找到劣势企业担当领导者和追随者的价值。采用类似于Weeds(2002)中的方法，则优势企业作为追随者时的价值函数 $\hat{V}_F(P)$ 表示如下：

$$\hat{V}_F(P)=\begin{cases}\hat{B}_F P^{\beta_{22}} & P<\hat{P}_F \\ \dfrac{\lambda_1 P}{r+\lambda_1+\lambda_2-\alpha}-I & P\geqslant\hat{P}_F\end{cases} \tag{2-18}$$

式中，$\beta_{22}=\frac{1}{2}-\frac{\alpha}{\sigma^2}+\sqrt{\left(\frac{\alpha}{\sigma^2}-\frac{1}{2}\right)^2+\frac{2(r+\lambda_2)}{\sigma^2}}$，由价值匹配和平滑粘贴条件求得优势企业成为追随者时的投资临界点 $\hat{P}_F=\frac{\beta_{22}}{\beta_{22}-1}\frac{r+\lambda_1+\lambda_2-\alpha}{\lambda_1}I$，期权项系数 $\hat{B}_F=\frac{\lambda_1}{(r+\lambda_1+\lambda_2-\alpha)\beta_{22}}\hat{P}_F^{1-\beta_{22}}$。

劣势企业作为领导者时的价值函数 $\hat{V}_L(P)$ 则为：

$$\hat{V}_L(P)=\begin{cases}\dfrac{\lambda_2 P}{r+\lambda_2-\alpha}-\hat{B}_L P^{\beta_{22}}-I & P<\hat{P}_F \\ \dfrac{\lambda_2 P}{r+\lambda_1+\lambda_2-\alpha}-I & P\geqslant\hat{P}_F\end{cases} \tag{2-19}$$

将 $\hat{P}_F$ 代入式(2-19)并应用价值匹配条件得期权项系数：

$$\hat{B}_L=\frac{\lambda_1\lambda_2}{(r+\lambda_2-\alpha)(r+\lambda_1+\lambda_2-\alpha)}\hat{P}_F^{1-\beta_{22}}$$

这样就得到了劣势企业作为领导者时的价值。前面已经讲到，在非对称期权博弈中，双方博弈的结果一定是优势企业成为领导者，而优势企业抢先投资临界点 P_{2L} 则需视劣势企业分别成为领导者和追随者时的情形而定。上面已经分析了劣势企业成为领导者的情形，下面讨论劣势企业成为追随者时的价值 $V_{2F}(P)$。

类似地，有：

$$V_{2F}(P)=\begin{cases}B_{2F}P^{\beta_{21}} & P<P_{2F} \\ \dfrac{\lambda_2 P}{r+\lambda_1+\lambda_2-\alpha}-I & P\geqslant P_{2F}\end{cases} \tag{2-20}$$

式中，$\beta_{21}=\frac{1}{2}-\frac{\alpha}{\sigma^2}+\sqrt{\left(\frac{\alpha}{\sigma^2}-\frac{1}{2}\right)^2+\frac{2(r+\lambda_1)}{\sigma^2}}$，由价值匹配和平滑粘贴条件求得最终(博弈结果）的追随者的投资临界点 $P_{2F}=\frac{\beta_{21}}{\beta_{21}-1}\frac{r+\lambda_1+\lambda_2-\alpha}{\lambda_2}I$，期权项系数 $B_{2F}=\frac{\lambda_2}{(r+\lambda_1+\lambda_2-\alpha)\beta_{21}}P_{2F}^{1-\beta_{21}}$。

令劣势企业成为领导者时的价值 $\hat{V}_L(P)$ 与成为追随者时的价值 $V_{2F}(P)$ 相等，即可得到满足以下隐含方程的优势企业抢先投资临界点 P_{2L}：

$$\frac{\lambda_2 P_{2L}}{r+\lambda_2-\alpha}-I-\left[\frac{\lambda_2 P_{F2}}{(r+\lambda_1+\lambda_2-\alpha)\beta_{21}}\left(\frac{P_{2L}}{P_{2F}}\right)^{\beta_{21}}+\frac{\lambda_1\lambda_2\hat{P}_F}{(r+\lambda_2-\alpha)(r+\lambda_1+\lambda_2-\alpha)}\left(\frac{P_{2L}}{\hat{P}_F}\right)^{\beta_{22}}\right]=0 \tag{2-21}$$

这样，通过以上分析得到两非对称企业间发生专利竞赛时优势企业、劣势企业各自

的投资临界点 P_{2L} 和 P_{2F} 。

与对称企业情形不同的是，由于企业非对称，在同一时刻投资的两企业价值一定不同。因此，在非对称非合作模型中，除非专利初始价值高到下面将要讨论的合作研发时劣势企业的投资临界点，否则，通常情况下不存在对双方均最优的同时投资临界点，即没有最优同时投资均衡，则下面的均衡分析就无需考虑最优同时投资均衡。

3. 均衡分析

由上面的分析可得非对称企业间的专利研发投资时机博弈结果如下。

当专利的初始价值 $P_0 \in (0, P_{2L})$时，双方均不投资，等待是双方的最优策略，而一旦 P_t 达到P_{2L}，优势企业总是会抢先于劣势企业在 P_{2L}处投资并成为领导者，而劣势企业将等待 P_{2F}的到来才投资并成为追随者；当 $P_0 \in [P_{2L}, P_{2F})$时，由于优势企业更有条件抢先，劣势企业也知道自己抢先后的“后果”（即优势企业立即跟进后致使自己所获价值可能还低于成为追随者的价值）。所以，在完全博弈的情况下，劣势企业会甘当追随者，而优势企业略显“从容”地成为领导者；当 $P_0 \in [P_{2F}, +\infty)$时，博弈双方均会立即投资产生非帕累托最优的同时投资均衡。

2.2.2 合作研发

与对称企业一样，两非对称企业在合作情形下同样可将其看成一个“单位”下的两个研发部门，采取的投资策略也一定是力求“单位”的总价值最大化。因此，其最优投资策略同样是一个顺序投资策略，而与对称企业不同的是，由于优势企业的研发能力优势，“单位”一定会“安排”优势企业在第一个临界点 P_{21}投资而劣势企业在第二个临界点 P_{22}投资，合作双方的总价值表示如下：

$$V_{L+F}^2(P) = \begin{cases} A_{20}P^{\beta_0} & P < P_{21} \\ \dfrac{\lambda_1 P}{r+\lambda_1-\alpha} + A_{21}P^{\beta_{21}} - I & P \in [P_{21}, P_{22}) \\ \dfrac{(\lambda_1+\lambda_2)P}{r+\lambda_1+\lambda_2-\alpha} - 2I & P \geqslant P_{22} \end{cases} \tag{2-22}$$

由价值匹配和平滑粘贴条件可求得两投资临界点分别满足式(2-23)和(2-24)

$$(\beta_0 - 1)\frac{\lambda_1 P_{21}}{r+\lambda_1-\alpha} - \frac{\beta_{21}-\beta_0}{\beta_{21}-1} I \left(\frac{P_{21}}{P_{22}}\right)^{\beta_{21}} - \beta_0 I = 0 \tag{2-23}$$

$$P_{22} = \frac{\beta_{21}}{\beta_{21}-1}\frac{(r+\lambda_1+\lambda_2-\alpha)(r+\lambda_1-\alpha)}{\lambda_2(r-\alpha)} I \tag{2-24}$$

采用类似于 Weeds(2002)中的方法可以证明：$P_{21} > P_{2L}$ 、$P_{22} > P_{2F}$ 。即在企业非对称的情形下，合作研发的两投资临界点同样晚于专利竞赛时的优势企业抢先进入点和劣势企业的追随者投资临界点。

2.3 本章小结

针对专利研发投资，通过对对称企业与非对称企业分别在专利竞赛(非合作博弈)和合作研发(合作博弈)情形下的实物期权与期权博弈特征展开分析，得到以下主要结论和启示。

正如 Weeds(2002)中总结到，研究表明，与最初的预期形成对照的是，少数企业间的专利研发竞争并不一定会破坏等待或延迟期权。企业反而因害怕发生专利竞赛可能使竞争的效应内在化，进一步地提升等待的价值并且增加任何投资前等待的时间。

对称企业间的专利竞赛其期权博弈结果有三种可能：占先均衡、同时投资均衡、最优同时投资均衡，对双方企业最为不利的是在较低专利价值处产生非帕累托最优同时投资均衡。而非对称企业间的专利竞赛其期权博弈结果则只有两种可能：占先均衡、同时投资均衡。值得注意的是，非对称企业间的同时投资均衡发生在较高专利价值处(P_{2F} 以上)，这与对称企业明显不同，其原因在于前者中的劣势企业因“惧怕”优势企业的优势而不敢贸然抢先，致使在较低专利价值区域优势企业不必担心劣势企业的抢先(当然这种“担心”的程度与企业间的非对称程度有关，这在后面的相关章节中再详细讨论)。因此，只有当专利初始价值高到劣势企业也会立即投资的程度时，同时投资均衡才有可能发生，这是与对称条件下的根本不同。另一方面，非对称性使得双方的同时投资时价值不同，通常不存在对双方均最优的同时投资临界点，所产生的同时投资均衡一定是非帕累托最优的。

专利竞赛与合作研发模式会对企业研发投资时机的选择施加不同的影响。专利竞赛中的企业争当领导者，丧失部分甚至全部期权价值，尤其当企业对称时竞争最为激烈。而合作研发模式以“单位”或“整体”价值最大化为目标，充分“享受”到不确定性带来的期权价值，使投资更为理性。正缘于此，无论企业对称与否，合作研发模式下的两投资临界点均分别晚于专利竞赛模式下的抢先进入点和追随者投资临界点。

进一步研究方面，可通过对现有模型的不断改变加以拓展。尽管 GBM(几何布朗运动)是一种方便并易于处理的形式，仍可用随机过程加以替代，比如代之以具有均值回归或间歇性跳跃的随机过程将会得到相似的定性结论。更多精细的研究技术可应用到模型中以适应不同的现实情形，例如，风险率可作为“干中学”的结果将随着累积的 R&D 投入而增加，这样的话，领导者将具有永久的而不是暂时的优势，从而强化占先动机。我们将在第 5 章中将风险率构造为对研发时间的单调递增有界函数，让研发变得“有记忆”。与此相对的是，如果创新发明的概率事先未知，风险率因而是一种预期，将随失败的研究经验不断更新，研发未成功时间越长风险率越低。

另外，若增加竞争企业的数量情况将变得更为复杂，正如 Fudenberg 和 Tirole (1985)说明的那样，租金均等化只存在于两家企业时的情形，三家或更多对称企业的均衡行为将会非常复杂，非对称收益将成为可能；对手研究投资的影响方面，可能比本章模型所考虑的那些更为复杂，如拥挤效应的存在，当更多企业投资时，优秀研发人员的短缺可能会降低研发效率，提高较早投资的优势；另一方面，当对手投资时，企业间的信息外溢将引起企业风险率的提高，这可能成为延迟投资的一个额外动机，通过“搭便车”企业依靠对手的研发工作而受益。

通过本章的铺垫性作用，不仅为后续章节提供相关结论，更为重要的是这种建模方法和均衡分析手段同样可以类似地适用于专利投资中的其他不确定性竞争环境。

第 3 章　专利 R&D 动态联盟

尽管专利竞赛这种对抗性极强的竞争方式具有诸多优点，如激发市场活力，反映真实供求关系，推动经济发展；促进资源的自由流通和有效配置；促使企业提高效率并提供优质产品和服务，最大限度地增加消费和消费者剩余等(傅家骥，1998)。但是，这种“你死我活”的竞争方式同样会带来诸多负面影响。一方面，追求自身利益最大化的博弈双方在专利竞赛中最终追求到的可能是一种双败结果，即所谓“个体理性导致集体非理性”；另一方面，这种对抗性竞争会造成资源的浪费，对社会福利不利。因此，从微观方面来讲，企业具有在竞争的同时去考虑引入合作的动机。

同时，国际国内经济发展的现状也促使企业不得不考虑合作。随着经济一体化、全球化的发展，知识创新导致新技术产生的速度加快，各种类型的边缘产业层出不穷，许多行业已由卖方市场转化为买方市场。在这种情况下，若仅是采取传统的对抗性竞争，任何企业都不可能永远保持竞争优势。企业必须从原来“针锋相对、非赢即输”的竞争观念转变到“互惠互利、双赢多赢”的合作理念上来。

动态联盟的主要特点之一是快速响应变化的市场，缩短进入市场的时间。动态联盟成功的典型案例是日本 VLSI 联盟。20 世纪 70 年代，日本由于及时组建了 VLSI 联盟，使得整个创新过程比一个企业单独完成所有工作缩短了一半以上的时间，日本的整个计算机产业与竞争对手美国的差距由合作创新前的 10 年以上缩短至几乎没有差距(傅家骥，1998)。该案例从侧面说明了动态联盟的快速组建抓住了产业和市场机会。

当盟主发现某个市场机遇时，如一个大型复杂产品的研发，如果考虑到其研发能力在某方面存在不足，而且在采取独立方式去完成该项目的所有研发无利可图而组建联盟却可以接受的情况下，盟主会考虑启动建盟过程。实际上，以大型复杂产品的研发和生产为目的的动态联盟组建过程是一个各成员合作投资过程(赵天奇和陈禹六，2000)，其投资成本是各企业的研发和生产投资，即固定成本和创新成本，而且这些投资成本大部分是沉没成本，因此，组建联盟的决策过程其实质是盟主投资决策过程。在此过程中，作为联盟组建决策者的盟主一方面面临着联盟收益的不确定性；另一方面，盟主和各成员的投资是不可逆的。一旦投资失败，各成员很难通过技术转让或变卖投资项目来收回投资。因此投资环境的不确定性和投资决策的不可逆性要求盟主在兼顾成员的收益和自身收益最大化的基础上灵活选择适宜时机组建联盟。以收益、成本的净现值是否大于 0 作为决策准则的 NPV 法则，其决策结果是要么投资或永不投资，因而缺乏柔性(邓光军等，2004)。建立在金融期权思想和动态规划基础上的实物期权分析方法弥补了 NPV 的缺陷而逐渐成为不确定情况下投资决策的重要分析工具，因此联盟的组建过程可以运用实物期权(real option)分析方法进行分析[①]。

动态联盟的实质是一个价值联盟。相对于非动态联盟而言，动态联盟价值最终来源于各成员增加联盟价值的核心能力。企业核心能力可以为动态联盟快速、低成本地赢得独特的竞争优势并创造价值(冯蔚东和陈剑，2002b)，其表现为成本的节约、学习与创新和市场竞争力的加强(张延锋 等，2003)。对于联盟创造价值的效果，Chan 和 Kensiger 等(1997) 进行了实证研究和案例总结。在直观上，成员的核心能力增加了动态联盟实施项目的价值，在项目投资成本不变的情况下，这无疑增强了动态联盟把握市场机会的能力和促进了动态联盟的快速组建。

本章把成员核心能力所产生的效果归结为成本节约效应和创新效应。成本节约效应源于联盟各成员的成本优势。例如，成员企业具有独特的降低成本和提高效率的专业技能，如果盟主单独完成成员的工作，可能会花费比成员更多的成本，因此从投入方面来看，各成员成本优势降低了整个联盟的投入而增加了联盟的净收益。从额外增加联盟价值方面来看，创新效应是各成员进一步创新产生的效果。如各成员进一步投入不可证实的创新成本(隐性智力投入)提高产品性能，并创造了额外价值。在只存在成本节约效应的情况下，盟主组建联盟的目的是仅利用盟员的成本优势追求一般收益，此时联盟产生收益同盟主单独投资产生的收益相同，对一般收益的分配可按照成员投资比例的大小进行分配。创新收益的分配，则采用激励机制按照各成员在创新过程中相对重要性来分配。因此，节约效应影响着盟主在联盟收益中一般收益的份额，相对重要性影响着盟主得到的创新收益的份额。总之，由于成本节约效应、创新效应和各成员在联盟中的相对重要性影响着联盟的收益和分配方案，因而影响着盟主组建联盟的决策和时机。

本章要研究的问题是成本节约效应、创新效应以及成员在联盟中的相对重要性如何影响动态联盟组建及其组建时机。其中，盟主准备组建动态联盟与成员一道共同实施一项复杂专利产品的 R&D 项目，各成员需要投入相应的成本并贡献自己的核心能力来完成该产品中其最擅长的子系统。本章首先分析了在专利 R&D 中，成员创新收益的分配份额和成员在动态联盟的研发过程中相对重要性之间的关系。在此借鉴了研究团队最优委托权安排时所采用的柯布-道格拉斯生产函数，以此反映联盟成员创新投入的互补关系。在此基础上，在考虑联盟未来收益不确定性的情况下结合实物期权方法对联盟组建时机进行研究。

研究结果表明，成本节约效应愈大，盟主越倾向于组建联盟，也越能促进动态联盟的快速组建；而创新效应对动态联盟组建的影响要受到盟主和成员成本系数以及他们在专利 R&D 动态联盟创新中的相对重要性的影响：在 Nash 均衡情况下，动态联盟组建的时机随着盟主和成员成本系数的增加越来越接近成本节约效应的情况，而随盟主在技术创新效应中的相对重要性降低而逐渐降低，组建联盟的时机呈现出倒“S”的非线性非单调变化。

---

① 自 Myers(1977)提出实物期权概念以来，经过 20 多年的研究发展，实物期权已经扩展到许多的领域。

采用实物期权方法对动态联盟方面的研究尚不多见，我国学者王惠等(1999，2004)对敏捷性企业是否建立动态联盟或进行并购的决策利用 Black-Scholes 期权定价公式进行了定价分析，以及对动态联盟中供需双方合作协议的期权特性进行了研究。与他们不同的是，本章把实物期权和委托代理理论相结合，重点分析了成本节约效应、创新效应和成员核心能力的相对重要性对盟主组建动态联盟时机的影响。

本章 3.1 节是模型框架和基本假设，3.2 是联盟的组建分析，3.3 节是静态比较分析，3.4 节是数值分析，3.5 是本章小结。

3.1　模型框架和基本假设

设企业 A(盟主)具有某种核心能力，该企业决定开发某种复杂专利产品，A 需要与具有其他核心能力的企业 B(成员)合作建立项目组共同开发这一专利产品。由于联盟为项目而建立，所以项目的收益就是动态联盟的收益。设该研发项目的收益 V_t服从下面的几何布朗运动过程：

$$dV_t = \mu V_t dt + \sigma V_t dz \tag{3-1}$$

式中，μ 是研发项目的期望收益率，σ 是瞬时标准差，设它们都是常数；dz 是均值为 0、方差为 1 的维纳增量过程。式(3-1)隐含着该项目的当前收益是已知的，但是未来收益是对数正态分布，其方差随着时间线性增长。这样，尽管随着时间推移 A 会有关于 V_t 的新信息，但项目的未来收益一直是不确定的，因此 A 会时刻关注 V_t 的变动，并考虑自身的收益和投资成本，从而选择恰当的时机组建联盟①。

在组建联盟的情况下，A 和 B 的投资成本包括固定成本和创新成本两部分。固定成本是指成员购买设备、材料等具体费用，是可证实和计量的，能够在合约中明确约定。创新成本属于隐性的智力投入，如研制新产品过程中企业投入的大量无法证实和计量的时间与精力，它是努力水平的函数，并随努力水平的增加而快速增加。设 A 和 B 的固定成本分别为 C_A 和 C_B。为了研究的方便，类似于张维迎(1996)的团队模型，设 A 和 B 的创新成本各为 $0.5aI_{A2}$ 和 $0.5bI_{B2}$，其中，a 和 b 为成本系数，I_A 和 I_B 为努力水平。两种成本创造的价值分别表示为 V_s 和 V_c，整个联盟价值为：

$$\begin{aligned} V &= V_s + V_c \\ V_c &= \zeta I_B^{\alpha} I_A^{1-\alpha} \end{aligned} \tag{3-2}$$

式中，V_s 是不存在创新效应情况下动态联盟的基本收益。此时，V_s 应与式(3-1)中的 V_t 相同，即 $V_s = V_t$，V_c 是创新效应产生的额外增加值。

式(3-2)的经济意义为：如果 A 和 B 仅进行固定成本的投资 C_A 和 C_B，则组建联盟的目的仅在于追求成本节约效应，但整个联盟价值只能同 A 单独投资得到的价值相同。但是，如果 A 不组建联盟，A 必须投入更多的成本 $C_A + \theta C_B$(对 θ 的要求将在 3.2 节中讨

① 由于本章重点是讨论成本节约效应和创新效应对联盟组建时机的影响，因此回避了项目研发的技术不确定性，若考虑技术不确定性，只是折现率有改变，对一般结论没有影响。

论)才能得到V_s，其中，θ为成本节约系数。在投入固定成本的基础上，如果A和B组成联盟，互相贡献自己的知识技能并投入创新成本加大创新力度，可以增加联盟价值V_c，该值在实际中难以准确衡量，但是专利产品研发成功后系统的性能可与事前的预期或同类产品进行比较。如果系统最终的性能高于预期，则一方面增强了系统在市场上的竞争力而增加了联盟价值，另一方面也间接体现了成员创新努力的水平。为了研究的方便和表示各成员间创新的互补性①，采用柯布-道格拉斯生产函数的形式来表示创新效应产生的额外价值，即$V_c=\zeta I_{\mathrm{B}}^{\alpha} I_{\mathrm{A}}^{1-\alpha}$，其中，$\zeta$为产出系数，$\alpha$为B在联盟技术创新中的相对重要性。

关于动态联盟价值的分配，我国一些学者采用固定支付加产出分享模式对联盟的收益进行分配。他们得到的分配结果只与努力成本和贡献系数有关，与固定成本无关。但是冯蔚东和陈剑(2002a)在讨论虚拟企业利益分配原则时指出，利益分配比例应同投资成本、承担风险大小有关。由于各成员投入相应的固定成本和创新成本进行一个复杂产品的研发，各成员承担着风险，因此他们的所有投入理应得到补偿。本着“利益共享、风险分担”的原则，各成员投入的固定成本和创新成本共同参与联盟收益的分配。根据上面的分析，由于V_s是A和B投入固定成本所创造的收益，则对V_s的分配由式(3-3)确定：

$$\gamma=\frac{C_{\mathrm{B}}}{C_{\mathrm{A}}+C_{\mathrm{B}}} \tag{3-3}$$

其中，γ表示B对V_s所要求的份额，相应地，A为$1-\gamma$②。

对V_c的分配，如果B得到其中的S，则A得到$(1-S)$份额。其中S的大小决定着A和B是否努力创造更多创新收入的问题，其确定要采用相应的激励机制。在动态联盟中，作为盟主的A多是在产品研发过程中处于核心地位，其表现为对产品的重要系统进行研发和生产，其研发能力多具有不可替代的优势，因此A是创造联盟收益的主体；而成员企业B一般不具备技术独占性，在联盟中处于辅助地位且与之功能类似的同等竞争者较多，所以盟主企业对是否组建动态联盟、选择哪些企业作盟友以及在与这些可能盟友协商收益分配关系时拥有主动权，但这并不是说A可以不考虑成员B的利益。同时，由于研制新产品必需投入大量的时间与精力，但研制成功与否、市场反应如何，除了企业自身的因素外，还受到众多的客观条件制约和偶然因素影响，其间就存在以客观因素推卸自身责任的道德风险，此时合理有效的激励机制成为不可或缺的要素。委托代理理论认为，个体总是追求自身效用最大化，而制度安排只能在满足个体理性的基础上实现集体效用最大化。成员企业作为理性的个体，同样会追求自身效用最大化。如果A坚持苛刻的协作条件，成员B要么拒绝参与联盟，要么接受协作条件却在以后的合作中行为消极，不利于联盟的整体利益。因此在与B的协商过程中，A必须充分考虑到收益分配机制对成员后续行为的影响，使双方在互利的基础上对收益的合理分配达成一致 ，以便在以后

① 其互补性表现在复杂系统的集成上，如果一个子系统性能不佳会影响整个系统综合性能的发挥，类似水桶原理，一桶水的容量是由最短那块侧板的长度决定。

② 例如，VLSI联盟中各成员平均分摊成本和平均分享成果的方法。

的协作中充分发挥动态联盟中各成员资源互补的优势，实现共同赢利。

动态联盟的组建过程为：盟主 A 观察联盟收益 V_t，选择最佳时机组建联盟。然后通过招标等方式从较多的能够完成相同工作的候选者中吸收 B 为联盟成员，A 和 B 签定合同，以确定对 V_s 的分配系数 γ 和对 V_c 的分配系数 S，则成员 B 的收益为 $V_B=\gamma V_s+SV_c$，A 得到的收益为 $V_A=V-V_B=(1-\gamma)V_s+(1-S)V_c$。在最大化各自收益的基础上，双方最后决定自己的努力水平 I_A 和 I_B。

因此，A 作为盟主以最大化自身收益作为目标函数，而将 B 最大化自身收益作为模型的约束条件，该约束条件分为参与约束和激励相容约束两种。参与约束即成员 B 参与联盟的收益不得小于不参与联盟时的保留收益；激励相容约束是指，B 在接受了 A 所确定的分配机制下，会按照 A 的意愿同时根据自身收益最大化的原则选择自己的努力水平 I_B。A 组建联盟与否和 B 是否参与联盟的条件描述如下：

$$\max V_A = \max_{I_A, S}\{(1-\gamma)V_s+(1-S)V_c-C_A-0.5aI_A^2, V_S-C_A-\theta C_B, 0\} \tag{3-4}$$

$$\max V_B = \max_{I_B, s}(\gamma V_s+SV_c-C_B-0.5bI_B^2, V_p) \tag{3-5}$$

$$V_p \geqslant 0$$

式(3-4)中，等式右边最大值算式中第一个式子是组建联盟时 A 的净收益。第二个式子是 A 不组建联盟单独投资时的净收益，第三个式子表示 A 既不单独投资也不组建联盟时的收益。同样，式(3-5)中等式右边最大值算式中第一个式子是 B 参与联盟并投资时所得到的净收益，第二个式子 V_p 是 B 参与联盟时所需的保留收益。如果联盟的收益小于 V_p 时 A 无法组建联盟。因为成员只有参与联盟并投入固定成本才能创造创新收益，所以我们假定：$C_A>0$，$C_B>0$。

3.2　联盟组建分析

组建联盟时首先要分析联盟创新收益的分配方案，然后根据联盟收益和投入成本确定组建联盟的条件。在分配比例的确定上，γ 的确定直接按照式(3-3)来确定。而 S 的确定，则需通过逆推的方式进行确定，即先假定 S 已经确定的情况下分析 A 和 B 分别对努力水平 I_A 和 I_B 的选择，然后再确定分配系数 S。确定了 γ 和 S 后，再确定组建动态联盟时所需的收益门槛值。

3.2.1　联盟创新收益分配分析

与张维迎(1996)类似的推导过程，给定 S，A 和 B 最大化各自的创新收益得到努力水平的两个反应函数：

$$I_A = \left[\frac{(1-S)(1-\alpha)\zeta}{\alpha}\right]^{\frac{1}{1+\alpha}} I_B^{\frac{\alpha}{1+\alpha}} \tag{3-6}$$

$$I_B = \left(\frac{\alpha S\zeta}{b}\right)^{\frac{1}{2-\alpha}} I_A^{\frac{1-\alpha}{2-\alpha}} \tag{3-7}$$

根据式(3-6)和(3-7)可知，联盟中成员努力水平的增加会导致其他成员努力水平的增加。在给定其他成员努力水平不变的情况下，成员努力水平会随其占有份额的增加而增加。这与我们的直觉是一致的：在联盟合作过程中，如果合作伙伴偷懒，那么自己的努力是为他人做“嫁衣”，自然也会偷懒；反之，如果合作伙伴努力自己也努力；当成员的占有份额越大，则越关心创新收益的大小(类似企业的大股东)，其努力水平就越高。

由式(3-6)和(3-7)可得定理1：

定理1 A和B在Nash均衡下的努力水平分别为：

$$I_{\mathrm{A}}=\left(\frac{\alpha\zeta}{b}\right)^{\frac{\alpha}{2}}\left[\frac{(1-\alpha)\zeta}{a}\right]^{\frac{2-\alpha}{2}}S^{\frac{\alpha}{2}}(1-S)^{\frac{2-\alpha}{2}} \tag{3-8}$$

$$I_{\mathrm{B}}=\left(\frac{\alpha\zeta}{b}\right)^{\frac{1+\alpha}{2}}\left[\frac{(1-\alpha)\zeta}{a}\right]^{\frac{1-\alpha}{2}}S^{\frac{1+\alpha}{2}}(1-S)^{\frac{1-\alpha}{2}} \tag{3-9}$$

根据式(3-8)和(3-9)分析，随着 a 和 b 的增加，A和B的努力水平 I_{A}和 I_{B}都会减小。如果成员的成本系数越高，说明提高努力水平越困难，提高努力水平的积极性就不高，因此，随着成本系数的增加，联盟中的成员努力水平会减少。在Nash均衡下，当 $S=0$ 或 $S=1$ 时，A和B的努力水平都为零。即任何成员如果独占创新成果，其他成员努力的结果是“颗粒无收”，其他成员自然不会努力。由于成员间创新的核心能力是互补的，所以整个创新收益会为零。因此，在盟员的选择上应该选择那些创新成本系数低的成员。

根据满足成员利益最大化而确定了各成员努力水平之后，通过考虑实现联盟利益最大化来确定 S，则根据下面的定理2可确定分配系数 S。

定理2 在Nash均衡下，最优分配系数为：

$$S=\begin{cases}\dfrac{\alpha+\alpha^2-\sqrt{\alpha(1-\alpha^2)(2-\alpha)}}{2(2\alpha-1)} & \text{if } \alpha\neq 1/2\\ 1/2 & \text{if } \alpha=1/2\end{cases} \tag{3-10}$$

创新收益的分配份额 S 只与成员在联盟的创新中的相对重要性有关①。

实际上，各成员只能观测到自己的努力水平，而无法观测到其他人的努力水平，因而成员的创新成本是无法证实的。因为不可证实的因素不能作为合同的依据，但联盟各成员核心能力的相对重要性在盟主招标谈判时，双方可根据成员所要完成任务在整个联盟中的重要程度进行评估(例如，子系统在整个系统的重要性和复杂程度)，所以 S 的确定只能采用激励机制来确定，其结果 S 只与成员在联盟中创新的相对重要性有关②。

在确定了 S 之后，下面将讨论盟主A组建动态联盟的决策。首先建立单独投资的期权定价及决策过程模型，然后在此基础上建立盟主组建联盟的决策模型(包含成本效应和创新效应的模型)。

---

① 虽然我们的反应函数与张维迎(1996)不同，但 S 的结果与其相同。

② 联盟产出函数如果采用多项式，如郑文军等(2001)，成员分配份额也与努力水平无关。

3.2.2　联盟组建的期权分析

盟主承担起组建联盟的责任，可能这个研发项目十分庞大，无人能承担起项目的领导角色，而盟主通过自身的核心优势具有天然的领导地位(垄断地位)；又或者盟主发现的这个投资机会是一个只有他知道的商业秘密。两种情况下盟主都会等待最佳的时机实施该项目。根据金融期权的观点，盟主的投资类似于持有一个无限期的美式期权，美式期权的执行价格是其获得该项目收益所付出的固定成本，等待的价值是期权的时间价值。联盟的组建与单独投资类似。

当盟主不组建联盟单独投资时，其 Bellman 方程如下：

$$F_S(V_t)=\max\ \{V_t-C_A-\theta C_B,\ e^{-rdt}E\ [F_S(V_t+dV_t)]\}$$

式中，F_s表示 A 单独投资时的期权价值，r 为折现率。

这是一个最优停止问题，停止状态是 A 单独投资获得净收益 $V_s-C_A-\theta C_B$，连续区域是等待机会进行投资。A 单独投资的期权价值和最优投资策略的推导是标准过程，推导过程可参见(Dixit，1994)。其结果为定理 3 所述：

定理 3　当盟主单独投资时的期权价值 F_s为：

$$F_s=\begin{cases}Y(V_s^*)V^\beta & V_t<V_s^*\\ V_s-C_A-\theta C_B & V_t\geqslant V_s^*\end{cases}\tag{3-11}$$

其中，V_s^* 是单独投资的门槛值，Y 和 β 是一个常数：

$$\begin{aligned}&V_s^*=\frac{\beta}{\beta-1}(C_A+\theta C_B)\\&Y=\frac{V_s^*-(C_A+\theta C_B)}{(V^*)^\beta}\\&\beta=0.5-\frac{\mu}{\sigma^2}+\sqrt{\left(\frac{\mu}{\sigma^2}-0.5\right)^2+\frac{2r}{\sigma^2}}>1\end{aligned}\tag{3-12}$$

当组建联盟时 A 的期权价值为 F_c，相应的 Bellman 方程为：

$$F_c(V_t)=\max\ \{(1-\gamma)V_t+(1-S)V_c-C_A-0.5aI_A^2,\ e^{-rdt}E\ [F_c(V_t+dV_t)]\}$$

组建联盟时 A 所得到的收益和投资策略由定理 4 得到。

定理 4　A 组建联盟时的期权价值 F_c为：

$$F_c=\begin{cases}X(V_c^*)V^\beta & V_t<V_c^*\\ (1-\gamma)V_s+(1-S)V_c-C_A-0.5aI_A^2 & V_t\geqslant V_c^*\end{cases}\tag{3-13}$$

其中，V_c^* 是组建联盟的门槛值，X 是一个常数：

$$\begin{aligned}&V_c^*=\frac{\beta}{\beta-1}\frac{1}{1-\gamma}[C_A+0.5aI_A^2-(1-S)\zeta I_B^\alpha I_A^{1-\alpha}]\\&X=\frac{1-\gamma}{\beta}V_c^{*\,1-\beta}\end{aligned}\tag{3-14}$$

为了使 $V_c^*>0$，必须满足 $C_A+0.5aI^2-(1-S)\zeta I_B^\alpha I_A^{1-\alpha}>0$。

3.2.3 组建联盟的决策分析

组建联盟分为两种情况：第一种仅为了追求成本节约效应，第二种是既为了追求成本节约效应，也为了追求创新效应。两种情况有如下定理。

定理5 在 $I_{\mathrm{A}}=0$，$I_{\mathrm{B}}=0$ 时，A 选择 B 的条件为 $\theta \geqslant 1$ 且

$$V_P + C_{\mathrm{B}} \leqslant C_{\mathrm{B}}\beta/(\beta-1) \tag{3-15}$$

B 参与联盟时联盟收益的临界值满足：

$$V_{\mathrm{B}}^{*} = V_P C_{\mathrm{A}}/C_{\mathrm{B}} + V_P + C_{\mathrm{A}} + C_{\mathrm{B}} \tag{3-16}$$

当 A 单独投资的临界值高于组建联盟的门槛值时可以得到 $\theta \geqslant 1$，该不等式说明盟主在选择盟员时，盟员完成盟主分配给他的工作所需成本至少不大于盟主来完成该工作所需的成本①，而且 θ 越大意味着联盟所产生的净收益也越高，从而双方得到的净收益也越高②。

当联盟的收益高于 A 组建联盟的门槛值且高于 B 参与联盟所需的门槛值时③，B 愿意参与联盟，从而得到式(3-15)。该不等式左边的式子表示的是 B“所有成本”（保留收益 V_P 和参与联盟的固定成本 C_{B}），不等式右边是期权中非常熟悉的 B 投入 C_{B} 所要求收益的门槛值。因为盟主进行组建联盟的决策是一个或有决策，其所要求的组建联盟的门槛值仅考虑自身的固定成本 C_{A}，但由于在其所得份额中含有 B 的固定成本，其结果也以或有决策的方式考虑了 B 投入固定成本 C_{B} 时参与联盟的门槛值。当把 C_{B} 移到等式右边时，则对成员 B 的保留净收益 V_P 限定了一个上限，如果超过该上限则表明 B 参与联盟所需的门槛值超过了 A 组建联盟的门槛值，意味着盟主组建联盟时“分配”给 B 的收益不能满足 B 要求的所有成本，其结果是 B 不会参与联盟。

式(3-16)的 $V_P C_{\mathrm{A}}/C_{\mathrm{B}}$ 是 B 基于自身保留收益的基础上考虑的 A 所需的保留收益。该式的意义是 B 参与联盟要考虑整个联盟的所有成本，整个联盟的收益不仅要能够弥补自身的固定成本和保留收益，还要能够弥补盟主 A 的固定成本和保留收益。

随着系统越来越庞大和复杂，一个企业或机构不可能独立完成整个产品系统的研发。在计算机产业中，围绕着产品系统中各个子系统或模块进行分工的企业在产业中形成了“模块化集群企业”（module cluster firm）。由于这些企业各自专注于某个子系统或模块产品的开发，因而积累了独特的成本和创新优势。其中一些企业的产品是互补产品，随着整个系统产品的升级换代，这些企业势必要组成联盟共同开发新一代系统产品④。典

---

① θ 可以通过盟主和成员完成同一工作所花成本的比率得以计量。

② 例如，宜昌碳素厂紧邻葛洲坝所拥有的低价电力和先进的电极石墨化生产工序，上海碳素公司拥有紧邻优质石墨产地和其他先进技术优势，两企业组建联盟后提高了双方的经济效益（董川远，2003）；如中泰合资的易初摩托车公司（戴雪梅等，1999）。

③ 因为 V_t 是连续的，盟主在 V_t 一旦大于等于 V_c^{*} 时就组建联盟，则必然存在该不等式：$V_{\mathrm{B}}^{*} \leqslant V_c^{*} \leqslant V_s^{*}$。

④ 当然竞争对手也可以组建联盟。

型的例子是美国的 IBM PC 联盟以及 Segate 公司和 NCR 公司研制新一代硬盘组成的联盟。联盟成员共同投资，贡献自己的知识和技能并且相互学习，开发自己的子系统或模块，共同推出新一代产品。下面定理 6 的前提就在于此。

当各盟员投入固定成本并追求创新效应时，由定理 6 可得到 A 选择 B 和 B 参与联盟的条件。

定理 6　在 $I_A \neq 0$，$I_B \neq 0$ 时，A 选择 B 的条件为

$$\theta \geqslant 1+\left(\frac{1}{C_A}+\frac{1}{C_B}\right)[0.5aI_A^2-(1-S)V_c] \tag{3-17}$$

V_P 必须满足：

$$V_P+C_B+0.5bK^2-SV_C \leqslant \frac{\beta}{\beta-1}\left\{C_B+\frac{C_B}{C_A}[0.5aI_A^2-(1-S)V_c]\right\} \tag{3-18}$$

要求联盟收益的门槛值为：

$$V_B^* = V_P+C_B+0.5bI_B^2-SV_C+C_A+\frac{C_A}{C_B}(V_P+0.5bI_B^2-SV_c) \tag{3-19}$$

式(3-17)暗含着 $\theta<1$，其产生的原因是创新效应会弱化对成本节约效应的要求，弱化的强度等于盟主创新净成本 $[0.5aI_A^2-(1-S)V_c]$ 同自己和成员固定成本的比例之和。这说明盟主在选择盟员时对创新效应具有较强的需求，因此在盟员的节约效应并不充分的情况下会依然吸收该成员。

式(3-18)的基本解释同式(3-15)，但与式(3-15)不同的是盟主 A 在考虑 B 的投资门槛值时依据自身的情况也以或有决策的方式考虑了 B 存在创新净成本时参与联盟的门槛值 $[0.5aI^2-(1-S)V_c]C_B/C_A$。式(3-19)的基本解释同式(3-16)，它们的差别在于 B 基于自身创新净成本的基础上考虑的 A 的创新净成本 $(0.5bK^2-SV_c)C_A/C_B$。

A 所要求的成本节约系数 θ 和 B 参与联盟所要求的 V_B^* 最终要受到成本系数 a、b 和相对重要性 α 的影响。对于这些参数如何对 θ 和 V_B^* 进行影响，在此不进行赘述。

3.3　静态比较分析

组建专利 R&D 动态联盟的重要目的之一是在瞬息万变的市场中快速把握市场机会，但是对于一个以复杂专利产品的研发为目的而组建的动态联盟，盟主和各成员企业都要进行相应的投资并承担各种风险。从盟主意识到机会开始，盟主不断对市场风险和联盟收益进行评估，直到根据所获得的信息做出组建联盟的决策。其间要考虑三个问题：①市场环境的不确定性对联盟收益的影响；②各成员完成每一个任务所需固定成本的大小产生的成本节约效应对各成员收益的影响；③各成员技术创新的核心能力产生的技术创新效应对各成员收益的影响等。盟主时刻考虑这些问题并选择最佳时机组建联盟，盟主组建联盟与企业投资一样拥有等待期权，从发现机会到组建联盟需要一定的等待时间。那么，动态联盟在抓住市场机会的反应时间要比不组建动态联盟的单个企业快多少呢，是什么因素影响了组建速度？是如何影响的？下面将分别对仅存在成本节约效应和既存在成本节约效应又存在创新效应的情况进行分析。

假设 T 是企业单独投资所等待的时间，T_C是仅存在成本节约效应下的等待时间，T_I是既存在成本节约效应又存在创新效应下的等待时间。用 $\Gamma_C=E(T-T_C)$表示成本节约效应相对于单独投资的节省时间的期望值，同理，$\Gamma_I=E(T_C-T_I)$表示技术创新效应相对于成本节约效应所节省时间的期望值。

根据 Harrison(1985)的结论①，进行相应的处理和简单变量替换，可以得到收益到达临界值 V^* 的时间累计概率分布函数：

$$\begin{aligned}\mathrm{pr}[T\leqslant t]=&N\left[\frac{-\ln(V^*/V)+(\mu-0.5\sigma^2)t}{\delta\sqrt{t}}\right]\\&+\left(\frac{V^*}{V}\right)^{(2/\sigma^2)(\mu-0.5\sigma^2)}N\left[\frac{-\ln(V^*/V)-(\mu-0.5\sigma^2)t}{\sigma\sqrt{t}}\right]\end{aligned} \tag{3-20}$$

其中，$N(Z)$为标准正态分布累积概率函数。当 $\mu-0.5\sigma^2>0$ 时，到达时间的期望 $E(T)$一定存在，其值为：

$$E(T)=\frac{\ln(V^*/V)}{\mu-0.5\sigma^2} \tag{3-21}$$

对于 σ 和 μ 对投资的影响在期权分析中可参见 Dixit(1994)，鉴于本书研究目的，在此不进行分析。

在成本节约效应下 T 和 T_C两者之差的期望可表示为：

$$\Gamma_C=\frac{1}{\mu-0.5\sigma^2}[\ln(C_A+\theta C_B)-\ln(C_A+C_B)] \tag{3-22}$$

根据上式分别对 θ、C_B、σ 和 μ 进行求导可以得到定理 7。

定理 7 $\frac{\partial\Gamma_C}{\partial\theta}>0$，$\frac{\partial^2\Gamma_C}{\partial\theta^2}>0$，即 Γ_C随着 θ 增加而非线性增加，且增加的速度逐渐放慢，$\lim\limits_{\theta\to\infty}\frac{\partial\Gamma_C}{\partial\theta}=0$。

定理 7 的经济意义在于：如果盟主和成员完成相同的工作，成员付出的成本比盟主的越低，盟主组建联盟越迅速，这说明盟主针对某一任务所选择的成员应该是那些所需成本最低的成员。因为对 V_s的分割是根据盟主和成员的固定投资额的比例进行，在完成相同工作的情况下，成员所需成本越小，则成员得到的 V_s的份额就越小，反过来，盟主得到 V_s的份额就越大②，其结果导致盟主收益的增加，由于盟主固定成本不变，所以增强了盟主把握投资机会的能力。但是，成员固定投资成本的减少程度对盟主得到 V_s的份额的增加作用是逐渐减弱的③，因此导致了成员固定投资成本的减少程度对投资临界值的影响逐渐减弱；又由于期权时间价值的非线性，从而导致 Γ_C随着 θ 增加而非线性增加的结果，并且当 $\theta\to\infty$时，盟主只需投入 C_A就能得到 V_s的全部价值。总之，Γ_C随着 θ 增加

① Harrison(1985)中第 14 页公式 1.11 和 3.2 节的结果。

② 例如，当 A 完成自身工作需要 50 元的成本，完成 B 的工作是 100 元，而 B 需要 50 元和 20 元时，θ 的值分别为 2 和 5，但 A 得到的份额分别是 0.5 和 0.71。

③ 盟主得到 V_s的份额对成员的固定投资成本的一阶导数为负，二阶导数为正。

而非线性增加，且增加的速度逐渐放慢[①]。

比较创新效应和成本节约效应：

$$\Gamma_I = \frac{1}{\mu - 0.5\sigma^2}\{\ln C_A - \ln[C_A + 0.5aI_A^2 - (1-S)V_c]\} \tag{3-23}$$

μ 和 σ 对创新效应的影响同成本节约效应。根据上式可得定理8：

定理8　$\frac{\partial \Gamma_I}{\partial a}<0$，$\frac{\partial \Gamma_I}{\partial b}<0$，即 Γ_I 随着A和B成本系数的增加而减小。

定理8的经济意义在于：随着A和B成本系数的增加，创新效应越不显著，因此盟主在选择成员时应选择那些创新成本最低的成员。造成定理8结果的原因在于：一方面，根据定理2，成员的创新份额只依赖于成员在创新中的相对重要性，而与努力水平无关；另一方面，随着成本系数的增加，创新代价太大导致A和B努力的积极性不高和努力水平降低，从而导致A得到的创新净收益减少，创新效应不显著。

由于成员重要性 α 对创新效应情况的影响所得到的表达式极为复杂和烦琐，难以得到清晰的表达式。根据数值分析并作图可知，$E(T_C - T_I)$ 随着B重要性 α 的增加，其呈现出逆时针放倒的“S”形。

3.4　数 值 分 析

本节将通过数值方法进一步分析成本节约效应和创新效应对组建联盟的利润临界值和组建联盟时机的影响特征。

假设一具有核心能力的企业A准备组建动态联盟，同另一具有核心能力的成员B共同投资研发一个复杂新技术专利产品。共同的基本参数为 $r=0.06$，$\mu=0.05$，$\sigma=0.3$。

图3-1的其他参数为 $C_B=15$，$C_A=5$。图3-1是通过不同的成本节约系数来比较组建联盟和不组建联盟两种情况下投资时机的变化情况。从图3-1可以看出，$\Gamma_C=E(T-T_c)$ 随着 θ 增大而非线性地增大(其解释和意义在定理7的解释中已说明)。所以盟主针对某一任务所选择的成员应该是那些所需成本最低的成员，成本越低越能促进动态联盟的快速组建。

图3-2和图3-3的共同参数为 $C_B=5$，$C_A=15$，$V_p=10$，$\zeta=1$。图3-2中实线是 a 变化时 $E(T_C-T_I)$ 的情况(b 固定，$b=10$)，虚线是 b 变化时 $E(T_C-T_I)$ 的变化情况(a 固定，$a=10$)。

图3-2中两组曲线(两条实线和两条虚线)都随着成本系数 $a(b)$ 的增加，$E(T_C-T_I)$ 逐渐减少。根据结论1和图3-3(c)可知，A(B)随着努力成本的增加，降低了其努力水平的同时，也降低了B(A)的努力水平，导致A创新投资的净收益相应降低，所以使得创新效应对组建联盟的促进作用逐渐减少。因此，盟主在不断下工夫降低自身的创新成本时，还要尽量选择创新成本低的成员。

① 对于成员而言，其资源优势越显著，越容易被盟主选中。同时其投资成本越小，则其承担的风险也越小，故其所得的份额也应越小。

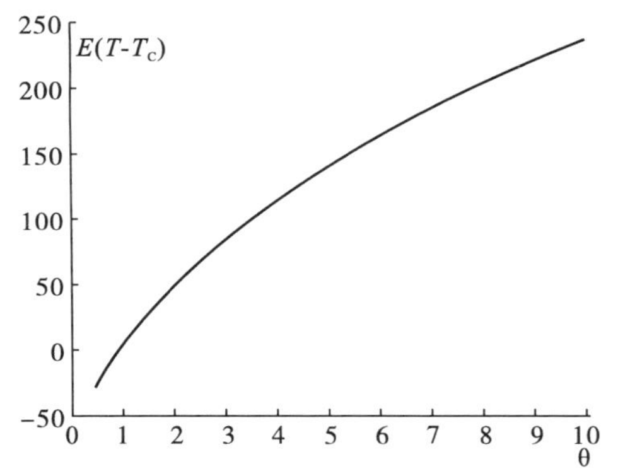

图 3-1　成本节约系数对动态联盟组建时机的影响

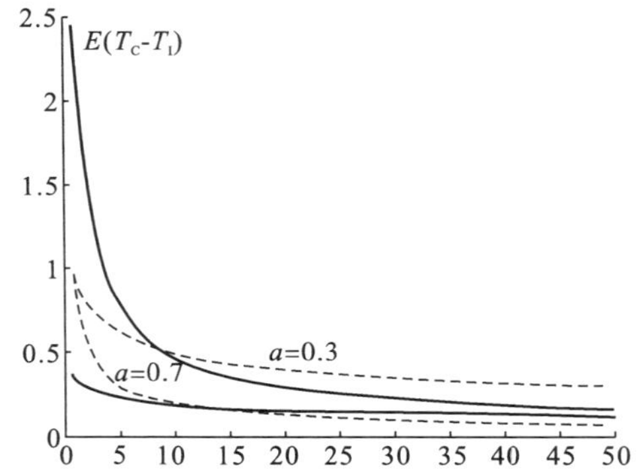

图 3-2　不同成本系数和重要性对投资时机的比较

图 3-3(a)是 A 和 B 的努力水平随 B 的相对重要性的变化而变化的图形(分别用实线和虚线表示)。图 3-3(b)是 A 的创新份额随 B 的相对重要性而变化的图形。图 3-3(c)是 A 的创新净收益随 B 的相对重要性而变化的图形。图 3-3(d)$E(T_C - T_I)$随 B 的相对重要性变化而变化的图形。

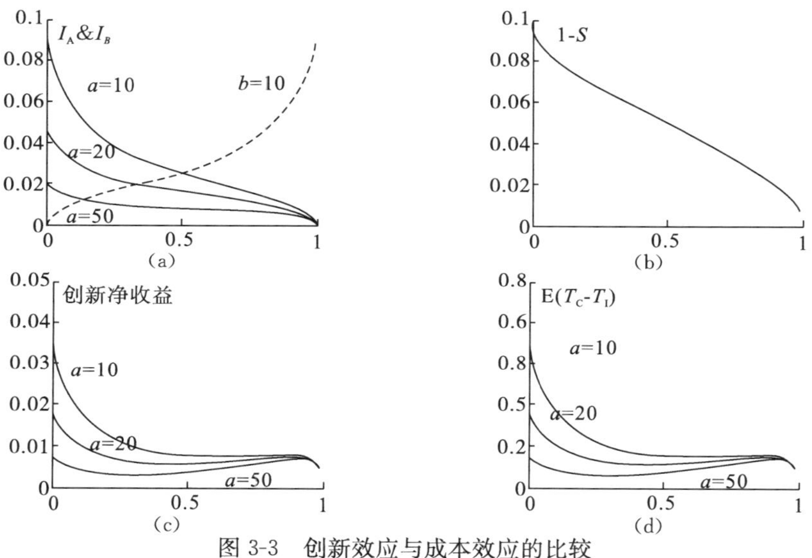

图 3-3　创新效应与成本效应的比较

图 3-3(d)描述的是当 $a=10$，$a=20$，$a=50$ 的情况下，$E(T_C - T_I)$随着 B 重要性 α 的增加，其呈现出逆时针放倒的“S”形。$E(T_C - T_I)$的图形在形状上与图 3-3(c)的图相同，产生图 3-3(c)的现象和产生图 3-3(d)的现象的原因本质上是一致的。

它们在前部分迅速下降的原因在于：其一，随着 B 重要性 α 的增加，导致 A 努力水平迅速下降［图 3-3(a)］，下降的速度高于 B 努力水平上升的速度［图 3-3(a)］，B 增加努力水平所产生的收益无法弥补 A 减少努力水平所减少的收益，因而导致整个创新收益减少；其二，α 的增加，导致 A 所得到的创新份额减少［图 3-3(b)］。其非线性降低的原因可以从图 3-3(b)中得到结果，图 3-3(b)表明重要性大的成员的分配份额相对小于其在联盟中的相对重要性。这是由于更重要的成员创新的边际产出正依赖于较不重要成员的努力，较不重要从而创新剩余份额较低的成员有更大的积极性偷懒，为了弱化他的“廉价”偷懒行为，有必要让他占有相对多一点的创新剩余份额。$E(T_C - T_I)$在中间部分上升的原因在于随着 B 重要性 α 的增加，B 努力水平增加的速度高于 A 努力水平下降的速度，B 对整个联盟创新的贡献使得整个创新收益增加，同时 B 为了借助 A 的创新，也必须给 A 相对多一点的创新剩余份额。因此，总的效果导致 A 所得到的创新净收益缓慢增加。$E(T_C - T_I)$在后部分下降的原因在于，随着 B 重要性 $\alpha \to 1$，B 将占有全部创新所得，从而导致 A 的努力水平为零，由于 A 和 B 的核心能力是互补的，A 的“零努力”必然会导致 B 的努力产生不了创新收益。图 3-3 说明了两个问题：①盟主应该是联盟中相对重要性大的企业，只有这样的企业才能迅速抓住市场机会；②在创新收益的分配上，盟主要考虑相对重要性低的企业的创新积极性，因此要给予成员高于其在联盟中相对重要性的分配份额，以此确保联盟创新收益的实现。

3.5 本章小结

本章在对专利 R&D 动态联盟组建的收益分配等问题进行研究的基础上，采用实物期权方法对盟主组建动态联盟的决策进行了研究，考察了成本节约效应、创新效应、成员创新成本和在创新中的相对重要性对动态联盟组建时机的特征。

本章在研究创新的利益分配时，采用的是 Nash 均衡的结果，由于成员只追求个人利益最大化而未达到整个联盟价值的最大化，因此，最优产出的分配并未达到帕累托最优。进一步的研究可以采用其他机制来改进产出和分配结果。

第4章　不完全信息专利竞赛

对企业而言，不完全信息是除技术、市场不确定性以外的另一类不确定性。这类信息的不完全性会对企业的决策造成困扰，尤其是研发专利的投资决策。一般来讲，在不完全信息下的专利竞赛中，先发优势和后发优势均可能存在。本章将先讨论只有先发优势的情形，接着再讨论既有先发优势又有后发优势的情形，最后进行总结。

4.1　只有先发优势的专利竞赛

专利研发投资处于整个新产品开发的早期，离能产生现实收益的商业运营阶段还有较长的距离，而且中间的多个阶段还会遇到各种不确定性因素的影响，所以专利的前景较模糊。在研发投资之前，不断到达的难以预料和辨析好坏的信号(即不完全信息)为企业的投资决策提出了很大的挑战。鉴于此，下面在 Thijssen 等(2001a，2001b)基础上考虑不完全信息、技术不确定性和竞争等因素构建实物期权模型，对不完全信息条件下企业的竞争行为进行研究。

4.1.1　完全垄断投资决策模型

假设市场上只存在一个企业，获得了研发某专利的机会，专利技术研发成本为 I，专利研发的成功服从参数为 λ 的泊松过程，且独立于随机事件的到达。专利在企业眼中只有“绩优”和“绩差”两种，即当该专利所对应的市场需求高、盈利性较好的时候，专利的价值就高，其价值记为 R^H，并称之为“绩优专利”；反之，该专利为“绩差专利”，其价值记为 R^L。不失一般性，假定 $R^L=0$。企业在研发前对该专利的价值有一个初始的先验信念，即认为专利是“绩优专利”的先验概率为 $P(H)=p_0$。

企业在做出投资决策前不时地会受到随机到达事件的影响，这些随机事件是显示市场条件好坏的信号，如果信号表明市场条件较好，本章称之为一个利好信号，记作 h；反之，则是一个利差信号，记作 l。无论是利好信号还是利差信号中，都部分蕴含着市场真实信息即 H(市场条件确实较好)和 L(市场条件确实较差)。由于人的认知能力有限，当大家认为到达信号为一个利好信号 h 时，专利确实是“绩优专利”的概率为 α，专利实际上为“绩差专利”的概率为 $1-\alpha$；而当大家认为到达信号为一个利差信号 l 时，专利确实是“绩差专利”的概率为 α，专利实际上为“绩优专利”的概率为 $1-\alpha$。其中，$\alpha>1/2$。当然若假定 $\alpha<1/2$，将不会影响分析结果，但 $\alpha\neq1/2$，因为这样的信号是无效

的，即信号无法使企业对专利的盈利性有更多的了解，由此而引起的等待价值也会消失。假定反映专利好坏的信号的到达服从参数为 $\mu>0$ 的泊松过程，信号到达的数量记作 n，于是有：

$$dn(t)=\begin{cases}1, & \text{以概率 } \mu dt\\ 0, & \text{以概率 } 1-\mu dt\end{cases},\text{并且 } n(0)=0$$

给定信号数量 n 和利好信号数量 g（其中，$g\leqslant n$），直接引用 Thijssen 等(2001a)的结果，即采用 Bayes 更新，得到专利的确是“绩优专利”的概率为：

$$p(H\mid n,g)=\frac{\alpha^k}{\alpha^k+(1-\alpha)^k\xi}\equiv p(k) \tag{4-1}$$

其中，$k=2g-n$，$\xi=(1-p_0)/p_0$。k 表示利好信号超过利差信号的数量，它是信念的唯一变量。

企业在任意 $p(k)$下实施研发投资，在时间区间$(0,\ \tau)$研发未成功的概率为 $e^{-\lambda\tau}$，而在下一个小的时间区间$(\tau,\ \tau+d\tau)$内事件研发首次成功的概率为 $e^{-\lambda\tau}\lambda d\tau$，记研发成功后企业的收益为 $R=\{R^H,\ R^L\}$。记无风险利率为 r，则一旦开始研发，企业期望收益的现值为：

$$E=\int_0^{+\infty}e^{-r\tau}e^{-\lambda\tau}\lambda R d\tau=\frac{\lambda R}{r+\lambda}=\frac{\lambda}{r+\lambda}\{p(k)R^H+[1-p(k)]R^L\}=p(k)\frac{\lambda}{r+\lambda}R^H \tag{4-2}$$

专利研发投资的沉没成本为 I，给定 n 和 g 或 k（因 $k=2g-n$）的情况下，研发投资的净现值 NPV(k)为：

$$\mathrm{NPV}(k)=p(k)\frac{\lambda}{r+\lambda}R^H-I \tag{4-3}$$

在式(4-3)中，动态变化且影响对期望收益评价的是企业对该专利的“看法”，即认为专利为“绩优专利”的概率或信念，由于企业对专利的评价是根据所收到的信号不断修正，因此，企业在不同时点上的信念在变化，从而 NPV(k)也在变化，最终企业实施专利研发投资决策的临界点取决于其信念。以 NPV 为评价准则的盈亏平衡临界信念为：

$$p_{\mathrm{NPV}}=\frac{r+\lambda}{\lambda R^H}I \tag{4-4}$$

但是，由于专利技术的不确定市场前景以及投资的不可逆性，以实物期权的观点，企业必然会等待以获得更多信号来降低不确定性的影响。因此，需要考虑期权价值，发现专利研发投资临界信念。

有关专利在某一时刻的 k 值，存在三种可能区间将期权价值函数分成相应的三段：

1. $k\geqslant k^*$ 和 $p(k)\geqslant p^*$

此时，企业最优的策略必然是立即投资。这样，企业的投资价值就等于式(4-3)所表示的净现值：

$$\mathrm{NPV}(k)=p(k)\frac{\lambda}{r+\lambda}R^H-I \tag{4-5}$$

2. $k<k^*-1$

此时，即使一个新的利好信号到来，企业仍然不会对该专利投资。因为一个对企业有利的泊松跳跃尚不能使其价值函数从连续区域进入停止区域。将此时企业拥有的对专利研发的期权价值函数记作 $V_1(k)$，那么 $V_1(k)$ 应该满足下面的二阶线性差分方程：

$$\begin{aligned} V_1(k) &= e^{-r dt}\{(1-\mu dt)V_1(k)+\mu dt[p(k)(\alpha V_1(k+1)+(1-\alpha)V_1(k-1)) \\ &\quad +(1-p(k))(\alpha V_1(k-1)+(1-\alpha)V_1(k+1))]\} \\ &= (1-r dt)(1-\mu dt)V_1(k)+(1-r dt)\mu dt\{[2p(k)\alpha+1-\alpha-p(k)] \\ &\quad \times V_1(k+1)+[p(k)+\alpha-2p(k)\alpha]V_1(k-1)\}+o(dt) \end{aligned} \tag{4-6}$$

化简、整理并略去高阶无穷小量 $o(dt)$，得到下式：

$$\begin{aligned} (r+\mu)dtV_1(k) &= \mu dt\{[2p(k)\alpha+1-\alpha-p(k)]V_1(k+1) \\ &\quad +[p(k)+\alpha-2p(k)\alpha]V_1(k-1)\}+o(dt) \end{aligned} \tag{4-7}$$

需说明的是，上式表示期权价值 $V_1(k)$等于其在 dt 时间后的期望值的贴现。推导中首先考虑下一个 dt 时间是否收到信号，在收到信号情况下分别针对专利在“绩优”［以概率 $p(k)$］和“绩差”［以概率 $1-p(k)$］两种可能情形，最终计算出信号为利好或利差时期权价值的相应变化。

利用式(4-1)分别得到式(4-8)和(4-9)，即：

$$2p(k)\alpha+1-\alpha-p(k)=\frac{\alpha^{k+1}+\xi(1-\alpha)^{k+1}}{\alpha^k+\xi(1-\alpha)^k} \tag{4-8}$$

$$p(k)+\alpha-2p(k)\alpha=\frac{\alpha^k-\alpha^{k+1}+\alpha\xi(1-\alpha)^k}{\alpha^k+\xi(1-\alpha)^k}=\frac{\alpha(1-\alpha)[\alpha^{k-1}+\xi(1-\alpha)^{k-1}]}{\alpha^k+\xi(1-\alpha)^k} \tag{4-9}$$

将式(4-8)和(4-9)代入式(4-7)，并令：

$$F(k)=[\alpha^k+\xi(1-\alpha)^k]V_1(k) \tag{4-10}$$

化简、整理并略去高阶无穷小量 $o(dt)$，得到下面的二阶线性齐次差分方程：

$$(r+\mu)F(k)=\mu F(k+1)+\mu\alpha(1-\alpha)F(k-1) \tag{4-11}$$

该方程的通解是：

$$F(k)=A\beta^k \tag{4-12}$$

其中，A 是一个常数，β 则满足以下方程：

$$Q(\beta)\equiv\beta^2-\frac{r+\mu}{\mu}\beta+\alpha(1-\alpha)=0 \tag{4-13}$$

方程(4-13)有两个解：

$$\beta_{1,2}=\frac{r+\mu}{2\mu}\pm\frac{1}{2}\sqrt{\left(\frac{r}{\mu}+1\right)^2-4\alpha(1-\alpha)} \tag{4-14}$$

这样企业的专利研发投资期权价值函数为：

$$V_1(k)=\frac{F(k)}{\alpha^k+\xi(1-\alpha)^k}=\frac{A_1\beta_1^k+A_2\beta_2^k}{\alpha^k+\xi(1-\alpha)^k} \tag{4-15}$$

3. $k^* - 1 \leqslant k < k^*$

此时，一旦一个利好信号到来时，企业的价值函数马上从连续区域跳到停止区域，这时立即投资是最佳选择。价值函数 $V_2(k)$满足下面 Bellman 方程(4-16)并计算得式(4-17)：

$$rV_2(k)\mathrm{d}t = E[\mathrm{d}V_2(k)] \tag{4-16}$$

$$\begin{aligned} rV_2(k) &= \mu\{p(k)[\alpha \mathrm{NPV}(k+1) + (1-\alpha)V_1(k-1)] \\ &\quad + [1-p(k)][\alpha V_1(k-1) + (1-\alpha)\mathrm{NPV}(k+1)] - V_2(k)\} \\ &= \mu\{[2p(k)\alpha + 1 - \alpha - p(k)]\mathrm{NPV}(k+1) \\ &\quad + [p(k) + \alpha - 2p(k)\alpha]V_1(k-1) - V_2(k)\} \end{aligned} \tag{4-17}$$

化简、整理上式得：

$$\begin{aligned} (r+\mu)V_2(k) &= \mu\{[2p(k)\alpha + 1 - \alpha - p(k)]\mathrm{NPV}(k+1) + [(p(k) \\ &\quad + \alpha - 2p(k)\alpha]V_1(k-1)\} \end{aligned} \tag{4-18}$$

将式(4-15)代入式(4-18)，化简、整理得：

$$\begin{aligned} V_2(k) &= \frac{\mu}{r+\mu}\Big\{\alpha\frac{\lambda}{r+\lambda}R^H p(k) - [\alpha p(k) + (1-\alpha)(1-p(k)]I \\ &\quad + \alpha(1-\alpha)\frac{A_1\beta_1^{k-1} + A_2\beta_2^{k-1}}{\alpha^k + \xi(1-\alpha)^k}\Big\} \end{aligned} \tag{4-19}$$

这样，企业的价值函数 $V(k)$由下式给出：

$$V(k) = \begin{cases} \dfrac{A_1\beta_1^k + A_2\beta_2^k}{\alpha^k + \xi(1-\alpha)^k} & k < k^* - 1 \\ \dfrac{\mu}{r+\mu}\Big\{\alpha\dfrac{\lambda}{r+\lambda}R^H p(k) - [\alpha p(k) + (1-\alpha)(1-p(k)] \times I & \\ \qquad + \alpha(1-\alpha)\dfrac{A_1\beta_1^{k-1} + A_2\beta_2^{k-1}}{\alpha^k + \xi(1-\alpha)^k}\Big\} & k^* - 1 < k < k^* \\ \dfrac{\lambda}{r+\lambda}R^H p(k) - I & k > k^* \end{cases} \tag{4-20}$$

通过以下边界条件来确定临界信念 k^*：

首先，如果利差信号相对于利好信号的数量趋于无穷大，那么企业的价值将收敛为零，即：

$\lim\limits_{k \to -\infty} V(k) = 0$，又由于 $\beta_2 < 1 - \alpha$，因此 $A_2 = 0$。

考虑连续条件 $V_1(k^*-1) = V_2(k^*-1)$和价值匹配条件 $V_2(k^*) = \mathrm{NPV}(k^*)$，可以得到：

$$\begin{aligned} A_1 &= \frac{1}{\beta_1^{k^*-1}\mu\alpha(1-\alpha)}\Big\{\frac{\lambda}{r+\lambda}R^H\alpha^{k^*}[r + \mu(1-\alpha)] \\ &\quad - rI[\alpha^{k^*} + \xi(1-\alpha)^{k^*}] - \mu I[\alpha\xi(1-\alpha)^{k^*} + (1-\alpha)\alpha^{k^*}]\Big\} \end{aligned} \tag{4-21}$$

$$p^{*}=p(k^{*})=\frac{1}{\rho[\lambda R^{H}/I(r+\lambda)-1]+1} \tag{4-22}$$

$$\rho=\frac{\beta_1(r+\mu)[r+\mu(1-\alpha)]-\mu\alpha(1-\alpha)[r+\mu(1+\beta_1-\alpha)]}{\beta_1(r+\mu)(r+\mu\alpha)-\mu\alpha(1-\alpha)[r+\mu(\beta_1+\alpha)]} \tag{4-23}$$

由式(4-1)和(4-22)可得：

$$k^{*}=\frac{\ln\dfrac{p^{*}}{1-p^{*}}+\ln\xi}{\ln\dfrac{\alpha}{1-\alpha}} \tag{4-24}$$

因 $0<\rho<1$ (Thijssen et al.，2001a)，则有：

$$p^{*}=\frac{1}{\rho(\lambda R^{H}/I(r+\lambda)-1)+1}>\frac{1}{(\lambda R^{H}/I(r+\lambda)-1)+1}=\frac{I(r+\lambda)}{\lambda R^{H}}=p_{\text{NPV}}$$

可见，采用实物期权方法得到的投资临界信念比传统的净现值法得到的临界信念更高。其内在原因在于 p^{*} 比 p_{NPV} 多了因子 ρ，说明等待期权价值的存在，使企业产生等待更多利好信号到来的动机。

4.1.2 竞争条件下的专利研发投资决策

假定两对称企业对相同的技术展开专利竞赛，率先研发成功者获得该专利潜在的所有收益，而对手将一无所获。对称是指两企业专利研发成本都为 I，他们专利研发的成功都服从参数为 λ 的泊松过程。(之所以以对称企业为研究对象，是为了便于发现不完全信息专利竞赛中的一般期权博弈特征，从而“忽略”企业间的非对称性现实，但不会影响研究目标的实现。)由于市场上有两个潜在的投资者，所以可能出现先后投资和同时投资两种情况，前者存在领导者和追随者。采用逆序推理方法，按追随者、领导者、同时投资的顺序分别分析，最后进行均衡分析。

1. 追随者的投资决策

在领导者已投资情况下，k 一旦达到了临界信念 k_F 后，追随者也开始专利研发。根据某一时刻的 k 值，追随者的价值函数应分成相应的三段：

首先，$k\geqslant k_F$ 时，追随者的最优策略是立即投资，其价值为双方都投资时的净现值 $\text{NPV}_F(k)$：

$$\text{NPV}_F(k)=\int_0^{+\infty}e^{-r\tau}e^{-\lambda\tau}e^{-\lambda\tau}\lambda R\,d\tau-I=\frac{\lambda R}{r+2\lambda}-I=p(k)\frac{\lambda}{r+2\lambda}R^{H}-I \tag{4-25}$$

其次，在 $k<k_F-1$ 的情况下，连续区域中的追随者价值函数 $V_0(k)$ 满足 Bellman 方程：

$$rV_0(k)dt=E[dV_0(k)] \tag{4-26}$$

其中，

$$E[dV_0(k)]=(1-\lambda dt)dV_0(k)+\lambda dt[M(k)-V_0(k)] \tag{4-27}$$

式(4-27)中，函数 $M(k)$ 表示领导者已研发成功时追随者的价值函数，由于专利竞赛是“赢者通吃”，即追随者将一无所获，显然有 $M(k)=0$，代入(4-27)并计算如下：

$$\begin{aligned}E[\mathrm{d}V_0(k)] &= (1-\lambda\mathrm{d}t)\{(1-\mu\mathrm{d}t)V_0(k)+\mu\mathrm{d}t[p(k)(\alpha V_0(k+1)+(1-\alpha)V_0(k-1))\\&\quad+(1-p(k))(\alpha V_0(k-1)+(1-\alpha)V_0(k+1))]-V_0(k)\}-\lambda\mathrm{d}tV_0(k)\\&=(1-\lambda\mathrm{d}t)\mu\mathrm{d}t\{p(k)[\alpha V_0(k+1)+(1-\alpha)V_0(k-1)]\\&\quad+[1-p(k)][\alpha V_0(k-1)+(1-\alpha)V_0(k+1)]-V_0(k)\}-\lambda\mathrm{d}tV_0(k)\\&=\mu\mathrm{d}t\{p(k)[\alpha V_0(k+1)+(1-\alpha)V_0(k-1)]+[1-p(k)][\alpha V_0(k-1)\\&\quad+(1-\alpha)V_0(k+1)]-V_0(k)\}-\lambda\mathrm{d}tV_0(k)+o(\mathrm{d}t)\end{aligned}\tag{4-28}$$

以上推导针对下一个 $\mathrm{d}t$ 时间领导者没有成功情况下，分没有收到信号和收到信号两种情形，并在收到信号情况下分别对专利是“绩优”[以概率 $p(k)$] 和“绩差”[以概率 $1-p(k)$] 两种可能情形，最终计算出信号分别为利好或利差时期权价值的相应变化。

将式(4-28)代入式(4-26)，并令：

$$\widetilde{F}(k)=[\alpha^k+\xi(1-\alpha)^k]V_0(k)\tag{4-29}$$

化简、整理并略去高阶无穷小量 $o(\mathrm{d}t)$，得到以下二阶线性齐次差分方程：

$$(r+\mu+\lambda)\widetilde{F}(k)=\mu\widetilde{F}(k+1)+\mu\alpha(1-\alpha)\widetilde{F}(k-1)\tag{4-30}$$

求解方程(4-30)得追随者在连续区域中的价值函数 $V_0(k)$：

$$V_0(k)=\frac{\widetilde{F}(k)}{\alpha^k+\xi(1-\alpha)^k}=\frac{\widetilde{A}_1\widetilde{\beta}_1^k+\widetilde{A}_2\widetilde{\beta}_2^k}{\alpha^k+\xi(1-\alpha)^k}\tag{4-31}$$

其中，$\widetilde{A}_1$、$\widetilde{A}_2$ 为待定常数。

$$\widetilde{\beta}_{1,2}=\frac{r+\mu+\lambda}{2\mu}\pm\frac{1}{2}\sqrt{\left(\frac{r+\lambda}{\mu}+1\right)^2-4\alpha(1-\alpha)}\tag{4-32}$$

最后，当 $k_F-1\leqslant k<k_F$ 时，追随者价值函数 $V_1(k)$ 满足以下 Bellman 方程：

$$rV_1(k)\mathrm{d}t=E[\mathrm{d}V_1(k)]\tag{4-33}$$

因

$$\begin{aligned}E[\mathrm{d}V_1(k)]&=(1-\lambda\mathrm{d}t)\mathrm{d}V_1(k)+\lambda\mathrm{d}t[M(k)-V_1(k)]\\&=(1-\lambda\mathrm{d}t)dV_1(k)-\lambda\mathrm{d}tV_1(k)\end{aligned}$$

所以有

$$\begin{aligned}rV_1(k)\mathrm{d}t&=(1-\lambda\mathrm{d}t)\mu\mathrm{d}t\{p(k)[\alpha\mathrm{NPV}_F(k+1)+(1-\alpha)V_0(k-1)\\&\quad+(1-p(k)][\alpha V_0(k-1)+(1-\alpha)\mathrm{NPV}_F(k+1)]-V_1(k)\}-\lambda V_1(k)\mathrm{d}t\\&=\mu\mathrm{d}t\{[2p(k)\alpha+1-\alpha-p(k)]\mathrm{NPV}_F(k+1)+[p(k)+\alpha-2p(k)\alpha]V_0(k-1)\\&\quad-V_1(k)\}-\lambda V_1(k)\mathrm{d}t\end{aligned}\tag{4-34}$$

化简、整理并略去高阶无穷小量 $o(\mathrm{d}t)$，得：

$$\begin{aligned}(r+\mu+\lambda)V_1(k)&=\mu\{[2p(k)\alpha+1-\alpha-p(k)]\mathrm{NPV}_F(k+1)\\&\quad+[p(k)+\alpha-2p(k)\alpha]V_0(k-1)\}\end{aligned}\tag{4-35}$$

将式(4-31)代入式(4-35)，化简、整理求解得：

$$V_1(k)=\frac{\mu}{r+\mu+\lambda}\Big\{\alpha\frac{\lambda}{r+2\lambda}R^Hp(k)-[\alpha p(k)+(1-\alpha)(1-p(k))]I$$

$$+\alpha(1-\alpha)\frac{\widetilde{A}_1\widetilde{\beta}_1^{k-1}+\widetilde{A}_2\widetilde{\beta}_2^{k-1}}{\alpha^k+\xi(1-\alpha)^k}\Bigg\} \tag{4-36}$$

这样，追随者的价值函数 $V_F(k)$ 就为：

$$V_F(k)=\begin{cases}\dfrac{\widetilde{A}_1\widetilde{\beta}_1^k+\widetilde{A}_2\widetilde{\beta}_2^k}{\alpha^k+\xi(1-\alpha)^k} & k<k_F-1\\ \dfrac{\mu}{r+\mu+\lambda}\Bigg\{\alpha\dfrac{\lambda}{r+2\lambda}R^Hp(k)-[\alpha p(k)+(1-\alpha)(1-p(k))]I & \\ \qquad+\alpha(1-\alpha)\dfrac{\widetilde{A}_1\widetilde{\beta}_1^{k-1}+\widetilde{A}_2\widetilde{\beta}_2^{k-1}}{\alpha^k+\xi(1-\alpha)^k}\Bigg\} & k_F-1<k<k_F\\ p(k)\dfrac{\lambda}{r+2\lambda}R^H-I & k\geqslant k_F\end{cases} \tag{4-37}$$

同理，$\widetilde{A}_2=0$。考虑连续条件 $V_0(k_F-1)=V_1(k_F-1)$ 和价值匹配条件 $V_1(k_F)=NPV_F(k_F)$ 可得：

$$\widetilde{A}_1=\frac{1}{\widetilde{\beta}_1^{k_F-1}\mu\alpha(1-\alpha)}\Bigg\{\frac{\lambda}{r+2\lambda}R^H\alpha^{k_F}[r+\lambda+\mu(1-\alpha)]$$
$$-(r+\lambda)I[\alpha^{k_F}+\xi(1-\alpha)^{k_F}]-\mu I[\alpha\xi(1-\alpha)^{k_F}+(1-\alpha)\alpha^{k_F}]\Bigg\}$$

$$\rho_F=\frac{\widetilde{\beta}_1(r+\lambda+\mu)[r+\lambda+\mu(1-\alpha)]-\mu\alpha(1-\alpha)[r+\lambda+\mu(1+\widetilde{\beta}_1-\alpha)]}{\widetilde{\beta}_1(r+\lambda+\mu)(r+\lambda+\mu\alpha)-\mu\alpha(1-\alpha)[r+\lambda+\mu(\widetilde{\beta}_1+\alpha)]}$$

$$k_F=k(p_F)$$

$$p_F=\frac{1}{\rho_F[\lambda R^H/I(r+2\lambda)-1]+1}$$

2. 领导者的投资决策

领导者在研发过程中，由于 k 一旦达到了临界信念 k_F 后，追随者也开始专利研发，领导者价值受到追随者投资的影响而降低。与追随者价值区间相对应，同样分 $k<k_F-1$ 和 $k_F-1\leqslant k<k_F$ 两段，分别由两部分构成：第一部分表示研发的预期收益；第二部分是一个期权项，表示由于追随者可能参与研发从而带给领导者的潜在损失。当 $k\geqslant k_F$ 时，领导者的价值函数与追随者相同。因此，领导者的价值函数为：

$$V_L(k)=\begin{cases}p(k)\dfrac{\lambda}{r+\lambda}R^H-\dfrac{A_L\widetilde{\beta}_1^k}{\alpha^k+\xi(1-\alpha)^k}-I & k<k_F-1\\ p(k)\dfrac{\lambda}{r+\lambda}R^H-\dfrac{\mu}{r+\mu+\lambda}\Bigg\{\alpha\dfrac{\lambda}{r+2\lambda}R^Hp(k)-[\alpha p(k) & \\ \qquad+(1-\alpha)(1-p(k))]I+\alpha(1-\alpha)\dfrac{B_L\widetilde{\beta}_1^{k-1}}{\alpha^k+\xi(1-\alpha)^k}\Bigg\}-I & k_F-1\leqslant k<k_F\\ p(k)\dfrac{\lambda}{r+2\lambda}R^H-I & k\geqslant k_F\end{cases}$$

(4-38)

上式中待定系数 A_L 、B_L 可通过连续条件、价值匹配条件分别求得，不再赘述。

3. 最优同时投资

最优同时投资是指两个企业“共谋”，选择最优时机同时投资。此时，两企业同时投资的价值高于他们在竞争情况下的领先价值和追随价值。在对称情况下，等价于把两企业看成一个“整体”企业，则任何一个企业的成功均视为“整体”企业的成功，可以证明，该“整体”企业的风险率为 2λ，而单个企业的净现值就为“整体”企业净现值的一半。因此，最优同时投资决策可以看成是单个企业（“整体”企业）在投资成本为 $2I$、风险率为 2λ 下的最优化问题。

将新的投资成本 $2I$ 和风险率 2λ 带入 p^* 表达式得最优同时投资临界信念：

$$p_S = p(k_S) = \frac{1}{\rho[2\lambda R^H/2I(r+2\lambda)-1]+1} = \frac{1}{\rho[\lambda R^H/I(r+2\lambda)-1]+1}$$

与前面求单个企业价值函数的步骤一样，可以得到最优同时投资时每个企业的价值函数：

$$V_S(k) = \begin{cases} \dfrac{C_S\beta_1^k}{\alpha^k+\xi(1-\alpha)^k} & k < k_S - 1 \\ \dfrac{\mu}{r+\mu}\left\{\alpha\dfrac{\lambda}{r+2\lambda}R^H p(k) - [\alpha p(k)+(1-\alpha)(1-p(k))]I \right. & \\ \left. \quad +\alpha(1-\alpha)\dfrac{C_S\beta_1^{k-1}}{\alpha^k+\xi(1-\alpha)^k}\right\} & k_S - 1 \leqslant k < k_S \\ \dfrac{\lambda}{r+2\lambda}R^H p(k) - I & k \geqslant k_S \end{cases} \tag{4-39}$$

其中，与单个企业时一样，C_S 可通过连续条件、价值匹配条件求得。

4. 均衡分析

我们的目的是在企业竞争交互作用情况下，发现企业专利研发投资的实物期权价值变化规律，分析企业各自价值最大化的投资临界信念，最终找到企业的最优专利研发投资决策方案。为此，需要对临界信念 p^* 、p_F、p_S（或与之相对应的 k^* 、k_F、k_S）进行比较。首先

$$p^* = \frac{1}{\rho[\lambda R^H/I(r+\lambda)-1]+1} < \frac{1}{\rho[\lambda R^H/I(r+2\lambda)-1]+1} = p_S$$

又 $\dfrac{\partial\rho}{\partial r} > 0$，故 $\rho_F > \rho$。

于是

$$p_S = \frac{1}{\rho[\lambda R^H/I(r+2\lambda)-1]+1} > \frac{1}{\rho_F[\lambda R^H/I(r+2\lambda)-1]+1} = p_F$$

而 p^* 与 p_F 的关系不明确，这是因为与完全垄断时相比，追随者的价值总是基于领导者研发没有成功这一前提，一方面这相当于贴现率提高了，等待价值自然“缩水”，投

资倾向提前；另一方面由于领导者的存在，追随者投资后的期望价值减少，这又会延迟投资。显然，这两种影响是相反的。

由于信念 $p(k)$ 随着离散变量 k 的变化而跳跃，故上述信念不会正好到达，为此有以下定义：$\hat{p}^* = p\lceil k^* \rceil$，$k^* = k(p^*)$；$\hat{p}_F = p\lceil k_F \rceil$，$k_F = k(p_F)$；$\hat{p}_S = p\lceil k_S \rceil$，$k_S = k(p_S)$。其中，$\lceil \ \rceil$ 为取整符号。如 $\lceil k^* \rceil$ 表示不小于 k^* 的最小整数。

已知 p^* 为不存在竞争时单个企业的最优投资临界信念，当存在竞争威胁时，抢先企业必不会等到 p^* 才投资。如果企业 1 等到 $p = p^*$ 时投资，另一企业 2 就会在 $p = p^* - \varepsilon$ 上投资，其中，ε 为一个无穷小的正数。企业 1 预见到这一点，因此会选择在 $p = p^* - 2\varepsilon$ 上投资。如此不断类推，最后博弈双方一定会在某一极限值上展开竞争，Fudenberg 和 Tirole(1985)将其称之为抢先进入点，定义如下：

$$p_L = p\lceil k_L \rceil,\ k_L = \min_k \{k \mid V_L(k) = V_F(k)\} \tag{4-40}$$

对于博弈初始时的不同 k 值，将产生不同均衡结果。

当 $k \in [0, k_L)$ 时，由于期望收益过低，没有企业愿意投资，企业将等待更多利好消息的到来。

当 $k = k_L$ 时，$V_F(k) = V_L(k)$，企业成为领导者和追随者的意愿相同，即所谓的租金均等化(rent equalization)，两个企业成为领导者的概率均为 0.5。

当 $k \in (k_L, k_F)$ 时，因 $V_L(k) > V_F(k)$，双方都愿意成为领导者，博弈就成了占先博弈。

当 $k \in [k_F, k_S)$ 时，双方立即投资并产生非帕累托最优的同时投资均衡。

当 $k \in [k_S, +\infty)$ 时，博弈双方的最优策略是立刻投资并出现最优同时投资均衡。

需要注意的是，以上分析是基于同时投资价值 $V_S(k)$ 并非恒大于 $V_L(k)$ 时所得的结论，否则，双方均无抢先动机必定会等到 k_S 到来时投资以实现最优同时投资均衡，此时好比双方合谋一般。而只要在 k_S 到达之前有 $V_L(k) > V_S(k)$ 的区域，两企业间的合谋就会被抢先进入的动机所破坏，局中人对后来博弈过程的展望使他们明白 $V_S(k)$ 是不可能得到的，一旦有先发优势，他们就会争当领导者。

4.1.3 应用举例

假如两个对称企业面对的某专利研发项目满足参数值为：

$R^H = 9$， $R^L = 0$， $\lambda = 0.1$， $\mu = 2$， $\alpha = 0.7$， $p_0 = 0.5$， $r = 0.05$， $I = 3$

1. 完全垄断

代入以上参数计算可得：

$$p_{\text{NPV}} = \frac{r + \lambda}{\lambda R^H} I = 0.5$$

$$\beta_1 = \frac{r + \mu}{2\mu} + \frac{1}{2}\sqrt{\left(\frac{r}{\mu} + 1\right)^2 - 4\alpha(1 - \alpha)} = 0.7420$$

$$\rho=\frac{\beta_1(r+\mu)[r+\mu(1-\alpha)]-\mu\alpha(1-\alpha)[r+\mu(1+\beta_1-\alpha)]}{\beta_1(r+\mu)(r+\mu\alpha)-\mu\alpha(1-\alpha)[r+\mu(\beta_1+\alpha)]}=0.0949$$

容易求得专利研发投资临界信念：

$$p^*=\frac{1}{\rho[\lambda R^H/I(r+\lambda)-1]+1}=0.9133, k^*=k(p^*)=2.7790, \hat{p}^*=p\lceil k^*\rceil=0.9270$$

可见由于期权价值的存在，完全垄断企业会等到较高信念值(0.9270)时才会投资。若不考虑期权价值，企业可能会在初始时刻就投资，因 $p_0=p_{\mathrm{NPV}}=0.5$。

2. 存在竞争

$$\rho_F=\frac{\tilde{\beta}_1(r+\lambda+\mu)[r+\lambda+\mu(1-\alpha)]-\mu\alpha(1-\alpha)[r+\lambda+\mu(1+\tilde{\beta}_1-\alpha)]}{\tilde{\beta}_1(r+\lambda+\mu)(r+\lambda+\mu\alpha)-\mu\alpha(1-\alpha)[r+\lambda+\mu(\tilde{\beta}_1+\alpha)]}=0.2284$$

其中，$\tilde{\beta}_1=0.8184$。

带入参数求解得：

$$p_F=\frac{1}{\rho_F\ [\lambda R^H/I(r+2\lambda)-1]\ +1}=0.9563,\ k_F=k(p_F)=3.6418,\ \hat{p}_F=p\lceil k_F\rceil=0.9674,$$

$$p_S=\frac{1}{\rho\ [\lambda R^H/I(r+2\lambda)-1]\ +1}=0.9814,\ k_S=k(p_S)=4.6822,\ \hat{p}_S=p\lceil k_S\rceil=0.9857。$$

由追随者的价值函数 $V_F(k)$和领导者的价值函数 $V_L(k)$，计算可得以下抢先进入点：$\lceil k_L\rceil=1$，$p_L=p\lceil k_L\rceil=p(1)=0.7$。

分别对 $k=0$，1，2，3，4 时所对应的 $V_S(k)$和 $V_L(k)$进行计算，判断 k_S 到来之前同时投资价值是否恒大于作为领导者的价值，限于篇幅，在此不再赘述。

如果计算结果表明 $V_S(k)$恒大于 $V_L(k)$，双方均无抢先动机并会等到 $k=\lceil k_S\rceil=5$ 时才投资，产生最优同时投资均衡。反之，只要是在 k_S 到来前存在 $V_S(k)<V_L(k)$区域，就会展开占先博弈，即：当 $k=0$ 时，双方均不投资静待利好信息的到来；当 $k=1$，2，3 时，双方争当领导者，“不幸”成为追随者的一方将于 $k=\lceil k_F\rceil=4$ 时开始投资；当 $k=4$ 时，产生同时投资均衡，但此时并非帕累托最优；当 $k=5$ 时，双方立即投资并产生最优同时投资均衡。

可见，竞争的引入使单个企业投资所需临界信念 $\hat{p}^*=0.9270$(对应的 k 值至少需要 3)下降为抢先进入信念 $p_L=0.7$(对应的 k 值只需 1)，丧失部分等待期权价值，并且产生错误研发投资决策的概率也相应增加，由 $P_3^{(0)}=\left(\frac{0.7}{1-0.7}\right)^{0-3}=0.079$ 变为 $P_1^{(0)}=\left(\frac{0.7}{1-0.7}\right)^{0-1}=0.429$。

4.1.4 进一步讨论和分析

本模型中，企业对目标专利的未来市场情况了解的程度取决于获得相关信号的多少和质量(由参数 μ 和 α 度量)。企业根据获得信号的情况，通过贝叶斯规则来修正先验的信念。修正后的信念值 p(或利好信号相对数量 k)和专利技术的风险率 λ 将左右企业投资策略。在 λ 一定的情况下，本节将不同竞争均衡结果中的企业价值表示成 k 的函数，这将对企业竞争均衡策略的分析转化成了对信号和信念的比较。归纳起来，这些因素对企业的投资行为及均衡策略影响如下。

1. 风险率对企业投资的影响

风险率 λ 对企业投资产生推迟和提前两种效应。垄断情形时与 Thijssen 等(2001a)单个企业投资决策结果比较可知，风险率 λ 导致临界信念 p^* 增大，研发投资时机推迟。这是因为在研发能否成功尚未确定的情况下，又由于没有竞争压力，企业一定愿意等待更多利好信号的到来。

引入竞争关系后，情况会变得有些不同。首先，ρ_F 因 λ 的引入而增大，且 λ 越大 ρ_F 越大(因 $\frac{\partial \rho}{\partial r}>0$，$\lambda$ 的引入可看成将 r 增加为 $r+\lambda$)，从而 p_F 也就越小，追随者越愿意提前投资；其次，期望收益因子 $\lambda/(r+2\lambda)$ 因 λ 的增加而增加，使得 λ 越大 p_F 也就越小，追随者越愿提早投资。

其经济意义为，由于专利权的争夺是“赢者通吃”，一方面，由于领导者率先开始研究，所以他很有可能在追随者开始投资前就研究成功，而且 λ 越大、等待时间越久这种可能性也就越大，从而导致追随者产生提前动机，没有机会等待更多利好消息；另一方面，λ 越大预示着追随者投资后的期望值也越大，这也会促进追随者提早投资。因此，这两方面的原因都会使追随者投资提前。特别地，$\lim\limits_{\lambda\to+\infty}\rho_F=1$，表示期权价值完全消失，这是因为在“赢者通吃”的专利竞赛中，一旦技术不确定性消失，追随者的等待将毫无意义，投资决策回归到 NPV 法则，这是与 Thijssen 等(2001a)的根本区别。

2. 信号参数对企业投资的影响

由于 k 随着 p 的增加而单调增加，反之亦然。又因 $\frac{\partial p^*}{\partial \mu}>0$，$\frac{\partial p^*}{\partial \alpha}>0$，所以 $\frac{\partial p_F}{\partial \mu}>0$，$\frac{\partial p_F}{\partial \alpha}>0$。

事实上，如果 μ 比较大，这意味着信号到达的频率很高，可以花较少的时间获得专利好坏的相关信息，企业就更愿意多等待一些信号的到来，导致投资所需临界信念较高。反之，如果 μ 比较小，意味着信号到达的频率很低，企业要想获得专利好坏的相关信息必须等待较长时间，这会减少企业价值，因此企业不敢“奢望”较高的临界信念，只得在较低临界信念时进入。考虑极端情况：若 $\mu\to+\infty$意味着收到信号的间隔时间为零，则

临界信念 p^*、p_S、$p_F \to 1$，因为当无数信号同时到达时，有关专利“绩优”与“绩差”的信息不完全性也就立刻消失，企业自然会要求该专利一定是“绩优”专利或信念为 1 才投资。

从数学公式上看，若 $\mu \to +\infty$，因 $\lim\limits_{\mu \to +\infty} \rho = 0$，$\lim\limits_{\mu \to +\infty} \rho_F = 0$，则有 $\lim\limits_{\mu \to +\infty} p^* = \lim\limits_{\mu \to +\infty} p_S = \lim\limits_{\mu \to +\infty} p_F = 1$。

若 $\mu = 0$，企业将收不到任何信号，此时 $\rho = 1$，则 $p^* = p_{NPV}$，$p_S = p_F = \frac{1}{\lambda R^H} I(r + 2\lambda)$，等待期权价值消失，投资决策又回归到 NPV 法则。

如果 α 比较大，说明信号的质量较高或真实性强，更为可信。这使企业想通过接收信号来更确定地了解该专利的愿望更强烈，也更现实，他自然需要更高的临界信念。而由于信号的高质量，使得只需较少的 k 就可满足对临界信念的需求。特别地，若 $\alpha = 1$，即只需收到一个信号就可消除不确定性。

3. 贴现率对企业投资的影响

因为

$$\frac{\partial \rho}{\partial r} > 0, \frac{\partial \rho_F}{\partial r} > 0; \frac{\partial \left(\frac{\lambda}{r + \lambda}\right)}{\partial r} < 0, \frac{\partial \left(\frac{\lambda}{r + 2\lambda}\right)}{\partial r} < 0$$

故：各投资临界信念与贴现率 r 并不呈明确的单调递增或递减关系。这是因为贴现率的增加一方面会降低等待期权价值，投资倾向提前；另一方面由于技术不确定性的存在，贴现率的增加会使投资后的期望收益减少，而这显然会使投资延迟。贴现率的变化最终会使临界信念增大还是减少取决于这两种力量的相对大小。

4. 投资沉没成本和初始信念对企业投资产生的影响

首先，因为 $\frac{\partial p^*}{\partial I} > 0$，$\frac{\partial p_S}{\partial I} > 0$，$\frac{\partial p_F}{\partial I} > 0$，即无论垄断还是竞争时的各投资临界信念均与投资成本成正比，所以投资成本的增加会推迟企业的研发投资，这与直觉一致；其次，因 $\frac{d\xi}{dp_0} < 0$，则 $\frac{\partial k}{\partial p_0} = \frac{1}{\ln[\alpha/(1-\alpha)]} \frac{1}{\xi} \frac{d\xi}{dp_0} < 0$。即如果企业对某专利技术的市场前景非常看好且较有把握时（目前的 p_0 较高），较少利好消息的到来就会促使他们投资。

4.2　具有后发优势的专利竞赛

在产业组织理论和现实的经济实践中存在一个普遍的观点，即首先进入一个新产业领域或开发出新产品或新技术的厂商将获得较大优势，即所谓的“快鱼吃慢鱼”。而先发优势在诸多风险投资领域如计算机网络、通讯、软件开发等的确得到了较有说服力的印证。但期权博弈理论的诞生对此观点的合理性提出了质疑，如 Fudenberg 和 Tirole (1985)证明了任何先行者优势都有可能由于相互间的竞争而被完全消散；Dutta 等(1995)

和 Hoppe(2000)证明，在双寡头垄断竞争中，潜在的后发优势能够作为完美子博弈均衡收益而占优；实证研究方面也支持这些结论，如 Tellis 和 Golder(1996)发现市场上先行者的失败率很高，追随者反而优于领导者。

回到我们要讨论的不完全信息专利竞赛中，如果在上一节只有先发优势的不完全信息专利竞赛模型框架基础上，加上一旦企业开始实际投资后原本“模糊”的项目前景则会逐渐“清晰”的条件，即“赋予”追随者后发优势，则博弈将变得完全不同。这样的假设，实际来源于对现实的思考。

如石油勘探问题，钻井前地下石油储量始终不明，而一旦开始钻井后，石油的真实储量就会公诸于世。再比如对新技术的研发投资，投资前只能得到有关该新技术未来前景的不完全信息，而实际投资后，一方面，公众公司将投资行为披露于众后，从市场对此所做出的反应中可观测出人们对新技术的信心及其“真实”前景；另一方面，在实际R&D 活动中，随着研发的不断深入企业自身对新技术的认知程度也会提高并伴随一些阶段性成果，这些成果有时会以研发人员出席各种会议以及在科技期刊上发表论文等方式展现在公众面前，而在此基础上得到的市场反馈信息无疑也会越来越“完全”。

总之，领导者投资后的信息披露效应使得追随者可以在完全信息条件下选择投资或放弃，追随者因此而获得后发优势。同时，由于信息披露的滞后，又使得领导者具有在信息披露前就研发成功的可能性，从而在“赢者通吃”的专利竞赛中获得先发优势。那么，企业究竟应该担当领导者还是追随者？应该在何时进入市场？什么情况下应该继续等待或放弃？这对参与不完全信息专利竞赛的企业提出了很大的挑战。

鉴于此，本节在上一节的基础上引入信息披露及其滞后效应，使企业将同时面对成为领导者和追随者的双重诱惑，通过构建实物期权投资决策模型，研究不完全信息条件下既有先发优势又有后发优势的企业专利竞赛行为。

4.2.1 模型介绍

基本模型框架与上节中的相同，不同的是：领导者的投资会产生信息披露效应，即目标专利的未来市场前景会因领导者的投资而变得清晰。追随者根据领导者投资后的信息披露效应再决定是否投资，即专利确实为“绩优专利”时就立即投资，而一旦专利为“绩差专利”时就放弃投资。显然，追随者只对“绩优专利”才投资，不会产生错误投资决策，因此追随者具有后发优势。

另外一方面，信息披露通常具有一定的时间滞后，即从领导者开始投资到追随者了解到专利的真实盈利性(究竟为“绩优专利”还是“绩差专利”)是需要一段时间的，假定这段时间为 T，同时假定追随者不会为获取该信息支付任何成本。而领导者由于先投资的缘故就有可能先于追随者研发成功，而专利竞赛具有赢者通吃特性，因此领导者具有先发优势。这样，领导者和追随者各自拥有自身的优势，此消彼长，究竟谁的优势更大一些呢？这就需要对先发优势和后发优势进行比较。仍采用逆序推理方法，按追随者、领导者、同时投资的顺序分别分析，最后进行均衡分析。

1. 追随者价值

在领导者以信念 p 开始投资时间 T 后，追随者根据所披露出来的信息，只有当专利为“绩优专利”且领导者尚未研发成功时才投资，也就是说当没有信息披露或所披露信息表明专利为“绩差专利”以及领导者已研发成功时追随者均不投资。因此，追随者价值 $F(p)$为当专利的确为“绩优专利”并且领导者尚未研发成功的条件下领导者、追随者都投资时的净现值 $\mathrm{NPV}_F(p)$，计算如下：

$$F(p)=\mathrm{e}^{-rT}\mathrm{e}^{-\lambda T}\mathrm{NPV}_F(p)=\mathrm{e}^{-(r+\lambda)T}\left[p\left(\int_0^{+\infty}\mathrm{e}^{-r\tau}\mathrm{e}^{-\lambda\tau}\mathrm{e}^{-\lambda\tau}\lambda R^H\mathrm{d}\tau-I\right)+(1-p)\times 0\right]$$
$$=up\left(\frac{\lambda R^H}{r+2\lambda}-I\right)=p(R_F^H-uI)=pF(1)\qquad(4\text{-}41)$$

上式计算中，记 $R_F^H=u\dfrac{\lambda R^H}{r+2\lambda}$表示当专利为“绩优专利”时追随者的期望收益；其中 $u=\mathrm{e}^{-(r+\lambda)T}$，表示由于信息披露滞后效应带给领导者的占先优势。

显然，T 越大，λ 越大，u 就越小，$F(p)$也就越小；$F(1)$表示信念为 1 时的追随者价值，有 $F(1)=u[\lambda R^H/(r+2\lambda)-I]$；并利用了这样的事实：$\mathrm{e}^{-\lambda T}$ 表示领导者在 $[0, T]$ 内研发没有成功的概率；e^{-rT}表示贴现；在时间间隔$(0, \tau)$内领导者和追随者的研发均不成功的概率为 $\mathrm{e}^{-\lambda\tau}\mathrm{e}^{-\lambda\tau}=\mathrm{e}^{-2\lambda\tau}$(因两企业各自独立研发)，而在下一个小的时间间隔$(\tau, \tau+d\tau)$内追随者(或领导者)研发成功的概率就为 $\mathrm{e}^{-2\lambda\tau}\lambda\,\mathrm{d}\tau$。另外，为了让成为追随者有实际意义，令 $\lambda R^H/(r+2\lambda)-I>0$，即 $\lambda R^H/(r+2\lambda)>I$。

2. 领导者价值

领导者的价值由两部分组成，即在 $[0, T]$ 内领导者的期望价值 $L_1(p)$和 $[T, +\infty)$内领导者、追随者都投资时的期望价值 $L_2(p)$。则有：

$$L_1(p)=\int_0^T\mathrm{e}^{-r\tau}\mathrm{e}^{-\lambda\tau}\lambda R\,\mathrm{d}\tau=[1-\mathrm{e}^{-(r+\lambda)T}]\frac{\lambda}{r+\lambda}R=p(1-u)\frac{\lambda}{r+\lambda}R^H\qquad(4\text{-}42)$$

显然，T 越大，λ 越大，u 就越小，$L_1(p)$就越大，占先优势就越大。若 $T=0$，表示信息披露没有滞后效应，则领导者一投资，追随者立刻就知道专利的盈利性，领导者自然就没有占先优势。

正如 Dixit 和 Pindyck(1994)所论述的，若时间期限是无穷的，利润流、转移概率分布函数和贴现率都独立于实际标记的日期。因此有

$$L_2(p)=p\int_0^{+\infty}\mathrm{e}^{-r\tau}\mathrm{e}^{-\lambda\tau}\mathrm{e}^{-\lambda\tau}\lambda R^H\mathrm{d}\tau=p\frac{\lambda R^H}{r+2\lambda}\qquad(4\text{-}43)$$

$$\begin{aligned}L(p)&=L_1(p)+\mathrm{e}^{-rT}\mathrm{e}^{-\lambda T}L_2(p)-I\\&=p(1-u)\frac{\lambda}{r+\lambda}R^H+\mathrm{e}^{-(r+\lambda)T}p\frac{\lambda R^H}{r+2\lambda}-I\\&=pR_L^H-I\end{aligned}\qquad(4\text{-}44)$$

式(4-44)中 $R_L^H=(1-u)\dfrac{\lambda}{r+\lambda}R^H+\mathrm{e}^{-(r+\lambda)T}\dfrac{\lambda R^H}{r+2\lambda}=\dfrac{\lambda}{r+\lambda}R^H\left(1-\dfrac{u\lambda}{r+2\lambda}\right)=L(1)+I$ 表

示当专利的确为“绩优专利”时领导者的期望收益现值；$L(1)$表示信念为1时领导者的投资净现值。

考虑两极端情况，当$T=0$时，$u=1$，代入式(4-44)得领导者价值为$p\frac{\lambda R^H}{r+2\lambda}-I$；当$T\to+\infty$时，$u=0$，领导者价值为$p\frac{\lambda R^H}{r+\lambda}-I$。这两种情况分别表示信息披露没有滞后和没有信息披露时领导者分别得到下面将要分析的同时投资价值和完全垄断企业价值(详见上一节)。

3. 同时投资价值

两个企业的同时投资价值$M(p)$为两者都投资时的净现值，即：

$$M(p)=\mathrm{NPV}_M(p)=p\int_0^{+\infty}\mathrm{e}^{-r\tau}\mathrm{e}^{-\lambda\tau}\mathrm{e}^{-\lambda\tau}\lambda R^H\mathrm{d}\tau-I$$
$$=p\frac{\lambda R^H}{r+2\lambda}-I=p[M(1)+I]-I \tag{4-45}$$

其中，$M(1)$表示信念为1时的同时投资价值。定义最优同时投资信念p_M为同时投资价值与追随者价值相等的信念，即吸引双方都投资的临界信念一定满足双方以该信念投资的期望价值等于作为追随者的期望价值，因为超过此信念值是没有企业愿意等待甘当追随者的，则有：

$$F(p_M)=M(p_M) \tag{4-46}$$

这样，领导者、追随者的价值可以如下表示：

$$l(p)=\begin{cases}L(p) & 若\ p<p_M\\ M(p) & 若\ p\geqslant p_M\end{cases} \tag{4-47}$$

$$f(p)=\begin{cases}F(p) & 若\ p<p_M\\ M(p) & 若\ p\geqslant p_M\end{cases} \tag{4-48}$$

领导者、追随者及同时投资价值用图4-1表示。

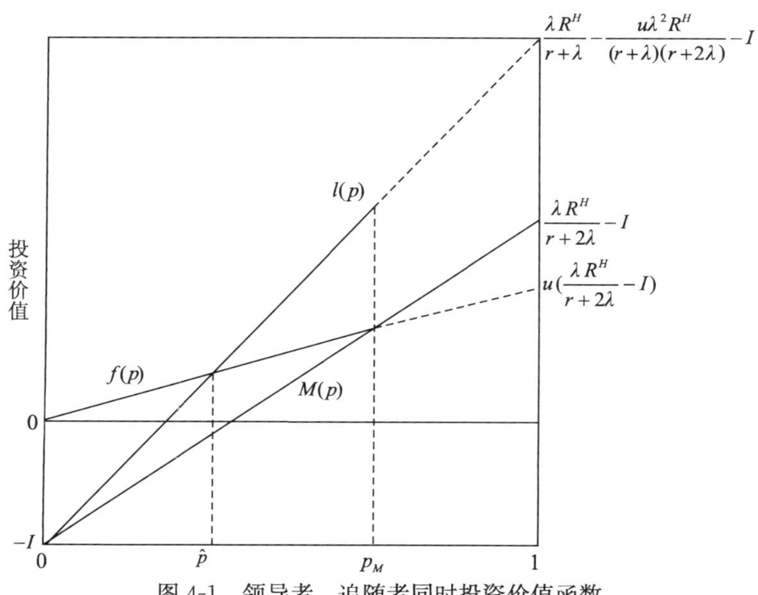

图4-1　领导者、追随者同时投资价值函数

需要说明的是，以上企业价值分析是针对“停止区域”中的预期投资收益而进行的，之所以没有如完全垄断情形一样考虑企业等待期权价值(见上一节)，其原因是存在竞争情况下，我们的目的在于比较先发、后发优势的相对大小，而这又仅依赖于企业执行期权(即投资)后的预期收益，与投资前的期权价值无关。

4.2.2　均衡分析

假设博弈开始的时候两个企业对于专利是“绩优专利”的信念均为 $p_0 \in (0, 1)$，并且是共同知识。企业会随机收到有关专利未来前景的信号，并根据信号的好坏，利用贝叶斯法则来修正自己的信念。下面将就企业角色分别是外生决定和内生决定两种情形展开分析。

1. 企业角色外生

当企业角色是靠外生指定时，只有一个企业会成为领导者，而另一个企业就自然地成为追随者。令两对称企业分别为企业 1 和企业 2，假定只允许企业 1 率先投资成为领导者，且不用考虑企业 2 是否会抢先投资的可能性。对于企业 2，存在两种情况：第一种情况是，在企业 1 投资 T 时间之后，企业 2 发现专利是“绩优专利”且企业 1 尚未研发成功，则立即开始投资从而成为追随者，反之，它将放弃对该专利的研发；第二种情况是，企业 2 与企业 1 同时投资，而不去等待后发优势。

要让企业 1 愿意成为领导者，其信念一定要超过某个临界值 p_L。与完全垄断情形不同的是，企业 1 对“绩优专利”成功研发后所带来的收益已由完全垄断时的 R^H 下降为 $R^H(1-\frac{u\lambda}{r+2\lambda})$，这是因为企业 1 知道在它投资后尚有企业 2 的伺机进入，自然降低了它的期望收益。而与完全垄断情形相同的是，企业 1 仍将按照相同的临界信念确定方法来确定临界信念。因此，只需将完全垄断时的 p^* 表达式(详见上一节)中的 R^H 替代为 $R^H\left(1-\frac{u\lambda}{r+2\lambda}\right)$，就可得临界信念 p_L：

$$p_L = \frac{1}{\rho\left[\frac{\lambda R^H}{I(r+\lambda)}(1-\frac{u\lambda}{r+2\lambda})-1\right]+1} \tag{4-49}$$

这样，一旦信念超过了以上临界值，领导者将立即投资。追随者待领导者投资 T 时间后根据所披露出的信息决定自己是否投资。由于信念 $p(k)$ 随着离散变量 k 的变化而跳跃，故临界信念 p_L、p_M 不会正好到达，为此有以下定义：

$\bar{p}_L=\bar{p}^*=p\lceil k^*\rceil$，$k^*=k(p^*)$，$\bar{k}^*=\lceil k^*\rceil$；$p_M=p\lceil k_M\rceil=1$，$k_M=k(p_M)$，$\bar{k}_M=\lceil k_M\rceil$。其中，$\lceil\ \rceil$为取整符号。如$\lceil k^*\rceil$表示不小于 k^* 的最小整数。

2. 企业角色内生

现在考虑领导者和追随者角色是内生的情形。这时，由于没有事先指定领导者和追随者，则两家企业中的任何一家都能够成为领导者。这样，就存在一个抢先进入信念 $\hat{p}$，当 $p<\hat{p}$ 时，$l(p)<f(p)$；当 $p>\hat{p}$ 时，$l(p)>f(p)$(图 4-1)。在 $\hat{p}$ 这一临界点上，有：

$$L(\hat{p})=F(\hat{p}) \tag{4-50}$$

将式(4-41)和式(4-44)代入上式求解得：

$$\hat{p}=\frac{I}{R_L^H-R_F^H+uI}=\frac{I}{L(1)-F(1)+I} \tag{4-51}$$

将式(4-41)和式(4-45)代入式(4-46)，解得：

$$p_M=\frac{I}{(1-u)\dfrac{\lambda R^H}{r+2\lambda}+uI}=\frac{I}{M(1)-F(1)+I} \tag{4-52}$$

由于

$M(1)=\dfrac{\lambda R^H}{r+2\lambda}-I<\dfrac{\lambda}{r+\lambda}R^H\left(1-\dfrac{\lambda}{r+2\lambda}\right)-I<\dfrac{\lambda}{r+\lambda}R^H\left(1-\dfrac{u\lambda}{r+2\lambda}\right)-I=L(1)$，可得：

$$p_M=\frac{I}{M(1)-F(1)+I}>\frac{I}{L(1)-F(1)+I}=\hat{p}$$

类似地，定义：$\bar{\hat{p}}=p\left\lceil\hat{k}\right\rceil$，$\hat{k}=k(\hat{p})$，$\bar{\hat{k}}=\left\lceil\hat{k}\right\rceil$。

企业角色外生与内生的重要区别在于前者中的领导者无需考虑竞争者的抢先进入，如同完全垄断一般在 p_L 处进入市场，而后者中的两对称企业则要为成为领导者和追随者展开博弈。对后者而言，由于领导者具有先发优势，追随者具有后发优势，两种优势的相对大小将最终决定抢先进入信念 $\hat{p}$。

这样，将 $\hat{p}$ 与无抢先威胁的完全垄断投资临界信念 p_L 相比较，就会发现这两种优势的相对大小。也就是说如果 $p_L>\hat{p}$，则先发优势大于后发优势；如果 $p_L<\hat{p}$，则后发优势大于先发优势。由于信念 p 是 k 的单增函数，同时，k 也是 p 的单增函数。所以如果 $p_L>\hat{p}$，必然有 $k_L>\hat{k}$，$\bar{k}_L\geqslant\bar{\hat{k}}$，反之亦然。由式(4-49)和(4-51)可得以下不等式：

$$k_L>\hat{k}\Leftrightarrow\rho<\frac{R_L^H-R_F^H-(1-u)I}{R_L^H-I}=\frac{L(1)-F(1)}{L(1)} \tag{4-53}$$

在投资成本 I、无风险利率 r、风险率 λ 以及专利确是“绩优专利”时的预期收益 $R^H\left(1-\dfrac{u\lambda}{r+2\lambda}\right)$等均不变的情况下，临界信念 p_L 随 ρ 的减小而增大。因$\dfrac{\partial\rho}{\partial\mu}<0$、$\dfrac{\partial\rho}{\partial\alpha}<0$，即 ρ 随信号参数 μ 和 α 的增大而减小。也就是说，随机信号的频率越快(μ 越大)、质量越高(越大)，ρ 就越小，所需临界信念 p_L 就越大，而投资后所产生的信息披露价值也就越小，预示着等待者的后发优势就小。

那么，ρ 要小到何种程度或者 p_L 要大到何种程度才能使 $p_L>\hat{p}$ 即先发优势大于后发优势呢？这就取决于式(4-53)中第二个不等式中的右边项$\dfrac{R_L^H-R_F^H-(1-u)I}{R_L^H-I}$，其中分子部分表示当专利为“绩优专利”时领导者和追随者的投资净现值之差，即：$(R_L^H-I)-$

(R_F^H-uI)，分母则为领导者的投资净现值 R_L^H-I，而整个分式则表示追随者为等待信息披露所必须支付的“相对价格”。

这样，式(4-53)中第二个不等式的左边实际上度量的是追随者的等待价值(即后发优势)，右边度量的是追随者为了得到后发优势而必须付出的“代价”，而这种“代价”又是由于领导者的先发优势所引起的。

最终，我们将先发优势与后发优势的比较表示成了参数 ρ 与“相对价格”的比较，其经济意义在于：企业在担当领导者还是追随者的角色选择中，会将成为追随者后的“收益”与其所付出的“代价”进行比较。“收益”就是领导者投资后所披露出的信息使原来不确定的专利赢利性变得确定了，从而避免错误投资决策的产生，但要承担“绩优专利”被领导者在信息披露出来前的一段时间内先研发成功的风险。

当随机信号到达的速度较快和质量较高时(此时 ρ 较小)，该“收益”自然就比信号到达速度较慢和质量较低时(即 ρ 较大)的“收益”更低，因为此时领导者披露给追随者的信息相对较少(快速到达的高质量随机信号让专利赢利性的不确定程度降低)，反之亦然。而“代价”来源于信息披露滞后的一段时间 T，也正是由于信息披露存在滞后，才使得专利的确为“绩优专利”时的领导者价值和追随者价值存在差异，从而产生追随者必须支付的“相对价格”，即要接受比领导者更低的期望价值。

总的说来，通过对 ρ 与“相对价格”的比较就可判断出先发优势与后发优势的相对大小。即，当 $\rho<\dfrac{L(1)-F(1)}{L(1)}\Leftrightarrow k_L>\hat{k}\,(\bar{k}_L\geqslant\bar{\hat{k}})\Leftrightarrow p_L>\hat{p}$ 时，先发优势大于后发优势；反之，则后发优势大于先发优势。在下面的分析中，将分别针对先发优势大于后发优势即 $\bar{k}_L\geqslant\bar{\hat{k}}$ 和后发优势大于先发优势即 $\bar{k}_L<\bar{\hat{k}}$ 两种情况进行分析。

(1)先发优势大于后发优势

当先发优势大于后发优势时，企业都想抢先进入成为领导者。此时，$\bar{k}_L\geqslant\bar{\hat{k}}$，为便于叙述，定义以下两个时刻，即 $\hat{T}=\inf\{t\geqslant 0\mid p_t\geqslant\hat{p}\}, T_M=\inf\{t\geqslant 0\mid p_t=p_M\}$，分别表示随机过程 p_t 第一次触及区间 $[\hat{p}, 1]$ 和第一次达到 p_M 的时间。其中 $p_t=p(k_t)$，k_t 表示在时间 t 时利好信号超过利差信号的数量。因博弈开始时没有信号，即 $n(0)=0$，则 $k=0$。双方对专利的前景拥有相同初始信念 p_0。下面就对可能出现的四种情形加以分析。

1) $p_0<\hat{p}$

此时初始信念小于抢先进入信念，尽管随着时间的流逝，企业会收到随机信号并不断地对信念进行贝叶斯更新，但只要 $k\in[0, \bar{\hat{k}})$ 或 $t\in[0, \hat{T})$ 时，由于领导者价值小于追随者价值 $[l(p)<f(p)]$，并且在先发优势大于后发优势情况下($p_L>\hat{p}$)，p_L 更没有达到，因此没有企业愿意投资成为领导者，企业的最优决策是等待以获得更多利好消息。

2) $p_0=\hat{p}$

当初始信念刚好等于抢先进入信念时领导者价值等于追随者价值时 $[l(p)=f(p)]$，

企业成为领导者和追随者的意愿相同，即所谓的租金均等化，因 $l(p)=f(p)>M(p)$，可以证明，两个企业成为领导者的概率均为0.5，且不会出现同时投资的可能。

3) $\hat{p}<p_0<p_M$

只要初始信念大于抢先进入信念，两个企业将争先恐后地成为领导者，因为领导者价值大于追随者价值 $[l(p)>f(p)]$，较大的先发优势使企业宁愿承担专利是“绩差专利”的风险，博弈就成了占先博弈。尽管谁都想成为领导者，但同时也明白当双方都想投资时，发生同时投资的可能性就随之增大。企业就会在成为领导者的概率和出现同时投资的概率之间存在一个权衡，可以证明，双方将以一个正的概率①投资，而同时投资概率②也为正(蔡强等，2008)，且同时投资概率与先发优势正相关，而与领导者价值和同时投资价值之差负相关(该差越大企业就会降低它们投资的概率以避免出现同时投资情形)。博弈的结果有两个，一是非Nash均衡(一方成为领导者而另一方成为追随者)；二是Nash均衡(同时投资)，但由于 T_M 尚未到来，此时的同时投资均衡不是帕累托最优的。

4) $p_0\geqslant p_M$

此时，双方同时投资的价值大于作为追随者的价值，意味着没有企业愿意成为追随者，因此，双方将会立即投资，产生同时投资均衡并且为帕累托最优。值得注意的是，外生领导者信念 p_L 是否大于 p_M 并不重要，因为即使 $p_L>p_M$，在非合作博弈中，没有企业会“天真”地等到 p_L 到来才投资，因为对手极有可能在此之前早已成为领导者。

(2)后发优势大于先发优势

此时，$p_L<\hat{p}$ 或 $\bar{k}_L<\bar{\hat{k}}$，同样分四种情况加以分析。

1) $p_0<p_L$

初始信念小于外生领导者信念，当然更会小于抢先进入信念 $\hat{p}$，此时没有企业愿意投资成为领导者，等待更多信息的到来是双方的最佳选择。

2) $p_L\leqslant p_0<\hat{p}$

当初始信念处于该区域时，若领导者是外生指定的，则被指定的领导者立即投资将会是最优策略。但由于领导者是内生决定的，而且领导者曲线位于追随者曲线之下 $[l(p)<f(p)]$，所以博弈双方都愿意成为追随者。这时，所谓的消耗战就出现了，由于两企业是对称的，任何一方投资而另一方不投资绝不可能形成均衡，而同时投资更不可能，只能是双方都不投资等待 $\hat{p}$ 的到来。

3) $\hat{p}\leqslant p_0<p_M$

初始信念处于该区域或消耗战到此结束，此时和前面先发优势大于后发优势的情形一样，双方进入占先博弈，不再赘述。

---

① 即 $\dfrac{L(p)-F(p)}{L(p)-M(p)}$

② 即 $\dfrac{L(p)-F(p)}{L(p)-2M(p)+F(p)}$

4）$p_0 \geqslant p_M$

同理，双方将会立即投资产生最优同时投资均衡。

4.2.3　进一步讨论和分析

本节模型中，企业对目标专利未来市场情况的了解有两种途径，一是通过接收随机到达的不完全信息并对先前关于专利是"绩优专利"的信念进行贝叶斯更新，以此来减小不确定性；二是依靠领导者投资后的信息披露来彻底消除这种有关专利赢利性的不确定性。

由于信息披露通常会滞后，模型中我们用 T 来表示从领导者开始投资到追随者得到专利真实赢利性时的这段时间，也正是 T 的存在，使得当专利的确为"绩优专利"时领导者具有先行者优势且与 T 正相关。做为追随者无疑是有后发优势的，因为它只对"绩优专利"投资，但后发优势的大小与模型中用来反映专利未来前景"模糊程度"的参数 μ 和 α 有关，即前景越"模糊"，后发优势越大，反之亦然。这样，在两个对称企业间形成的专利研发投资时机选择博弈环境中，企业将比较先发优势和后发优势的相对大小，并以此决定进入市场的时机。为此，下面将进一步讨论参数 T、μ、α、λ 等对企业的投资行为及均衡策略的影响。

1. 信息披露滞后时间 T 对企业投资产生的影响

首先，从追随者价值表达式(4-41)和领导者价值表达式(4-44)可得，T 越长，追随者价值越小，领导者价值越大，反之亦然；其次，考察最优同时投资信念 p_M 表达式(4-52)，有 $\frac{\partial p_M}{\partial T}<0$，这是因为追随者价值因 T 增加而减小后，最优同时投资信念随之减小；领导者价值因 T 增加而增大，外生领导者投资临界信念 p_L 随之减小；最后，同理可得 $\frac{\partial \hat{p}}{\partial T}<0$，即抢先进入信念 $\hat{p}$ 也随 T 的增加而减小。

这就是说，信息披露滞后时间越长，占先优势越大，后发优势越小，并最终导致各投资临界点均提前。当 T 不断增加，特别地，当 $T\rightarrow+\infty$ 时，即出现没有信息披露的情形，见图 4-2。此时，追随者由于等不到领导者所披露的信息而永远不投资，即有 $F(p)=0$，追随者没有丝毫后发优势，各投资临界点相应地变为最小，抢先博弈在所难免。

另一个极端情况，当 $T=0$ 时，即信息披露没有滞后，见图 4-3。此时，领导者投资后追随者立刻知道专利的真实赢利性，领导者没有丝毫先发优势，在整个信念区间里，追随者价值始终大于领导者价值和同时投资价值，即 $f(p)>l(p)=M(p)$。由于谁都不愿成为领导者，双方都在等待对方先投资，消耗战在所难免，双方一直等到信念为 1 时开始同时投资。

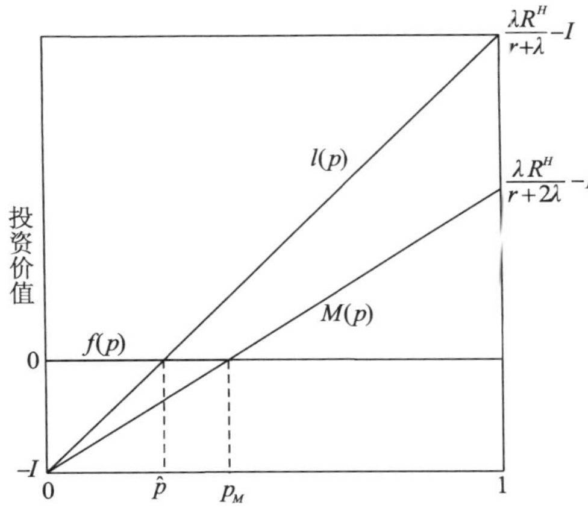

图 4-2 没有信息披露时($T\to+\infty$)的价值

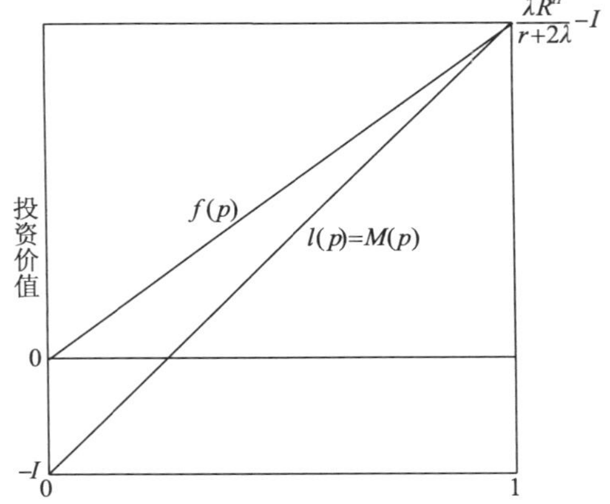

图 4-3 信息披露没有滞后时($T=0$)的价值

2. 风险率对企业投资产生的影响

风险率λ不仅会影响领导者、追随者价值、同时投资价值从而影响抢先进入信念$\hat{p}$和最优同时投资信念p_M，还会对外生领导者信念p_L施加影响，因此对它的分析更为复杂。首先，就单个企业而言，因$\frac{\partial p^*}{\partial \lambda}<0$，即投资临界信念$p^*$减小，研发投资提前。这是因为风险率$\lambda$越大，研发投资的期望价值增加，投资所需临界信念减小。

其次，就抢先进入信念$\hat{p}$而言，考察式(4-49)中的分母部分，记$A=L(1)-F(1)+I$，则$\hat{p}=I/A$，对λ求偏导，则有：

$$\begin{aligned}\frac{\partial A}{\partial \lambda} &= R^H\left\{\frac{r}{(r+\lambda)^2}-\left[\frac{2r^2\lambda+3r\lambda^2}{(r+\lambda)^2(r+2\lambda)^2}u-Tu\frac{\lambda^2}{(r+\lambda)(r+2\lambda)}\right]\right\}\\ &\quad +R^H\left[T\frac{u\lambda}{r+2\lambda}-\frac{ur}{(r+2\lambda)^2}\right]-TuI\\ &> R^H\left[\frac{r}{(r+\lambda)^2}-\frac{2r^2\lambda+3r\lambda^2}{(r+\lambda)^2(r+2\lambda)^2}-\frac{r}{(r+2\lambda)^2}\right]+Tu\left(\frac{\lambda R^H}{r+2\lambda}-I\right)\\ &> R^H\left[\frac{r^3+2r^2\lambda+r\lambda^2}{(r+\lambda)^2(r+2\lambda)^2}-\frac{r}{(r+2\lambda)^2}\right]+Tu\left(\frac{\lambda R^H}{r+2\lambda}-I\right)>0\end{aligned}$$

即$\frac{\partial \hat{p}}{\partial \lambda}<0$。即临界信念$\hat{p}$为风险率$\lambda$的单减函数。

特别地，当$\lambda\to+\infty$时，技术不确定性消除，只要一投资就成功研发，则专利为“绩优专利”时领导者的期望收益现值R_L^H达到最大为R^H，追随者期望收益最小为0，此时的$\hat{p}$为最小即$\hat{p}=I/R^H$。经济意义在于，一旦没有技术不确定性，在“赢者通吃”的专利竞赛中，信息披露对追随者毫无价值(领导者一投资就成功获得专利)，自然没有后发优势，企业发现信念为1时的领导者、追随者投资净现值之差$L(1)-F(1)$达到最大，必然会于$\hat{p}=I/R^H$处展开占先博弈，争当领导者。

对最优同时投资信念 p_M 而言，记 $B=(1-u)\frac{\lambda R^H}{r+2\lambda}+uI$，则 $p_M=\frac{I}{B}$，对 λ 求偏导，则有：

$$\begin{aligned}\frac{\partial B}{\partial \lambda} &= Tu\frac{\lambda R^H}{r+2\lambda}+(1-u)\frac{rR^H}{(r+2\lambda)^2}-TuI \\ &= Tu\left(\frac{\lambda R^H}{r+2\lambda}-I\right)+(1-u)\frac{rR^H}{(r+2\lambda)^2}>0\end{aligned}$$

即 $\frac{\partial p_M}{\partial \lambda}<0$。这样，与 $\hat{p}$ 一样，p_M 也随风险率 λ 的增加而减小，即为 λ 的单减函数。不同的是，当 $\lambda\to+\infty$时，双方对同时投资“绩优专利”的期望收益现值为 $R^H/2$，相应的 $p_M=2I/R^H$。

最后，考虑外生领导者信念 p_L，由式(4-49)知，$p_L=\frac{1}{\rho(R_L^H/I-1)+1}$，且容易证明 $\frac{\partial p_L}{\partial \lambda}<0$,即 p_L 同样随风险率 λ 的增加而减小。

当 $\lambda\to+\infty$时，$R_L^H=R^H$，$p_L=\frac{1}{\rho(R^H/I-1)+1}>\frac{1}{(R^H/I-1)+1}=\frac{I}{R^H}=\hat{p}$，追随者没有后发优势，而此时的 p_L 之所以大于 $\hat{p}$，这是由于领导者是外生决定的，不用担心被对手抢先投资，因而可以等待较多信号并在比 $\hat{p}$ 更高的信念值 p_L 下“从容”进入市场。

总的说来，λ 的增加会增加领导者的占先优势，减少追随者的后发优势(追随者一定是在领导者以 $e^{-\lambda T}$ 的概率研发没有成功的前提下投资，λ 越大该概率越小)，最终使各临界信念相应减小，反之亦然。

3. 信号参数对企业投资产生的影响

前面已对信号参数 μ 和 α 对等待期权参数 ρ 的影响从而影响到先发优势与后发优势的相对大小进行了详细分析,其重要结论为:由于追随者的后发优势是以接受比领导者更低的期望价值为“代价”的,而较高的信号到达频率和信号质量会使追随者等待对手投资后再做决策的“价值”降低,进而减小其后发优势,反之亦然。考虑两极端情形:当 $\mu\to+\infty$时，因 $\lim_{\mu\to+\infty}\rho=0$，则 $\rho=0<\frac{L(1)-F(1)}{L(1)}$，即先发优势一定大于后发优势。$\alpha=1$ 时，$\rho=\frac{r}{r+\mu}$，只需一定频率的 μ 就会满足 $\rho<\frac{L(1)-F(1)}{L(1)}$ 即先发优势大于后发优势的充要条件；而当 $\mu=0$ 或 $\alpha=1/2$ 时，均有 $\rho=1$，则 $\rho=1>\frac{L(1)-F(1)}{L(1)}$，后发优势一定大于先发优势。此时，企业收不到任何信号或收到的信号对揭示专利的真实赢利性毫无用处，等待期权价值消失，此时等待对手投资后再做决策的“价值”最大，双方都会等待对手先投资，消耗战不可避免。

4.3　本 章 小 结

不完全信息和不确定性会影响企业的专利研发投资决策。针对两对称企业间的专利竞赛，首先考虑只有先发优势的情形，考虑随机事件到达的不确定性，随机事件出现作为信号所蕴含专利好坏信息的不确定性，以及研发能否成功的技术不确定性，构建实物期权投资模型，对两竞争企业的投资战略及行为进行了分析。结果表明，专利固有的“赢者通吃”特性、来自于技术的不确定性会导致企业产生推迟投资和提早投资两种不同效应；信号到达速度越快、信号质量越高，追随者越倾向于等待更多利好消息的到来，从而导致较高的投资信念值；双方博弈的均衡结果可能出现占先均衡和同时投资均衡。

其次，在前面模型的基础上，引入信息披露及其滞后效应，让领导者的先投资使得专利的“优”与“差”不再难辨，从而带给追随者后发优势等因素，构建实物期权投资模型，对两竞争性企业的投资战略及行为进行了分析。结果表明，来自于领导者的信息披露及其滞后效应、专利竞赛固有的“赢者通吃”特性、目标专利的技术不确定性、随机信号的到达频率和质量将决定先发优势和后发优势的相对大小，并由此改变博弈的均衡类型，产生相应的最优研发投资决策。具体来讲，当信息披露滞后时间越长、技术不确定性程度越低、随机信号到达速度越快、信号质量越高时，领导者先发优势就越明显，越易产生占先博弈，双方会在较低信念值处进行抢先；反之，则会产生消耗战，即双方都不投资一直等到抢先临界信念 $\hat{p}$ 的到来。本章的分析为企业理性参与具有信息披露的不完全信息专利竞赛提供出新的思路和最优投资时机选择方案。

第 5 章　有记忆专利竞赛

Weeds(2002)很好地将期权博弈理论应用到单阶段专利竞赛环境中，对单个企业、双寡头企业的专利研发最优投资时机及两企业非合作博弈、合作投资时可能出现的占先均衡、同时投资均衡、序贯投资均衡等进行了分析，但该模型对专利技术不确定性的处理仍沿用无记忆模型。本章通过引入非齐次泊松过程，使企业的 R&D 活动产生“学习效应”，将无记忆专利竞赛改变成有记忆专利竞赛，在不确定条件下应用期权博弈理论分别对单个企业和两对称企业在非合作博弈中的投资时机选择问题进行分析，以发现有记忆专利竞赛中竞争者理性的研发投资决策。

5.1　模 型 框 架

假定两个对称的风险中性企业同时拥有一个研发某种新技术的机会，先研发成功并获取专利者，将得到该专利技术所开辟的新市场带来的所有收益，而对手将一无所获。需要说明的是，之所以以对称企业为研究对象，是为了便于发现有记忆专利竞赛中的一般期权博弈特征，且不会影响结论的一般性。

该专利技术的价值 P 服从以下几何布朗运动：

$$\mathrm{d}P = \alpha P\,\mathrm{d}t + \sigma P\,\mathrm{d}z \tag{5-1}$$

其中，$0<\alpha<r$（令 $\delta=r-\alpha$，如果 $\delta<0$，那么企业将永远不会投资，因为 δ 可以看成推迟项目投资而保持投资期权有活力的机会成本）[Dixit 和 Pindyck(1994)]；r 为无风险利率(假设固定不变)，α 为瞬时漂移率，σ 为瞬时波动率；dz 为标准维纳过程增量，独立服从一个均值为 0，方差为 dt 的正态分布，即，$\mathrm{d}z\sim N\,[0,\,\mathrm{d}t]$。

两企业从事该专利技术研发的沉没成本的现值为一常量 $I>0$。企业一旦开始从事专利的研究，其 R&D 成功(或该专利技术不确定性得以消除)的时间服从强度或风险率为 $\lambda(t)$ 的非齐次泊松过程 q，即：

$$\mathrm{d}q = \begin{cases} 0, & \text{以概率 } 1-\lambda(t)\mathrm{d}t \\ 1, & \text{以概率 } \lambda(t)\mathrm{d}t \end{cases} \tag{5-2}$$

其中，$\lambda(t)$不是通常模型中的常量形式，而是企业开始投资研发以来的时间 t 的单增有界函数，这样就使得持续研发时间愈久，单位时间区间中专利研发成功的概率愈大。即，企业的研发活动具有“学习效应”或“经验效应”，企业研发成功的概率随经验的不断积累而增加，因而专利竞赛是“有记忆”的。

另外，成功概率的增加不应是无限的，当经验较少时，增加得较快；当经验较多即研发时间已较长时，概率的变化就较小了，这是符合直觉和客观现实的。为了更直观地描述这种有记忆特征，本章综合以上因素，且不失一般性，假定风险率函数$\lambda(t)$有以下特定形式：

$$\lambda(t)=\frac{\lambda_0(\lambda_0+\theta)}{\lambda_0+\theta e^{-(\lambda_0+\theta)t}} \tag{5-3}$$

式中，λ_0、θ 均为大于零的常数。λ_0 为研发初始时的风险率，θ 为度量“学习效应”强度的变量(这是指不同企业面对不同专利项目会有不同的强度，但对某具体企业具体项目而言是常数)。

由于λ_0 和θ 均为正常数，则$\lambda_0+\theta$ 也一定为正常数，表示尽管有“学习效应”存在，但专利研发的技术不确定性并不能完全消除。当$t\in[0, +\infty)$时，$\lambda\in[\lambda_0, \lambda_0+\theta)$；且$\lambda'(t)>0$，$\lambda''(t)<0$；若$\theta$ 为零，则$\lambda(t)\equiv\lambda_0$，此时即回到“无记忆”状态；$\frac{\partial\lambda}{\partial\theta}>0$ 说明θ 越大风险率增长越快，或者说“学习效应”越明显。

另外假设$E_0\left[\int_0^{+\infty}e^{-(rt+\int_0^t\lambda(t)dt)}\lambda(t)P_t dt\right]-I<0$，这是指专利的初始价值$P_0$ 足够的低，致使立即投资的 NPV 为负，这样没有企业会在初始点投资。需要说明的是，风险率函数$\lambda(t)$的特定形式并不影响我们所得出结论的普遍性，实际上只要它是时间t 的单增有界函数，就能得出同样的结论(我们将在后面的分析中给出详细证明)。但函数形式不同，“学习效应”的强弱和收敛速度会有所不同。

与不完全信息专利竞赛一样，假设两个企业研发取得成功的概率是彼此独立的，且对两个博弈局中人而言，以上参数和双方的行动都是共同知识，因此博弈是一个完全信息博弈。称两企业中率先投资 R&D 的企业为领导者，根据领导者的投资作出相应最优投资决策的企业为跟随者或追随者。每个企业的投资机会只有一次，且一旦投资必将持续到博弈结束。并假定企业面对的技术和市场不确定性是相同的，所有投资的沉没成本完全不可逆。

5.2 单个企业的最优投资时机

无竞争压力时单个企业的最优投资时机在于求解如下最优随机停时问题：

$$V(P_t)=\max_T E_t\left\{e^{-rT}\left(\int_T^{+\infty}e^{-rt}e^{-\int_0^t\lambda(t)dt}\lambda(t)P_t dt-I\right)\right\} \tag{5-4}$$

式中，E_t 表示t 时刻所对应的期望，T 表示开始投资的时间。此问题的求解可仿照 Dixit 和 Pindyck(1994)中的步骤进行。其中，连续区域通过求解相关 Bellman 方程，此时，企业尚未投资，泊松过程不对价值产生影响。正如 Dixit 和 Pindyck(1994)所论述的，若时间期限是无穷的，利润流、转移概率分布函数和贴现率都独立于实际标记的日期。因此，为了分析的方便，在以后的讨论中将省略各参数的时间下标。则在停止区域中，企业的投资净现值为①：

$$\begin{aligned}\mathrm{NPV}_U(P) &= E_t\left[\int_T^{+\infty} \mathrm{e}^{-(rt+\int_0^t \lambda(\tau)\mathrm{d}\tau)}\lambda(t)P_t\mathrm{d}t - I\right] \\ &= E\int_T^{+\infty} \mathrm{e}^{-(rt+\int_0^t \lambda(\tau)\mathrm{d}\tau)}\lambda(t)P\mathrm{e}^{\alpha t}\mathrm{d}t - I \\ &= P\int_0^{+\infty} \mathrm{e}^{-(r-\alpha)t}\mathrm{e}^{-\int_0^t \lambda(\tau)\mathrm{d}\tau}\lambda(t)\mathrm{d}t - I\end{aligned} \tag{5-5}$$

式(5-5)不能得到解析解，记：

$$M_U = \int_0^{+\infty} \mathrm{e}^{-(r-\alpha)t}\mathrm{e}^{-\int_0^t \lambda(\tau)\mathrm{d}\tau}\lambda(t)\mathrm{d}t \tag{5-6}$$

则

$$\mathrm{NPV}_U(P) = P\int_0^{+\infty} \mathrm{e}^{-(r-\alpha)t}\mathrm{e}^{-\int_0^t \lambda(\tau)\mathrm{d}\tau}\lambda(t)\mathrm{d}t - I = M_U P - I \tag{5-7}$$

这样，单个企业的价值函数就为：

$$V_U(P) = \begin{cases} B_0 P^{\beta_0} & P < P_U \\ M_U P_0 - I & P \geqslant P_U \end{cases} \tag{5-8}$$

其中，$\beta_0 = \frac{1}{2} - \frac{\alpha}{\sigma^2} + \sqrt{\left(\frac{\alpha}{\sigma^2} - \frac{1}{2}\right)^2 + \frac{2r}{\sigma^2}}$；$1 < \beta_0 < \frac{r}{\alpha}$。

应用价值匹配和平滑粘贴条件计算得：$B_U = \frac{M_U P_U^{1-\beta_0}}{\beta_0}$，$P_U = \frac{\beta_0}{\beta_0 - 1}\frac{1}{M_U}I$。

若将 λ_0、$\hat{M}_U$ 看成无记忆专利研发时的固定风险率和期望价值系数，记

$$\hat{M}_U = \int_0^{+\infty} \mathrm{e}^{-(r-\alpha)t}\mathrm{e}^{-\lambda_0 t}\lambda_0\mathrm{d}t \tag{5-9}$$

尽管从直观上容易判断，对单个企业而言，有记忆专利研发一定比无记忆专利研发具有更高的期望收益，但仍需在理论上予以证明。为此，先考虑有具体形式的风险率函数，然后推广到一般情形。

考察价值系数 M_U 和 $\hat{M}_U$ 中的被积函数均非负，如果能证明对于任意时间 t 所对应的被积函数 $\mathrm{e}^{-\int_0^t \lambda(\tau)\mathrm{d}\tau}\lambda(t)$ 均大于 $\mathrm{e}^{-\lambda_0 t}\lambda_0$，则一定有 $M_U > \hat{M}_U$。

记 $Y(\theta) = \mathrm{e}^{-\int_0^t \lambda(\tau)\mathrm{d}\tau\lambda(t)} - \mathrm{e}^{-\lambda_0 t}\lambda_0 = \mathrm{e}^{-\int_0^t \frac{\lambda_0(\lambda_0+\theta)}{\lambda_0+\theta\mathrm{e}^{-(\lambda_0+\theta)\tau}}\mathrm{d}\tau}\frac{\lambda_0(\lambda_0+\theta)}{\lambda_0+\theta\mathrm{e}^{-(\lambda_0+\theta)t}} - \mathrm{e}^{-\lambda_0 t}\lambda_0$。显然，当 $\theta = 0$ 时，$Y(0) = 0$。令 $\mathrm{e}^{-(\lambda_0+\theta)t} = u$，计算得 $-\int_0^t \frac{\lambda_0(\lambda_0+\theta)}{\lambda_0+\theta\mathrm{e}^{-(\lambda_0+\theta)\tau}}\mathrm{d}\tau = -\ln\frac{\lambda_0+\theta u}{(\lambda_0+\theta)u}$。则有：

$$Y(\theta) = \frac{(\lambda_0+\theta)u}{\lambda_0+\theta u}\frac{\lambda_0(\lambda_0+\theta)}{\lambda_0+\theta u} - \mathrm{e}^{-\lambda_0 t}\lambda_0 = \frac{u\lambda_0(\lambda_0+\theta)^2}{(\lambda_0+\theta u)^2} - \mathrm{e}^{-\lambda_0 t}\lambda_0 \tag{5-10}$$

$$Y'(\theta) = \frac{2u\lambda_0(\lambda_0+\theta)(\lambda_0+\theta u)^2 - 2u\lambda_0(\lambda_0+\theta)^2 u(\lambda_0+\theta u)}{(\lambda_0+\theta u)^4}$$

① 式中 E_t 的下标 t 意味着到 t 时刻的信息，即 P_1 是确定的而非随机的。

$$= \frac{2u\lambda_0^{\ 2}(\lambda_0 + \theta)(\lambda_0 + \theta u)(1-u)}{(\lambda_0 + \theta u)^4} \tag{5-11}$$

显然，当 $t \in (0, +\infty)$时，$0 < u < 1$，代入上式知 $Y'(\theta) > 0$，而前面已知 $Y(0) = 0$，则必有 $Y(\theta) > 0$。即对任意的 $t \in (0, +\infty)$，$\mathrm{e}^{-\int_0^t \lambda(\tau)\mathrm{d}\tau}\lambda(t)$ 均大于 $\mathrm{e}^{-\lambda_0 t}\lambda_0$，则价值系数 $M_U > \hat{M}_U$，即证。

下面给出更一般情形(即不需 $\lambda(t)$的具体形式，只考虑它的单增有界特征)下的证明：

$$\begin{aligned}
M_U &= \int_0^{+\infty} \mathrm{e}^{-(r-\alpha)t}\mathrm{e}^{-\int_0^t \lambda(\tau)\mathrm{d}\tau}\lambda(t)\mathrm{d}t = \int_0^{+\infty} \mathrm{e}^{-(r-\alpha)t}\mathrm{d}P(T_U \leqslant t) \\
&= P(T_U \leqslant t)\mathrm{e}^{-(r-\alpha)t}\Big|_0^{+\infty} - \int_0^{+\infty} P(T_U \leqslant t)\mathrm{d}\mathrm{e}^{-(r-\alpha)t} \\
&= (1 - \mathrm{e}^{-\int_0^t \lambda(\tau)\mathrm{d}\tau})\mathrm{e}^{-(r-\alpha)t}\Big|_0^{+\infty} + \int_0^{+\infty} (1 - \mathrm{e}^{-\int_0^t \lambda(\tau)\mathrm{d}\tau})\mathrm{e}^{-(r-\alpha)t}(r-\alpha)\mathrm{d}t \\
&= \int_0^{+\infty} (1 - \mathrm{e}^{-\int_0^t \lambda(\tau)\mathrm{d}\tau})\mathrm{e}^{-(r-\alpha)t}(r-\alpha)\mathrm{d}t \\
&> \int_0^{+\infty} (1 - \mathrm{e}^{-\lambda_0 t})\mathrm{e}^{-(r-\alpha)t}(r-\alpha)\mathrm{d}t = \int_0^{+\infty} P(\hat{T}_U \leqslant t)\mathrm{e}^{-(r-\alpha)t}(r-\alpha)\mathrm{d}t \\
&= \hat{M}_U
\end{aligned} \tag{5-12}$$

据此结论有

$$P_U = \frac{\beta_0}{\beta_0 - 1}\frac{1}{M_U}I < \frac{\beta_0}{\beta_0 - 1}\frac{1}{M_U'}I = \frac{\beta_0}{\beta_0 - 1}\frac{r + \lambda_0 - \alpha}{\lambda_0}I = P^*$$

$$B_0 P^{\beta_0} = \frac{M_U P_U \left(\dfrac{P}{P_U}\right)^{\beta_0}}{\beta_0} = \frac{I}{\beta_0 - 1}\left(\frac{P}{P_U}\right)^{\beta_0} > \frac{I}{\beta_0 - 1}\left(\frac{P}{P^*}\right)^{\beta_0}$$

其中，上述两个不等式右边项分别表示无记忆时的投资门槛值和等待期权价值(Weeds，2002)。可见，由于“学习效应”的存在，就单个企业而言，在研发有记忆的情况下，投资临界值降低，并且无论是连续区域企业的等待期权价值还是停止区域企业执行期权后的项目价值均比无记忆时有所增加。

5.3 有记忆专利竞赛

在对单个企业最优研发投资决策分析的基础上，下面对竞争性双寡头企业间展开的有记忆专利竞赛进行非合作博弈分析。不失一般性，假设领导者的投资时间严格早于追随者，并且追随者一定会于领导者投资后的某个时点进行投资。根据动态博弈分析由后向前推理的原则，我们先考虑追随者的最优决策问题。

5.3.1 追随者的投资问题

假设领导者先于追随者投资的时间为变量 T_1(值得注意的是 T_1 之所以为变量，是由于在有记忆专利竞赛环境下，追随者等待期权价值不仅是专利价值 P 的函数同时也是领导者先行研发持续时间的函数)，且一定有 $T_1>0$。在连续区域，将追随者的期权价值记为 $V_0(P,t)$。此时，追随者面对的是条件概率 $\lambda(t)\mathrm{d}t$，即领导者在短时间 $\mathrm{d}t$ 内研发成功的概率，则 $V_0(P,t)$必定满足以下方程①：

$$rV_0(P)\mathrm{d}t = E[\mathrm{d}V_0(P)] \tag{5-13}$$

在每一个时间 t 上利用非齐次泊松过程的性质：$P\{q(t+\mathrm{d}t)-q(t)=1\}=\lambda(t)\mathrm{d}t+o(\mathrm{d}t)$ 及伊藤引理展开 $\mathrm{d}V_0(P)$ 并将式(5-1)中的 $\mathrm{d}P$ 代入其中可以得到(这里我们利用下标表示偏导)：

$$E[\mathrm{d}V_0(P,t)]=(1-\lambda(t)\mathrm{d}t)\left[\frac{1}{2}\sigma^2P^2V_{0PP}(P,t)+\alpha PV_{0P}(P,t)+V_{0t}(P,t)\right]\mathrm{d}t + \lambda(t)\mathrm{d}t[M(P,t)-V_0(P,t)] \tag{5-14}$$

上式中的 $M(P,t)$为领导者研发成功时追随者的期权价值，由于专利竞赛是“赢者通吃”，显然有 $M(P,t)=0$。则将式(5-14)代入式(5-13)化简并略去高阶无穷小量得：

$$\frac{1}{2}\sigma^2P^2V_{0PP}(P,t)+\alpha PV_{0P}(P,t)+V_{0t}(P,t)-[r+\lambda(t)]V_0(P,t)=0 \tag{5-15}$$

这是一个以 $V_0(P,t)$为因变量，P、t 为自变量的二阶偏微分方程，通常可用数值方法求解。从后面的分析中将会看到，$V_0(P,t)$的具体形式不会影响我们的结论，在此不再赘述。

在停止区域，追随者的投资净现值为：

$$\mathrm{NPV}_F(P)=P\int_0^{+\infty}\mathrm{e}^{-(r-\alpha)t}\mathrm{e}^{-\int_0^t\lambda(\tau)\mathrm{d}\tau}\mathrm{e}^{-\int_0^t\lambda(T_1+\tau)\mathrm{d}\tau}\lambda(t)\mathrm{d}t-I=M_FP-I \tag{5-16}$$

记

$$M_F=\int_0^{+\infty}\mathrm{e}^{-(r-\alpha)t}\mathrm{e}^{-\int_0^t\lambda(\tau)\mathrm{d}\tau}\mathrm{e}^{-\int_0^t\lambda(T_1+\tau)\mathrm{d}\tau}\lambda(t)\mathrm{d}t \tag{5-17}$$

追随者的价值函数可以表示为：

$$V_F(P)=\begin{cases}V_0(P,t) & P<P_F\\ M_FP-I & P\geqslant P_F\end{cases} \tag{5-18}$$

5.3.2　领导者的价值

假定领导者一旦开始投资就将持续到博弈结束即某一方研发成功，其收益完全由研发专利的期望值决定。但该收益将受到追随者于 P_F 处投资的影响而减少(先姑且认为追随者会于 P_F 处投资，实际上对追随者的行为选择我们将会再次讨论)。因此，领导者的价值应该包含追随者投资前和投资后的两部分价值。

追随者投资后领导者的投资期望净现值为：

---

① 值得注意的是：由于研发的有记忆性，在追随者等待投资的每一个时间 $0<\alpha<r$ 上都满足这样的方程。

$$\mathrm{NPV}_L(P)=P\int_0^{+\infty}\mathrm{e}^{-(r-\alpha)t}\mathrm{e}^{-\int_0^t\lambda(\tau)\mathrm{d}\tau}\mathrm{e}^{-\int_0^t\lambda(T_1+\tau)\mathrm{d}\tau}\lambda(T_1+t)\mathrm{d}t-I=M_LP-I \quad (5\text{-}19)$$

上式中，记：

$$M_L=\int_0^{+\infty}\mathrm{e}^{-(r-\alpha)t}\mathrm{e}^{-\int_0^t\lambda(\tau)\mathrm{d}\tau}\mathrm{e}^{-\int_0^t\lambda(T_1+\tau)\mathrm{d}\tau}\lambda(T_1+t)\mathrm{d}t \quad (5\text{-}20)$$

追随者投资前，领导者的价值由两部分构成：第一部分是领导者独自研发所获得的净现值；第二部分是潜在价值损失项，表示由于追随者可能也会参与专利研发投资从而带给领导者的损失，显然这一项应该是负值，记为$-V_1(P,t)$。因此，领导者的价值函数为：

$$V_L(P)=\begin{cases}M_UP-I-V_1(P,t) & P<P_F\\ M_LP-I & P\geqslant P_F\end{cases} \quad (5\text{-}21)$$

尽管不能通过通常的平滑粘贴、价值匹配条件来确定$V_1(P,t)$、P_F(注意领导者的价值函数不满足平滑粘贴条件，详见 Harrison(1985)，但这丝毫不会影响我们以后的分析。

比较式(5-20)和(5-17)可知，因$T_1>0$，$\lambda(t)$为企业研发持续时间t的单增函数，则对任意的$t\in(0,+\infty)$，必有$\lambda(T_1+t)>\lambda(t)$，自然得到价值系数$M_F<M_L$。这就是说，在有记忆专利竞赛中，一旦进入停止区域即追随者一旦投资，领导者的价值就始终大于追随者。这是与无记忆时相区别的一个重要特征，它将改变双方的博弈均衡类型，影响企业的研发投资决策，这在后面的均衡分析中将会进一步体现。

5.3.3 最优同时投资

在完全信息博弈条件下，双方除了知道成为领导者、追随者的“后果”外，还必须了解最优同时投资时的自身价值，即它们会理性地将领导者、追随者和最优同时投资价值相互比较，以发现最优投资时机。最优同时投资相当于两个企业同时投资，以谋求双方的投资价值最大化。即两企业在同一个临界点上选择同时投资，这相当于求解一家“整体”企业拥有风险率$2\lambda(t)$、投资成本$2I$时的最优投资时机问题①。在停止区域，每一个企业的投资净现值为：

$$\mathrm{NPV}_C(P)=\frac{1}{2}\left[P_0\int_0^{+\infty}\mathrm{e}^{-(r-\alpha)t}\mathrm{e}^{-2\int_0^t\lambda(\tau)\mathrm{d}\tau}2\lambda(t)\mathrm{d}t-2I\right]=M_CP-I \quad (5\text{-}22)$$

记

$$M_C=\int_0^{+\infty}\mathrm{e}^{-(r-\alpha)t}\mathrm{e}^{-2\int_0^t\lambda(\tau)\mathrm{d}\tau}\lambda(t)\mathrm{d}t \quad (5\text{-}23)$$

则该“整体”企业中每一个企业的价值函数如下：

---

① 此时，两企业共同选择在同一时点投资，各自独立进行研发，每个企业研发成功的概率仍彼此独立。任何一个企业的成功均视为“整体”企业的成功，可以证明，该“整体”企业的风险率为2λ，而单个企业的净现值就为“整体”企业净现值的一半。

$$V_C(P)=\begin{cases}B_CP^{\beta_0} & P<P_C\\ M_CP-I & P\geqslant P_C\end{cases} \tag{5-24}$$

运用价值匹配和平滑粘贴条件可求得：

$$B_C=\frac{M_CP_C^{1-\beta_0}}{\beta_0},P_C=\frac{\beta_0}{\beta_0-1}\frac{1}{M_C}I$$

将 P_C 与 P_U 比较，因显然有 $M_C<M_U$，当然可得 $P_C>P_U$。这是由于最优同时投资时每个企业的价值小于单个企业投资时的价值，使得最优同时投资临界点晚于单个企业时的投资门槛值。

对于有记忆时的最优同时投资价值系数 $M_C=\int_0^{+\infty}\mathrm{e}^{-(r-\alpha)t}\mathrm{e}^{-2\int_0^t\lambda(\tau)\mathrm{d}\tau}\lambda(t)\mathrm{d}t$ 与无记忆时的最优同时投资价值系数 $\hat{M}_C=\int_0^{+\infty}\mathrm{e}^{-(r-\alpha)t}\mathrm{e}^{-2\lambda_0t}\lambda_0\mathrm{d}t$ 之间的数量关系。同样地，只需证明对于任意时间 t 所对应的被积函数 $\mathrm{e}^{-2\int_0^t\lambda(\tau)\mathrm{d}\tau}\lambda(t)$ 均大于 $\mathrm{e}^{-2\lambda_0t}\lambda_0$，则一定有 $M_C>\hat{M}_C$。

记 $Z(\theta)=\mathrm{e}^{-2\int_0^t\lambda(\tau)\mathrm{d}\tau}\lambda(t)-\mathrm{e}^{-2\lambda_0t}\lambda_0=\mathrm{e}^{-2\int_0^t\frac{\lambda_0(\lambda_0+\theta)}{\lambda_0+\theta\mathrm{e}^{-(\lambda_0+\theta)\tau}}\mathrm{d}\tau}\frac{\lambda_0(\lambda_0+\theta)}{\lambda_0+\theta\mathrm{e}^{-(\lambda_0+\theta)t}}-\mathrm{e}^{-2\lambda_0t}\lambda_0$，当 $\theta=0$ 时，$Z(0)=0$。由前面的结果有：

$$Z(\theta)=\frac{(\lambda_0+\theta)^2u^2}{(\lambda_0+\theta u)^2}\frac{\lambda_0(\lambda_0+\theta)}{\lambda_0+\theta u}-\mathrm{e}^{-2\lambda_0t}\lambda_0=\frac{u^2\lambda_0(\lambda_0+\theta)^3}{(\lambda_0+\theta u)^3}-\mathrm{e}^{-2\lambda_0t}\lambda_0 \tag{5-25}$$

$$\begin{aligned}Z'(\theta)&=\frac{3u^2\lambda_0(\lambda_0+\theta)^2(\lambda_0+\theta u)^3-3u^3\lambda_0(\lambda_0+\theta)^3(\lambda_0+\theta u)^2}{(\lambda_0+\theta u)^6}\\&=\frac{3u^2\lambda_0^2(\lambda_0+\theta)^2(\lambda_0+\theta u)^2(1-u)}{(\lambda_0+\theta u)^6}\end{aligned} \tag{5-26}$$

显然，当 $t\in(0,+\infty)$时，$0<u<1$，代入上式知 $Z'(\theta)>0$，已知 $Z(0)=0$，则必有 $Z(\theta)>0$。即对任意的 $t\in(0,+\infty)$，$\mathrm{e}^{-2\int_0^t\lambda(\tau)d\tau}\lambda(t)$均大于 $\mathrm{e}^{-2\lambda_0t}\lambda_0$，则价值系数 $M_C>\hat{M}_C$，即证。

类似地，下面给出更一般情形时的证明：

$$\begin{aligned}2M_C&=\int_0^{+\infty}\mathrm{e}^{-(r-\alpha)t}\mathrm{e}^{-2\int_0^t\lambda(\tau)\mathrm{d}\tau}2\lambda(t)\mathrm{d}t=\int_0^{+\infty}\mathrm{e}^{-(r-\alpha)t}\mathrm{d}P(T_C\leqslant t)\\&=P(T_C\leqslant t)\mathrm{e}^{-(r-\alpha)t}\big|_0^{+\infty}-\int_0^{+\infty}P(T_C\leqslant t)\mathrm{d}\mathrm{e}^{-(r-\alpha)t}\\&=0+\int_0^{+\infty}(1-\mathrm{e}^{-2\int_0^t\lambda(\tau)\mathrm{d}\tau})\mathrm{e}^{-(r-\alpha)t}(r-\alpha)\mathrm{d}t\\&=\int_0^{+\infty}(1-\mathrm{e}^{-2\int_0^t\lambda(\tau)\mathrm{d}\tau})\mathrm{e}^{-(r-\alpha)t}(r-\alpha)\mathrm{d}t\\&>\int_0^{+\infty}(1-\mathrm{e}^{-2\lambda_0t})\mathrm{e}^{-(r-\alpha)t}(r-\alpha)\mathrm{d}t\\&=\int_0^{+\infty}P(\hat{T}_C\leqslant t)\mathrm{e}^{-(r-\alpha)t}(r-\alpha)\mathrm{d}t\\&=2\hat{M}_C\end{aligned} \tag{5-27}$$

即有：$M_C > \hat{M}_C$。则：$P_C = \frac{\beta_0}{\beta_0 - 1} \frac{1}{M_C} I < \frac{\beta_0}{\beta_0 - 1} \frac{1}{\hat{M}_C} I$（无记忆时的同时投资临界点）。是由于有记忆时随着研发持续时间的增加，成功研发的可能性随之增大，自然会增加企业的期望价值，从而使得最优同时投资临界点早于无记忆时的同时投资临界点。

5.3.4 均衡分析

前面我们已经对单个企业、最优同时投资和追随者的最优临界值进行了分析，自然会想到的是领导者的最优临界值能不能也作为一个最优化问题而求解呢？通常情况下是不能的。因为企业是否成为领导者和它所选择投资的点是否成为临界点取决于每个企业企图占先于对手的动机和避免自己被占先而必须选择投资的点，而这又依赖于领导者价值 V_L 和双方都等待至最优同时投资点才投资时的价值 V_C 之间的相对数量大小（Fudenberg 和 Tirole，1985）。因此，需要在不同情况下对成为领导者的动机、成为追随者的“后果”以及出现同时投资的可能性等进行分析，以发现隐藏其中的均衡结果。

在本模型中，前面已经证明，在有记忆专利竞赛中，一旦进入停止区域，领导者的价值始终大于追随者。显然，这是追随者不愿看到的结果。也就是说谁都不愿成为追随者，因为一旦成为追随者就意味着放弃、退出竞赛。这一点与 Weeds（2002）明显不同，在该文所建模型中即使不幸成为追随者，也还有机会在 P_F 处进入并得到与领导者相同的期望价值。由于博弈是完全信息下的，双方都知道成为追随者的“后果”，则抢先进入就在所难免。而成为领导者的“底线”或诱使双方投资的最低专利价值点 P_L 在哪里呢？这就是满足 Fudenberg 和 Tirole（1985）租金均等化原则的点，即满足：

$$\widetilde{V}_L(P_L) = \widetilde{V}_F(P_L) \tag{5-28}$$

值得注意的是，式（5-28）中之所以出现的是 $\widetilde{V}_L$、$\widetilde{V}_F$，是因为基于上面的分析我们认为应对前面所分析的领导者、追随者价值重新审视。由于成为追随者就意味着放弃、退出竞赛，自然就失去了等待期权价值和投资的期望价值，即 $\widetilde{V}_F = 0$；领导者当然会知道追随者的选择，从而完全不必考虑追随者投资给自己带来的价值损失，其价值则由式（5-21）修正为：

$$\widetilde{V}_L(P) = M_U P - I \tag{5-29}$$

代入式（5-28）中，得：

$$P_L = \frac{I}{M_U} \tag{5-30}$$

与单个企业的投资门槛值 $P_U = \frac{\beta_0}{\beta_0 - 1} \frac{I}{M_U}$ 相比，显然有 $P_L < P_U$。这是由于竞争的关系，特别又是在有记忆竞赛背景下，企业完全放弃掉期权价值，投资法则回归到 NPV 法则。

下面还需比较领导者价值 $\widetilde{V}_L$ 与最优同时投资价值 V_C。

首先，前面已经分析知 $P_C > P_U$，$P_L < P_U$，则必然有 $P_L < P_C$，即抢先进入点一定先于最优同时投资点；其次，当 $P < P_L$ 时，$\widetilde{V}_L < 0 < B_C P^{\beta_0} = V_C$；再者，由 $P_L < P < P_C$ 得：

$$\frac{\partial \widetilde{V}_L}{\partial P} = M_U > M_C = M_C P^{1-\beta_0} P^{\beta_0 - 1} > M_C P_C^{1-\beta_0} P^{\beta_0 - 1} = \beta_0 B_C P^{\beta_0 - 1} = \frac{\partial V_C}{\partial P}$$，即在 P_C 到达之前，$\widetilde{V}_L$ 的增长速度快于 V_C。由于 $M_C < M_U$，在 P_C 处，$V_C(P_C) = M_C P_C - I < \widetilde{V}_L(P_C)$，则在区间 $(P_L,\ P_C)$ 上，$\widetilde{V}_L$ 与 V_C 必有唯一交点 P_M 并满足以下关于 P_M 隐含解的方程：

$$B_C P_M^{\beta_0} = M_U P_M - I \tag{5-31}$$

最后，当 $P > P_C$ 时，显然有：$\widetilde{V}_L = M_U P - I > M_C P - I = V_C$。

综合起来，$\widetilde{V}_L$ 与 V_C 有如下关系：

当 $P \in (0,\ P_L) \cup (P_L,\ P_M)$ 时，$\widetilde{V}_L < V_C$；当 $P \in (P_M,\ P_C) \cup (P_C,\ +\infty)$ 时，$\widetilde{V}_L > V_C$。

因此，与无记忆专利竞赛不同，在有记忆专利竞赛中，我们排除了最优同时投资价值一直大于领导者价值这种可能性，其博弈均衡分析如下。

如果专利的初始价值 $P \in (0,\ P_L)$，此时领导者的价值小于追随者的价值(0)，两个企业均不进行投资。等待 P_L 到来再投资是他们一个共同的投资策略。另一方面，此时同时投资价值大于 0，而追随者价值等于 0，因此双方的最优投资策略应该是继续等待 P_C 到来再投资。

若 $P \in [P_L,\ P_M)$，虽然领导者价值 $\widetilde{V}_L$ 超过了追随者价值，但小于同时投资的价值 V_C。因此，两个企业都仍将期待 P_C 到来的时候再投资，以获得较高的收益 V_C。也就是说，当专利的初始价值 $P \in (0,\ P_M)$ 时，双方的最优投资策略都是(等待 P_C 到来再投资，等待 P_C 到来再投资)。

若 $P \in [P_M,\ P_C]$，则领导者价值 $\widetilde{V}_L$ 大于最优同时投资价值 V_C。此时两企业都想成为领导者，因此都企图抢先进行投资。这样，区间 $[P_M,\ P_C]$ 就为最优抢先进入区域，在 P_C 到达之前，两个企业间可能的合谋就被抢先进入的动机所破坏。

若 $P \in [P_C,\ +\infty)$，博弈双方都会毫不犹豫地立即投资。

由于动态博弈一定是逆序求解的，而我们又是基于完全信息条件下讨论两企业间的非合作博弈问题，双方对后来博弈过程的展望使他们明白，最优同时投资价值实际上是不可能得到的。既然最优同时投资均衡点不存在，那么一旦 P 达到 P_L，博弈双方将争取成为领导者，不会再等待。不仅如此，只要初始价值 $P \in [P_L,\ +\infty)$，双方都会毫不犹豫地立即投资，力争成为领导者，而这就会出现所谓“个体理性导致集体非理性”的结果。即双方均以概率 1 选择投资的话，出现同时投资的概率也为 1(Agrawal 和 Thakkar，1997)。也就是说，双方都以争当领导者为唯一目标时，出现的均衡结果却是大家都不愿看到的同时投资均衡。显然，只要是 P_C 到达之前出现的同时投资均衡都不是帕累托最优的，除非专利的初始价值 $P\in[P_C，+\infty)$。

5.4 本章小结

本章在单个企业和双寡头的专利研发市场框架下，分别就单个企业和两对称企业面对同一专利技术的研发投资所展开的专利竞赛，通过引入非齐次泊松过程使竞赛变得有记忆，在非合情况下，展开期权博弈分析，得到以下结论。

风险率由常数 λ_0 变为单增有界函数 $\lambda(t)$，专利研发成功日期服从强度为 $\lambda(t)$ 的非齐次泊松过程 q 后，由于“学习效应”或“经验效应”的存在，使得研发更有效率。结果表现为单个企业和最优同时投资所需投资临界值降低，企业的等待期权价值和执行期权后的期望价值均比无记忆时有所增加。

非合作博弈时，一旦进入停止区域，领导者的价值始终大于追随者。因此，只要成为追随者就意味着放弃、退出竞赛，这使得追随者的价值为零，而领导者可以完全不顾追随者的威胁。正是这一巨大的占先优势，加剧了竞争，强化了抢先进入的动机，双方将抢先进入点提前至 P_L，完全丧失掉期权价值。与无记忆专利竞赛不同，在我们的模型中排除了最优同时投资价值一直大于领导者价值这种可能性。正缘于此，理性的双方都意识到最优同时投资价值是不可能得到的，只要有可能(专利价值 P 达到或超过 P_L)就会争当领导者，这样就会产生集体不理性且不愿看到的结果——双方在较低的专利价值处产生同时投资均衡。

第 6 章　不完全保护下的专利竞赛

迄今为止，对专利竞赛的研究大都基于“赢者通吃”这一基本假设，因为专利制度本身就是以促进社会科技和生产发展为目的的一种法律制度，用以保护发明创造所产生的专利权。也正因为有专利制度的保护，企业才产生出技术创新投资的动力和积极性，以求获得合法的垄断利润。然而，正如 Lemley 和 Shapiro(2005)所指出的，在专利法下，专利权不能确保完全的排他性，而应该是一种试图排他的权利，即受到专利保护后，企业并不能像“赢者通吃”那样独占市场，Gallini(2002)和 Shapiro(2003a)的实证研究也支持这一观点，其原因正如前言中所讲到的三个方面：一是技术的多用途性与商品使用价值实现手段的多样性并存，致使由不同技术路径和手段所研发的不同专利在同一个未来目标市场上展开竞争；二是随着专利申请量激增，平均每项专利审查时间会不断减少。且由于信息、专业知识有限以及经费约束等，专利局无法做到对每项专利申请进行完全公正审查，导致专利授权后其有效性存在不确定性，如出现诸多“相似”专利，甚至产生专利诉讼风险；三是专利竞赛中技术溢出效应的存在及专利研发者面临潜在模仿者进入的威胁。由此看来，“赢者通吃”只是“相对”的，而专利的不完全保护却是“绝对”的，我们需要对专利不完全保护条件下的企业专利竞赛行为重新审视。

不难理解，这种不完全保护条件下的专利竞赛双方一定在研发能力、投资成本、管理水平、专利产品质量、创新速度等诸多方面存在各种程度不同的差异，即博弈双方一定是非对称的。为便于理解和掌握这种非对称性对博弈双方投资行为的影响，我们重点讨论研发投资成本这一非对称性因素，其原因基于以下考虑：一是研发投资成本在较大程度上代表了企业的“投入”，反映出企业间的主要差异特征；二是它本身就是企业各种差异的综合反映。如企业融资渠道好、资金储备充足、研发能力强、管理组织水平高、吸收新技术的速度快，则它们的研发投资成本可能就相对较低。而管理水平、技术手段、工艺水平等因素又决定着最终的专利产品质量和专利商业化后的市场需求。为此，我们重点讨论投资成本不对称情形，在此情形基础上可根据情况做各种拓展。

6.1　成本非对称模型框架

这里的成本是指企业的专利研发投资成本，而企业的非对称性也正体现在此。Stenbacka(1994)、Huisman 和 Kort(1998)假设创新成功所需时间服从指数分布，研究它的不确定性对企业间竞争性投资行为的影响，不足之处是没有考虑企业间的差异。Pawlina 和 Kort(2002)研究了企业投资成本的差异对企业投资决策的影响，以及企业的价值和投资成本差异的关系，但他们不考虑创新成功所需时间，并且没有研究各种因素对企业技术创新投资时间间隔的影响，这是同本模型主要的区别。Huisman 和 Kort(2002)的研究曾指出：在市场需求不确定程度一定时，只要先动优势足够大，对于对称的企业来说，均衡一定是抢先均衡，相反是同时均衡(simultaneous equilibrium)，改变企业投资成本的大小不能改变博弈均衡类型。而对本模型的研究表明：在不完全保护下的专利竞赛中，对于投资成本不对称的企业来说，专利研发成功所需时间和投资成本差异是影响均衡类型的主要原因。如果先动优势足够大，除个别情况外，在抢先均衡和序贯均衡中，投资成本差异对企业专利研发投资时间间隔的影响是完全相反的。

本模型思想源自 Grenadier(1996)的双头垄断模型，但区别在于我们的研究对象是投资成本不对称的企业，而 Grenadiar 考虑的是对称的企业。模型假设市场上有两个相互竞争的非对称企业，由于专利的不完全保护，它们都有机会做一次专利研发投资以求在新产品市场上获取比目前市场更大的利润流，从开始研发投资到成功实施之间需要一段固定的时间 δ 年(这与前面章节中将研发成功的时间服从一个随机过程明显不同，之所以在此“忽视”技术不确定性是为了更为方便地发现专利研发成功所需时间和投资成本对博弈双方投资时机选择的影响)，而企业的投资成本是不同的。进一步考虑，抢先投资的企业(领导者)进行专利研发引入新专利产品必然会减少现有产品的价值，由于消费者对新产品出现的心理预期，这种跨时期替代效应降低了企业现有产品的销售，从领导者企业开始投资的那一刻起就可能立即导致现有产品利润流的损失(包括对领导者和其竞争对手)，并且这种损失会随着领导者专利研发成功日期地临近而逐渐增加。同时，作为抢先投资的领导者企业为了打开新产品的销路，必然会在广告宣传、促销活动等方面投入大量资金，相对于后投资的企业(跟随着)来说，领导者会花费更多的资金。为了处理方便，本章假设跟随者的利润流不用等到领导者专利研发成功，而在领导者开始专利研发投资那一刻起立即受到影响，并且领导者在专利研发实施过程中净利润流为零，原来已有的利润流中一部分随现有产品销售下降而损失，另外一部分用于支付新产品广告宣传等费用。当领导者专利研发成功正式推出新产品后，领导者获得比原来大得多的暂时的垄断利润流。最后还假设两个企业均为理性的，追求企业利润最大化，并且是风险中性的，故模型中以固定的无风险利率 r 折现。两个企业实现的非负随机利润流为：

$$\pi_i(t)=Y(t)D_{N_iN_j} \tag{6-1}$$

这里，i、j 表示企业，i、$j\in\{1，2\}$，$i\neq j$。N_i 和 N_j 是表示企业在时刻 t 是否已成功研发的状态变量，其值为 0 表示企业还未成功实施专利研发，其值为 1 表示企业已经成功实施专利研发。$D_{N_iN_j}$ 表示企业间战略决策对企业利润流的影响，它有下面的不等式：

$$D_{10}>D_{11}>D_{00}>D_{01}>0 \tag{6-2}$$

$D_{10}>D_{00}$ 表示先专利研发成功企业的利润超过原先没有成功时的利润，$D_{00}>D_{01}$ 表示研发没有成功企业的利润会因为竞争对手的成功而减少，$D_{11}>D_{00}$ 表示企业都研发成功时的利润大于都没有成功时的利润，$D_{11}>D_{01}$ 表示在竞争对手已研发成功的情况下，企业专利研发成功会提高自己的利润水平，$D_{11}<D_{10}$ 表示先研发成功企业的利润会因为

竞争对手的成功而下降。最后 $D_{N_iN_j}>0$ 表示企业的利润非负。

另外，还假设存在投资的先动优势：

$$D_{10}-D_{00}>D_{11}-D_{01} \tag{6-3}$$

表示企业先于竞争对手专利研发成功的情况下所获的比较收益大于后于竞争对手专利研发成功的情况下所获的比较收益。

$Y(t)$表示市场需求的不确定性，服从几何布朗运动：

$$\mathrm{d}Y(t)=\mu Y(t)\mathrm{d}t+\sigma Y(t)\mathrm{d}\omega(t) \tag{6-4}$$

这里，$\mu\in(0,r)$是 Y 的瞬时漂移率，σ 是市场波动的瞬时标准差，它们都为常数，$\mathrm{d}t$ 是时间增量，$\mathrm{d}\omega(t)$是标准维纳过程增量，服从均值为 0，方差为 $\mathrm{d}t$ 的正态分布。最后，假定市场需求在最开始时非常低，以至于没有企业会立即进行专利研发投资。另外，本章在不产生混淆的情况下，把 $Y(t)$简记为 Y。

6.2　领导者和跟随者的价值函数和投资门槛（threshold）

假设企业的角色是内生的，即事前没有给定谁是领导者，谁是跟随者，所以对于企业 i 来说，($i\in\{1,2\}$)有三种可能的均衡结果：一种是企业 i 先投资成为领导者；一种是竞争对手先投资，则企业 i 后投资成为跟随者；最后一种是两个企业同时投资。关键是找到企业 i 在这三种情况的投资门槛，因为两个企业的投资成本不同，所以它们相应的投资门槛也不相同。采用标准的求解动态博弈的逆向归纳法，在给定领导者企业 j 已经投资的情况下，首先求跟随者企业 i 的价值函数，找到跟随者企业 i 的投资门槛 Y_i^F。从企业 j 开始投资后，当 $Y(t)$第一次等于或超过 Y_i^F 时，跟随者进行投资是它的最优投资策略，这实际上是一个最优停止问题，所以找到 Y_i^F 等于找到了跟随者的最优投资策略。假定跟随者的利润流在领导者开始投资专利研发那一刻起立即受到影响，由 YD_{00}减少至 YD_{01}，根据 Dixit 和 Pindyck 第 5 章叙述的动态规划法，使用 Ito's 引理，得到跟随者的价值函数 $F_i(Y)$：

$$F_i(Y)=\begin{cases}\dfrac{YD_{01}}{r-\mu}+\dfrac{I_i}{\beta-1}\left(\dfrac{Y}{Y_i^F}\right)^{\beta} & Y<Y_i^F\\[2ex] \dfrac{YD_{01}}{r-\mu}+\dfrac{Y(D_{11}-D_{01})}{r-\mu}\mathrm{e}^{-(r-\mu)\delta}-I_i & Y\geqslant Y_i^F\end{cases} \tag{6-5}$$

式中，I_i是跟随者企业 i 的专利研发投资成本，β 是下列二次方程式大于 1 的正根：

$$\frac{1}{2}\sigma^2\beta(\beta-1)+\mu\beta-r=0 \tag{6-6}$$

$$Y_i^F=\frac{\beta}{\beta-1}\frac{(r-\mu)I_i}{D_{11}-D_{01}}\mathrm{e}^{(r-\mu)\delta} \tag{6-7}$$

定义

$$T_i^F=\inf\{t\,|\,Y(t)\geqslant Y_i^F\} \tag{6-8}$$

在领导者已经开始专利研发投资的情况下，跟随者企业 i 的最优投资策略就是当 $Y(t)$第一次等于或超过 Y_i^F 时，即在 T_i^F 时刻开始投资。

采用同样的方法可得企业 i 作为领导者的价值函数 $L_i(Y)$：

$$L_i(Y)=\begin{cases}\dfrac{YD_{10}}{r-\mu}\mathrm{e}^{-(r-\mu)\delta}-I_i+\dfrac{\beta}{\beta-1}\dfrac{D_{11}-D_{10}}{D_{11}-D_{01}}I_j\left(\dfrac{Y}{Y_j^F}\right)^{\beta} & Y<Y_j^F\\ \dfrac{YD_{11}}{r-\mu}\mathrm{e}^{-(r-\mu)\delta}-I_i & Y\geqslant Y_j^F\end{cases}\tag{6-9}$$

注意 Y_j^F 是跟随者企业 j 的投资门槛，其表达式参见式(6-7)，把式(6-7)中变量的下标 i 换成 j 即可。

虽然两个企业的投资成本不同，相应的投资门槛不同，但还是有可能同时投资。用前面的方法，企业 i 和竞争对手同时投资的价值函数 $S_i(Y)$ 为：

$$S_i(Y)=\begin{cases}\dfrac{YD_{00}}{r-\mu}+\dfrac{I_i}{\beta-1}\left(\dfrac{Y}{Y_i^S}\right)^{\beta} & Y<Y_i^S\\ \dfrac{YD_{00}}{r-\mu}+\dfrac{Y(D_{11}-D_{00})}{r-\mu}\mathrm{e}^{-(r-\mu)\delta}-I_i & Y\geqslant Y_i^S\end{cases}\tag{6-10}$$

$$Y_i^S=\frac{\beta}{\beta-1}\frac{(r-\mu)I_i}{D_{11}-D_{00}}\mathrm{e}^{(r-\mu)\delta}\tag{6-11}$$

定义

$$T_i^S=\inf\{t\,|\,Y_t\geqslant Y_i^S\}\tag{6-12}$$

从式(6-11)可以看到两个企业同时投资门槛 Y_i^S 是不同的，但这并不排除同时投资的可能性，下面将会分析各种均衡及其发生的条件。

6.3 均衡及其条件

在得到了领导者和跟随者的价值函数后，我们返回到博弈的开始点，两个企业各自决定自己的最优研发投资策略，并最终形成三种博弈均衡类型：抢先均衡(preemptive equilibrium)、序贯均衡(sequential equilibrium)和同时均衡(simultaneous equilibrium)。下面为了讨论方面，不妨设企业 1 为成本优势企业，其投资成本为 I，小于企业 2 的投资成本 kI(k 表示两个企业的投资成本差异，$k>1$)。

6.3.1 抢先均衡

当两个企业的投资成本差异(k)和研发成功所需时间(δ)都较小时，可能出现抢先均衡。这时两个企业都有动力抢先投资成为领导者，在领导者价值第一次等于或大于跟随者价值时进行投资，由于相互竞争，它们的抢先投资门槛 Y_i^P 为下列方程的最小解：

$$\xi_i(Y)=L_i(Y)-F_i(Y)=0\tag{6-13}$$

即在抢先门槛 Y_i^P 处，企业作为领导者的价值和作为跟随者的价值相等，意味着作为领导者所获得的暂时的垄断收益刚好弥补了提前投资多付的成本，所以企业在自己的 Y_i^P 处是不关心是否成为领导者的。但是因为企业 1 相对企业 2 有成本优势，它的 $Y_1^P<Y_2^P$，故它可以不用在 Y_1^P 处进行投资，只要在 Y_2^P 前进行投资就可抢先对手，所以企业 1 的最优投资策略是在 $\min\{Y_2^P, Y_1^{OPT}\}$ 处进行投资。这里 Y_1^{OPT} 是企业 1 作为垄断者的最优投

资门槛，它比没有考虑研发成功所需时间的垄断者最优投资门槛要大，多了一个乘数 $e^{(r-\mu)\delta}(>1)$。

$$Y_1^{OPT}=\frac{\beta}{\beta-1}\frac{(r-\mu)I}{D_{10}-D_{00}}e^{(r-\mu)\delta} \tag{6-14}$$

企业 2 在不能抢先企业 1 的情况下，其最优的投资策略是在 Y_2^F 处进行投资。所以抢先均衡的结果是企业 1 在 $Y(t)$ 第一次等于或超过 $\min\{Y_2^P, Y_1^{OPT}\}$ 时进行投资，获得领导者的价值；企业 2 要等到 T_2^F 时刻才开始投资，获得跟随者的价值。

6.3.2　序贯均衡

如果两个企业的投资成本差异较大(k 较大)或者研发成功所需时间(δ)较长时，对于企业 2 来说，在市场需求不确定的一定范围内，它的领导者价值始终小于跟随者价值，即它没有动力成为领导者。这时企业 1 不用害怕被对手抢先，形成垄断的领导者地位，它会在其最优的投资门槛 Y_1^{OPT} 处投资，而企业 2 同样会等到 T_2^F 时刻才投资。

定理 1　当 δ 小于某一常数 δ_1^* 时，存在唯一 $k^*>1$，划分抢先均衡和序贯均衡的区域。若 $k>k^*$，企业 1 不用害怕被企业 2 抢先投资，均衡为序贯均衡；若 $k\leqslant k^*$，企业 1 需要考虑企业 2 可能的抢先投资行为，均衡为抢先均衡。而当 $\delta_1^*\leqslant\delta<\frac{1}{r-\mu}\ln\frac{D_{10}}{D_{01}}$ 时，无论 k 取大于 1 的任何值，均衡一定为序贯均衡。最后，当 $\frac{1}{r-\mu}\ln\frac{D_{10}}{D_{01}}\leqslant\delta$ 时，两个企业都不会进行专利研发投资。

$$\delta_1^*=\frac{1}{r-\mu}\ln\left\{\frac{D_{10}-[\beta(D_{10}-D_{11})(D_{11}-D_{01})^{\beta-1}+(D_{11}-D_{01})^{\beta}]^{\frac{1}{\beta}}}{D_{01}}\right\} \tag{6-15}$$

$$k^*=\frac{1}{D_{11}-D_{01}}\left\{\frac{[D_{10}-D_{01}e^{(r-\mu)\delta}]^{\beta}-(D_{11}-D_{01})^{\beta}}{\beta(D_{10}-D_{11})}\right\}^{\frac{1}{\beta-1}} \tag{6-16}$$

证明见附录 A。

从定理 1 可知，均衡类型由研发成功所需时间 δ 和投资成本差异 k 来决定。当研发成功所需时间较短($0<\delta<\delta_1^*$)且投资成本差异 k 较小($k\leqslant k^*$)时，才可能发生抢先均衡，而且这种可能性随 $\lambda\delta$、k 增大而减小。当 δ 增大到某一程度($\delta_1^*\leqslant\delta$)时，投资成本较大的劣势企业是不可能抢先投资的，均衡一定是序贯均衡。现实中，当研发成功所需时间较长时，劣势企业除非和优势企业成本差异较小时才可能出现抢先投资的行为，而优势企业只要投资成本优势足够大或研发成功所需时间较长时，就不用考虑其他企业的抢先投资行为，事实上拥有对领导者地位的垄断，可以在其最优的时机进行投资获取超额利润。当研发成功所需时间很长时($\geqslant\frac{1}{r-\mu}\ln\frac{D_{10}}{D_{01}}$)，由于研发成功后的折现利润流很小，企业都不会进行专利研发投资，而宁愿维持现状。

从上面对抢先均衡和序贯均衡地分析可以看出，虽然事前并没有外生地给定企业领导者和跟随者的角色，但企业研发投资成本的差异使得企业 1 有权先选择领导者角色。

在存在先动优势的情况下，企业 1 一定是领导者，企业 2 只能被动接受企业 1 分配给自己的角色，是跟随者，它的潜在领导者地位只能在抢先均衡中迫使企业 1 在 Y_2^P 处而不是 Y_1^{OPT} 处投资，从而少赚取超额利润，而在序贯均衡中，它的潜在领导者地位也没有了。如果企业 2 不想让企业 1 赚取超额利润而抢先投资，使企业 1 成为跟随者得不到超额利润，则企业 2 会为此遭受巨大损失，这不是理性的投资行为。

6.3.3 同时均衡

同时均衡中两个企业同时投资，由式(6-11)可知 $Y_1^S<Y_2^S$，所以同时均衡只能在 Y_1^S 处发生，这要求 Y_1^S 同时具备两个条件。首先，当 $Y\in(Y_1^P, Y_2^F)$ 时，$S_1(Y)$ 始终要大于 $L_1(Y)$，否则企业 1 要么在 Y_2^P 处(抢先均衡)、要么在 Y_1^{OPT} 处(序贯均衡)进行投资，而企业 2 则在 Y_2^F 处投资。其次，Y_1^S 要大于或等于 Y_2^F，使得当企业 1 在 Y_1^S 处投资时，企业 2 的最优策略是同时投资，否则企业 2 要等到 Y_2^F 处再进行投资。

定理 2 企业投资均衡是否为同时均衡由研发成功所需时间 δ 和投资成本差异 k 共同来决定，它们的关系可以由表 6-1 来表示：

表 6-1 均衡类型和专利研发成功所需时间 δ 以及投资成本差异 k 的关系

<table>
<tr><th colspan="3">$0<\delta\leqslant\delta_2^{**}$</th><th>$\delta_2^{**}<\delta<\delta_3^{**}$</th><th>$\delta_3^{**}\leqslant\delta<\frac{1}{r-\mu}\ln\frac{D_{10}}{D_{00}}$</th><th>$\frac{1}{r-\mu}\ln\frac{D_{10}}{D_{00}}\leqslant\delta$</th></tr>
<tr><td rowspan="2">条件1成立</td><td>$0<\delta\leqslant\delta_1^{**}$</td><td>$\delta_1^{**}<\delta\leqslant\delta_2^{**}$</td><td rowspan="3">非同时(抢先/序贯)均衡</td><td rowspan="3">当 $k\leqslant k'$ 时，同时均衡
当 $k>k'$ 时，非同时(抢先/序贯)均衡</td><td rowspan="3">两个企业都不会进行专利研发投资</td></tr>
<tr><td>非同时均衡(抢先/序贯)</td><td>当 $k<k^{**}$ 时，同时均衡
当 $k\geqslant k^{**}$ 时，非同时均衡</td></tr>
<tr><td>条件1不成立</td><td colspan="2">当 $k<k^{**}$ 时，同时均衡
当 $k\geqslant k^{**}$ 时，非同时均衡</td></tr>
</table>

$$\text{条件 1}: D_{00}<D_{10}-[\beta(D_{10}-D_{11})(D_{11}-D_{01})^{\beta-1}+(D_{11}-D_{00})^{\beta}]^{\frac{1}{\beta}} \tag{6-17}$$

$$\delta_1^{**}=\frac{1}{r-\mu}\ln\left\{\frac{D_{10}-[\beta(D_{10}-D_{11})(D_{11}-D_{01})^{\beta-1}+(D_{11}-D_{00})^{\beta}]^{\frac{1}{\beta}}}{D_{00}}\right\} \tag{6-18}$$

$$\delta_2^{**}=\frac{1}{r-\mu}\ln\left\{\frac{D_{10}-[\beta(D_{10}-D_{11})(D_{11}-D_{00})^{\beta-1}+(D_{11}-D_{00})^{\beta}]^{\frac{1}{\beta}}}{D_{00}}\right\} \tag{6-19}$$

$$\delta_3^{**}=\frac{1}{r-\mu}\ln\frac{D_{10}-(D_{11}-D_{00})}{D_{00}} \tag{6-20}$$

$$k'=\frac{D_{11}-D_{01}}{D_{11}-D_{00}} \tag{6-21}$$

$$k^{**}=(D_{11}-D_{01})\left\{\frac{\beta(D_{10}-D_{11})}{[D_{10}-D_{00}e^{(r-\mu)\delta}]^{\beta}-(D_{11}-D_{00})^{\beta}}\right\}^{\frac{1}{\beta-1}} \tag{6-22}$$

证明见附录 B。

从定理 2 可看出，对于某一些给定的较大的 δ 值，当 k 较小时，出现同时均衡的可能性较大，反之，出现非同时(抢先/顺序)均衡的可能性要大些。现实中，当创新成功所需时间较长时，投资成本差异较小的几个寡头企业很可能会合谋抬高技术创新的投资门槛($Y_1^S \geqslant Y_2^F$)，同时推迟专利研发的投资时机，以避免研发成功所需较长的时间所带来的市场风险，从而获得较高的期望收益。当专利研发成功所需时间很长时($\geqslant \frac{1}{r-\mu}\ln\frac{D_{10}}{D_{00}}$)，由于研发成功后的折现利润流很小，两个企业会合谋都不进行专利研发投资。另一方面，当研发成功所需时间较短或投资成本差异较大时，几个寡头企业很难同时进行专利研发投资。

推论 1　当专利研发成功所需时间较短($\delta < \min\{\delta_1^*, \delta_2^{**}\}$)且先动优势很大时，即 $D_{10}-D_{00} \gg D_{11}-D_{01}$，出现同时均衡和序贯均衡的可能性会很小，而出现抢先均衡的可能性很大。

证明见附录 C。

Huisman 和 Kort(1999)考察对称企业的投资行为时指出，改变企业投资成本的大小不能改变投资均衡类型。而先动优势的大小对均衡类型有决定性作用，只要先动优势足够大，一定是抢先均衡，相反是同时均衡(对称企业不存在序贯均衡)。Pawlina 和 Kort(2002)发展了 Huisman 和 Kort 的模型，研究了不对称企业的投资行为，认为不对称企业的投资均衡类型完全由投资成本差异来决定。我们的研究在 Pawlina 和 Kort 模型的基础上，引入了创新实施时间这一因素，考虑了研发成功所需时间对企业投资决策的影响，发现不对称企业的投资均衡类型由研发成功所需时间和研发投资成本差异共同决定，先动优势在研发成功所需时间较短($\delta < \min\{\delta_1^*, \delta_2^{**}\}$)时，对抢先均衡类型有正面的影响。

6.4　非对称企业的投资时间间隔

本节主要分析非同时均衡，即两企业的投资时间是分离时的情况，目的是研究企业间专利研发投资成本差异 k 和研发成功所需时间 δ 对平均的投资时间间隔的影响，弄清整个行业研发投资的规律。首先假设市场初期没有企业进行专利研发投资，当市场需求达到某一门槛值时(Y_2^P 或 Y_1^{OPT})，企业 1 先进行投资，而企业 2 会等到 T_2^F 时才开始投资，从企业 1 开始投资到企业 2 开始投资中间所经过的时间间隔，记为 Ts：

$$Ts = \inf\{t \geqslant 0 : Y(t) = Y_2^F, Y_0 = Y_1^L\} \tag{6-23}$$

其中 Y_1^L 在抢先均衡时为 $\min\{Y_2^P, Y_1^{OPT}\}$，在序贯均衡时为 Y_1^{OPT}。根据 Harrison (1958) (1-11)式，经过简单的变量替换，得到 Ts 的累积概率分布函数：

$$P\{Ts \leqslant t\} = \Phi\left[\frac{-\ln(Y_2^F/Y_1^L) + (\mu - 1/2\sigma^2)t}{\sigma\sqrt{t}}\right] + \left(\frac{Y_2^F}{Y_1^L}\right)^{\frac{2(\mu-1/2\sigma^2)}{\sigma^2}}\Phi\left[\frac{-\ln(Y_2^F/Y_1^L) - (\mu - 1/2\sigma^2)t}{\sigma\sqrt{t}}\right] \tag{6-24}$$

测量 Ts 平均值的方法采用 Grenadier (1996) 中的方法，用概率为 1/2 处的时间值作为 Ts 的平均值，记为 M，它满足下列非线性方程：

$$\Phi\left[\frac{-\ln(Y_2^F/Y_1^L)+(\mu-1/2\sigma^2)M}{\sigma\sqrt{M}}\right]+\left(\frac{Y_2^F}{Y_1^L}\right)^{\frac{2(\mu-1/2\sigma^2)}{\sigma^2}}\Phi\left[\frac{-\ln(Y_2^F/Y_1^L)-(\mu-1/2\sigma^2)M}{\sigma\sqrt{M}}\right]=\frac{1}{2} \tag{6-25}$$

从式(6-25)可以看出 M 的值和(Y_2^F/Y_1^L)紧密相关，对此有如下定理：

定理 3 当 $\sigma<\sqrt{2\mu}$ 且很小时，或者 $\sigma\geqslant\sqrt{2\mu}$ 时，M 随(Y_2^F/Y_1^L)严格单调递增。

证明见附录 D。

有了定理 3 就可以分析抢先均衡和序贯均衡中，企业间专利研发投资成本差异 k 和专利研发成功所需时间 δ 对平均投资时间间隔 M 的影响。

6.4.1 抢先均衡

在研发时间较短的情况下，当 $k\leqslant k^*$ 时，出现抢先均衡，企业 1 需要考虑企业 2 的抢先投资行为，故在企业 2 的抢先投资门槛 Y_2^P 处投资，企业 2 则等到 Y_2^F 处投资。这里只考虑 $Y_2^P\leqslant Y_1^{OPT}$ 的情形，$Y_2^P>Y_1^{OPT}$ 的情形等同于序贯均衡。

定理 4 在抢先均衡中，在 $\sigma<\sqrt{2\mu}$ 且很小或者 $\sigma\geqslant\sqrt{2\mu}$ 的条件下，当先动优势足够大时，即 $D_{10}-D_{00}\gg D_{11}-D_{01}$ 时，企业平均投资时间间隔 M 和研发成功所需时间 δ、投资成本差异 k 成反向关系。随 δ 和 k 增加单调递减，随 δ 和 k 减少单调递增。

证明见附录 E。

Grenadier（1996）研究不完全竞争环境下对称企业的投资行为时指出，在抢先均衡或序贯均衡中，平均投资时间间隔与创新成功所需时间无关。而根据我们的研究，在不完全、不对称的竞争环境下，技术创新成功所需时间越长，企业在某一时期内平均投资时间间隔越短，整个行业的技术创新投资规律越是不均匀发展的，创新投资会集中在某些特定的时期，而其他时期投资相对较少。例如，大型 R&D 投资，生物医药工程等，研发成功所需周期较长，投资的规律就越具有不均匀发展的特点，投资会相对集中于某些时期内。企业间投资成本差异越大，也会造成这种现象。要注意的是，本节所说的投资成本差异是指企业为了提高相同的利润流进行专利研发所付出的投资成本，融资渠道好、管理组织水平高、吸收新技术的能力快的企业所付出的投资成本相对要小些，例如：一些新兴的高新技术企业相对于传统企业，其投资成本要小些。根据定理 4，这种成本差异大，也会使得整个行业技术创新投资集中于某些时期，呈现不均匀发展的规律。

6.4.2 序贯均衡

序贯均衡中，由于企业间投资成本差异较大或研发成功所需时间较长，企业 1 不会考虑企业 2 的抢先投资行为，将选择在其最优的投资门槛 Y_1^{OPT} 处进行投资，企业 2 则等到 T_2^F 时再投资。

定理 5 序贯均衡中，当 $\sigma<\sqrt{2\mu}$ 且很小或者 $\sigma\geqslant\sqrt{2\mu}$ 时，企业平均投资时间间隔 M 与研发成功所需时间 δ 无关，而与投资成本差异 k 成正向关系，与先动优势也成正向关

系，随 k 和先动优势增加而单调增加，随它们减少而单调减少。

证明见附录 F。

定理 5 中关于“序贯均衡中，企业平均投资时间间隔 M 与专利研发成功所需时间 δ 无关”的论断从表面上看和 Grenadier（1996）有关的论断相类似，但他们本质上是有差别的。Grenadier 研究的是对称的企业，在抢先均衡或序贯均衡中，改变 δ 的值对领导者和跟随者投资门槛的影响是相同的，只能改变其投资门槛的绝对值，不能影响其相对值，故不能对投资间隔 M 产生影响。本章研究的是投资成本不对称的企业，在序贯均衡中，由于没有抢先投资行为，投资成本较小的优势企业会在自己最优的投资门槛处投资，劣势企业也会在作为跟随者最优的投资门槛处投资，这两个投资门槛是由企业自身的性质和市场需求的不确定性来决定，与研发成功所需时间 δ 无关，故其平均投资时间间隔 M 与 δ 无关。另外，根据定理 5，企业间投资成本差异越大，企业平均投资时间间隔越长。这是因为投资成本小的企业凭借其较大的成本优势拥有优先投资权，从而赚取超额利润，劣势企业只能在市场成熟以后才进行专利研发投资，以免被优势企业排挤出市场，这种成本差异越大，投资成本大的劣势企业就越会推迟投资，其结果是投资时间间隔加长。如果投资成本差异太大，则容易形成市场上的垄断。例如，软件业中开发操作系统的企业，由于微软的绝对优势，其他软件厂商很难进行这方面的投资，造成企业平均投资时间间隔加长，使得整个行业一段时期内很难形成众多企业的技术创新投资高潮。另外，先动优势的强弱也会影响企业平均投资时间间隔的大小，先动优势越大，越会促使优势企业尽早投资，加大投资时间间隔，上面的开发操作系统软件的例子也适用于这种情况。

综合定理 4 和定理 5 可知，研发成功所需时间 δ 在抢先均衡中与平均投资时间间隔 M 成反向变动关系，δ 越长，投资间隔 M 越短，当 δ 增长到一定程度时($\delta_1^* \leqslant \delta$)，根据定理 1，抢先均衡变为序贯均衡，这时，投资间隔 M 和研发成功所需时间 δ 无关。另一方面，投资成本差异 k 对企业投资时间间隔 M 的影响在抢先均衡和序贯均衡中是完全相反的，在抢先均衡中，投资时间间隔 M 与投资成本差异 k 成反向变动关系，M 随 k 增加而减小；在序贯均衡中，投资时间间隔 M 与投资成本差异 k 成正向变动关系，M 随 k 增加而增加。造成这种截然相反的现象的原因在于，由定理 1，抢先均衡中，企业间投资成本差异和专利研发成功所需时间都相对较小，企业为提高自己的利润流争相进行专利研发投资，随 k 增大，劣势企业害怕被优势企业垄断市场，在先动优势巨大的情况下，为了抢先对手，会加速创新投资决策，造成投资时间间隔 M 减小。而在序贯均衡中，因为企业间投资成本差异较大，劣势企业不能抢先对手。随 k 增大，劣势企业就越会推迟它的投资时机，故投资时间间隔 M 增加。

6.5　数字释例

假设市场上有两个相互竞争的非对称企业，它们都有一次机会做专利研发投资从而进入新产品市场以增加它们的利润流，而它们为提高相同的利润流所付出的创新投资成本是不同的。企业 1 为成本优势企业，其投资成本较少，$I=100$，企业 2 为投资成本较多的劣势企业，其投资成本为 kI，$k=1.04$。从开始技术创新投资到成功实施之间需要一段固定的时间，$\delta=1$ 年。另外，在不完全竞争环境下，企业间战略投资决策对企业的利润流存在影响：$D_{01}=0.25$，$D_{00}=0.5$，$D_{11}=1.25$，$D_{10}=3.5$，先动优势 FMA $=(D_{10}-D_{00})/(D_{11}-D_{01})=3$。产品市场的需求是不确定的，服从几何布朗运动，其瞬时漂移率 $\mu=0.015$，其市场波动的瞬时标准差 $\sigma=0.18(\sigma>\sqrt{2\mu})$。最后，两个企业是风险中性的，无风险利率 $r=0.05$，其他的假设同前面第 1 节模型框架中的叙述，并且以上所有信息对两个企业来说是共同知识。根据以上信息，首先确定 β 的值，由式(6-6)可知：$\beta=1.7942$。根据式(6-17)可知定理 2 中的条件 1 成立，由式(6-18)可知：$\delta_1^{**}=23.7858$。因为 $0<\delta\leqslant\delta_1^{**}$，根据定理 2 判定博弈均衡一定是非同时均衡，至于是抢先均衡还是序贯均衡，需要根据定理 1 来判定。由式(6-15)和式(6-16)可知：$\delta_1^{*}=40.6645$，$k^{*}=2.089$，因为 $\delta<\delta_1^{*}$，且 $k<k^{*}$，由定理 1 可以判定均衡为抢先均衡，这时，企业 1 需要考虑企业 2 潜在的抢先投资行为。

从上述判定博弈均衡类型的过程可以看出，判定博弈均衡类型主要分两步，首先根据定理 2 判定是否是同时均衡，若不是，再由定理 1 判断是抢先或序贯均衡。在本例中，企业也可以由推论 1 初步判断出，抢先均衡出现的可能性会很大。

在本章的抢先均衡中，企业 2 虽然有潜在的抢先投资机会，但投资成本上的劣势使它无法抢先企业 1，它只能作为跟随者在其跟随者投资门槛 Y_2^F 处进行投资，由式(6-7)，$Y_2^F=8.5159$，即企业 2 的最优投资策略是当企业 1 开始投资后，当市场需求首次达到 8.5159 时立即进行投资，而企业 1 作为领导者，由于要考虑企业 2 潜在的抢先投资行为，企业 1 不能在其作为垄断者的最优投资门槛 Y_1^{OPT} 处投资，其最优投资策略是在 $\min\{Y_2^P,Y_1^{OPT}\}$ 处进行投资。由式(6-14)可知：$Y_1^{OPT}=2.7294$，再由式(6-5)、(6-7)、(6-9)、(6-13)可知：$Y_2^P=1.4975$，故当考虑企业 2 潜在的抢先投资行为时，企业 1 的最优投资策略是当市场需求首次达到 1.4975 时立即进行投资。从上面的分析可以看出，企业最优的投资策略是由企业间博弈均衡类型以及领导者、跟随着的投资门槛来决定，而均衡类型又由市场参数(μ，σ，r)、企业自身参数(k ，δ)和企业间战略影响关系($D_{N_iN_j}$)共同来决定。当市场参数和企业间战略影响已知时，均衡类型由企业自身参数(k ，δ)来决定。下面通过图形来说明，在非同时均衡中，变动参数 k 和 δ 对两企业平均投资时间间隔的影响，同时也验证定理 4 和定理 5 的正确性。

从图 6-1 可以看出，当专利研发成功所需时间 δ 较小，均衡为抢先均衡时，两企业平均投资时间间隔 M 随创新成功所需时间 δ 的增大而减小，两者之间呈反向变动关系。当 δ 增加到一定程度，均衡变为序贯均衡(或抢先均衡中的 $Y_1^{OPT}\leqslant Y_2^P$ 的情形)，这时，平均投资时间间隔 M 与研发成功所需时间 δ 无关。

从图 6-2 可以看出，在抢先均衡和序贯均衡两种情形下，投资成本差异 k 对平均投资时间间隔 M 的影响是完全相反的。当 k 较小，两企业处在抢先均衡中，平均投资时间间隔 M 和 k 呈反向变动关系；当 k 较大，两企业处在序贯均衡中(或抢先均衡中的 $Y_1^{OPT}\leqslant Y_2^P$ 的情形)，平均投资时间间隔 M 和 k 呈正向变动关系。图 6-1 和图 6-2 所示完全符合定理 4 和定理 5 的论述。

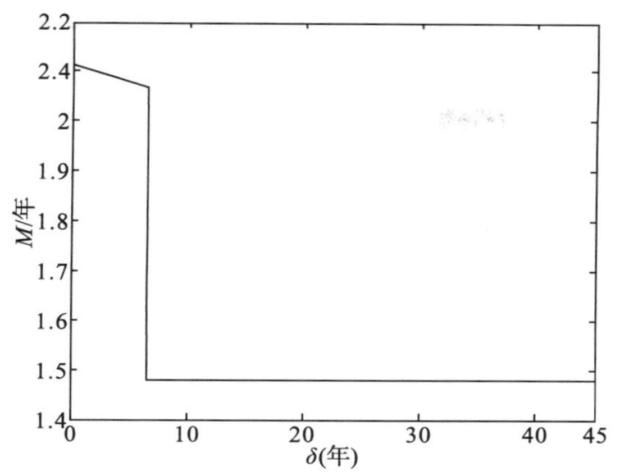

图 6-1　平均投资时间间隔 M 和研发成功所需时间 δ 的关系

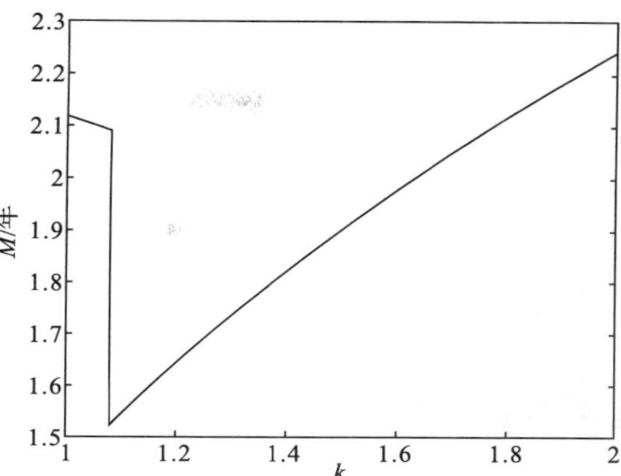

图 6-2　平均投资时间间隔 M 和投资成本差异 k 的关系

参数值为：$D_{01}=0.25$，$D_{00}=0.5$，$D_{11}=1.25$，$D_{10}=3.5$，$r=0.05$，$\mu=0.015$，$I=100$，$\sigma=0.18$，$k=1.04$(图 6-1)，$\delta=1.0$(图 6-2)。

6.6　本章小节

本章分析了在不完全保护下的专利竞赛环境中，专利研发投资成本差异以及专利研发成功所需时间对企业研发投资时机选择的影响。分别得到了在抢先均衡、序贯均衡和同时均衡下领导者和跟随者的价值函数以及投资门槛，并给出了三种均衡出现的条件。指出专利研发成功所需时间和研发投资成本的差异是影响均衡类型的主要原因，先动优势在一定条件下对均衡类型也有非常重要的影响。对于抢先均衡和序贯均衡类型，着重考察了专利研发成功所需时间和投资成本差异对企业专利研发平均投资时间间隔的影响，得到的主要结论有：在抢先均衡中，研发成功所需时间和平均投资时间间隔成反向变动关系，而在序贯均衡中，二者不相关。投资成本差异对平均投资时间间隔的影响在抢先均衡和序贯均衡中是相反的。投资成本差异大，在抢先均衡中会缩短平均投资时间间隔，使企业专利研发投资集中在某些时期，而在序贯均衡中则会增加平均投资时间间隔，阻碍劣势企业进行专利研发投资。所以，站在政府的角度，如果想鼓励众多企业都进行技术创新，应该重点扶持一批优势企业，给予它们政策方面、税收方面等一系列优惠措施，加大它们的投资成本优势，鼓励这些企业从事大型的、周期较长的技术创新投资，从而在一段时间内掀起整个行业的技术创新投资高潮。但同时也要防止个别企业投资成本优势过于巨大，形成序贯均衡中垄断的领导者地位，阻碍其他企业进行技术创新投资，从而不利于整个行业的技术创新投资。

附录 A

定理 1 证明：

当 $Y(t)\in[Y_0,Y_1^{OPT})$，企业 2 没有动力成为领导者，即 $\xi_2(Y)<0$ 时，序贯均衡发生。换言之，在这个区域，只要存在 Y_t 使得 $\xi_2(Y)\geqslant 0$，则抢先均衡发生。由式(6-13)、(6-9)、(6-5)可得：

$$\xi_2(Y)=L_2(Y)-F_2(Y)=\frac{YD_{10}}{r-\mu}\mathrm{e}^{-(r-\mu)\delta}-kI+\frac{\beta}{\beta-1}\frac{D_{11}-D_{10}}{D_{11}-D_{01}}I\left(\frac{Y}{Y_1^F}\right)^{\beta}-\frac{YD_{01}}{r-\mu}-\frac{kI}{\beta-1}\left(\frac{Y}{Y_2^F}\right)^{\beta}\tag{A-1}$$

$$\frac{\partial\xi_2(Y,k,\delta)}{\partial Y}=\frac{D_{10}}{r-\mu}\mathrm{e}^{-(r-\mu)\delta}-\frac{D_{01}}{r-\mu}+\beta\frac{D_{11}-D_{10}}{r-\mu}\left(\frac{Y}{Y_1^F}\right)^{\beta-1}\mathrm{e}^{-(r-\mu)\delta}-\frac{D_{11}-D_{01}}{r-\mu}\left(\frac{Y}{Y_2^F}\right)^{\beta-1}\mathrm{e}^{-(r-\mu)\delta}\tag{A-2}$$

$$\frac{\partial^2\xi_2(Y,k,\delta)}{\partial Y^2}=\beta\frac{D_{11}-D_{10}}{r-\mu}(\beta-1)\left(\frac{Y}{Y_1^F}\right)^{\beta-2}\frac{1}{Y_1^F}\mathrm{e}^{-(r-\mu)\delta}-(\beta-1)\frac{D_{11}-D_{01}}{r-\mu}\left(\frac{Y}{Y_2^F}\right)^{\beta-2}\frac{1}{Y_2^F}\mathrm{e}^{-(r-\mu)\delta}<0\tag{A-3}$$

则满足下列方程组的 Y^* 是 $\xi_2(Y,k,\delta)$的唯一极大值点，且 $\xi_2(Y,k,\delta)$在 Y^* 处取得最大值为 0。

$$\begin{cases}\xi_2(Y^*,k,\delta)=0\\ \left.\dfrac{\partial\xi_2}{\partial Y}\right|Y=Y*=0\end{cases}\tag{A-4}$$

式(A-4)的第一式减去第二式乘以$\frac{Y}{\beta}$得：

$$Y^*=\frac{\beta}{\beta-1}\frac{kI(r-\mu)}{D_{10}\mathrm{e}^{-(r-\mu)\delta}-D_{01}}\tag{A-5}$$

由式(A-5)可看出，$D_{10}\mathrm{e}^{-(r-\mu)\delta}-D_{01}>0$，即：

$$\delta<\frac{1}{r-\mu}\ln\frac{D_{10}}{D_{01}}\tag{A-6}$$

否则，由于创新成功所需时间太长，即使竞争对手先创新成功，企业采取不创新策略的折现利润流仍然大于等于企业抢先创新成功的折现利润流，在这种情况下没有企业愿意先进行技术创新投资。

将式(A-5)代入式(A-4)的第一式，根据式(6-7)得：

$$\frac{1}{\beta-1}kI+\frac{\beta}{\beta-1}\frac{D_{11}-D_{10}}{D_{11}-D_{01}}I\left[\frac{(D_{11}-D_{01})\mathrm{e}^{-(r-\mu)\delta}}{D_{10}\mathrm{e}^{-(r-\mu)\delta}-D_{01}}k\right]^{\beta}-\frac{kI}{\beta-1}\left[\frac{(D_{11}-D_{01})\mathrm{e}^{-(r-\mu)\delta}}{D_{10}\mathrm{e}^{-(r-\mu)\delta}-D_{01}}\right]^{\beta}=0\tag{A-7}$$

重新整理得：

$$k^{*}=\frac{1}{D_{11}-D_{01}}\left\{\frac{[D_{10}-D_{01}\mathrm{e}^{(r-\mu)\delta}]^{\beta}-(D_{11}-D_{01})^{\beta}}{\beta(D_{10}-D_{11})}\right\}^{\frac{1}{\beta-1}} \tag{A-8}$$

对式(A-7)进行分析可知，当 $\delta \geqslant \delta_1^*$ 时，不论 k 取大于 1 的任何值，$\xi_2(Y)<0$，均衡为序贯均衡；

$$\delta_1^{*}=\frac{1}{r-\mu}\ln\left\{\frac{D_{10}-[\beta(D_{10}-D_{11})(D_{11}-D_{01})^{\beta-1}+(D_{11}-D_{01})^{\beta}]^{\frac{1}{\beta}}}{D_{01}}\right\} \tag{A-9}$$

当 $0<\delta<\delta_1^*$ 时，若 $k>k^*$，均衡为序贯均衡；若 $k\leqslant k^*$，均衡为抢先均衡。根据式(A-9)，$k^*>1$。最后，我们证明对于 δ_1^* 有：

$$D_{10}-(D_{11}-D_{01})^{\frac{\beta-1}{\beta}}[(D_{11}-D_{01})+\beta(D_{10}-D_{11})]^{\frac{1}{\beta}}>D_{01} \tag{A-10}$$

对式(A-10)进行变换得：

$$(D_{10}-D_{01})^{\beta}-\beta(D_{10}-D_{11})(D_{11}-D_{01})^{\beta-1}-(D_{11}-D_{01})^{\beta}>0 \tag{A-11}$$

令

$$a=D_{11}-D_{01},\ b=D_{10}-D_{01} \tag{A-12}$$

将式(A-12)代入式(A-11)，经过简单变换得：

$$a^{\beta}\left[\left(\frac{b}{a}\right)^{\beta}-\beta\frac{b}{a}+(\beta-1)\right]>0 \tag{A-13}$$

令 $c=b/a$，式(A-13)第二部分变为：

$$f(c)=c^{\beta}-\beta c+(\beta-1) \tag{A-14}$$

$$f'(c)=\beta(c^{\beta-1}-1) \tag{A-15}$$

根据式(6-2)，$c>1$，$f'(c)>0$，又因为 $f(1)=0$，所以 $f(c)>0$，再 $a^{\beta}>0$，综合以上，式(A-10)成立。定理 1 得证。

附录 B

定理 2 证明：

令

$$\zeta_i(Y)=S_i(Y)-L_i(Y) \tag{B-1}$$

当 $Y(t)\in(Y_1^P,\ Y_2^F)$ 且 $Y_2^F\leqslant Y_1^S$ 时，若 $\zeta_1(Y)>0$，则企业 1 没有动力先投资成为领导者，同时均衡发生。否则均衡为抢先或序贯均衡。采用同定理 1 证明相同的方法，可以得到 Y^{**} 是 $\zeta_1(Y,k,\delta)$ 的唯一极小值点，且 $\zeta_1(Y,k,\delta)$ 在 Y^{**} 处取得最小值为 0。

$$Y^{**}=\frac{\beta}{\beta-1}\frac{I(r-\mu)}{D_{10}\mathrm{e}^{-(r-\mu)\delta}-D_{00}} \tag{B-2}$$

式中，$D_{10}\mathrm{e}^{-(r-\mu)\delta}-D_{00}>0$，即

$$\delta<\frac{1}{r-\mu}\ln\frac{D_{10}}{D_{00}} \tag{B-3}$$

否则，由于创新成功所需时间太长，企业创新成功的折现利润流小于等于企业都采取不

创新策略的折现利润流，这时，两个企业会合谋都不进行技术创新投资。

同前面一样把 Y^{**} 带入可得：

$$-\frac{I}{\beta-1}+\frac{I}{\beta-1}\left[\frac{(D_{11}-D_{00})\mathrm{e}^{-(r-\mu)\delta}}{D_{10}\mathrm{e}^{-(r-\mu)\delta}-D_{00}}\right]^{\beta}-\frac{\beta kI}{\beta-1}\frac{D_{11}-D_{10}}{D_{11}-D_{01}}\left[\frac{(D_{11}-D_{01})\mathrm{e}^{-(r-\mu)\delta}}{k(D_{10}\mathrm{e}^{-(r-\mu)\delta}-D_{00})}\right]^{\beta}=0 \tag{B-4}$$

重新整理得：

$$k^{**}=(D_{11}-D_{01})\left\{\frac{\beta(D_{10}-D_{11})}{[D_{10}-D_{00}\mathrm{e}^{(r-\mu)\delta}]^{\beta}-(D_{11}-D_{00})^{\beta}}\right\}^{\frac{1}{\beta-1}} \tag{B-5}$$

通过对式(B-4)进行分析可知：如果 $\delta_3^{**}\leqslant\delta$，$\zeta_1(Y)>0$；

$$\delta_3^{**}=\frac{1}{r-\mu}\ln\frac{D_{10}-(D_{11}-D_{00})}{D_{00}}<\frac{1}{r-\mu}\ln\frac{D_{10}}{D_{00}} \tag{B-6}$$

如果 $0<\delta<\delta_3^{**}$，分两种情况：当条件 1 成立时，对于 $0<\delta\leqslant\delta_1^{**}$，$\zeta_1(Y)\leqslant0$，对于 $\delta_1^{**}<\delta<\delta_3^{**}$，$k<k^{**}$，则 $\zeta_1(Y)>0$，$k\geqslant k^{**}$，则 $\zeta_1(Y)\leqslant0$；当条件 1 不成立时，$k<k^{**}$，则 $\zeta_1(Y)>0$，$k\geqslant k^{**}$，则 $\zeta_1(Y)\leqslant0$。

条件 1：$D_{00}<D_{10}-[\beta(D_{10}-D_{11})(D_{11}-D_{01})^{\beta-1}+(D_{11}-D_{00})^{\beta}]^{\frac{1}{\beta}}$ (B-7)

$$\delta_1^{**}=\frac{1}{r-\mu}\ln\left\{\frac{D_{10}-[\beta(D_{10}-D_{11})(D_{11}-D_{01})^{\beta-1}+(D_{11}-D_{00})^{\beta}]^{\frac{1}{\beta}}}{D_{00}}\right\} \tag{B-8}$$

另外，出现同时均衡还需满足：

$$Y_2^F\leqslant Y_1^S \tag{B-9}$$

如果 $\delta_3^{**}\leqslant\delta$，根据式(6-7)和式(6-11)，要满足式(B-9)，必须：

$$k\leqslant\frac{D_{11}-D_{01}}{D_{11}-D_{00}} \tag{B-10}$$

如果 $0<\delta<\delta_3^{**}$，根据式(6-7)可知，Y_2^F 随 k 单调增加，则可先找到 k' 使得 $Y_2^F(k')=Y_1^S$，只需 $k^{**}\leqslant k'$，即可满足式(B-9)。由式(6-7)和式(6-11)可得：

$$k'=\frac{D_{11}-D_{01}}{D_{11}-D_{00}} \tag{B-11}$$

则 $k^{**}\leqslant k'\Leftrightarrow(D_{11}-D_{01})\left\{\frac{\beta(D_{10}-D_{11})}{[D_{10}-D_{00}\mathrm{e}^{(r-\mu)\delta}]^{\beta}-(D_{11}-D_{00})^{\beta}}\right\}^{\frac{1}{\beta-1}}-\frac{D_{11}-D_{01}}{D_{11}-D_{00}}\leqslant0\Leftrightarrow\delta\leqslant\delta_2^{**}$

$$\delta_2^{**}=\frac{1}{r-\mu}\ln\left\{\frac{D_{10}-[\beta(D_{10}-D_{11})(D_{11}-D_{00})^{\beta-1}+(D_{11}-D_{00})^{\beta}]^{\frac{1}{\beta}}}{D_{00}}\right\} \tag{B-12}$$

由式(6-2)可知：$\delta_2^{**}<\delta_3^{**}$，并且 $D_{10}-[\beta(D_{10}-D_{11})(D_{11}-D_{00})^{\beta-1}+(D_{11}-D_{00})^{\beta}]^{\frac{1}{\beta}}>D_{00}$，其证明方法同式(A-10)的证明，这里省略。最后容易验证，$k^{**}>1$，$k'>1$。综合以上，定理 2 得证。

附录 C

推论 1 证明：

在 $\delta < \min\{\delta_1^*, \delta_2^{**}\}$ 的情况下，当先动优势很大时，$D_{10}-D_{00} \gg D_{11}-D_{01}$，由式(6-2)有：$D_{11}-D_{01}>D_{11}-D_{00}>0$，再由式(B-5)和(B-12)可知，$D_{10}-D_{00}e^{(r-\mu)\delta}$ 和 $D_{11}-D_{00}$ 相比要大的多，则 k^{**} 会很小。另一方面，由式(6-2)和有：$D_{10}-D_{01}>D_{10}-D_{00}>0$，再由式(A-8)和(A-9)可知，$D_{10}-D_{01}\mathrm{e}^{(r-\mu)\delta}$ 和 $D_{11}-D_{01}$ 相比要大的多，则 k^* 会很大。结合定理 1、定理 2，推论 1 得证。

附录 D

定理 3 证明：

记 $A=(Y_2^F/Y_1^L)>1$，根据式(6-19)有：

$$F=\Phi\left[\frac{-\ln A+(\mu-1/2\sigma^2)M}{\sigma\sqrt{M}}\right]+A^{\frac{2(\mu-1/2\sigma^2)}{\sigma^2}}\Phi\left[\frac{-\ln A-(\mu-1/2\sigma^2)M}{\sigma\sqrt{M}}\right]-\frac{1}{2}=0 \tag{D-1}$$

只需证明 $\frac{\mathrm{d}M}{\mathrm{d}A}>0$，定理 3 即可得证。根据隐函数求导定理：

$$\frac{\mathrm{d}M}{\mathrm{d}A}=-\frac{F_A}{F_M} \tag{D-2}$$

$$\begin{aligned}F_M=&\frac{1}{\sqrt{2\pi}}\mathrm{e}^{-\frac{1}{2}\left[\frac{-\ln A+(\mu-1/2\sigma^2)M}{\sigma\sqrt{M}}\right]^2}\left(\frac{\ln A}{2\sigma}M^{-3/2}+\frac{\mu-1/2\sigma^2}{2\sigma}M^{-1/2}\right)\\&+A^{\frac{2(\mu-1/2\sigma^2)}{\sigma^2}}\frac{1}{\sqrt{2\pi}}\mathrm{e}^{-\frac{1}{2}\left[\frac{-\ln A-(\mu-1/2\sigma^2)M}{\sigma\sqrt{M}}\right]^2}\left(\frac{\ln A}{2\sigma}M^{-3/2}-\frac{\mu-1/2\sigma^2}{2\sigma}M^{-1/2}\right)\end{aligned} \tag{D-3}$$

把 $A^{\frac{2(\mu-1/2\sigma^2)}{\sigma^2}}$ 写成 $\mathrm{e}^{\ln A^{\frac{2(\mu-1/2\sigma^2)}{\sigma^2}}}=\mathrm{e}^{\frac{2(\mu-1/2\sigma^2)}{\sigma^2}\ln A}$ 化简：

$$F_M=\frac{1}{\sqrt{2\pi}}\mathrm{e}^{-\frac{1}{2}\left[\frac{-\ln A+(\mu-1/2\sigma^2)M}{\sigma\sqrt{M}}\right]^2}\frac{\ln A}{\sigma}M^{-3/2}>0 \tag{D-4}$$

$$\begin{aligned}F_A=&\frac{1}{\sqrt{2\pi}}\mathrm{e}^{-\frac{1}{2}\left[\frac{-\ln A+(\mu-1/2\sigma^2)M}{\sigma\sqrt{M}}\right]^2}\left(-\frac{1}{\sigma\sqrt{M}A}\right)+\Phi\left[\frac{-\ln A+(\mu-1/2\sigma^2)M}{\sigma\sqrt{M}}\right]\frac{2(\mu-1/2\sigma^2)}{\sigma^2}A^{\frac{2\mu-2\sigma^2}{\sigma^2}}\\&+A^{\frac{2(\mu-1/2\sigma^2)}{\sigma^2}}\frac{1}{\sqrt{2\pi}}\mathrm{e}^{-\frac{1}{2}\left[\frac{-\ln A-(\mu-1/2\sigma^2)M}{\sigma\sqrt{M}}\right]^2}\left(-\frac{1}{\sigma\sqrt{M}A}\right)\end{aligned} \tag{D-5}$$

式(D-5)的第一项和第三项为负，而第二项当 $\mu\leqslant\frac{1}{2}\sigma^2$，即 $\sigma\geqslant\sqrt{2\mu}$ 时小于等于零，则 $F_A<0$；当 $\mu>\frac{1}{2}\sigma^2$，即 $\sigma\leqslant\sqrt{2\mu}$ 时，只要 σ 很小，根据正态分布的“3σ 规则”，

$\Phi\left[\dfrac{-\ln A-(\mu-1/2\sigma^2)M}{\sigma\sqrt{M}}\right]$为零，则

$$F_A<0 \tag{D-6}$$

综合式(D-2)、(D-4)、(D-6)，定理3得证。

附录 E

定理4证明：

抢先均衡中 Y_2^P 必须满足式(6-13)，再根据式(6-5)和式(6-9)得：

$$\xi_2(Y_2^P)=L_2(Y_2^P)-F_2(Y_2^P)=\frac{Y_2^P D_{10}}{r-\mu}e^{-(r-\mu)\delta}-kI+\frac{\beta}{\beta-1}\frac{D_{11}-D_{10}}{D_{11}-D_{01}}I\left(\frac{Y_2^P}{Y_1^F}\right)^{\beta}-\frac{Y_2^P D_{01}}{r-\mu}-\frac{kI}{\beta-1}\left(\frac{Y_2^P}{Y_2^F}\right)^{\beta}=0 \tag{E-1}$$

根据式(6-7)：

$$Y_1^F=\frac{1}{k}Y_2^F \tag{E-2}$$

代式(E-2)入式(E-1)，变形得：

$$\xi_2(Y_2^P)=\left(\frac{Y_2^P}{Y_2^F}\right)\frac{\beta}{\beta-1}\frac{kID_{10}}{D_{11}-D_{01}}-kI+\frac{\beta}{\beta-1}\frac{D_{11}-D_{10}}{D_{11}-D_{01}}Ik^{\beta}\left(\frac{Y_2^P}{Y_2^F}\right)^{\beta}-\left(\frac{Y_2^P}{Y_2^F}\right)\frac{\beta}{\beta-1}\frac{kID_{01}}{D_{11}-D_{01}}e^{(r-\mu)\delta}-\frac{kI}{\beta-1}\left(\frac{Y_2^P}{Y_2^F}\right)^{\beta}=0 \tag{E-3}$$

令 $Z=(Y_2^P/Y_2^F)$，化简得：

$$G(Z,k,\delta)=Z\frac{\beta}{\beta-1}\frac{D_{10}-D_{01}e^{(r-\mu)\delta}}{D_{11}-D_{01}}-1+\frac{\beta}{\beta-1}\frac{D_{11}-D_{10}}{D_{11}-D_{01}}k^{\beta-1}Z^{\beta}-\frac{1}{\beta-1}Z^{\beta}=0 \tag{E-4}$$

$$G_Z(Z,k,\delta)=\frac{\beta}{\beta-1}\frac{D_{10}-D_{01}e^{(r-\mu)\delta}}{D_{11}-D_{01}}+\frac{\beta^2}{\beta-1}\frac{D_{11}-D_{10}}{D_{11}-D_{01}}k^{\beta-1}Z^{\beta-1}-\frac{\beta}{\beta-1}Z^{\beta-1} \tag{E-5}$$

因为 $Z=Y_2^P/Y_2^F\leqslant Y_1^{OPT}/Y_2^F<1$，由式(6-7)和式(6-14)得：

$$Z\leqslant\frac{D_{11}-D_{01}}{k(D_{10}-D_{00})} \tag{E-6}$$

将式(E-6)代入式(E-5)，化简得：

$$G_Z(Z,k,\delta)\geqslant\frac{\beta}{\beta-1}\left[\frac{D_{10}-D_{01}e^{(r-\mu)\delta}}{D_{11}-D_{01}}-Z^{\beta-1}\right]-\frac{\beta^2}{\beta-1}\frac{D_{10}-D_{11}}{D_{11}-D_{01}}\left(\frac{D_{11}-D_{01}}{D_{10}-D_{00}}\right)^{\beta} \tag{E-7}$$

只要先动优势足够大，即 $D_{10}-D_{00}\gg D_{11}-D_{01}$，式(E-7)不等号右边第二项接近零。根据定理1，抢先均衡中，$0<\delta<\delta_1^*$，则 $D_{10}-D_{01}e^{(r-\mu)\delta}>D_{11}-D_{01}$，又 $Z<1$，故

$$G_Z>0 \tag{E-8}$$

$$G_\delta(Z,k,\delta)=Z\frac{\beta}{\beta-1}\frac{-D_{01}(r-\mu)e^{(r-\mu)\delta}}{D_{11}-D_{01}}<0 \tag{E-9}$$

$$G_k(Z,k,\delta) = -\beta\frac{D_{10}-D_{11}}{D_{11}-D_{01}}k^{\beta-2}Z^{\beta} < 0 \tag{E-10}$$

根据隐函数求导定理：

$$\frac{\partial Z}{\partial \delta} = -\frac{G_{\delta}}{G_Z},\frac{\partial Z}{\partial k} = -\frac{G_k}{G_Z} \tag{E-11}$$

综合式(E-8)、(E-9)、(E-10)、(E-11)得：

$$\frac{\partial Z}{\partial \delta} > 0,\ \frac{\partial Z}{\partial k} > 0 \tag{E-12}$$

再由定理 3，$A=1/Z$，故定理 4 得证。

附录 F

定理 5 证明：

由式(6-7)和式(6-14)：

$$\frac{Y_2^F}{Y_1^{OPT}} = k\frac{D_{10}-D_{00}}{D_{11}-D_{01}} \tag{F-1}$$

由式(F-1)可知：序贯均衡中 $A=(Y_2^F/Y_1^{OPT})$与 δ 无关，而与 k 成正比，与先动优势 $\left(\frac{D_{10}-D_{00}}{D_{11}-D_{01}}\right)$成正比。再结合定理 3，定理 5 得证。

第7章　专利购买

专利技术的获取除了前面三章所讨论的通过自主研发这一途径外，专利购买是另一重要途径。特别在新技术日新月异和市场快速变化的当今，掌握有限资源的企业在R&D领域出现分工和合作的可能性大为提高，一些企业可能会发现自己在为获取专利而进行的研发方面具有优势，而在将专利进行商业化方面则不具备优势甚至有劣势，另一些企业则反之。为了满足企业力求发挥各自比较优势的这一现实需求，各类技术交易市场得到快速发展。

在技术交易市场，尽管用来交易的技术都是已研发成功的新技术，自然没有技术不确定性而言，但关于新技术的不完全信息或市场不确定性以及竞争使企业的购买决策仍难言轻松。这种对专利购买性决策施加影响的不完全信息与第三章中的类似，而来自于市场不确定性的影响却类似于Dixit和Pindyck(1994)中的新兴市场模型。由于我们的研究对象是专利，“赢者通吃”是其区别于其他一般性项目的特征。为此，下面将分别讨论不完全信息与市场不确定性对专利购买决策的影响。首先，借鉴Thijssen等(2001a，2001b)中的模型及分析方法，先对单个企业独自面对某项专利时的购买投资决策进行分析，得到使企业购买专利的临界信念；然后引入竞争关系，两个对称企业面对同一专利的购买展开期权博弈。最终得到单个企业和双寡头企业投资专利所需的临界信念，以及两对称企业竞买同一个专利可能出现的均衡类型及产生条件。然后，我们将来自于目标专利所代表的未来新市场的市场不确定性“赋予”专利购买投资决策环境，分析单个企业和双寡头企业投资专利所需的临界投资点，以及相应的博弈均衡类型。

7.1　不完全信息下的专利购买

7.1.1　单个企业的专利购买决策

与第2章的基本模型框架一样，假设“诱使”企业购买的目标专利的未来市场前景可以从来自于市场的有关随机事件所蕴含的信号来部分观测，所有的参数符号均与第2章相同。不同的是专利已研发成功，企业不用面临技术不确定性。需要强调的是，模型中有两个重要的参数，首先是信号到来的泊松参数μ，由于$1/\mu$表示两个信号之间的平均时间，所以泊松参数μ可以作为信号数量的测度；另一个是信号正确性的概率参数α，它可以作为信号质量的测度。也就是说，企业实施专利购买投资决策的临界点取决于其信念，而信念则取决于这两个重要的参数。

企业在任意信念值 $p(H|n, g)$ 下实施购买行为，一旦投资，企业期望收益的现值为：

$$E = p(H|n,g)R^H + [1 - p(H|n,g)]R^L = p(H|n,g)R^H \tag{7-1}$$

给定 n 和 g 或 k（因 $k = 2g - n$）的情况下，企业专利投资的净现值 NPV(k)为：

$$\mathrm{NPV}(k) = p(H|n,g)R^H - I = p(k)R^H - I \tag{7-2}$$

在式(7-2)中，动态变化且影响对期望收益评价的是企业对该专利的“看法”，即认为专利为“绩优专利”的概率或信念，由于企业对专利的评价是根据所收到的信号不断修正，因此企业在不同时点上的信念在变化，从而 NPV(k)也在变化，最终企业实施专利研发投资决策的临界点取决于其信念。以 NPV 为评价准则的盈亏平衡临界信念为：

$$p_{NPV} = \frac{I}{R^H} \tag{7-3}$$

这样，在给定信号的数量 n 和好信号的数量 g 的情形下，如果企业相信通过购买专利获得高收益的概率大于 p_{NPV}，那么投资是他的最优决策。显然，如果 $R^H < I$，将其代入式(7-2)有：

$$\mathrm{NPV}(k) = p(k)R^H - I < p(k)I - I \leqslant 0 \tag{7-4}$$

由(7-4)式知，当 $R^H < I$ 时，即使企业认为专利为“绩优专利”的概率为 1，但由于此时投资的净现值 NPV(k)为负，它将永远不会投资，而对信念的分析也将毫无意义。因此，在我们的模型框架中一定有：$0 \leqslant p_{NPV} \leqslant 1$ 或 $R^H \geqslant I$。

但是，由于信息的不完全性以及投资的不可逆性，产生了等待更多信号到来的期权价值。下面我们将考虑等待期权价值，并找到投资者进入市场的临界信念。

由第 4 章式(4-1)知，在给定信号数量 n 和利好信号数量 g 的情形下，专利确实为“绩优专利”的概率 $p(H|n, g)$ 为利好信号超过利差信号的数量 k 的单增函数，即投资于该专利的信念除了与先验信念 p_0 和反映信号质量的参数 α 这两个固定值有关外，仅取决于 k 值的变化。显然有 $p(0) = p_0$。

把企业购买专利的临界点的 k 值记为 k^*，相应的，临界信念则记为 $p^* = p(k^*)$。很明显，任何一个利好信号的到来会使 k 值增加 1，任何一个利差信号的到来则使 k 值减少 1。这样，要达到临界的 k 值，必须要有足够多的利好信号到来。

对于该专利在某一时刻的 k 值，存在三种可能区间将期权价值函数分成相应的三段，与第三章中的推导类似，但无技术不确定性，具体步骤如下：

1. $k \geqslant k^*$ 和 $p(k) \geqslant p^*$

此时，企业最优的策略必然是立即投资。这样，企业的价值函数就等于式(7-2)中所表示的投资净现值 $\mathrm{NPV}(k) = p(k)R^H - I$。

2. $k < k^* - 1$

此时，即使一个新的利好信号到来，企业仍然不会对该专利投资。因为一个对企业有利的泊松跳跃尚不能使其价值函数从连续区域进入停止区域。将此时企业拥有的购买专利的期权价值函数记作 $V_1(k)$，那么 $V_1(k)$ 应该满足下面的二阶线性差分方程：

$$
\begin{aligned}
V_1(k) &= \mathrm{e}^{-r\mathrm{d}t}\{(1-\mu\mathrm{d}t)V_1(k)+\mu\mathrm{d}t[p(k)(\alpha V_1(k+1)+(1-\alpha)V_1(k-1)) \\
&\quad +(1-p(k))(\alpha V_1(k-1)+(1-\alpha)V_1(k+1))]\} \\
&= (1-r\mathrm{d}t)(1-\mu\mathrm{d}t)V_1(k)+(1-r\mathrm{d}t)\mu\mathrm{d}t\{[2p(k)\alpha+1-\alpha \\
&\quad -p(k)]V_1(k+1)+[p(k)+\alpha-2p(k)\alpha]V_1(k-1)\}+o(\mathrm{d}t)
\end{aligned} \tag{7-5}
$$

化简、整理上式得：

$$
\begin{aligned}
(r+\mu)\mathrm{d}tV_1(k) &= \mu\mathrm{d}t\{[2p(k)\alpha+1-\alpha-p(k)]V_1(k+1) \\
&\quad +[p(k)+\alpha-2p(k)\alpha]V_1(k-1)\}+o(\mathrm{d}t)
\end{aligned} \tag{7-6}
$$

需说明的是，上式表示期权价值 $V_1(k)$ 等于期权在 $\mathrm{d}t$ 时间后的期望价值的贴现。推导中首先考虑下一个 $\mathrm{d}t$ 时间是否收到信号，在收到信号情况下分别针对专利在“绩优”［以概率 $p(k)$］和“绩差”［以概率 $1-p(k)$］两种可能情形，最终计算出信号为利好或利差时期权价值的相应变化。

利用式(4-1)分别得到式(7-7)和(7-8)，即：

$$
2p(k)\alpha+1-\alpha-p(k)=\frac{\alpha^{k+1}+\xi(1-\alpha)^{k+1}}{\alpha^k+\xi(1-\alpha)^k} \tag{7-7}
$$

$$
\begin{aligned}
p(k)+\alpha-2p(k)\alpha &= \frac{\alpha^k-\alpha^{k+1}+\alpha\xi(1-\alpha)^k}{\alpha^k+\xi(1-\alpha)^k} \\
&= \frac{\alpha(1-\alpha)[\alpha^{k-1}+\xi(1-\alpha)^{k-1}]}{\alpha^k+\xi(1-\alpha)^k}
\end{aligned} \tag{7-8}
$$

将式(7-7)、(7-8)代入式(7-6)，并令：

$$
F(k)=[\alpha^k+\xi(1-\alpha)^k]V_1(k) \tag{7-9}
$$

化简、整理并略去高阶无穷小量 $o(\mathrm{d}t)$，得到下面的二阶线性齐次差分方程：

$$
(r+\mu)F(k)=\mu F(k+1)+\mu\alpha(1-\alpha)F(k-1) \tag{7-10}
$$

该方程的通解是：

$$
F(k)=A\beta^k \tag{7-11}
$$

其中，A 是一个常数，β 则满足以下方程：

$$
Q(\beta)\equiv\beta^2-\frac{r+\mu}{\mu}\beta+\alpha(1-\alpha)=0 \tag{7-12}
$$

方程(7-12)有两个解：

$$
\beta_{1,2}=\frac{r+\mu}{2\mu}\pm\frac{1}{2}\sqrt{\left(\frac{r}{\mu}+1\right)^2-4\alpha(1-\alpha)} \tag{7-13}
$$

这样，企业的专利购买期权价值函数为：

$$
V_1(k)=\frac{F(k)}{\alpha^k+\xi(1-\alpha)^k}=\frac{A_1\beta_1^k+A_2\beta_2^k}{\alpha^k+\xi(1-\alpha)^k} \tag{7-14}
$$

3. $k^*-1\leqslant k<k^*$

此时，一旦一个好的信号到来时，企业的价值函数马上从连续区域跳到停止区域，这时立即投资是最佳选择。其价值函数 $V_2(k)$ 满足下面 Bellman 方程(7-15)并计算得式(7-16)：

$$rV_2 = \frac{1}{\mathrm{d}t}E(\mathrm{d}V_2) \tag{7-15}$$

$$\begin{aligned} rV_2(k) &= \mu\{p(k)[\alpha \mathrm{NPV}(k+1] + (1-\alpha)V_1(k-1) + [1-p(k)] \\ &\quad [\alpha V_1(k-1) + (1-\alpha)\mathrm{NPV}(k+1)] - V_2(k)\} \\ &= \mu\{[2p(k)\alpha + 1 - \alpha - p(k)]\mathrm{NPV}(k+1) + [p(k) + \alpha - 2p(k)\alpha]V_1(k-1) \\ &\quad - V_2(k)\} \end{aligned} \tag{7-16}$$

化简、整理上式得：

$$\begin{aligned} (r+\mu)V_2(k) = \mu\{&[2p(k)\alpha + 1 - \alpha - p(k)]\mathrm{NPV}(k+1) \\ &+ [(p(k) + \alpha - 2p(k)\alpha]V_1(k-1)\} \end{aligned} \tag{7-17}$$

将式(7-14)代入式(7-17)，化简、整理得：

$$\begin{aligned} V_2(k) = \frac{\mu}{r+\mu}\Big\{&\alpha R^H p(k) - [\alpha p(k) + (1-\alpha)(1-p(k))]I \\ &+ \alpha(1-\alpha)\frac{A_1\beta_1^{k-1} + A_2\beta_2^{k-1}}{\alpha^k + \xi(1-\alpha)^k}\Big\} \end{aligned} \tag{7-18}$$

这样，企业的价值函数 $V(k)$ 由下式给出：

$$V(k) = \begin{cases} \dfrac{A_1\beta_1^k + A_2\beta_2^k}{\alpha^k + \xi(1-\alpha)^k} & k < k^* - 1 \\ \dfrac{\mu}{r+\mu}\{\alpha R^H p(k) - [\alpha p(k) + (1-\alpha)(1-p(k))]I \\ \quad + \alpha(1-\alpha)\dfrac{A_1\beta_1^{k-1} + A_2\beta_2^{k-1}}{\alpha^k + \xi(1-\alpha)^k}\} & k^* - 1 < k < k^* \\ R^H p(k) - I & k > k^* \end{cases} \tag{7-19}$$

我们通过以下边界条件确定临界信念 k^*。

首先，如果利差信号相对于利好信号的数量趋于无穷大，那么企业的价值将收敛为零，即：$\lim\limits_{k\to-\infty} V(k) = 0$，又由于 $\beta_2 < 1-\alpha$(Miltersen，2003)，因此 $A_2 = 0$。

考虑连续条件 $V_1(k^*-1) = V_2(k^*-1)$ 和价值匹配条件 $V_2(k^*) = \mathrm{NPV}(k^*)$，可得：

$$p^* = p(k^*) = \frac{1}{\rho(R^H/I - 1) + 1} \tag{7-20}$$

其中，

$$\rho = \frac{\beta_1(r+\mu)[r+\mu(1-\alpha)] - \mu\alpha(1-\alpha)[r+\mu(1+\beta_1-\alpha)]}{\beta_1(r+\mu)(r+\mu\alpha) - \mu\alpha(1-\alpha)[r+\mu(\beta_1+\alpha)]} \tag{7-21}$$

由式(4-1)和(7-20)可得：

$$k^* = \frac{\ln\dfrac{p^*}{1-p^*} + \ln\xi}{\ln\dfrac{\alpha}{1-\alpha}} \tag{7-22}$$

因 $\xi = (1-p_0)/p_0$，它随 p_0 的增加而减少，所以 k^* 也随 p_0 的增加而减少，这就是说，如果对于“绩优专利”的初始信念已经较高，所需额外的信息也就较少，这是符合直觉的。另外，企业还面对着一个重要的问题，那就是他做出错误决定的可能性有多大?

Thijssen(2001a)给出了详细计算过程，即定义①：

$$P^{(k)} = Pr(\text{从 } k \text{ 开始到达 } k^*\text{，而给定专利是“绩差专利”}) \tag{7-23}$$

并且

$$P^{(k)} = \left(\frac{\alpha}{1-\alpha}\right)^{k-k^*} \tag{7-24}$$

因 $\alpha > 1/2$，则 $\alpha/(1-\alpha) > 1$；而 $k^* > k$，这就这意味着，当信号的质量越高(α 越大)以及 k^* 越大时，从初始时的 k 等待 k^* 出现再投资而做出的决定是错误的概率会降低，这是符合直觉的。

7.1.2 竞争条件下的专利购买决策

1. 模型扩展

如果市场上有两个潜在的非合作投资者，则问题就成为竞争性双寡头企业的最优专利投资决策问题。显然，我们需要对前面的模型进行补充。

由于有两家对称企业 i 和 j(与第 3 章一样，仍以对称企业为研究对象，是为了便于发现专利购买中的一般期权博弈特征)，这样就会出现领导者和追随者，还可能出现同时投资的情形。那么，处于不同地位的企业的收益就会有所不同。

当专利是“绩优专利”时，领导者的收益表示为 $R_H^L > 0$；当专利是“绩差专利”时，领导者的收益表示为 $R_L^L = 0$。与 Thijssen 等(2001b)不同的是，由于专利权所赋予的投资排他性，领导者一旦投资即购买专利，不论专利是“优”还是“差”，追随者已无可能再投资，即追随者的收益 $R_H^F = R_L^F = 0$，可见此时的领导者先行者优势大于非专利项目情形由于我们假设的沉没成本由专利购买和商业化两部分构成，则当仅有一个企业投资时，其必须付出的沉没成本仍然是 $I > 0$，且 $R_H^L > I$；而当两企业同时投资即共同分享这同一个专利时，每个企业的沉没成本记为 I_M，显然有 $0 < I_M < I$(因为购买部分的成本可由两家分摊)。另一方面，非专利项目投资或第三章中的追随者所具有的后发优势(即信息披露效应)此时也没有了，因为一旦领导者先投资后，即使发现专利是“绩优专利”，追随者已无投资可能。

由于有两个企业同时投资的可能，为了比较几种情况下的收益特征且不失一般性，假定该专利产品市场的反需求函数为：

$$P(Q) = \begin{cases} Y - Q & \text{“绩优专利”且 } Q \leqslant Y \\ 0 & \text{“绩差专利”} \end{cases}$$

其中，Q 表示专利产品的总供给数量。生产 q 单位产品的成本由成本函数 $C(q) = cq$，$0 \leqslant c \leqslant Y$ 给出。显然，若专利是“绩差专利”，则有 $R_L^L = R_L^F = R_L^M = 0$；若专利是“绩优专利”，则可求解出：

---

① 这是指当任意的 k 增加到投资所需的 k^* 时，专利仍是“绩差专利”的概率。当 α 越大，k 与 k^* 相差越多时，做出错误投资决定的概率就越小。

$$q_L = \frac{Y-c}{2},\ R_H^L = \frac{(Y-c)^2}{4r},\ q_M = \frac{Y-c}{3},\ R_H^M = \frac{(Y-c)^2}{9r}$$

其中，r 为贴现率，q_L，q_M 分别为领导者和同时投资时的最优产量，R_H^M 为同时投资时每个企业的收益。显然，$R_H^L > R_H^M > R_H^F = 0$。

假定两个企业对专利未来市场前景的认识拥有同样的信念 $p \in [0, 1]$，而且这一信念是共同知识。当领导者对于“绩优专利”的信念是 p 时，如果在这一时点上进行投资，那么领导者的期望收益就为：

$$L(p) = p(R_H^L - I) + (1-p)(0-I) = pR_H^L - I \tag{7-25}$$

而追随者的期望收益永远为零，即：

$$F(p) \equiv 0 \tag{7-26}$$

如果此时两个企业同时投资，他们的事前期望收益为：

$$M(p) = pR_H^M - I_M \tag{7-27}$$

由于同时投资临界点是使追随者的事前期望收益等于同时投资的事前期望收益的那一点，这里我们定义信念 p_M 为使等式 $F(p_M) = M(p_M)$ 成立的临界信念。显然，当 $p \geqslant p_M$ 时，两企业总是会同时投资。

如前面单个企业时的情形，企业对专利的“优”与“差”不能确定，它只能通过到来的信号来不断修正自己的信念，从而做出是否投资的决策。有关信号到来所服从的泊松运动的假定、利好信号超过利差信号的数量的表达式及信念的表达式等都和前面一致。

2. 均衡分析

与第 3 章不同的是，追随者不能依靠领导者先投资后所披露出来的专利是“优”或“差”信息来决定自己是否投资，自然就不会有后发优势。与单个企业时的情形一样，企业的投资决策依赖于临界信念，而信念又依赖于有关专利的利好与利差信息。但由于竞争的力量，会出现三个临界信念 p_L、p^*、p_M，它们之间不同的数量关系会对两企业的博弈均衡施加不同影响。

同第 3 章一样，要使两同一企业中的任意一个愿意成为领导者，其信念一定要超过某个临界值 p_L(即外生领导者的最小信念)。由式(7-20)可知，该临界信念如下：

$$p_L = \frac{1}{\rho(R_H^L/I - 1) + 1} \tag{7-28}$$

而 p^* 为抢先进入信念，在这一点上，两个企业都想成为领导者以获得先行者优势。由 $L(p^*) = F(p^*) = 0$ 解得：

$$p^* = \frac{I}{R_H^L} \tag{7-29}$$

由 $M(p_M) = F(p_M) = 0$ 解得同时投资所需最小信念：

$$p_M = \frac{I_M}{R_H^M} \tag{7-30}$$

因为信念 $p(k)$ 随着离散变量 k 的变化而跳跃，故上述信念不会正好到达，因此有以下定义：$\hat{p}_L = p\lceil k_L \rceil$，$k_L = k(p_L)$；$\hat{p}^* = p\lceil k^* \rceil$，$k^* = k(p^*)$；$\hat{p}_M = p\lceil k_M \rceil$，$k_M = k(p_M)$。其中，$\lceil \ \rceil$为取整符号。如$\lceil k^* \rceil$表示不小于$k^*$的最小整数。

由于追随者后发优势为零，一定有先行者优势大于后发优势。在这种情况下，因$0<\rho<1$，则

$$p_L = \frac{1}{\rho(R_H^L/I - 1) + 1} > \frac{1}{(R_H^L/I - 1) + 1} = \frac{I}{R_H^L} = p^* \Leftrightarrow k_L > k^* \Leftrightarrow \lceil k_L \rceil \geqslant \lceil k^* \rceil$$

此时，一旦信念达到$k = \lceil k^* \rceil$，企业都想成为领导者，虽然此时信念还没有到达投资的最佳值$\lceil k_L \rceil$。这是因为领导者优势超过后发优势，两个企业都想首先投资，因此向后推理，企业将在较小的信念$\lceil k^* \rceil$下就开始投资。另外，比较式(7-29)和(7-30)发现：因$0<I_M<I$，$R_H^L>R_H^M>0$，所以p^*和p_M的大小关系并不确定，即有$p^*>p_M$、$p^*<p_M$、$p^*=p_M$三种可能，见图7-1。

定义：$T^* = \inf\{t \geqslant 0 \mid p_t \geqslant p^*\}$，$T_M = \inf\{t \geqslant 0 \mid p_t \geqslant p_M\}$。其中最优停时$T^*$、$T_M$定义为随机过程$p_t$第一次触及区间$[p^*, 1]$、$[p_M, 1]$的时间，$p_t = p(k_t)$，$k_t$表示在时间$t$上利好信号超过利差信号的数量。下面分四种情况进行分析。

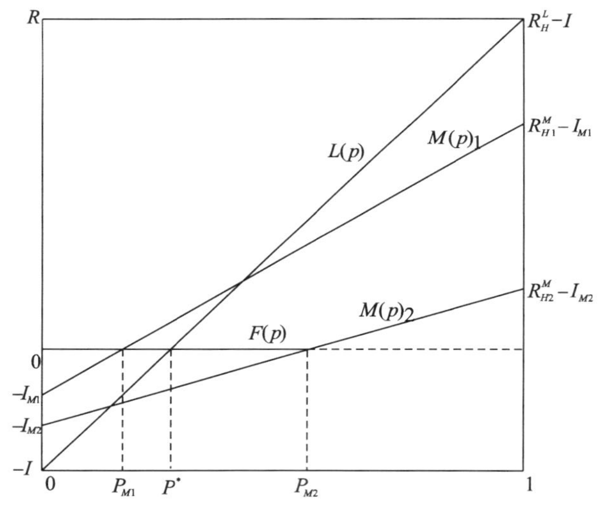

图7-1 领导者、追随者和同时投资的价值

(1)$p_0 \geqslant p_M$或$t \geqslant T_M$

在此条件下，无论p_M是否大于p^*，而同时投资的价值一定大于或等于0(即追随者的价值)。如果该不等式严格成立，那么两个企业绝不会等待，而是立即同时进行投资。这样，只可能出现Cournot均衡。如果专利为“绩优专利”，两个企业的贴现收益均为$R_H^M - I_M$；反之两个企业均冒险进行投资而损失掉沉没成本I_M，投资净现值均为$-I_M$。如果$p_0 = p_M$，同时投资和不投资是完全无差异的。值得注意的是，无论p_M是否大于p_L，都不影响此结论。假如$p_L > p_M$，那么没有企业会等待p_L的到来，因为他们会害怕被其他企业抢先进入市场。

(2)$p^* < p_0 < p_M$ 或 $t \in (T^*, T_M)$

这是指当 $p_M > p^*$ 时出现的一种情形［见图 7-1 中的 $M(p)_2$ 线］。当初始信念出现在这个区域内，两个企业将争先恐后地成为领导者，问题是谁会成为最后的赢家呢？由于两个企业是对称的，直觉告诉我们，一定存在着两个对称的均衡结果：(企业 i 成为领导者，企业 j 成为追随者)和(企业 i 成为追随者，企业 j 成为领导者)，经计算它们成为领导者、追随者的概率也一定是相同的。除此之外，实际上还有一种结果是双方同时投资。既然有三种可能情形，那每种情形的可能性到底如何呢？下面对三种可能结果的发生概率进行计算。

企业 i、j 在 p_t 上投资的概率分别记为 $u_i(t)$、$u_j(t)$。假定博弈的进行不需要花费时间，而且如果两个企业都选择等待，那么将开始一个与现在博弈完全相同的一个重复子博弈。给定信号到来的随机过程(如正文中所描述)保持不变，直到至少一个企业已经投资。显然，$u_i(t)$、$u_j(t)$就是使企业做出最优决策的控制变量。省略下标 t，令企业 i 的价值为 V_i，则：

$$V_i = \max_{u_i}\{u_i(1-u_j)L(p) + (1-u_i)u_jF(p) + u_iu_jM(p) + (1-u_i)(1-u_j)V_i\} \tag{7-31}$$

由于两企业对称，我们考虑对称策略，因此 $u_i = u_j = u$。就上式先对 u_i 求一阶偏导数，再使用对称策略，有：

$$V_i = \frac{u_i(1-u_j)L(p) + (1-u_i)u_jF(p) + u_iu_jM(p)}{1-(1-u_i)(1-u_j)} \tag{7-32}$$

$$\begin{aligned}\frac{\partial V_i}{\partial u_i} &= \frac{[(1-u_j)L(p) - u_jF(p) + u_jM(p)][1-(1-u_i)(1-u_j)]}{[1-(1-u_i)(1-u_j)]^2} \\ &\quad - \frac{[u_i(1-u_j)L(p) + (1-u_i)u_jF(p) + u_iu_jM(p)](1-u_j)}{[1-(1-u_i)(1-u_j)]^2}\end{aligned} \tag{7-33}$$

将 $u_i = u_j = u$ 代入上一阶偏导式(7-33)并化简得：

$$\frac{\partial V_i}{\partial u_i} = \frac{(1-u)L(p) - F(p) + uM(p)}{u(2-u)^2} \tag{7-34}$$

考虑 $u \neq 0$ 时的情形(若 $u = 0$，则又开始重复先前的博弈)，企业追求价值最大化，必有：

$$(1-u)L(p) - F(p) + uM(p) = 0 \tag{7-35}$$

由式(7-35)得：

$$u = \frac{L(p) - F(p)}{L(p) - M(p)} \tag{7-36}$$

将 $u_i = u_j = u$ 代入式(7-32)分别令 $F(p)$、$M(p)$等于零；$L(p)$、$M(p)$等于零；$L(p)$、$F(p)$等于零，可分别得到企业成为领导者的概率 u_L、成为追随者的概率 u_F、同时投资的概率 u_M：

$$u_L = \frac{1-u}{2-u};\ u_F = \frac{1-u}{2-u};\ u_M = \frac{u}{2-u} \tag{7-37}$$

将式(7-36)分别代入式(7-37)得：

$$u_L = u_F = \frac{1-u}{2-u} = \frac{F(p)-M(p)}{L(p)-2M(p)+F(p)}, u_M = \frac{u}{2-u} = \frac{L(p)-F(p)}{L(p)-2M(p)+F(p)} \tag{7-38}$$

回到我们所讨论的专利投资中来。此时，因存在“赢者通吃”，即 $F(p)=0$。代入式(7-34)，并考虑 u 的取值 $u\in(0, 1]$，不难发现：

$$(1-u)L(p)-F(p)+uM(p)=(1-u)L(p)+uM(p)>0 \tag{7-39}$$

且 $u(2-u)^2>0$，由式(7-34)和(7-39)可得：

$$\frac{\partial V_i}{\partial u_i}>0$$

因此，V_i 是关于投资概率 u_i 的单调递增函数，企业 i 为了价值最大化，一定会以概率 $u_i=u=1$ 投资。在对称策略下，企业 j 也会以概率 $u_j=u=1$ 投资。故此时只会出现同时投资均衡。然而，由于 $t<T_M$，此信念下的收益不足以使同时投资成为最优投资。最后的结果［较低信念值下的 Cournot 均衡：$M(p_{t_0})<0$］是双方都不愿看到的。这和“囚徒困境”一样，都是因为个体理性而导致了集体的不理性。

(3) $p_0=p^*$ 或 $t=T^*$

此时，初始信念恰好等于抢先进入临界值，由于有 $p^*<p_M$、$p^*>p_M$、$p^*=p_M$ 三种可能，须分别讨论。

当 $p^*<p_M$ 时，$L(p)=F(p)=0>M(p)$，代入式(7-34)得 $u=0$，再代入式(7-36)得：$u_L=u_F=\frac{1-u}{2-u}=\frac{1}{2}$，$u_M=\frac{u}{2-u}=0$。

这说明，企业对于成为领导者和追随者是无差异的，均以 50%的概率成为领导者和追随者；其次，同时投资的概率为零。这意味着不会出现双方都不满意的 Cournot 均衡。

当 $p^*>p_M$ 时，$L(p)=F(p)=0<M(p)$，此时，与上面一样，尽管企业对于成为领导者和追随者是无差异的，但双方如果能合谋的话，同时投资对双方是最好的策略，原因在于专利购买成本占总成本的比例较大，而联合投资使每个企业的净现值大于单个企业的净现值。

当 $p^*=p_M$ 时，$L(p)=F(p)=M(p)=0$，由于投资与否对企业是无差异的，也就是说 $u=1/2$，分别代入式(7-36)中的 u_L、u_F、u_M 表达式，求出企业成为领导者、追随者及同时投资的概率：$u_L=u_F=u_M=1/3$。

(4) $p_0<p_M<p^*$ 或 $t<T^*$

此时，有 $L(p)<M(p)<F(p)=0$。即领导者和同时投资的价值均小于 0(即追随者)，并且 $p_L>p^*$，即 p_L 也未到来，企业不会在这个时候进入市场。这样，没有企业想成为领导者，而且两个企业都将等待更多好信号的到来。也就是说，在这个区域内，都不进行投资对两个企业是最优决策。

7.1.3 应用举例

在技术交易市场，设两个对称企业面对的某专利项目满足表 7-1 的参数值：

表7-1 参数设定

$R_H^L=R^H=9$	$R_H^F=R^L=0$	$R_H^M=4$
$\mu=2$	$I_M=2$	$p_0=0.2$
$r=0.1$	$I=3$	$\alpha=0.7$

首先，抢先进入信念为 $p^*=I/R_H^L=3/9=0.33$，外生给定的领导者最优投资的最小信念应为

$$p_L=\frac{1}{\rho(R_H^L/I-1)+1}$$

其中，$\rho=\dfrac{\beta_1(r+\mu)[r+\mu(1-\alpha)]-\mu\alpha(1-\alpha)[r+\mu(1+\beta_1-\alpha)]}{\beta_1(r+\mu)(r+\mu\alpha)-\mu\alpha(1-\alpha)[r+\mu(\beta_1+\alpha)]}$。

而$\beta_1=\dfrac{r+\mu}{2\mu}+\dfrac{1}{2}\sqrt{\left(\dfrac{r}{\mu}+1\right)^2-4\alpha(1-\alpha)}=0.781$，代入上式得$\rho=0.168, p_L=0.749, p_M=\dfrac{I_M}{R_H^M}=\dfrac{2}{4}=0.5$。当$p_0=0.2$时，$k^*=\dfrac{\ln\dfrac{0.33}{1-0.33}+\ln\dfrac{1-0.2}{0.2}}{\ln\dfrac{0.7}{1-0.7}}=0.82$，

$\hat{p}^*=p\lceil k^*\rceil=p\lceil 0.82\rceil=p(1)=\dfrac{0.7^1}{0.7^1+(1-0.7)^1\dfrac{1-0.2}{0.2}}=0.368$。

类似地，$k_L=k(p_L)=2.93$，$\hat{p}_L=p\lceil k_L\rceil=p(3)=0.761$；$k_M=k(p_M)=1.64$，$\hat{p}_M=p\lceil k_M\rceil=p(2)=0.577$。

不难看出，诱使单个企业投资的临界信念 $\hat{p}_L=0.761$，对应的 k 值至少需要 3。引入竞争关系后投资临界信念降为 $\hat{p}^*=0.368$，对应的 k 值只需 1，等待期权价值完全丧失（此时的 $p^*=p_{NPV}$），投资决策又回到了 NPV 法（这缘于专利投资的排他性特征）。

当 k 值仍为 0，即 $p_t<p^*$ 或 $t<T^*$ 时，两个企业都将静待好信号的到来；

当 k 值为 1，即 $p_t=\hat{p}^*=0.368>p^*=0.333$ 或 $T^*<t<T_M$ 时，双方以概率 1 同时投资，得到均不想出现的 Cournot 均衡，其投资净现值为：

$$\hat{p}^*R_H^M-I_M=0.368\times 4-2=-0.528$$

当 k 值为 2，即 $p_t=\hat{p}_M=0.577>p_M$ 时，两个企业绝不会等待，而是立即同时进行投资，并产生 Cournot 均衡，其投资净现值均为：

$$\hat{p}_M R_H^M-I_M=0.577\times 4-2=0.308$$

最后，我们比较企业在不同信念下购买该专利所产生错误决策的概率。

初始时候，没有任何信号，因此 $k=0$，由式(7-23)可分别计算出企业在$\lceil k^*\rceil=1$、$\lceil k_M\rceil=2$、$\lceil k_L\rceil=3$ 时投资于“绩差专利”即出现错误投资决策的概率，结果如下：

$$P_1^{(0)}=\left(\frac{0.7}{1-0.7}\right)^{0-1}=0.429$$

$$P_2^{(0)}=\left(\frac{0.7}{1-0.7}\right)^{0-2}=0.184$$

$$P_3^{(0)}=\left(\frac{0.7}{1-0.7}\right)^{0-3}=0.079$$

可见，竞争的引入不仅使专利购买投资的临界信念大大降低($\hat{p}_L=0.761\rightarrow\hat{p}_M=0.577\rightarrow\hat{p}^*=0.368$)，而且使企业做出错误购买决策的概率也大大增加(0.079→0.184→0.429)。

7.2 不确定条件下的专利购买

技术交易市场中，企业除了面临前面所讨论的不完全信息这类特殊的不确定性外，另一种不确定性就是通常所说的市场不确定性，即专利技术的市场价值不确定但符合一定运动规律。实际上，Dixit 和 Pindyck(1994)中的新兴市场模型对双寡头企业进入一个新兴产业或市场的期权博弈问题进行了详细分析。但考虑到专利购买投资的特殊性(追随者价值为零)，有必要对此类不确定条件下的专利购买问题进行讨论和分析，以发现企业的理性购买投资策略。

7.2.1 基本模型

假定两个对称的风险中性企业，同时拥有一个购买某种新专利技术的机会，先购买者获取专利，将得到该专利技术所开辟的新产品市场带来的所有收益，而对手将一无所获。两企业对称是指他们面临相同的市场不确定性和需要相同的购买成本，假设该沉没成本由专利购买和商业化两部分构成(企业购买专利的目的就是希望将其商业化)。

该专利技术的价值 Y_t 服从以下几何布朗运动①：

$$\mathrm{d}Y_t=\alpha Y_t\mathrm{d}t+\sigma Y_t\mathrm{d}z \tag{7-40}$$

与第 2、4 章中的模型假设一样，$0<\alpha<r$；r 为无风险利率；α 为瞬时漂移率；σ 为瞬时波动率；$\mathrm{d}z$ 为标准维纳过程增量。

双方购买该专利技术并将其商业化的沉没成本的现值为同一常量 $I>0$，称率先购买的一方为领导者，另一方则为追随者。与上面不完全信息情形一样，我们仍不能排斥双方同时购买这种情况的发生，此时，每个企业的沉没成本仍记为 I_M，由相同的原因知：$0<I_M<I$。假设 $E_0\left[\int_0^{+\infty}\mathrm{e}^{-rt}Y_t\mathrm{d}t\right]-I=\frac{Y_0}{r-\alpha}-I<0$，这是指专利的初始价值 Y_0 足够的低，致使双方立即购买专利的 NPV 均为负。这样，没有企业会在初始点购买。对双方来说，所有参数和行动都是共同知识，即博弈是一个完全信息博弈。双方的投资机会只有一次，且一旦投资必将持续到博弈结束，投资沉没成本完全不可逆。

① 与第 2 章一样，该价值仍可理解为所购买专利在相应的产品市场上获得的净利润流。

7.2.2　企业价值

1. 单个企业的价值

为了更好地理解和分析竞争时的企业投资时机和价值，我们先求单个企业的最优投资时机和企业价值函数。企业购买时机的选择就在于求解如下随机最优停时问题：

$$V(Y_t) = \max_T E_t\left\{e^{-rT}\left(\int_T^{+\infty} e^{-rt} Y_t \mathrm{d}t - I\right)\right\} \tag{7-41}$$

式中，E_t 表示 t 时刻所对应的期望，T 表示购买的时间，我们仍忽略购买专利到商业化通常所需的一段时间。

对此问题的求解可仿照 Dixit 和 Pindyck(1994)中的步骤进行。正如 Dixit 和 Pindyck (1994)所论述的，若时间期限是无穷的，利润流、转移概率分布函数和贴现率都独立于实际标记的日期。因此，为了分析的方便，在以后的讨论中我们将省略各参数的时间下标。

其中，连续区域通过求解相关 Bellman 方程；在停止区域，不可逆投资使得企业价值即为项目投资净现值。在两个区域的边界，应用价值匹配和平滑粘贴条件可求得最优购买临界点 P_U，则单个企业的价值函数为：

$$V_U(Y) = \begin{cases} A_U Y^{\beta_0} & Y < Y_U \\ \dfrac{Y}{r-\alpha} - I & Y \geqslant Y_U \end{cases} \tag{7-42}$$

式中，$A_U = \dfrac{I}{\beta_0 - 1} Y_U^{-\beta_0}$，$\beta_0 = \dfrac{1}{2} - \dfrac{\alpha}{\sigma^2} + \sqrt{\left(\dfrac{\alpha}{\sigma^2} - \dfrac{1}{2}\right)^2 + \dfrac{2r}{\sigma^2}}$，$1 < \beta_0 < \dfrac{r}{\alpha}$，投资临界点 Y_U 为：

$$Y_U = \frac{\beta_0}{\beta_0 - 1}(r-\alpha)I \tag{7-43}$$

2. 竞争时的企业价值

首先，追随者价值为零，即：

$$V_F(Y) = 0 \tag{7-44}$$

其次，领导者价值即为购买时的投资净现值，即有：

$$V_L(Y) = \frac{Y}{r-\alpha} - I \tag{7-45}$$

双方同时购买相当于未来的新产品市场上将有两个厂商，即出现双寡头垄断市场结构①。显然，我们有理由认为同时购买下双方的期望收益均低于一方购买时，令同时投资价值为：

---

① 值得注意的是，双方同时购买得益于转让方和专利局让双方共同获得专利权，但并不说明双方在进行合作投资。因此，未来产品市场的博弈结果定会出现 Cournot 均衡。

$$V_M(Y) = \frac{\theta Y}{r - \alpha} - I_M \tag{7-46}$$

其中，θ 为一常数，且满足 $0<\theta<1$，主要与该专利新产品市场的需求曲线等因素有关。这样，令 $V_L(Y)=V_F(Y)=0$ 即可求得抢先购买临界点 Y_L：

$$Y_L = (r - \alpha)I \tag{7-47}$$

将 Y_L 与 Y_U 比较可见，专利的“赢者通吃”属性使竞争时的双方完全放弃了期权价值。

令 $V_M(Y)=V_F(Y)=0$ 即可求得同时购买临界点 Y_M：

$$Y_M = (r - \alpha)\frac{I_M}{\theta} \tag{7-48}$$

同上节，Y_L 与 Y_M 的大小关系仍不能确定，存在三种可能：$Y_L>Y_M$、$Y_L=Y_M$、$Y_L<Y_M$。

3. 均衡分析

与上节的分析类似，接下来分四种情况进行均衡分析。

(1)$Y_0 \geqslant Y_M$

此时，无论 Y_M 是否大于 Y_L，而同时投资的价值一定大于或等于 0(即追随者价值)。如果该不等式严格成立，那么双方绝不会等待，而是立即同时购买专利。这样，只可能出现 Cournot 均衡。如果 $Y_0=Y_M$，同时投资和不投资是完全无差异的。

(2)$Y_L<Y_0<Y_M$

此时，双方将争先恐后地成为领导者，结果出现在较低专利价值下的 Cournot 均衡(因 Y_M 尚未达到)，“个体理性导致集体不理性”局面再次发生。

(3)$Y_0=Y_L$

专利初始价值恰好等于抢先购买临界值，同样须分三种情况。

1)$Y_L<Y_M$

企业对于成为领导者和追随者是无差异的，均以 50%的概率成为领导者和追随者；而同时投资的概率为零。这意味着不会出现双方都不满意的 Cournot 均衡。

2)$Y_L>Y_M$

尽管企业对于成为领导者和追随者是无差异的，但双方如果能合谋的话，同时投资对双方是最好的策略。

3)$Y_L=Y_M$

有 $V_L(Y)=V_M(Y)=V_F(Y)=0$，由于投资与否对企业是无差异的，同样地，企业成为领导者、追随者及同时投资的概率均为 1/3。

7.3 本 章 小 结

本章先后引入不完全信息和市场不确定性，分别对单个企业和双寡头竞争性企业的专利购买投资决策进行了分析。对于前者，由于企业不能准确地了解进入专利所产生的新市场的盈利状况，因此它会根据不断到来的信号来决定自己是否投资。由于专利权的垄断性或排他性特征，使得追随者丧失后发优势(即使它已准确地知道专利的盈利性)。这样一来，企业不会甘当追随者，关注的焦点也从比较先发优势、后发优势的大小转移到何时应该抢先进入成为领导者以及最优同时投资上来。对于后者，企业面对的是专利的市场不确定性，而专利的“赢者通吃”属性使得企业不再像进入一般新兴市场那样“从容”。

两种情况下的专利购买问题，都出现竞争使得期权价值完全丧失，甚至“个体理性导致集体不理性”局面，这不仅值得企业本身去思考和反省，同时也对技术交易市场的政策制定者提出了严峻的挑战。

尽管我们的研究对象是专利，但相关结论和分析方法对诸如房地产开发中的土地竞拍、石油勘探中的选址等排他性投资问题同样具有借鉴和参考意义。

第 8 章　专利申请投资

创新技术的研发成功只是企业技术创新战略实施过程中所取得的一项阶段性成果，企业的最终目标是获取垄断性创新收益及竞争优势。通常来讲，新技术研发成功之时并不一定是最优商业化投资之时，因此企业会暂缓商业化投资以等待最优投资时机的到来。另一方面，专利局对创新技术提供的专利保护将遵循时间优先的原则，即在其他条件相同的情况下，仅对最先提出专利申请者授予专利权，并收取一定的专利申请费(一次性收取)和专利维护费(定期收取)。因此，与专利研发和商业化一样，专利申请也是一项不确定条件下的投资行为，企业需要综合考虑竞争者(或模仿者)随机进入、专利费用、未来商业化投资收益前景等各种不确定性因素以确定最优专利申请时机。

从以往对技术创新战略投资方面的研究来看，大多“忽略”专利申请问题，在一旦R&D 成功，企业必将享受专利保护的前提条件下对创新技术的研发和商业化投资决策中的诸多情形进行了研究，较少考虑专利申请的时机选择问题。Riess(1998)考虑潜在竞争者随机进入的情况下，对拥有创新技术的企业是否应该和何时申请专利、商业化投资等问题展开全面研究，并运用实物期权定价方法给出了企业的四种投资策略，揭示出竞争和专利费用对投资策略的影响规律。Riess(1998)的研究思路、方法和相关结论对此类问题的进一步拓展打下坚实基础，为此，本章将对 Riess(1998)的基本模型、四种投资策略[①]及对应的专利申请临界值和商业化投资门槛值、分析结论等进行详细介绍。

8.1　基 本 模 型

某企业研发成功一项创新技术[②]，准备择机进行商业化，称之为项目。由于市场需求的不确定性，一经商业化，该创新技术将产生一个随机永续净现金流 CF，并服从以下几何布朗运动：

$$dCF = \mu CF dt + \sigma CF dz \tag{8-1}$$

其中，μ 和 σ 分别为几何布朗运动的瞬时漂移率和瞬时波动率，前者反映创新技术的R&D 投入(即投入越大，新技术的创新性越强、技术含量越高，商业化前景越看好)，后者由变化的投入要素价格、需求曲线和产品价格结构等外生决定，二者共同描述了市场

---

① Riess(1998)给出的企业投资策略为以下四种：先申请专利再等待商业化投资、申请专利与商业化投资同时进行、先商业化投资再等待申请专利以及延迟决策(等待和观望)。

② 创新技术的获取途径除通过自身研发外，还有技术转让、购买等。对于后者，要么转让或购买时已自带专利，本章不需考虑此种情形；要么尚未申请专利，接下来的分析与自身研发获取途径一样。

需求不确定性对净现金流影响的动态过程；dz 为标准维纳过程增量。

该创新技术的价值 V 为风险中性下的期望现金流的现值，并由下式给出：

$$V_0 = \int_0^{\infty} E(\mathrm{CF}_t)\mathrm{e}^{-rt}\mathrm{d}t = \int_0^{\infty} \mathrm{CF}_0 \mathrm{e}^{(\mu - r)t}\mathrm{d}t = \frac{\mathrm{CF}_0}{r - \mu} \tag{8-2}$$

式中，无风险利率 r 一定大于瞬时漂移率 μ 以保证价值 V 不会为无穷大，否则，企业将永远等待下去。

由于创新技术的商业化价值 V 为净现金流 CF 乘一个固定参数，因此 V 服从同样的几何布朗运动：

$$\mathrm{d}V = \mu V \mathrm{d}t + \sigma V \mathrm{d}z \tag{8-3}$$

假设创新技术的商业化投资成本为 I ，则该商业化投资活动的净现值就为 $V - I$ 。

8.2　创新技术受到专利保护时

如果该创新技术受到无限期的专利保护时，意味着其商业化垄断性租金永远不会被其他竞争者侵蚀，企业则有权利以成本 I 获取商业化价值 V，但商业化投资可能会延迟(只要它充分遵循价格运动规律即上节所描述的几何布朗运动)。然而，延迟是有“代价”的，即企业将失去立即可得的净现金流 CF。这种投资权利类似于以标的物价值为 V 执行价格为 I 的永续美式买权，投资延迟期间所放弃的现金流类似于放弃的股利。商业化投资决策等同于决定何时执行这一期权，最优投资时机选择的本质是找到临界投资价值 V^*，满足 V^* 到来之前的等待或延迟投资期权价值等于此时投资的净现值 $V-I$，一旦临界投资价值 V^* 被超过，企业立即投资。我们以 $W(V)$ 表示该专利的商业化投资期权价值，按 Dixit 和 Pindyck(1994)的方法，在风险中性的假设条件下，该延期投资机会的总价值由下式给出：

$$W(V) = \begin{cases} AV^{\beta} & V \leqslant V^* \\ V - I & V > V^* \end{cases} \tag{8-4}$$

式中：

$$\beta = \frac{1}{2} - \frac{\mu}{\sigma^2} + \sqrt{\left(\frac{\mu}{\sigma^2} - \frac{1}{2}\right)^2 + \frac{2r}{\sigma^2}} \tag{8-5}$$

$$A = \left(\frac{\beta - 1}{\beta}\right)^{\beta - 1} \frac{1}{\beta} \left(\frac{1}{I}\right)^{\beta - 1} \tag{8-6}$$

$$V^* = \frac{\beta}{\beta - 1} I \tag{8-7}$$

8.3　竞争且无专利保护

对于创新技术已经研发成功的企业而言，其决策不仅包括商业化投资，还需考虑是否申请专利保护。做为一种比较，本节先讨论存在竞争且无专利保护时企业的商业化投资决策特征，下节讨论存在竞争和潜在专利保护时的复杂情形。

尽管无专利保护(如企业永不申请专利)，由于率先研发出创新技术，该企业在实现商业化方面无疑比其他企业更有优势。然而，一旦竞争对手赶上(如也研发成功)并进入商业化市场，则该新技术商业化价值和投资机会价值将降为零(失去垄断地位后，只有正常利润没有经济利润)。假定竞争对手到达时间服从指数概率分布，则包含连续和非连续变化的现金流变动过程由下式给出：

$$\mathrm{dCF}=\mu \mathrm{CFd}t+\sigma \mathrm{CFd}z-\mathrm{CFd}q \tag{8-8}$$

上式中，$\mathrm{d}q$ 为泊松过程 q 的增量并独立于 $\mathrm{d}z$：

$$\mathrm{d}q=\begin{cases}0, & \text{以概率 } 1-\lambda \mathrm{d}t\\ 1, & \text{以概率 } \lambda \mathrm{d}t\end{cases} \tag{8-9}$$

竞争对手在给定上一个瞬间没有进入市场的情况下，它在下一个瞬间进入市场的瞬时概率由固定的风险率即 $\lambda \mathrm{d}t$ 表示，风险率 λ 可视为对竞争强度的一种度量，因为竞争对手到达的预期时间将随风险率的增加而减少。

我们以 V^C 来表示存在竞争威胁情况下创新技术的商业化价值，则 V^C 服从以下的混合跳跃扩散过程：

$$\mathrm{d}V^C=\mu V^C\mathrm{d}t+\sigma V^C\mathrm{d}z-V^C\mathrm{d}q \tag{8-10}$$

$$V^C=\frac{\mathrm{CF}}{r+\lambda-\mu} \tag{8-11}$$

当泊松事件发生即竞争者进入市场时，垄断租金消失项目价值降为零，创新技术商业化投资机会毫无价值。

这样，企业面临是否和何时以成本 I 来获取项目价值 V^C 的决策问题，与技术受到保护时一样，其投资机会类似于以标的物价值为 V^C 执行价格为 I 的永续美式买权，最优投资策略和投资机会(期权)价值可由式(8-4)给出，只不过需将 V 替换成 V^C，r 替换成 $r+\lambda$。触发投资点的项目临界价值为：

$$V^{C*}=\frac{\beta^C}{\beta^C-1}I \tag{8-12}$$

其中

$$\beta^C=\frac{1}{2}-\frac{\mu}{\sigma^2}+\sqrt{\left(\frac{\mu}{\sigma^2}-\frac{1}{2}\right)^2+\frac{2(r+\lambda)}{\sigma^2}} \tag{8-13}$$

与前面有专利保护时相比较，竞争对手的随机到达对创新技术商业价值的影响可这样来理解，即没有专利保护时的等待会产生更大的机会成本，因为企业将面临投资毫无价值的可能。由于期权价值和项目价值均将随风险率的增加而减少，企业会比有专利保护时更早地投资。

8.4 竞争和潜在的专利保护

通常，企业对其通过技术突破所取得的新产品新技术采用申请专利的方式，这样可领先于竞争对手。一家知道竞争对手可能会进入新产品或相似替代品市场的创新型企业，可在竞争对手准备进入市场前通过申请专利以获得投资该产品的排他性权利。假定申请专利的费用为 P，它包括一次性的公证费用和日后的专利维持费用。

为新产品申请专利并非意味着创新活动的结束。比如企业不断从一些成本削减型创新活动中获得收益，致使专利申请不必在投资后立即执行。因此，企业的目标是寻找最优专利申请和投资日期。首先，企业必须确定最优停止等待(申请专利)并立即申请专利时的项目价值，这在等待的收益与来自于竞争的风险间存在一个权衡；其次，一旦最优专利申请触发点确定后，剩下的企业最优投资策略问题将变得简单，即为前面讨论过的垄断者的最优投资时机选择问题。

创新成功的企业拥有以成本 P 申请该项技术专利的期权，这样企业也就得到一项以成本 I 投资于已专利化的项目(其商业化价值为 V)的嵌入式期权。这类似于一项执行价格为 P 标的资产为商业化投资期权 C_I 的永续美式买权。为了便于推导出此问题的解析解，假设专利权永无期限，则商业化投资期权也同样为一永续美式买权，该放松性假设带来的影响将在后面的分析部分加以讨论。由于竞争对手不会影响受到专利保护项目的现金流，则商业化投资期权 $C_I(V)$ 的标的物 V 服从一个纯扩散过程，其期权价值由式(8-4)给出：$C_I(V)=W(V)$。一旦项目价值超过触发价值 V^* [详见式(8-7)]，立即执行商业化投资期权。

当申请新技术专利的期权以执行价格 P 被执行后，企业就得到商业化投资期权。如果竞争对手进入市场，则专利申请期权就自然到期。因此，即使专利申请期权本身无期限，但实际上它的期限是随机的，因为它将随竞争对手以瞬时条件概率 $\lambda \mathrm{d}t$ 到达而被迫终止。

为了推导出等待申请专利的价值和必须立即申请专利时的项目触发价值，必须分情形加以讨论，我们按申请专利和商业化投资的时间先后不同，即申请专利和商业化投资同时进行、先申请专利再等待商业化、先商业化再等待申请专利三种情形。

8.4.1　专利申请和商业化投资同时进行

这种情形下，企业将同时执行专利申请和商业化投资两个实物期权，相当于企业以成本 $I+P$ 完成项目投资。此时，两个实物期权合并成一个美式期权，该期权的期限为竞争对手到达前的任意随机时间，期权执行价格等于商业化投资成本加上专利申请费用。期权价值函数 $W_I(V)$ 为：

$$W_I(V)=\begin{cases}A_I V^{\beta^C} & V\leqslant V_I{}^* \\ V-I-P & V>V_I{}^*\end{cases} \tag{8-14}$$

式中：

$$V_I{}^* =\frac{\beta^C}{\beta^C-1}(I+P) \tag{8-15}$$

$$A_I=\left(\frac{\beta^C-1}{\beta^C}\right)^{\beta^C-1}\frac{1}{\beta^C}\left(\frac{1}{I+P}\right)^{\beta^C-1} \tag{8-16}$$

根据 Dixit 和 Pindyck(1994)的结论，考察乘数 $\beta^C/(\beta^C-1)$，由于$\frac{\partial\beta^C}{\partial\sigma}<0$，则随着

σ 递增，β^C 递减，那么 $\beta^C/(\beta^C-1)$ 递增，V_I^* 递增。这是新技术的未来商业价值 V 的不确定性越大，企业在愿意做出不可逆的投资之前，企业所要求的超额回报也越高，而相应的专利申请和商业化投资期权的价值同样越高。类似的，可以证明：$\frac{\partial\beta^C}{\partial r}>0$，$\frac{\partial\beta^C}{\partial\mu}<0$，$\frac{\partial\beta^C}{\partial\lambda}>0$。其经济意义在于：无风险利率越大，持有期权但不执行的机会成本越高，期权价值越低，推迟专利申请和商业化投资的动机就越弱；增长率（或漂移率）μ 越高会引诱更晚的专利申请和商业化投资并提高期权价值；风险率 λ 越高意味着竞争对手在下一个瞬间到达的瞬时条件概率会更大，致使更早的专利申请和商业化投资并降低期权价值（见表 8-1）。

表 8-1 投资临界值、期权价值与影响因素间的相关关系

临界值与期权价值	波动率	风险率	无风险利率	漂移率
V_P^*	不确定	负相关	正相关	负相关
V_I^*	正相关	负相关	负相关	正相关
V_{IP}^*	正相关	正相关	负相关	正相关
期权价值	正相关	负相关	负相关	正相关

为了揭示专利申请和商业化投资同时进行的根本原因，我们将 V_I^* 与前面受到保护时的投资触发点 V^* 相比较。对于 V^*，不妨看成专利申请费用 P 为零时的投资门槛值（因为既然 P 为零，没有企业会拒绝一开始就申请专利）；对于 V_I^*，则可看成由于 P 不为零后，由于企业不会一开始就申请专利导致竞争对手随机出现，企业正是在既想提前（担心竞争对手的不期而至）又想推迟（缘于不为零的 P 的加入）这两股相反力量作用下所作出的权衡结果。从公示上看，由于 λ 的加入，致使 V_I^* 中的乘数 $\beta^C/(\beta^C-1)$ 小于 V^* 中的乘数 $\beta/(\beta-1)$，但 V_I^* 中的被乘数 $I+P$ 大于 V^* 中的被乘数 I。显然，V_I^* 随着 P 的增大而增大，随着 λ 的增大而减小。当 P 足够大时，V_I^* 是一定可以大于 V^* 的，但 V_I^* 是否可以小于 V^* 呢？回答是否定的。试想一下，V^* 是没有竞争对手威胁时的投资临界值，而 V_I^* 是在需要花费 P 去消除竞争对手威胁并与商业化投资同时进行情况下的投资门槛值，显然，后者是不可能在 V^* 到达前投资的，即 $V_I^*\geqslant V^*$，化简并整理该不等式得：

$$P\geqslant\frac{\beta^C-\beta}{(\beta-1)\beta^C}I\equiv\gamma I \tag{8-17}$$

式(8-17)表明，只有当专利申请费用 P 超过商业化投资成本 I 乘以一正常数 γ 时，专利申请与商业化投资同时进行才是最优的，否则专利申请与商业化投资不可能同时发生。因为给定如此高的专利申请费用，在不确定的商业化投资环境中，仅仅是为了消除竞争绝不应该是最优选择，而必须考虑等到足够高的项目价值出现时才实施的投资行为。因专利申请与商业化同时投资，则无论项目何时到达专利期限（这里指竞争对手的到达），市场就何时达到“成熟”（指商业化投资）。

正常 γ 因子可能会大于 1，它将随风险率 λ 和增长率（或漂移率）μ 的增加而增加，随无风险利率 r 的增加而减小。波动率 σ 越大，γ 越大，为了促使专利申请与商业化投资同时进行，专利申请费用 P 必须更高，这是因为高波动性导致更大的等待投资期权价值。

8.4.2　先申请专利再等待商业化

这种情况下，触发商业化投资的临界值高于导致专利申请的临界值，因此，专利申请不再与商业化投资同时进行。尽管专利申请费用是一种沉没成本但它可以保护企业避免受到对手的损害。如果不申请专利，企业面临商业化投资期权突然变得毫无价值的风险。因此，企业在投资决策管理上应做适当调整，即使项目没有达到市场成熟，专利申请也应相对提前以便占先于竞争对手的到达。此时，专利申请期权的价值函数 $W_P(V)$ 为：

$$W_P(V) = \begin{cases} A_P V^{\beta^C} & V \leqslant V_P{}^* \\ AV^\beta - P & V > V_P{}^* \end{cases} \tag{8-18}$$

式中，A 由式(8-6)给出，最优专利申请临界值 $V_P{}^*$ 和期权系数 A_P 如下：

$$V_P{}^* = \frac{\beta}{\beta - 1}\left(\frac{P}{\gamma I}\right)^{\frac{1}{\beta}} I \tag{8-19}$$

$$A_P = P\,\frac{\beta}{\beta^C - \beta}\left(\frac{\beta^C - \beta}{\beta^C}\,\frac{A}{P}\right)^{\frac{\beta^C}{\beta}} \tag{8-20}$$

在高强度的竞争环境中，即使专利申请成本非常高，专利权这种“对资本的承诺”即使对一个“沉睡专利”也是最优的。随着风险率的不断提高，期权价值以及诱发专利申请的触发价值均将降低。市场波动性越大，商业化投资期权的价值越大，项目延迟时间更长。由于当企业执行专利申请期权后才得到商业化投资期权，则专利申请期权的价值也将随波动性的提高而提高。波动性对专利申请临界值 $V_P{}^*$ 的影响却是不确定的，一方面，较高波动性将导致更大的投资期权价值，从而对专利保护产生更为紧迫的需求；另一方面，企业更可能遇到低项目价值阶段，结果使得在一个似乎适当但偏高的价值点上实施专利申请。不断增加的无风险利率或降低的漂移率将减少商业化投资期权的价值，从而减少专利申请的期权价值并提高专利申请门槛值(见表 8-1)。

至此，取决于专利费用和项目价值的三种不同投资策略已进行讨论：寻找时机申请专利并获得商业化投资期权；申请专利和商业化投资同时进行；专利保护下的商业化投资决策。还有一个接下来将要讨论的策略是，在没有任何专利保护下进行商业化，在节约专利申请成本的同时冒着竞争对手进入的风险。

8.4.3　先商业化再等待专利申请

此时，一家没有专利保护或延迟专利申请而进行商业化投资的企业，持有的是一个标的物(商业化项目)随时有“生命”危险的永续美式买权。项目价值的动力学方程由式(8-10)给出，由于专利保护的缺失，项目价值可能会突然下降为零。由于竞争对手一旦进入市场，项目所产生的永续现金流将受到侵蚀，项目价值 V^C 可用受到专利保护时的

V 和一个常数分数 ω 来表示，ω 随风险率的增加而减小。联合式(8-2)和(8-11)式得：

$$V_0{}^C = \frac{r-\mu}{r-\mu+\lambda}V_0 \equiv \omega V_0 \tag{8-21}$$

商业化投资于未获得专利权的项目机会与拥有随机寿命的美式买权类似，该买权的期望收益为受到专利保护的项目收益的 ω 倍，且执行价格仍为 I。此时，除得到受到专利保护项目的部分收益外，当执行商业化投资期权时企业获得一个拥有随机到期日的专利申请期权，该期权 $C_{LP}(V)$ 被记在受到专利保护和未受到专利保护项目价值的差别 $(1-\omega)V$ 中，其执行价格为专利申请费用 P。一旦启动为受专利保护的项目后，总是保留为了以代价 P 获得专利保护的专利申请期权，其价值函数如下：

$$C_{LP}(V) = \begin{cases} A_{LP}V^{\beta^C} & V \leqslant V_{LP}{}^* \\ (1-\omega)V - P & V > V_{LP}{}^* \end{cases} \tag{8-22}$$

其中

$$V_{LP}{}^* = \frac{\beta^C}{\beta^C - 1}\left(\frac{1}{1-\omega}\right)P \tag{8-23}$$

$$A_{LP} = \left(\frac{\beta^C - 1}{\beta^C}\right)^{\beta^C - 1} \frac{1}{\beta^C}(1-\omega)^{\beta^C}\left(\frac{1}{P}\right)^{\beta^C - 1} \tag{8-24}$$

无风险利率越低、增长率(或漂移率)和波动性越高，该期权的价值越大。但不断增长的风险率所带来的影响是不确定的，在风险率较低时，期权价值随风险率的增大而增大，这是源于商业化投资后企业得到项目额外部分价值的增长。然而，随着风险率增大到一定程度时，风险率越大，期权突然到期的可能性也越高。在大风险率面前，相对于正面效应而言，这种负面效应将占据主导地位。竞争性进入的可能性越高，专利申请临界值 $V_{LP}{}^*$ 的值越低。$V_{LP}{}^*$ 随无风险利率的提高而提高，随漂移率的提高而降低，因为不断增长的无风险利率和不断降低的漂移率将导致期权价值项 $(1-\omega)V$ 的减少。

这样，没有专利保护的商业化投资期权价值函数 $W_{IP}(V)$ 如下表示：

$$W_{IP}(V) = \begin{cases} A_{IP}V^{\beta^C} & V \leqslant V_{IP}{}^* \\ \omega V - I + C_{LP} & V > V_{IP}{}^* \end{cases} \tag{8-25}$$

其中

$$A_{IP} = \left(\frac{\beta^C - 1}{\beta^C}\right)^{\beta^C - 1} \frac{1}{\beta^C}\left[(1-\omega)^{\beta^C}\left(\frac{1}{P}\right)^{\beta^C - 1} + \omega^{\beta^C}\left(\frac{1}{I}\right)^{\beta^C - 1}\right] \tag{8-26}$$

$$V_{IP}{}^* = \frac{\beta^C}{\beta^C - 1}\left(\frac{1}{\omega}\right)I \tag{8-27}$$

商业化投资临界值 $V_{IP}{}^*$ 随波动性、漂移率和风险率的增加而增大。增加的波动率导致更多的上涨潜力；增加的漂移率将减少被放弃的现金流；竞争性进入可能性的增加增大了期权变得毫无价值的风险，结果导致投资机会的价值减少(见表 8-1)。

直观上讲，诱使企业先商业化投资的条件不外乎有三个，即申请专利的费用非常高致使企业不可能先申请；风险率较小即竞争对手进入的可能性不大；等待的机会成本较大，企业不愿等待太久。从数学表达式上看，该策略既然是先投资再伺机申请专利，则专利申请临界值 $V_{LP}{}^*$ 一定不小于商业化投资临界值 $V_{IP}{}^*$，即 $V_{LP}{}^* \geqslant V_{IP}{}^*$，化简整理得：

$$P \geqslant \frac{\lambda}{r-\mu} I \tag{8-28}$$

8.4.4 最优策略与 R&D 成本预算

在前面的分析中，基于专利申请费用水平及其与商业化投资成本间的关系，我们区分了企业可能采纳的三种投资策略。企业了解不同策略与专利申请成本 P、商业化投资成本 I 等的关系(见表 8-2)后，实际上也就发现了创新技术的真实价值，即为三种情形下的商业化投资期权价值。再从完整的专利战略或技术创新战略来讲，还须将该创新技术的商业化投资期权价值与其 R&D 成本相比较①，以帮助企业的 R&D 决策或重新评估该 R&D 活动②。

表 8-2 将专利申请费用水平分为三个区间，分别对应三种情形即先申请专利再等待商业化、专利申请与商业化同时进行、先商业化再等待专利申请；每种情形分别对应一个投资临界值($V_P{}^*$、$V_I{}^*$、$V_{IP}{}^*$)，并给出了每种情形下当项目价值处在投资临界值以上或以下时的策略；最右边一列是与各策略相对应的期权价值，这就要求获得该创新技术的成本不得高于它，否则，企业的 R&D 是亏损的，则期权价值也就代表了 R&D 成本的上限。为方便理解表 8-2 将专利申请费用作为划分策略标准的原因，下面对专利申请费用水平对投资策略施加影响的经济含义做进一步说明。

表 8-2　最优策略与 R&D 成本预算

专利费	投资临界值	项目价值	最优策略	最大 R&D 成本
$P<\gamma I$	$V_P{}^* = \frac{\beta}{\beta-1}\left(\frac{P}{\gamma I}\right)^{\frac{1}{\beta}} I$	$V<V_P{}^*$	等待和观望	$A_P V^{\beta^C}$
		$V>V_P{}^*$	申请专利并等待商业化	$AV^{\beta}-P$
$\gamma I<P<\frac{\lambda}{r-\mu}I$	$V_I{}^* = \frac{\beta^C}{\beta^C-1}(I+P)$	$V<V_I{}^*$	等待和观望	$A_I V^{\beta^C}$
		$V>V_I{}^*$	申请专利并商业化	$V-I-P$
$P>\frac{\lambda}{r-\mu}I$	$V_{IP}{}^* = \frac{\beta^C}{\beta^C-1}\left(\frac{1}{\omega}\right) I$	$V<V_{IP}{}^*$	等待和观望	$A_{IP} V^{\beta^C}$
		$V>V_{IP}{}^*$	商业化投资并等待申请专利	$\omega V-I+A_{LP}V^{\beta^C}$

① 实际上是将获得新技术的代价与其收益相比较，由于获取新技术的另一种方式购买或转让通常是一种包含排他性权利的转让，如专利技术的转让，使得在此情况下的决策变得简单，即为垄断者在不确定条件下的投资决策问题，因此，我们在此忽略此种情形，将获取创新技术的途径统一理解为 R&D。

② 如果在 R&D 决策前，了解创新技术商业化投资期权价值是确定 R&D 投资策略的基础；如果在 R&D 完成后即已经获得该新技术，则可对当初的 R&D 投资策略重新评估以发现其中的“得”与“失”。

当 P 较小即 $P<\gamma I$ 时，即使该专利永远是“沉睡专利”，企业也“敢于”申请(费用相对较低，潜在损失的风险不大)。因为企业以较小的代价就能阻止竞争者的进入，相当于以较低的保费为自己购买一个保险，却能保留在未来更好的市场行情出现时进行商业化投资的权利。因此，当项目价值一旦超过临界值 $V_P{}^*$，企业立即申请专利同时得到以成本 I 商业化投资的独占性权利，此时，企业即可放心地延迟项目的商业化投资直到市场达到自己满意的成熟度时为止。

随着 P 的不断增大，企业对专利申请的态度就会“谨慎”起来，它将考虑项目的市场行情始终不理想所带来的风险问题，除非市场已达到相当的成熟度。也就是说，此种情形下的专利费用一定是大到项目必须具备一定市场成熟度才能诱使企业申请的程度。当然，尽管专利费较高，毕竟没有高到足以使企业放弃申请从而甘心不当垄断者的地步，即 $\gamma I<P<\lambda I/(r-\mu)$。企业将延迟决策，直到项目市场价值超过临界值 $V_I{}^*$ 时，企业将为创新技术申请专利并同时进行商业化。

当 P 非常大 $[P>\lambda I/(r-\mu)]$，企业只有在项目市场价值也很高的情况下，申请专利才可能成为“最优”。这样，项目市场价值在达到专利申请的门槛值 $V_{LP}{}^*$ 之前，尽管存在竞争对手随机进入的风险，企业仍是有可能先进行商业化投资的(此时的项目市场价值已较高)。即当项目市场价值超过 $V_{IP}{}^*$ 时，企业不再等待，而是立即启动商业化，同时，保留以后申请专利的期权。

8.5 进一步分析和推广

本章在之前的建模过程中，出于两方面的原因做了一些简化性假设。其中一些假设是为了推导出解析解，另一些假设则是基于对启发投资机会与金融期权之间的类比需要，下面将详细讨论这些假设所隐含的含义以“还原”更加逼真的现实情形，并分析其带给基本结论的影响。

8.5.1 专利权失效

当放松专利权永不到期这一假设时，期权价值将发生改变：因投资仅能推迟到专利到期日前，投资期权不再是永续的。专利申请和商业化投资机会类似于一个有限期限的美式买权。对于此类期权，封闭解将不存在。由于买权的价值与距离到期日的时间正相关，前面所推导的最大 R&D 成本充当其上限。此时，等待投资的价值将变得更低，所以存在一个趋势即申请专利后立即商业化甚至申请专利前就商业化。

然而，如果专利权一失效，经济利润就被侵蚀和项目价值就下降为零，则意味着现金流将被暂时获得。当企业推迟投资时，企业不仅是放弃垄断利润，而且面临不断下降的项目价值(由于未来现金流的现值不断下降的缘故)。因此，引发企业投资的触发值将变低。换一个角度，已专利化的项目价值不再与现金流 CF 成比例，所以项目价值的演变不再服从几何布朗运动①。然而，未申请专利项目价值却与现金流 CF 成比例，因为此时获得的现金流是永续的除非有竞争性进入发生。在相对较小的风险率面前，最优策略可能是不申请专利，而代之以的是对新技术尽可能地保密。

显然，专利权失效使得专利的“魅力”有所减少，但即使将这些特征合并到前面的分析中，并不会影响到之前所得到的基本型结论。

8.5.2　研发(R&D)

在前面对每种情形下的期权价值、投资临界值的分析中，均讨论过来自项目价值的增长率(漂移率)的影响，但并未深究漂移率产生的原因。实际上，项目价值的增长率(漂移率)正是由新技术的 R&D 活动所决定，而解决变动中的 R&D 成本与其收益间的权衡问题则可能成为最优选择。漂移率越高，企业花在 R&D 上的投资就越大。前面所得到的 R&D 固定支出甚至可以看成未来 R&D 活动期望成本的现值。

R&D 活动对产品价值的影响通常符合类似于“量变引起质变”这样的规律，这从申请新技术专利后仍对其持续研究但产品市场价值的漂移率保持不变得到印证。然而，更为合理的看法似乎是那些较小的改进在连续不断地发生，最终引发技术突破尤其是那些导致产生专利的新技术的出现。因此，在那些离散的时间间隔点上可能会偶尔产生项目价值的提高。不仅如此，混合跳跃扩散过程中的跳跃成分不仅包括源于竞争对手的向下跳跃，也包括受到 R&D 所控制但具有向上跳跃可能的创新所带来的向上跳跃。

8.5.3　风险厌恶

风险管理理论中，常把个体对风险的态度表征为风险厌恶程度。在本章中，等待的机会成本并不等于无风险利率，而是风险调整贴现率，因此 r 须替换成 $r-\mu$。由于最大 R&D 成本预算随机会成本的增大而减小，则企业的风险厌恶程度越大表示等待的机会成本越大，研发费用预算就越低。风险溢价越大，企业将越早投资。

当没有申请专利而进行商业化投资时，投资机会的价值不仅取决于其自身的风险调整贴现率，还取决于项目本身的风险调整贴现率，因为该贴现率会决定受到专利保护项目的部分收益中常数分数 ω ［见式(8-21)］的大小。当商业化投资期权随项目风险溢价的增加而增加时，这实际上源于常数分数 ω 的增加；而商业化投资期权随自身风险溢价的增加而减小时，其原因在于更高的机会成本。然而，无论是项目还是投资机会，它们中任何一个的风险溢价增高都会导致促使商业化投资的临界值降低。此外，鉴于期权价值的减少，专利申请的触发价值随两个风险溢价的增加而增大。

如果假定风险溢价与投资机会的风险之间成一定比例，情况将变得更为复杂。首先，假定风险溢价仅与不由竞争性进入所诱发的风险成比例，则风险厌恶可由一下降的项目

---

① 此时，项目价值服从随机过程 $dV = rV dt + \delta V dz - CF dt$ 。

价值趋势来表达，即漂移率通过每单位风险的价格与项目价值波动率的乘积而降低。其次，风险溢价对竞争性进入所带来的风险同样会有影响，在分析中考虑到风险溢价因素将产生一个更大的风险率，因为此时的风险率必须在原来风险率的基础上加上单位跳跃风险的价格与跳跃波动率之间的乘积。因此，对竞争性进入的风险厌恶程度越大，企业就越迫切得到专利保护。

既然风险厌恶会影响投资机会价值(期权价值)以及风险率等，令人感兴趣的是它会如何改变企业的最优策略呢？事实上，企业风险厌恶程度越大，创新技术商业化投资且延缓专利申请策略或者商业化与申请同时进行策略就更有利。如果假定风险溢价与波动率成比例，针对波动率的变化应用比较静态分析方法可以得到：在源于风险厌恶的提前投资倾向与源于项目价值上涨潜力的延迟投资倾向之间，存在一个权衡。

8.5.4 竞争

在前面的分析中，我们假定企业通过专利保护从而占先于任何竞争者(包括拥有近似替代品的对手)，即专利能给予企业完全保护。放松这一假设最直接的做法是让专利给予企业不完全保护，即允许垄断租金可被替代品的进入所侵蚀，即使企业已经拥有创新技术的专利权。对于此种情形，可将机会成本做“放大”处理，如将竞争者的替代品进入市场的概率加到无风险利率中。显然，机会成本的增大必然降低投资机会价值，致使获得创新技术的R&D预算费用(成本上限)和商业化投资触发价值降低。此外，由于不能阻止近似替代品的开发，项目价值同样降低。

此外，我们也曾假定竞争对手的到达将导致无专利保护的项目毫无价值，放松这一假设的很自然做法是：如果仅有一个竞争者进入市场，项目并不会终止，其价值的向下跳动应以一特定甚至随机数量进行。竞争者到达所带来的项目价值下降幅度越大，对R&D费用的预算就越低。如果项目价值在下一瞬间向下跳动幅度的期望值小于前文中的$-\lambda V\mathrm{d}t$，则专利申请所带来的“收益”将会更少。

就率先创新成功的企业而言，来自于竞争对手的威胁主要有两类：一是近似替代品的进入，二是源于与自身完全相同的创新性商业项目的竞争。两类威胁的特征和它们对原有模型的影响可用不同跳跃程度的随机跳跃过程来模拟，其中后者可用申请专利保护来消除。而这些特征如前面所提到的一样，它与企业基于诱发项目价值向上跳跃所产生对技术突破的需求密切相关，因为此时企业的对手就是它自己。

作为另外一种选择，由于企业所获得的竞争优势，也可假定是商业化投资而不是专利申请占先于替代品的引入。如果推迟投资所带来的潜在竞争损失较大，企业将会在更低的价值点上进行商业化投资并避免没有商业化投资的专利申请。

与前面各章不同，本章将来自于对手的竞争做外生化处理，刻意集中于发现专利申请和商业化投资的实物期权特征，并未尝试将竞争内生化。当考虑竞争者之间的战略互动时，必须应用动态博弈分析工具。为了模拟内生性竞争，需要分析不同市场结构下的产业均衡，现金流也不再是一个外生随机过程而取决于市场需求，这些均可在以后的研究中加以拓展。

8.5.5　一般性结论

从前面的分析中可得诸多一般性推论，如波动性增加将会减少投资，项目投资临界值将提高，即原来接近或高于投资门槛值的项目价值会低于此时新的门槛值。在相对较低的专利费用面前，一个可获取专利权的产品往往具有较短的市场成熟期，即相应的投资门槛值也相对较低。波动性越大，越会吸引更大强度的 R&D 投资。然而，无风险利率的增加将伴随更低的投资门槛值和 R&D 费用预算。利率越高，更多的企业将在申请完专利后甚至在没有取得专利权时就立刻启动项目(商业化投资)。此外，来自于竞争性损害的概率越大，R&D 投资费用预算应该更低。风险率的增加将导致专利申请书的增加。由于项目价值的漂移率反映出之前的 R&D 投入程度，则 R&D 费用越高，商业化投资所产生现金流的漂移率就越大，R&D 产出的增加将导致商业化投资门槛值的增加，这是因为增大后的漂移率会使企业更愿意等待。

相应地，我们可从企业所采取的策略中得出某些结论。如果企业申请了专利但没有立即商业化，则项目的漂移率相当大且波动性同样如此；如果企业已经商业化但延迟申请专利，说明企业既不指望在项目价值上收获太多(这主要归因于此时的 R&D 成果仅仅是阶段性成果，尚有后续 R&D 存在)，也不期望竞争对手在不久的将来赶超上来；而如果企业商业化投资后立即申请专利(或两者同时进行)，则表明项目波动性和漂移率均相对较低。

专利申请费用越高，花在 R&D 上的预算越少。如果专利费用超过 γI，相比较于专利费用低于 γI 时，企业将会更晚实施商业化投资。如果专利费用甚至超过 $\lambda/(r-\mu I)$，投资将不再延迟，且一旦进入市场企业也没有动机去申请专利。此时，对专利局来说，来自于专利费中的税收将是最低的。因此，专利费的减少将伴随着专利申请数量的增加。

实物期权定价方法正被许多企业应用于 R&D 投资领域，只不过某些企业不知道它们正在这样做(Trigeorgis，1996)。企业管理者不再依赖净现值法，而是考虑蕴含其中的内在的具有灵活性的各种选择权，即通过具体的管理活动创造出实物期权价值，进而对创新投资决策作出明智的选择。

8.6　本 章 小 结

本章借鉴 Riess(1998)，在一家企业刚研发出一种新技术(或新产品)并且知道存在竞争对手可能会将相同新技术(或新产品)或近似替代品提前引入市场的背景下，围绕其最优商业化投资和专利申请战略进行研究。

研究结论表明，当项目价值较低，波动性和漂移率较大，无风险利率较低时，企业将延迟商业化投资和专利申请。否则，企业的最优战略依赖于专利费用与专利商业化投资成本间的某种相对关系。建议专利费用较低时最好是通过专利申请以占先于竞争对手，即使专利的商业化前景尚不明朗并致使商业化投资仍然延迟；对于中等大小的专利费用，一旦项目到达市场成熟，专利申请和商业化投资则可同时进行；当面对高专利费用时，企业冒着其经济利润被竞争对手侵蚀的风险进行商业化投资，管理者可根据投资后的市场情形灵活决定是否申请专利以消除竞争风险。

第 9 章　专利商业化投资中的非对称期权博弈

在第 6 章所论述的不完全保护下的专利竞赛中，我们对造成专利不完全保护的原因进行了分析和阐述。事实上，专利的这种“不完全保护”特征不仅影响专利的竞争性研发即专利竞赛的均衡结果，也会影响企业专利商业化投资的时机选择。

专利的不完全保护使得不同专利(或者说相似专利)所受到保护的范围可能会产生一个“交集”，即专利受到真正保护的宽度是有限的，绝不像完全垄断般独占市场。因此，有限的专利保护宽度使得专利的商业价值同样会受到竞争的影响，而对“瞄准”同一个新产品市场的不同专利持有者间的竞争行为的研究就显得非常必要。显然，产生这种竞争行为的博弈双方一定是非对称的，针对此类问题，大致有两种情况需要区别对待：一是博弈双方仅在某一个因素方面非对称，而其他方面均对称，这就形成一方必然优势而另一方必然劣势的局面，如投资成本低或产品质量高的一方总是优势一方，反之亦然；二是博弈双方在两个或以上因素方面非对称，则双方均有可能成为优势或劣势一方，如投资成本与产品质量均较低一方与投资成本与产品质量均较高一方所展开的博弈，而现实中的小灵通和第二代、第三代移动通信等不同水平的专利技术间的竞争就属于这种情况。

正基于此，本章首先借鉴 Pawlina 和 Kort(2002)关于新、旧产品市场的建模及分析方法，针对双寡头企业各自研发出面向同一新兴市场的两种专利技术的情形，分析交互策略对专利商业化投资期权价值的影响，并揭示企业价值和专利技术非对称性的关系特征，总结出专利非对称程度的差异对期权博弈均衡的影响。然后将专利产品质量(或技术含量)的差异、投资成本差异以及市场偏好等引入模型中，以研究这种双不对称企业间就专利商业化投资时机选择问题所展开的期权博弈的过程、结果及特征。

9.1　非对称企业模型

9.1.1　模型框架

假定双寡头企业在同一个已有市场上竞争，对行业未来的发展有相似的认识，并通过技术创新分别开发出现有技术的换代技术——针对同一新兴市场的两种专利技术，并各自取得了专利权，现正等待时机进行商业化。沿用 Dixit 和 Pindyck(1994)中的建模思路，假定每家企业拥有 1 单位新技术产出的潜力，并通过承受沉没成本 I 而启动。生产中没有可变成本。新兴市场的总产出为 0、1 或 2，取决于专利已商业化企业的数量。两企业分别记作企业 1 和企业 2，其可能状态分别记作 $N_1 \in \{0, 1\}$，$N_2 \in \{0, 1\}$。其中，0 表示企业专利尚未商业化，提供给市场的仍是采用现有技术所生产的产品，1 表示企业专利已商业化，面市的是采用专利技术所生产的新产品。$D_{N_1N_2}$、$D_{N_2N_1}$[①] 表示下面式(9-1)和(9-2)中企业 1、2 各自的确定性市场需求参数，企业产出的价格由两方面因素决定：一是来自于整体性产业需求冲击，二是来自于特定企业的需求冲击，前者用 Y 表示，后者用 X_1、X_2 表示。则企业 1、2 的单位产出 P_1、P_2 分别由式(9-1)和(9-2)给出：

$$P_1 = X_1 Y D_{N_1N_2} = \begin{cases} YD_{N_1N_2} & N_1、N_2 \text{ 不全为 } 1 \\ (1+K)YD_{11} & N_1 = N_2 = 1 \end{cases} \tag{9-1}$$

$$P_2 = X_2 Y D_{N_2N_1} = \begin{cases} YD_{N_2N_1} & N_1、N_2 \text{ 不全为 } 1 \\ (1-K)YD_{11} & N_1 = N_2 = 1 \end{cases} \tag{9-2}$$

对于 X_1、X_2，有两种取值可能：一是 $X_1 = X_2 = 1$，这是指两家都空闲或一家空闲一家商业化时的情形。前者中市场只有老产品，且老产品间没有区别。后者中市场既有老产品又有新产品，因市场对新产品的“渴望”和“别无选择”，使得对两家企业的新产品需求趋于一致；二是 $X_1 = 1+K$，$X_2 = 1-K$，$K \in [0, 1]$，这是指双方面世的都为新产品时，企业的非对称性将发生作用并具体表现为双方具有不同的需求冲击。令企业 1 的新产品市场接受度相对更高并称为优势企业，企业 2 则称为劣势企业。令来自于整体性产业需求冲击 Y 服从几何布朗运动：

$$\mathrm{d}Y = \alpha Y \mathrm{d}t + \sigma Y \mathrm{d}z \tag{9-3}$$

假定企业均为风险中性，其中，$0 < \alpha < r$(令 $\delta = r - \alpha$，显然 $\delta > 0$，如果 $\delta < 0$，那么企业将永远不会投资)；r、α、σ 分别为无风险利率、瞬时漂移率、瞬时波动率(均假设固定不变)；$\mathrm{d}z$ 为标准维纳过程增量，独立服从一个均值为 0，方差为 $\mathrm{d}t$ 的正态分布。

另外，令市场需求参数满足以下不等式组：

$$D_{10} > (1+K)D_{11}, (1-K)D_{11} > D_{00}, D_{00} > D_{01}, (1-K)D_{11} > D_{01} \tag{9-4}$$

以上不等式组的经济意义分别为：企业率先推出新产品时的收益会超过双方同时推出新产品时即使作为优势企业一方的收益；同时投资时即使作为劣势企业一方的收益也大于初始情形即双方均未投资时的收益，这是由于技术进步和产品升级所带来的成果；一方的专利商业化投资将使没有投资的一方收益恶化，即 $D_{01} < D_{00}$；同时，追随者的投资将增加其收益，即 $(1-K)D_{11} > D_{01}$。值得注意的是，不等式组(9-4)实际上是对非对称程度 K 上限的约束，其意义在于让企业间的博弈得以产生。如果 K 太大即优势企业优势过大，劣势企业永远不会抢先，双方的博弈将变得非常明了。

假定专利商业化投资机会永远存在，模型中的参数均为共同知识，即博弈是完全信息下的。

---

① 实际上，单就确定性市场需求参数 $D_{N_1N_2}$、$D_{N_2N_1}$ 而言，两企业是“对称”的。比如当 $D_{N_1N_2} = D_{10}$ 时，$D_{N_2N_1} = D_{10}$；反之亦然。即 D_{10}、D_{01}、D_{00}、D_{11} 对双方来说是一样的，差别在于来自特定企业的需求冲击 X_1、X_2。

9.1.2　价值函数

相对其竞争对手，企业投资策略有三种：抢先投资，成为领导者，其竞争对手自然成为追随者；在对手之后投资成为追随者；双方同时投资。下面分别就三种情况下的企业价值进行分析。

1. 优势企业成为追随者，劣势企业成为领导者

不失一般性，令追随者即优势企业的对手(即领导者或劣势企业)专利商业化投资时间为 0 时刻，当产业需求冲击足够大，即 Y 超过某临界值 Y_1^F 时，追随者就会投资，发现临界值 Y_1^F 也就找到了优势企业作为追随者时的最优投资时机。此时，优势企业的价值 ${V_1}^F(Y)$可由下式表达：

$$V_1^F(Y)=E\left[\int_0^{T_1}YD_{01}\mathrm{e}^{-rt}\mathrm{d}t\right]+E[\mathrm{e}^{-rT_1}]E\left[\int_{T_1}^{\infty}Y\mathrm{e}^{-rt}(1+K)D_{11}\mathrm{d}t-I\right]\qquad(9\text{-}5)$$

其中，$T_1=\inf\{t\geqslant 0\mid Y\geqslant Y_1^F\}$ 表示从 Y 开始的需求冲击随机过程第一次达到 Y_1^F 的时间。

采用 Dixit 和 Pindyck(1994)中的动态规划方法，得到作为追随者的优势企业的价值：

$$V_1^F(Y)=\begin{cases}\dfrac{YD_{10}}{\delta}+\left(\dfrac{Y}{Y_1^F}\right)^{\beta}\left\{\dfrac{Y_1^F[(1+K)D_{11}-D_{01}]}{\delta}-I\right\} & Y<Y_1^F\\[2ex] \dfrac{(1+K)YD_{11}}{\delta}-I & Y\geqslant Y_1^F\end{cases}\qquad(9\text{-}6)$$

其中，$\beta=\dfrac{1}{2}-\dfrac{\alpha}{\sigma^2}+\sqrt{\left(\dfrac{\alpha}{\sigma^2}-\dfrac{1}{2}\right)^2+\dfrac{2r}{\sigma^2}}>1$ 。运用价值匹配、平滑粘贴等边界条件求得：

$$Y_1^F=\frac{\beta}{\beta-1}\frac{I\delta}{(1+K)D_{11}-D_{01}}\qquad(9\text{-}7)$$

式(9-6)中 $Y<Y_1^F$ 条件下的等式表示追随者尚未对专利商业化投资时的期望价值，其中第一项是追随者永远不商业化投资的价值，而第二项则是一期权项；$Y\geqslant Y_1^F$ 条件下等式表示企业立即商业化投资的净现值。

类似地，作为领导者的劣势企业的价值同样由两部分组成：一部分为在追随者投资之前，劣势企业独自享受新兴市场垄断利润的现值，另一部分则是当追随者也开始投资后，领导者所分得的新兴市场利润的现值。并由下式表达：

$$V_2^L(Y)=E\left[\int_0^{T_1}YD_{10}\mathrm{e}^{-rt}\mathrm{d}t\right]+E[\mathrm{e}^{-rT_1}]E\left[\int_{T_1}^{\infty}Y\mathrm{e}^{-rt}(1-K)D_{11}\mathrm{d}t\right]-I\qquad(9\text{-}8)$$

利用前面追随者的结论，求解上式可以得到领导者的价值函数：

$$V_2^L(Y)=\begin{cases}\dfrac{YD_{10}}{\delta}-I+\left(\dfrac{Y}{Y_1^F}\right)^{\beta}\left\{\dfrac{Y_1^F[(1-K)D_{11}-D_{10}]}{\delta}\right\} & Y<Y_1^F\\[2ex] \dfrac{(1-K)YD_{11}}{\delta}-I & Y\geqslant Y_1^F\end{cases}\qquad(9\text{-}9)$$

式(9-9)中 $Y<Y_1^F$ 条件下等式的第一项表示领导者对新兴市场的垄断价值，第三项是由于追随者对新兴市场的伺机进入从而带给领导者的潜在损失，因而是一个负项。

2. 优势企业成为领导者，劣势企业成为追随者

此时的企业角色正好与上面相反，采用类似的方法得到作为追随者的劣势企业的价值函数：

$$V_2^F(Y)=\begin{cases}\dfrac{YD_{01}}{\delta}+\left(\dfrac{Y}{Y_2^F}\right)^{\beta}\left\{\dfrac{Y_2^F[(1-K)D_{11}-D_{01}]}{\delta}-I\right\} & Y<Y_2^F\\ \dfrac{(1-K)YD_{11}}{\delta}-I & Y\geqslant Y_2^F\end{cases}\tag{9-10}$$

运用价值匹配、平滑粘贴等边界条件求得临界冲击 Y_2^F ：

$$Y_2^F=\frac{\beta}{\beta-1}\frac{I\delta}{(1-K)D_{11}-D_{01}}\tag{9-11}$$

类似地，得到优势企业做为领导者的价值函数：

$$V_1^L(Y)=\begin{cases}\dfrac{YD_{10}}{\delta}-I+\left(\dfrac{Y}{Y_2^F}\right)^{\beta}\left\{\dfrac{Y_2^F[(1+K)D_{11}-D_{10}]}{\delta}\right\} & Y<Y_2^F\\ \dfrac{(1+K)YD_{11}}{\delta}-I & Y\geqslant Y_2^F\end{cases}\tag{9-12}$$

3. 同时投资

与对称情形不同，双方的最优同时投资临界点并不重合。令双方各自的最优临界冲击分别为 Y_1^M、Y_2^M，令 $T_1^M=\inf\{t\geqslant 0\mid Y\geqslant Y_1^M\}$，$T_2^M=\inf\{t\geqslant 0\mid Y\geqslant Y_2^M\}$，则 $V_1^M(Y)$、$V_2^M(Y)$分别为：

$$V_1^M(Y)=E\left[\int_0^{T_1^M}YD_{00}\mathrm{e}^{-rt}\mathrm{d}t\right]+E[\mathrm{e}^{-rT_1^M}]E\left[\int_{T_1^M}^{\infty}Y\mathrm{e}^{-rt}(1+K)D_{11}\mathrm{d}t-I\right]\tag{9-13}$$

$$V_2^M(Y)=E\left[\int_0^{T_2^M}YD_{00}\mathrm{e}^{-rt}\mathrm{d}t\right]+E[\mathrm{e}^{-rT_2^M}]E\left[\int_{T_2^M}^{\infty}Y\mathrm{e}^{-rt}(1-K)D_{11}\mathrm{d}t-I\right]\tag{9-14}$$

采用 Dixit 和 Pindyck(1994)中使用的动态规划方法，分别求解得：

$$V_1^M(Y)=\begin{cases}\dfrac{YD_{00}}{\delta}+\left(\dfrac{Y}{Y_1^F}\right)^{\beta}\left\{\dfrac{Y_1^M[(1+K)D_{11}-D_{00}]}{\delta}-I\right\} & Y<Y_1^M\\ \dfrac{(1+K)YD_{11}}{\delta}-I & Y\geqslant Y_1^M\end{cases}\tag{9-15}$$

$$V_2^M(Y)=\begin{cases}\dfrac{YD_{00}}{\delta}+\left(\dfrac{Y}{Y_2^F}\right)^{\beta}\left\{\dfrac{Y_2^M[(1-K)D_{11}-D_{00}]}{\delta}-I\right\} & Y<Y_2^M\\ \dfrac{(1-K)YD_{11}}{\delta}-\mathrm{I} & Y\geqslant Y_2^M\end{cases}\tag{9-16}$$

运用价值匹配、平滑粘贴等边界条件求得临界冲击 Y_1^M、Y_2^M：

$$Y_1^M=\frac{\beta}{\beta-1}\frac{\delta I}{(1+K)D_{11}-D_{00}}\tag{9-17}$$

$$Y_2^M = \frac{\beta}{\beta-1}\frac{\delta I}{(1-K)D_{11}-D_{00}} \tag{9-18}$$

假设面对一个完全垄断市场可求出没有抢先威胁时成为领导者所需的最优临界冲击 Y_1^L、Y_2^L：

$$Y_1^L = Y_2^L = \frac{\beta}{\beta-1}\frac{\delta I}{D_{10}-D_{00}} \tag{9-19}$$

9.1.3　均衡分析

同对称企业一样，占先、顺序投资和同时投资均衡均有可能产生，下面将逐个分析。

1. 占先均衡

当两个企业都试图成为领导者时，占先均衡就会出现。就抢先动机而言，作为非对称的两企业一定是不同的，而这种差别取决于两企业专利商业化收益的非对称程度，即 K 值的大小。当 K 值较大即优势企业的优势较大时，劣势企业的抢先动机较弱，因为此时 Y_1^F、$V_2{}^L(Y)$较小。也就是说，当两企业的优劣程度较高时，如果劣势企业贸然抢先进入新市场充当领导者，优势企业作为追随者将会较快跟进并分走同时投资时的大部分利润，使得劣势企业抢先进入所获取的部分垄断利润难以抵消所失去的部分本来与优势企业"平分"的现有市场利润。

因此，占先均衡定会出现在 K 值较小的情形中。这时，劣势企业的市场劣势相对而言较小，抢先动机相对较强。而优势企业显然也能预见到这点：即一旦需求冲击达到某临界值，劣势企业会抢先进入市场，而该临界值应该是使劣势企业无论成为领导者还是追随者均无差异的那个最小需求冲击 Y_{21}^P。定义：$Y_{21}^P = \min\limits_Y\{Y|V_2{}^L = V_2{}^F\}$,$Y_1{}^P = \min\limits_Y\{Y|V_1^L = V_1^F\}$ 。

令 $\varepsilon_1(Y) = V_1^L(Y) - V_1^F(Y)$,$\varepsilon_2(Y) = V_2^L(Y) - V_2^F(Y)$,则 Y_1^P 和 Y_{21}^P 分别为式(9-20)和(9-21)的最小正根，即：

$$\varepsilon_1(Y_1^P) = V_1^L(Y_1^P) - V_1^F(Y_1^P) = 0 \tag{9-20}$$

$$\varepsilon_2(Y_{21}^P) = V_2^L(Y_{21}^P) - V_2^F(Y_{21}^P) = 0 \tag{9-21}$$

尽管不能确定 Y_{21}^P与 Y_1^L 的相对大小，但采用 Pawlina 和 Kort(2002)中的类似方法可以证明：$Y_1^P < \min[Y_{21}^P, Y_1^L]$。这样，当 $Y_{21}^P < Y_1^L$ 时，优势企业面临劣势企业的抢先投资，不得不将进入临界点提前至 Y_{21}^P，与劣势企业展开占先博弈，并产生占先均衡。这种占先博弈一定出现在优势企业的优势不大时，如果优势较大(即 K 值较高)，即使需求冲击达到 Y_1^L，劣势企业仍没有争当领导者的动力。当然，K 值越接近 0，Y_{21}^P 也就越接近 Y_1^P；若 $K=0$，就回到对称企业时的情形。

图 9-1 表示产生占先均衡时企业分别成为领导者、最优同时投资和双方立即投资时的价值与成为追随者时的价值比较关系图。设缺省参数取值为 $K=0.15$，$r=0.05$，$\alpha=0.02$，$\sigma=0.1$，$I=100$，$D_{00}=0.5$，$D_{01}=0.1$，$D_{10}=1.5$，$D_{11}=1$；优势企业成为领导

者、最优同时投资和立即投资与优势企业成为追随者的相对价值函数分别记为：$V_1^L - V_1^F$、$V_1^M - V_1^F$、$V_1^J - V_1^F$，数值示例见图 9-1(a)[①]。同理，图 9-1(b)表示的是劣势企业[②]。

由图 9-1(a)可见，一旦随机过程达到 Y_{21}^P 和 Y_1^L 中较小的一个时，优势企业将投资。从图 9-1(b)则发现，在 Y_{21}^P 的左边和右边，劣势企业作为领导者的价值分别小于和大于其作为追随者的价值，而在 Y_{21}^P 点上劣势企业对于成为领导者和追随者是无差异的。优势企业正是利用劣势企业在 Y_{21}^P 到达前没有投资动机这一现实，只需在 Y_{21}^P 到达前的一瞬间投资即可占先。

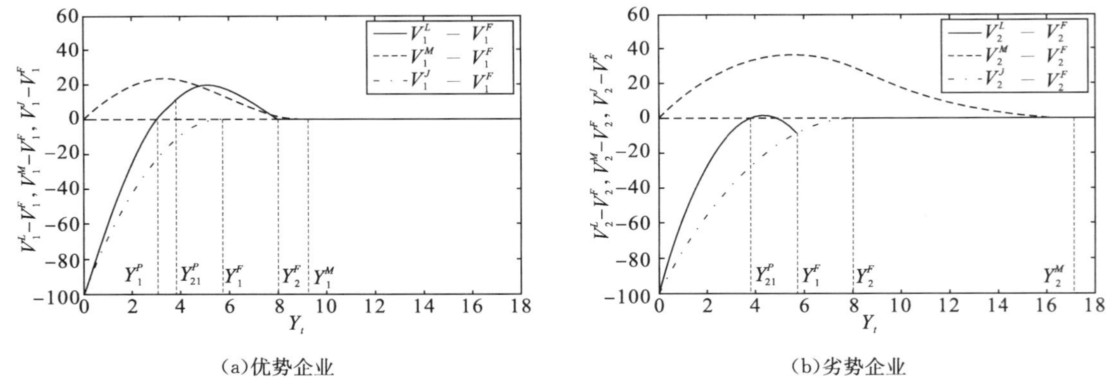

(a)优势企业　　(b)劣势企业

图 9-1　占先均衡情形

2. 顺序投资均衡

正如上面所述，当劣势企业 2 的劣势较大时，抢先投资成为领导者的愿望较弱，此时就会出现顺序投资均衡。此时，优势企业 1 不用考虑对手的交互策略，只需考虑自身的投资价值最大化，在 Y_1^L 处进入市场。而企业 2 则完全放弃成为领导值的愿望，甘心成为追随者，等待 Y_2^F 的到来。

容易提出的问题是，两企业专利技术商业化收益的非对称程度即 K 值究竟要多大才会使劣势企业理性地“认可”这一顺序投资均衡结果呢？这就要求式(9-21)无实数解，并且对于一切 $Y\in[Y_0, Y_1^L]$（Y_0 为博弈初始时的需求冲击），均满足 $V_2^L < V_2^F$，即在自己的最优临界值 Y_1^L 到来之前优势企业 1 不必担心劣势企业 2 的抢先投资。要满足这样的条件，显然取决于 K 的取值。若将 K 视为价值函数的另一自变量，则如果存在这样的一对临界值 K^* 和 Y^*，使得：

$$\begin{cases}\varepsilon_2(Y^*, K^*) = 0 \\ \left.\dfrac{\partial \varepsilon_2(Y, K^*)}{\partial Y}\right|_{Y=Y^*} = 0\end{cases} \tag{9-22}$$

这样，K^* 就将 K 分成两个区域：占先均衡和顺序投资均衡。当 $K < K^*$ 时，优势企

① 其中，当 $Y = Y_2^F$ 时，$V_1^L - V_1^F = 0$，$V_1^L = V_1^F = \dfrac{Y_2^F(1+K)D_1}{\delta} - I$。

② 其中，当 $Y = Y_1^F$ 时，$V_2^J - V_2^F$，即 $V_2^L = V_2^J = \dfrac{Y_1^F(1-K)D_{11}}{\delta} - I$。

业必须考虑劣势企业占先的可能性从而出现占先均衡；当 $K \geqslant K^*$ 时，优势企业和劣势企业分别在 Y_1^L 和 Y_2^F 上投资，实现各自的最优，产生顺序投资均衡。求解式(9-22)，可得 Y^* 的解析解和关于 K^* 的隐含解方程：

$$Y^* = \frac{\beta\delta I}{(\beta-1)(D_{10}-D_{01})} \tag{9-23}$$

$$\beta\left[\frac{(1+K^*)D_{11}-D_{01}}{D_{10}-D_{01}}\right]^{\beta}\frac{D_{10}-(1-K^*)D_{11}}{(1+K^*)D_{11}-D_{01}}+\left[\frac{(1-K^*)D_{11}-D_{01}}{D_{10}-D_{01}}\right]^{\beta}=1 \tag{9-24}$$

利用式(9-24)容易求得临界值 $K=K^*=1/6$①。

设 $K=0.25>K^*$，其余参数取值同上图 9-1，图 9-2 给出了顺序投资均衡的数值示例，其中各价值曲线的含义与图 9-1 相同。

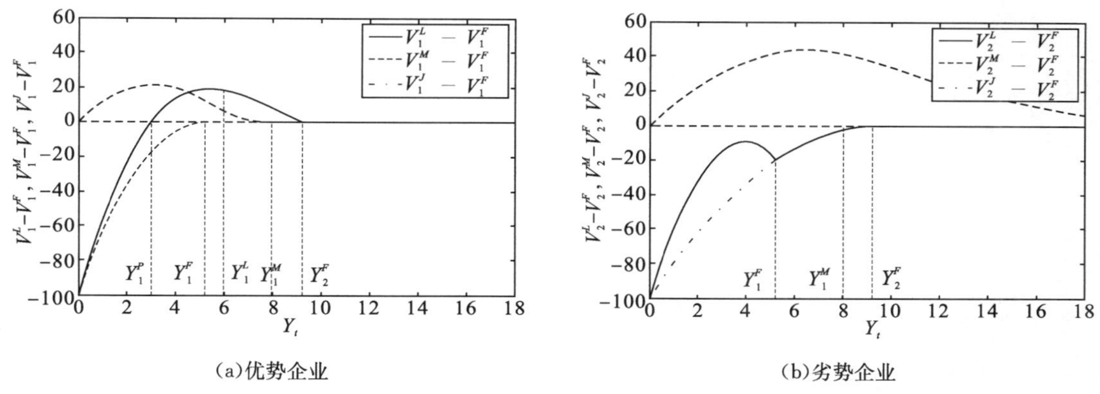

(a)优势企业　　(b)劣势企业

图 9-2　顺序投资均衡情形

由图 9-2(b)可见，企业 2 成为领导者的价值永远小于成为追随者的价值，因此企业 1 不必考虑被企业 2 占先的可能性，“从容”地于 Y_1^L 处投资，而企业 2 则在其追随者临界点 Y_2^F 投资。

3. 同时投资均衡

同时投资均衡意味着双方均“认同”在同一需求冲击下实施投资，因两企业的同时投资最优临界值不相同，要实现同时投资均衡必然有一家企业的同时投资策略是在满足某种条件下的最优策略。因 $Y_1^M<Y_2^M$，若有同时投资均衡产生，其唯一投资临界值必定是 Y_1^M②。而要使优势企业和劣势企业均“认同”该临界点，必须满足两个条件：

条件 1：在最优同时投资临界值出现之前，即当 $Y\in[Y_0, Y_1^M]$ 时，$V_1^L<V_1^M$。否则，

---

① 对于图中给定参数，正好可得到 $K^*=1/6$ 这一精确解。

② 因 $Y_2^M=\frac{\beta}{\beta-1}\frac{\delta I}{(1-K)D_{11}-D_{00}}>\frac{\beta}{\beta-1}\frac{\delta I}{(1-K)D_{11}-D_{01}}$，让企业 1 情愿等到 Y_2^M 才投资的条件是当 $Y\in[Y_0, Y_2^M]$ 时，均满足 $V_1^L<V_1^M$，考察式(9-12)、(9-15)知，当 $Y\in[Y_2^F, Y_2^M]$ 时，$V_1^L\geqslant V_1^M$，故企业 1 不会等到 Y_2^M 才投资。

优势企业不会等到 Y_1^M 才投资，而是于 Y_{21}^P 或 Y_1^L 处进入并成为领导者，因为 $D_{10}>(1+K)D_{11}$，则 $Y_1^L<Y_1^M$。

条件 2：劣势企业的追随者临界值 Y_2^F 必须小于 Y_1^M，即如果优势企业已在 Y_1^M 上开始投资，劣势企业会发现立即投资比继续等待更有利可图。此时追随者的最佳临界值 Y_2^F 已过，再等待已没有价值。

与顺序投资均衡类似，令 $\gamma_1(Y)=V_1^L(Y)-V_1^M(Y)$，如果 $\gamma_1(Y)$ 在区间 $[Y_0, Y_1^M]$ 上均小于零(满足条件 1)，优势企业总是认为在 Y_1^M 上同时投资的价值要大于成为领导者的价值，此时同时投资均衡就有可能出现，且存在一对临界 $\hat{K}$ 和 $\hat{Y}$，一定满足下式：

$$\begin{cases}\gamma_1(\hat{Y},\hat{K})=0\\ \left.\dfrac{\partial\gamma_1(Y,\hat{K})}{\partial Y}\right|_{Y=\hat{Y}}=0\end{cases} \tag{9-25}$$

求解得关于 $\hat{Y}$ 的解析解和关于 $\hat{K}$ 的隐含解方程：

$$\hat{Y}=\frac{\beta\delta I}{(\beta-1)(D_{10}-D_{00})} \tag{9-26}$$

$$\beta\left[\frac{(1-\hat{K})D_{11}-D_{01}}{D_{10}-D_{00}}\right]^{\beta}\frac{D_{10}-(1+\hat{K})D_{11}}{(1-\hat{K})D_{11}-D_{01}}+\left[\frac{(1+\hat{K})D_{11}-D_{00}}{D_{10}-D_{00}}\right]^{\beta}=1 \tag{9-27}$$

利用条件 2 有：

$$Y_2^F<Y_1^M\Rightarrow(1-\hat{K})D_{11}-D_{01}>(1+\hat{K})D_{11}-D_{00}\Rightarrow\hat{K}<\frac{D_{00}-D_{01}}{2D_{11}} \tag{9-28}$$

这样，如果存在同时满足式(9-27)和(9-28)的 $\hat{K}$，表明一旦优势企业发现最优投资时机在 Y_1^M 第一次到达时，劣势企业也会认为同时投资是其最优策略，同时投资均衡随之产生。同样可通过数值方法求解得 $\hat{K}=0.1$。设 $K=0.05$，其余参数同前，图 9-3 给出产生同时投资均衡的数值示例，各价值曲线的含义同前。

由图 9-3 可知，当最优同时投资均衡产生时，企业 1 成为领导者的价值一定小于最优同时投资价值(即图中曲线 $V_1^L-V_1^F$ 始终位于 $V_1^M-V_1^F$ 之下)，且企业 2 的追随者临界点 Y_2^F 小于 Y_1^M。

通过以上均衡分析可知，专利商业化投资时机的选择会直接影响企业价值，甚至关系到新产品上市的成败。据统计①：在中国，平均新产品上市的成功机率在 5%以下，平均一次新产品上市损失达 1500 万～5000 万人民币。宝洁公司在全球范围内的新产品上市成功机率达到 64%以上，而在中国其成功机率高达 85%～90%。抛开其他因素，国际公司对新产品上市规律的研究包括投资时机的正确选择无疑是其成功的重要原因之一。

① 资料来源：王磊. 新产品上市：宝洁的原则与方法，致信网，2006 年 4 月 25 日.

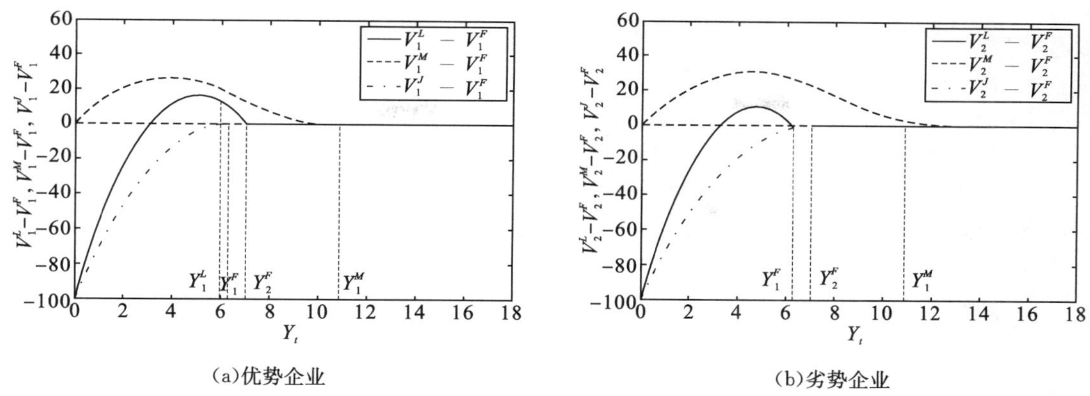

(a)优势企业　(b)劣势企业

图 9-3　同时投资均衡情形

9.1.4　企业价值与非对称程度

两企业专利商业化收益的非对称程度将决定双方投资时机博弈的均衡类型，即两临界 K 值 $\hat{K}$、K^* 将博弈结果划分为同时投资区域、占先区域和顺序投资区域三个区域。

1. 同时投资区域

当企业处于该区域时，双方价值函数计算如下：

$$V_1^M(Y) = \frac{YD_{00}}{\delta} + \left(\frac{Y}{Y_1^M}\right)^{\beta}\left\{\frac{Y_1^M[(1+K)D_{11}-D_{00}]}{\delta} - I\right\} \tag{9-29}$$

$$V_2^M(Y) = \frac{YD_{00}}{\delta} + \left(\frac{Y}{Y_1^M}\right)^{\beta}\left[\frac{Y_1^M[(1-K)D_{11}-D_{00}]}{\delta} - I\right] \tag{9-30}$$

2. 占先区域

当企业处于该区域且 $Y_{21}^P < Y_1^L$ 时，双方价值函数计算如下（当 $Y_{21}^P > Y_1^L$ 时，则将下式中的 Y_{21}^P 替换成 Y_1^L）：

$$V_1^L(Y) = \frac{YD_{00}}{\delta}\left[1-\left(\frac{Y}{Y_{21}^P}\right)^{\beta-1}\right] + \left(\frac{Y}{Y_{21}^P}\right)^{\beta}\left\{\frac{Y_{21}^P D_{10}}{\delta} - I + \left(\frac{Y_{21}^P}{Y_2^F}\right)^{\beta}\frac{Y_2^F(1+K)D_{11}-D_{10}}{\delta}\right\} \tag{9-31}$$

$$V_2^F(Y) = \frac{YD_{00}}{\delta}\left[1-\left(\frac{Y}{Y_{21}^P}\right)^{\beta-1}\right] + \left(\frac{Y}{Y_{21}^P}\right)^{\beta}\left\{\frac{Y_{21}^P D_{01}}{\delta} + \left(\frac{Y_{21}^P}{Y_2^F}\right)^{\beta}\left[\frac{Y_2^F[(1-K)D_{11}-D_{01}]}{\delta} - I\right]\right\} \tag{9-32}$$

3. 顺序投资区域

当企业处于该区域时，双方价值函数为：

$$V_1^L(Y) = \frac{YD_{00}}{\delta}\left[1-\left(\frac{Y}{Y_1^L}\right)^{\beta-1}\right] + \left(\frac{Y}{Y_1^L}\right)^{\beta}\left\{\frac{Y_1^L D_{10}}{\delta} - I + \left(\frac{Y_1^L}{Y_2^F}\right)^{\beta}\frac{Y_2^F[(1+K)D_{11}-D_{10}]}{\delta}\right\} \tag{9-33}$$

$$V_2^F(Y) = \frac{YD_{00}}{\delta}\left[1 - \left(\frac{Y}{Y_1^L}\right)^{\beta-1}\right] + \left(\frac{Y}{Y_1^L}\right)^{\beta}\left\{\frac{Y_1^L D_{01}}{\delta} + \left(\frac{Y_1^L}{Y_2^F}\right)^{\beta}\left[\frac{Y_2^F[(1-K)D_{11} - D_{01}]}{\delta} - I\right]\right\}$$

(9-34)

对占先和顺序投资区域中的企业价值函数而言，第一部分为双方从博弈初始的 Y 第一次达到 Y_{21}^P 或 Y_1^L 前双方都不投资时的期望价值；第二部分为优势企业在 Y_{21}^P 或 Y_1^L 处成为领导者而劣势企业成为追随者并于 Y_2^F 处投资时各自的期望价值。设参数取值为：$Y=5$，$r=0.05$，$\alpha=0.02$，$\sigma=0.1$，$I=100$，$D_{00}=0.5$，$D_{01}=0.1$，$D_{10}=1.5$，$D_{11}=1$。图 9-4 表示不同区域中的企业价值变动规律。

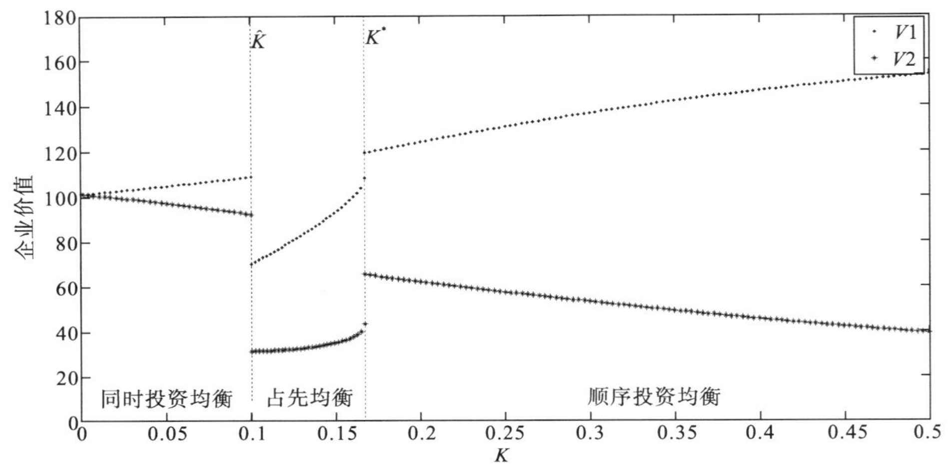

图 9-4 企业价值随 K 的变化图

在同时投资区域，较低非对称程度 K 的边际增加给优势企业价值带来积极影响，而对劣势企业价值则是消极的，图上反映为 V_1 曲线向上倾斜，V_2 曲线向下倾斜。在占先区域，双方的价值都随 K 的增加而增加。

究其原因，不断增加的 K 使得劣势企业成为“越来越弱”的竞争者，意味着劣势企业对优势企业的占先威胁越来越小，导致 Y_{21}^P 越来越大。这样，优势企业就会投资得更晚，这对劣势企业是有利的因为它可与优势企业分享更长时间的旧产品利润；而此时由于优势企业抢先投资临界点 Y_{21}^P 越来越靠近 Y_1^L，从而使其价值增加。当 K 超过 K^* 时就来到顺序投资区域，此时 K 的增加将使优势企业价值增加而劣势企业价值减小。

值得注意的是，在三个区域的交界处即 $\hat{K}$、K^* 处，双方价值均发生同方向跳跃。其中，$\hat{K}$ 处是一个向下的跳跃，这是由于从 Y_1^M 到 Y_{21}^P 的不连续变化所致，优势企业的投资时机提前不仅降低自身价值，而且使得劣势企业获得较多现金流的时间缩短，从而使双方价值均向下跳跃；而 K^* 处由占先均衡到顺序投资均衡是一个向上的跳跃，这是由 Y_{21}^P 到 Y_1^L 的不连续变化引起的，优势企业通过投资于 Y_1^L 极大化其价值，同时使劣势企业收获较多现金流的时间增加，双方价值在 K^* 处均向上跳跃。

9.1.5 进一步讨论和分析

两企业专利商业化收益的非对称程度和市场对新旧产品的不同需求反应是影响专利商业化投资时机选择进而决定双方博弈均衡类型的重要因素。

在前面的模型框架中，针对通常情况下市场对两企业新旧产品的不同需求反应间的关系给出了约束条件，即不等式组(9-6)。接下来，针对或适当放松这些条件以进一步分析这种专利商业化收益的非对称性对专利商业化投资期权博弈的影响。

1. $D_{01}<(1-K)D_{11}\leqslant D_{00}$

这种情形下，劣势企业一定不会争当领导者。优势企业完全可以无视劣势企业的存在，"从容"地在 Y_1^L 处完成专利商业化以进入新产品市场，而如果

$$\frac{Y_1^L[(1-K)D_{11}-D_{01}]}{\delta}-I>0$$

则劣势企业会立即跟随优势企业在 Y_1^L 处实现同时投资均衡。否则，只有静待 Y_2^F 的到来。究其原因，是由于优势企业的优势相当大，当两家企业都推出新产品时，优势企业将占据大部分新市场，而劣势企业只有很小部分，得到的利润甚至不如旧市场时，劣势企业没有分享到技术进步和产品升级所带来的成果，只能被动地等待。

2. $(1-K)D_{11}<D_{01}$

这显然是一种极端情况，此时劣势企业的劣势比上面的情形更大(如 $K\to 1$ 时)，若双方的新产品都面市时，优势企业几乎将垄断整个新市场。劣势企业将永远不会商业化投资，只有谋求在更新的技术和产品上与优势企业竞争。如果果真这样，劣势企业的损失无疑是巨大的，因为专利的获得往往是以高昂的先期沉没成本为代价的(无论是自主研发还是购买)。

所以说，企业在 R&D 初期的战略选择尤为重要，这绝不仅仅是技术层面的分析、论证，更重要的是要"知彼知己"，否则就会出现错误的战略选择。国内某传统茶叶生产企业就是盲目高估了自身的比较优势，进军袋泡茶欲与行业领先者立顿展开竞争，无视后者的强大品牌优势，其结果可想而知①。

3. D_{10}**与**$(1+K)D_{11}$

与 D_{10} 对应的是一家专利商业化并推出新产品而另一家维持现状时的利润流，与 $(1+K)D_{11}$ 对应的是双方都推出新产品时优势企业的利润流。通常情况下(某些具有网络效应的产品市场除外)，由一家企业来垄断新产品市场其所获利润总是大于双寡头垄断时任何一方的利润的，这也是在建模时假设 $D_{10}>(1+K)D_{11}$ 的原因。但来自于新产品市场的

① 资料来源：肖瑞海. 新入市产品竞谋略，中国营销咨询网，2006 年 10 月 13 日.

自身特点和两企业的非对称程度 K 将决定着这两种利润流的差异程度，即当市场对新产品的“包容性”较强(此时 D_{11} 会较大)或企业非对称程度 K 较大时，$D_{10}-(1+K)D_{11}$ 尽管仍大于 0 但会较小，反之亦然。

可以推断，若是由于 K 的原因使得 $(1+K)D_{11}$ 较大或较小的话，它会同时使得 $(1-K)D_{11}$ 较小或较大。这样，当优势企业的优势较大时，考察式(9-10)和(9-13)中劣势企业、优势企业分别作为领导者的价值函数 $V_2{}^L(Y)$、$V_1{}^L(Y)$ 中的期权价值项可以发现：劣势企业作为领导者时，优势企业带给它的潜在损失或威胁会较大；而优势企业作为领导者时，劣势企业带给它的潜在损失会或威胁较小。这进一步印证了前面均衡分析时所得到劣势企业不敢贸然“进攻”而优势企业却显“从容”的推断。

4. D_{00} 与 D_{01}

与 D_{00} 对应的是双方专利都未商业化时任意一方的利润流，与 D_{01} 对应的是对手的专利商业化而自己维持现状时自身的利润流。由于专利代表技术进步，新产品是对旧产品的升级换代，我们有理由相信 $D_{00}>D_{01}$，即一方推出新产品后，没有推出新产品的一方(追随者)收益会随之减少。而减少的程度主要取决于专利技术的先进性、新颖性或者说市场对新产品的“渴望”程度。专利技术越先进、新产品“性价比”越高，$D_{00}-D_{01}$ 就越大，反之亦然。考察临界冲击 Y_1^M 和 Y_1^F，比较式(9-19)和(9-9)知：$Y_1^M-Y_1^F>0$(Y_1^M 是优势企业认为的最优同时投资临界冲击，在一般的投资决策期权博弈模型中将其看成使得同时投资价值与追随者价值相等的临界值，由于我们的模型是一个已有市场模型，即存在同时投资前的 D_{00} 与追随者投资前的 D_{01} 的差别，才使得 $Y_1^M-Y_1^F>0$)。$D_{00}-D_{01}$ 越大，$Y_1^M-Y_1^F$ 也越大，反之 $Y_1^M-Y_1^F$ 就越小。

经济意义在于，专利技术相对于原有技术的优势越明显，作为追随者的等待期权价值越小从而使及时“跟进”的愿望越强烈，追随者投资临界冲击就越小于同时投资临界冲击。反之，当专利技术的优势不明显，极端情况下，新产品和旧产品毫无区别时，追随者将会“耐心”地等到最优同时投资临界冲击到来才投资。

9.2 双不对称企业模型

通常认为，不同创新产品或专利技术的出现会受到自身投资成本、质量(技术)水平以及外部市场偏好的影响。例如，20 世纪 80 年代后期，当城市普遍用彩电的时候，黑白电视机却在中国农村受到欢迎。更近一点且有争议的例子是中国电信推出的小灵通(personal access phone system，PAPS)。1997 年 12 月，无线市话小灵通业务首次在我国浙江余杭出现，随后在我国多个城市的发展呈燎原之势。反对者认为，在已有两代和两代半移动通信技术并即将进入 3G 时代的情况下，中国引入日本过时的技术，这在资源上是一种浪费。而支持者认为，“市场决定一切，需求决定供给”，小灵通“无线享受，有线付费”迎合了只需在本地漫游的广大低收入消费者的需求；而且对日本 PHS(personal handy-phone system)经过改造后产生的 PAPS 极大地降低了运营商的运营成本，同时，小灵通业务不菲的经营业绩证明应该采用小灵通技术。两方的争议在一定程度上影响了国家政策的出台。2000 年 5 月，国家出台了暂停小灵通业务和发出对其进行调查的文件，但一个月后，信息产业部(2000)604 号文件批准小灵通业务正式在中国运营。纵观小灵通近十年的发展，小灵通在不同地区和国家发展状况存在差异。小灵通业务在中国欠发达地区和中小城市发展顺利，而在北京、上海和武汉等发达大城市的进展曾一度受阻。1998 年小灵通在日本开始逐渐衰落，然而，在越南、印度、孟加拉国等地区，小灵通发展良好。根据小灵通在不同地区和不同市场以及不同时间的发展状况可知，质量差距、成本差距和市场偏好影响了小灵通的生存①。

从专利新产品角度对类似电视机、小灵通现象的解释必须深入到市场结构和创新活动的性质中去，正如 Dasgupta 和 Stiglitz(1980)强调的那样，市场结构和创新活动的性质都是内生的，创新速度必须追溯到更加基本的因素，如需求环境、研发技术以及资本市场的性质等。那么，在专利研发投资中，质量差距、成本差距、市场偏好是如何影响不同水平技术采用时机的？这些因素对竞争双方的均衡策略有何影响？政府应如何引导技术创新？鉴于这些问题，本节通过考虑市场偏好、技术或质量水平、成本等因素，构建实物期权投资决策模型，对成本和质量都不对称的两企业的专利商业化投资的竞争均衡策略、合作策略、竞争投资时间间隔和合作与竞争在促进专利商业化投资时机的差异进行分析，以此揭示技术变迁的内在规律。

在研究企业投资竞争的实物期权文献中，仅从对称和非对称竞争划分，在对称竞争方面，Grenadier(1996)考察了对称企业进行房地产开发的竞争策略和投资时间间隔问题，Weeds(2002)研究了对称企业单阶段研发竞争的交互行为；在非对称竞争方面，Huisman 等(2001)研究了投资成本存在差异的两企业间技术采纳的问题，夏晖和曾勇(2005)着重考察了投资成本存在差异的两竞争企业间的序贯、抢先和同时均衡以及技术采纳的时间间隔问题。在非对称竞争文献中，竞争企业间在只存在一种非对称因素情况下，竞争结果永远是单方面存在优势的企业在竞争中作领先者，这与现实存在差距。

与已有研究不同之处在于，本节同时考虑了成本和质量的不对称，而且采用包含市场偏好、质量差距的具体需求函数，综合考察市场偏好、质量差距和成本差距对两竞争企业研发投资时间间隔的影响。Grenadier(1996)、Huisman 等(2001)以及夏晖和曾勇(2005)都仅用一个抽象的市场需求函数来描述市场结构，因而无法深入地描述市场偏好、

① 小灵通能够在市场上占有一席之地的原因在于，小灵通技术同两代或两代半移动通信技术之间存在着垂直差异。换句话说，两代或两代半移动通信技术与小灵通的技术水平存在差异，如果两代或两代半移动通信技术与小灵通的使用成本相同，那么所有消费者都会使用高质量的两代或两代半移动通信技术。反之，消费者仅面对两代或两代半移动通信技术时，不同质量偏好类型的消费者对它们的评价不一样：偏好高质量的消费者评价高且愿意支付高使用成本，偏好低质量的消费者则相反。在本书中，决定消费者偏好高低的是不同水平技术之间的可替代性和消费者的收入水平。由于市场竞争的存在，不同技术的使用成本不同导致不同收入水平的消费者采用不同的技术，最终消费者的偏好表现在对不同技术(质量)的偏好。本书的市场偏好在第二节中定义，指市场中最低的消费者质量偏好。

质量差距对竞争企业投资决策行为和投资时机的影响①。

研究结果表明，在类似小灵通和第二代、第三代移动通信等不同水平的专利技术竞争过程中，在一定的市场偏好和质量差距条件下，即使存在一定的成本差距，为了获得尽可能长时间的完全垄断利润，无论是高成本的高专利质量企业还是低成本的低专利质量企业都存在成为领先者的可能。在投资时间间隔方面，因为较高的市场偏好会激励竞争企业尽早投资以获得一段时间的完全垄断利润，所以市场偏好越高两企业投资时间间隔越长。在产品差异化的竞争中，较高的专利质量差距会增大两企业的寡头垄断利润，从而会削弱产品市场中的竞争强度，因而企业间专利产品质量差距越大，两企业的专利商业化投资时间间隔越小。

在企业合作投资中，仿佛存在一个以两个企业总价值最大化为决策准则的“中央计划”机构，它最优地安排企业的专利商业化投资顺序和时机。研究结果表明，由于专利质量高低决定了市场利润，为了最大限度地榨取市场利润，企业间合作的结果总是低专利质量企业先投资，高专利质量企业后投资；且合作情况下低专利质量企业先投资的时机和高专利质量企业后投资的时机都分别落后于竞争情况下领导者投资时机和追随者的投资时机。

在接下来的内容中，我们首先采用 Shaked 和 Sutton(1982)、Tirole(1988)和 Rosenkranz(1995)市场偏好模型得到具有不同专利技术水平或质量的两企业的完全垄断利润和寡头垄断利润，在此基础上加入市场不确定性。然后，构建企业非合作竞争模型和合作投资决策模型，进行博弈均衡分析，并对竞争企业间的专利商业化投资时间间隔，以及非合作和合作两种情况下相同技术的专利商业化投资时机进行比较。最后是结论。

9.2.1 模型框架与假设

假设市场上存在两个企业，不失一般性，根据市场需求分别选择投资高质量专利技术(产品)和低质量专利技术(产品)，选择高水平专利技术(产品)的企业称为高质量企业，表示为 h，选择低水平专利技术(产品)的企业称为低质量企业，表示为 l。为了表述方便，文中技术或产品统称为产品，企业集合 $i=\{h, l\}$，所有变量下标表示不同类型的企业，$i-$表示 i 的竞争者，如 $i=h$，则 $i-=l$。

高质量专利企业和低质量专利企业在市场上进行 Bertrand 式的价格竞争，根据 Tirole(1989)在 Shaked 和 Sutton(1982)基础上简化的模型②，以及 Rosenkranz(1995)的模型，假设低质量和高质量企业开发产品的质量分别为 S 和 αS，$\alpha>1$。虽然 α 为高质量专

---

① 在他们的研究中，如 Grenadier(1996)，竞争者面临的市场需求函数为 $D(\cdot)$，通过对 $D(\cdot)$ 简单地直接赋不同的值表示完全垄断、寡头垄断时竞争者利润的变化。如 $D(1)$表示完全垄断利润，$D(2)$表示寡头垄断利润。Huisman 等(2001)、夏晖和曾勇(2005)均采用 D_{00}、D_{01} 和 D_{10}、D_{11} 分别表示两企业经营现有技术得到的寡头垄断利润、率先采用新技术得到的完全垄断利润和都采用新技术得到的寡头垄断利润。

② 见 Tirol(1988)中译本《产业组织理论》121 页。

利产品相对于低质量专利产品的质量倍数，但为了表述方便，把 α 称为两产品的质量差距。产品的需求会受到市场消费者偏好的影响，假设消费者的效用为 u：

$$u = \Phi q - P \tag{9-35}$$

其中，q 为专利产品质量水平，$q=\{S, \alpha S\}$，P 为产品价格。Φ 为消费者质量偏好类型，是一个把 q 转化为可以通过货币来衡量的转换因子，质量偏好越高则 Φ 越大。

式(9-35)的经济含义是：根据自己的质量偏好类型 Φ，消费者把质量水平为 q 的产品转化为可用货币衡量的最大支付意愿(保留价格)Φq，再根据厂商制定的价格 P 来确定自己能够得到的以货币衡量的效用。例如，市场上的手机移动通信技术是高质量产品，在 P 相同的情况下，对于任何质量偏好类型 Φ 的消费者都愿意拥有移动手机。反之，当消费者仅面对质量为 q 的技术时，由于消费者的质量偏好类型 Φ 不同，所以偏好高质量的消费者的最大支付意愿高于偏好低质量消费者的最大支付意愿。另外，在垂直产品差异化竞争情况下，一个产品相对于另一个产品的质量越高，它的价格 P 也越高，即消费者使用的成本越高。小灵通是一个低质量的产品，但它是一个低使用成本的产品。因此，对于广大低质量偏好类型的用户，综合比较质量和价格(成本)之后会选择小灵通。

假设市场上所有消费者的偏好类型 Φ 从低到高在 $[b, b+1]$ 上服从均匀分布，其中，b 是消费者的最低偏好类型，$0 \leqslant b \leqslant 1$，我们直接把它定义为市场偏好，因为由它决定了整个市场上消费者的偏好分布范围。假设市场上的消费者在消费时只有两种选择，或者高质量专利产品，或者低质量专利产品。根据两企业对其专利产品的定价，市场上存在一个消费两种专利产品获得的效用都一样的无差异消费者，该消费者把整个市场分为两部分：低端消费市场和高端消费市场①。根据本书研究的目的，令整个市场的需求为 1，假设企业的生产(运营)成本为 0②，对 Rosenkranz(1995)的模型稍做调整和整理，可得到两企业在寡头垄断和完全垄断市场条件下产品价格和企业的利润，其完整结果由引理 1 得到。

引理 1

(1)两寡头垄断市场条件下，无差异消费者类型为：

$$\Phi^* = (P_h - P_l) / (\alpha - 1) S \tag{9-36}$$

其中，$P_h = (b+2)(\alpha-1) S/3$，$P_l = (1-b)(\alpha-1)S/3$，$P_h$为高质量专利产品价格，$P_l$为低质量专利产品价格。

(2)厂商面 P_h对的市场需求函数：

$$D_l(P_h, P_l) = \frac{P_h - P_l}{(\alpha-1)S} - b \tag{9-37}$$

$$D_h(P_h, P_l) = (b+1) - \frac{P_h - P_l}{(\alpha-1)S} \tag{9-38}$$

① 无差异消费者类型 Φ^*：$\Phi^* S_h - P_h = \Phi^* S_l - P_l$。

② 在移动通信市场，一方面，各运营商的基础设施投资成本在其所有成本中占有相当大比例，而运营成本的比例很小；另一方面，各运营商的单位运营成本基本相同，且随着消费者人数的增加趋于 0。

在两寡头垄断市场条件下，为了保证市场上最低偏好的消费者愿意购买低质量专利产品，专利产品质量的差距需满足条件：

$$1 \leqslant \alpha \leqslant \left(\frac{3b}{1-b}+1\right) \tag{9-39}$$

(3)两寡头垄断市场条件下，两企业的垄断利润为：

$$\pi_i^D = \begin{cases} \pi_l^D = \dfrac{(1-b)^2}{9}(\alpha-1)S \\ \pi_h^D = \dfrac{(b+2)^2}{9}(\alpha-1)S \end{cases} \tag{9-40}$$

(4)只有一个企业存在市场的情况下，垄断价格和垄断利润为：

$$p_i^M = \begin{cases} P_l^M = \dfrac{b+1}{2}S \\ P_h^M = \dfrac{b+1}{2}\alpha S \end{cases} \tag{9-41}$$

$$\pi_i^M = \begin{cases} \pi_l^M = \dfrac{(b+1)^2}{4}S \\ \pi_h^M = \dfrac{(b+1)^2}{4}\alpha S \end{cases} \tag{9-42}$$

根据引理1，可得到引理2(证明见附录B)。

引理2 $\pi_h^M > \pi_h^D$，$\pi_l^M > \pi_l^D$。

为了后文研究以两企业总价值最大化为决策目标的序列投资问题，有引理3(证明见附录C)。

引理3 $\pi_h^D - \pi_h^M + \pi_l^D \leqslant 0$；存在一个 b_l^*，当 $b > b_l^*$ 且 $\frac{3b_l^*}{1-b_l^*}+1 < \alpha \leqslant \frac{3b}{1-b}+1$ 时，$\pi_l^D - \pi_l^M + \pi_h^D > 0$。

引理3隐含的意思是：要实现两企业总价值最大化，应满足合作后两企业的总利润大于企业单独投资获得的完全垄断利润。

两企业在市场上的利润会随着时间的变化受到外界诸如宏观经济因素、产业政策或新增的消费者人数等不确定环境因素 Y_t 的冲击而发生波动，我们把 Y_t 称作市场不确定性。采用Grenadier(1996)和Huisman等(2001)类似的方法，在市场不确定和寡头垄断条件下两企业利润为①：

$$\tilde{\pi}_i^D = \pi_i^D Y_t \tag{9-43}$$

完全垄断市场上企业的利润为：

$$\tilde{\pi}_i^M = \pi_i^M Y_t \tag{9-44}$$

其中，Y_t 服从几何布朗过程：

---

① 在本节中，式(9-37)和(9-38)表示两企业的需求曲线。Grenadier(1996)和Huisman等(2001)在刻画企业利润随着外界因素 Y_t 的冲击时，直接把利润表示为：$Y_t D(\cdot)$，D 表示企业采取不同战略时得到的利润。Y_t 在此最直观的经济意义是 t 时新增的消费者人数。

$$dY_t = \mu Y_t dt + \sigma Y_t dz \tag{9-45}$$

其中，μ 为漂移率，σ 为标准偏差，μ 和 σ 是常数，dz 是标准 Wiener 过程增量。

两企业的投资成本满足下式：

$$K_h = cK_l \tag{9-46}$$

其中，c 为成本差距，表示高质量专利产品的开发成本相对于低质量专利产品的差距，$c>0$。注意，虽然本书称高质量企业是“高”成本，但并没有限制 c 不可以小于 1。

由于是两个企业竞争，因此可能存在完全垄断者(monopoly)、领先(投资)者(leader)，追随(投资)者(follower)、同时投资者(simultaneous investors)、合作投资者(cooperated investors)，各变量的上标 M、L、F、s 和 $L+F$ 分别表示企业的不同角色。

最后，假设对任一企业，$E_0\left(\int_0^{\infty} e^{-rt}\pi_i^{(*)}Y_t dt\right)-K_i<0$，其中，$\pi_i^{(*)}=\{\pi_i^M, \pi_i^D\}$，$r$ 为折现率，即在初始时刻，总期望利润小于投资成本，两企业都处于不投资状态；且投资不可逆。

基于以上假设，下面分别对企业的竞争均衡条件、合作决策、投资时间间隔进行分析。

9.2.2 企业投资决策

本节主要分析和得到：①不完全竞争条件下领先者和追随者的价值、投资临界值以及竞争均衡条件；②合作序列投资中两企业先后投资的价值和投资临界值。

1. 竞争决策及其均衡

(1)竞争决策

在非合作的竞争决策中，首先要求解追随者投资价值，然后再求解领先者投资价值。在领先者已经投资的情况下，追随者投资后只能得到寡头垄断利润流。根据相应的 Bellman 方程并求解得到追随者的价值为［求解过程见 Dixit 和 Pindyck(1994)］：

$$V_i^F(Y)=\begin{cases}A_i^F Y^{\beta_0} & Y<Y_i^F\\ \dfrac{\pi_i^D Y}{r-\mu}-K_i & Y\geqslant Y_i^F\end{cases} \tag{9-47}$$

其中，$A_i^F=\dfrac{\pi_i^D}{\beta_0(r-\mu)}Y_i^{F^{1-\beta_0}}$，$\beta_0=0.5-\dfrac{\mu}{\sigma^2}+\sqrt{\left(\dfrac{\mu}{\sigma^2}-0.5\right)^2+\dfrac{2r}{\sigma^2}}$，追随者的投资临界值为：

$$Y_i^F=\frac{\beta_0}{\beta_0-1}\frac{(r-\mu)K_i}{\pi_i^D} \tag{9-48}$$

领先者的价值为(推导见附录 A)：

$$V_i^L(Y)=\begin{cases}\dfrac{\pi_i^M Y}{r-\mu}-\dfrac{(\pi_i^M-\pi_i^D)}{r-\mu}Y_{i-}^F\left(\dfrac{Y}{Y_{i-}^F}\right)^{\beta_0}-K_i & Y<Y_{i-}^F\\ \dfrac{\pi_i^D Y}{r-\mu}-K_i & Y\geqslant Y_{i-}^F\end{cases} \tag{9-49}$$

注意，此处的 Y^F_{i-} 是追随者的投资门槛值。

领先者在进行投资时一方面追求尽可能长的完全垄断利润，同时要考虑追随者投资对其企业价值的负面影响。式(9-49)第一行第一项是领先者抢先投资所得到的完全垄断时的价值，第二项是受到追随者可能投资的负面影响导致领先者获得的垄断价值减少程度。第二行表示 $Y \geqslant Y^F_{i-}$ 时追随者也会投资，这时领先者只能得到寡头垄断价值。

如果领先者在竞争中具有绝对优势，有能力选择其最优的投资临界值，此时领先者投资临界值为①：

$$Y_i^L = \frac{\beta_0}{\beta_0 - 1}\frac{(r-\mu)K_i}{\pi_i^M} \tag{9-50}$$

根据式(9-50)可知，Y_i^L 实际上等于企业作为完全垄断者时的投资临界值 Y_i^M。

(2) 竞争均衡分析

由于两企业在质量和成本方面不对称，低质量企业可以以其低成本获得投资时机优势，高质量企业可以以高质量高利润来获得投资的时机优势，因此两个企业都存在成为领先者的可能。

企业成为领先者分如下两种情况。

第一种情况，企业 i 有动机成为领先者，同时竞争对手没有动机成为领先者而甘当追随者。即，Y 在一定区间内同时满足如下两式：

$$R_i(Y) = V_i^L(Y) - V_i^F(Y) \geqslant 0 \tag{9-51}$$

$$R_{i-}(Y) = V_{i-}^L(Y) - V_{i-}^F(Y) < 0 \tag{9-52}$$

式(9-51)表示企业 i 成为领先者的价值要高于自身是追随者的价值，第二个式子表示企业 i 的竞争对手其成为领先者的价值总是低于自身是追随者的价值，从而不愿成为领先者。在满足一定的条件下②，$V_i^L(Y)$和 $V_i^F(Y)$存在交点 Y_i^{P1} 和 Y_i^{P2} [$R_i(Y_i^{P1}) = R_i(Y_i^{P2}) = 0$]，当 $Y \in [Y_i^{P1}, Y_i^{P2}]$时 $R_i(Y) \geqslant 0$，其他 $R_i(Y) < 0$；但是，$Y \in [0, \infty)$时，式(9-52)都必须成立。因此，企业 i 能够选择最优投资时机 $T^{opt} = \inf(t \mid Y = Y_i^L)$进行投资。

第二种情况，两企业都有动机成为领先者，即：

$$R_i(Y) = V_i^L(Y) - V_i^F(Y) \geqslant 0 \tag{9-53}$$

$$R_{i-}(Y) = V_{i-}^L(Y) - V_{i-}^F(Y) \geqslant 0 \tag{9-54}$$

此时，$Y \in [Y_i^{P1}, Y_i^{P2}]$时 $R_i(Y) \geqslant 0$，其他 $R_i(Y) < 0$；当 $Y \in [Y_{i-}^{P1}, Y_{i-}^{P2}]$时 $R_{i-}(Y) \geqslant 0$，其他 $R_{i-}(Y) < 0$。因此，Y_i^{P1} 和 Y_{i-}^{P1} 小者所对应的企业成为领先者，大者对应的企业成为追随者。当 $Y_i^{P1} < Y_{i-}^{P1}$ 时，即企业 i 能够先投资的情况下，不一定要在 Y_i^{P1} 处投资，他只要在 Y 首次到达 $\min(Y_{i-}^{P1}, Y_i^L)$ 处投资就可领先对手。由于在企业 i 先投资而企业 $i-$ 不能成为领先者的情况下，企业 $i-$ 的最优投资策略是在 Y^F_{i-} 处投资并获得追随者的

① 根据 $AY^{\beta_0} = \frac{\pi_i^M Y}{r-\mu} - \frac{(\pi_i^M - \pi_i^D)}{r-\mu} Y_{i-}^F \left(\frac{Y}{Y_{i-}^F}\right)^{\beta_0} - K_i$ 和该等式的一阶条件得到式(9-50)。该等式左端的 AY^{β_0} 是投资者作为领先者时等待投资的期权价值，等式右端是式(9-49)的第一式。该等式及一阶条件实质上是价值匹配和平滑粘贴条件。

② 这些条件见定理 1。

价值。如果企业 $i-$ 抢先投资不让对手 i 获得超额的完全垄断利润，很显然，此时企业 $i-$ 价值比其作为追随者的价值还要低，这是不理性的行为。

基于上面的分析，只要企业 i 有能力选择 Y_i^L 投资则两企业间的均衡为序贯均衡。如果企业 i 只能在 Y_{i-}^{P1} 处抢先对手投资，则两企业间的均衡为抢先均衡。因此，有定理 1（证明见附录 D）：

定理 1　给定 b 和 α 的情况下，存在

$$c_h{}^* = \frac{1}{\pi_l^D}\{(\pi_h^{M^{\beta_0}} - \pi_h^{D^{\beta_0}})/[\beta_0(\pi_h^M - \pi_h^D)]\}^{\frac{1}{\beta_0-1}} \tag{9-55}$$

$$c_l{}^* = \pi_h^D[\beta_0(\pi_l^M - \pi_l^D)/(\pi_l^{M_0^\beta} - \pi_l^{D^{\beta_0}})]^{\frac{1}{\beta_0-1}} \tag{9-56}$$

(1)存在 $c_h = \max(c_h^*, c_l^*)$，当 $c > c_h$ 时：

1)$Y \geqslant 0$ 时，$V_h^L(Y) < V_h^F(Y)$；

2)且存在 Y_l^{P1} 和 Y_l^{P2}，如果 $Y_l^{P1} < Y < Y_l^{P2}$，$V_l^L(Y) > V_l^F(Y)$，如果 $Y < Y_l^{P1} \cup Y > Y_l^{P2}$，$V_l^L(Y) < V_l^F(Y)$。

(2)存在 $c_l = \min(c_h^*, c_l^*)$，当 $c < c_l$ 时：

1)$Y \geqslant 0$ 时，$V_l^L(Y) < V_l^F(Y)$；

2)且存在 Y_h^{P1} 和 Y_h^{P2}，如果 $Y_h^{P1} < Y < Y_h^{P2}$，$V_h^L(Y) > V_h^F(Y)$，如果 $Y < Y_h^{P1} \cup Y > Y_h^{P2}$，$V_h^L(Y) < V_h^F(Y)$。

由于定理 1 刻画的是第一种情况，但还需进一步对第二种情况做确切区分，因此对第二种情况进行分析可得定理 2、3 和推论 1，从而确切地划分出两企业的序贯均衡和抢先均衡区域(证明见附录 E、F)。

定理 2　对低质量企业，存在 $c_m = \min[\max(c_l, c_{m*}), c_h]$，使得：

(1)$c \in (0, c_m)$时，$Y_l^L > Y_h^{P1}$；

(2)$c \in [c_m, \infty)$时，存在 Y_l^L 且 $Y_l^L \leqslant Y_h^{P1}$。

其中，$c_m^* = 1/\hat{z}^*$，$c_{m*} \geqslant \alpha$，$\hat{z}^* \in [0, \hat{z}]$，$\hat{z}^*$ 由式(9-57)确定。

$$\hat{z}^*\alpha\beta_0\pi_l^{M^{\beta_0}} - \hat{z}^*\beta_0(\pi_h^M - \pi_h^D)\pi_l^{D^{\beta_0-1}} - (\beta_0 - 1)\pi_l^{M^{\beta_0}} - \hat{z}^*\beta_0\pi_h^{D^{\beta_0}} = 0 \tag{9-57}$$

其中，

$$\hat{z} = \left[\frac{\alpha\pi_l^{M^{\beta_0}} - (\pi_h^M - \pi_h^D)\pi_l^{D^{\beta_0-1}}}{\pi_h^{D^{\beta_0}}}\right]^{\frac{1}{\beta_0-1}}$$

定理 3　对高质量企业，存在 $c_n = \max[\min(c_h, c_{n*}), c_l]$，使得：

(1)$c \in (0, c_n]$ 时，存在 Y_h^L 且 $Y_h^L \leqslant Y_l^{P1}$；

(2)$c \in (c_n, \infty)$时，$Y_h^L > Y_l^{P1}$。

其中，$c_n^* = z^*$，$c_{n*} \leqslant \alpha$，$z^* \in [0, \bar{z}]$，z^* 由式(9-58)确定。

$$z^*(1/\alpha)\beta_0\pi_h^{M^{\beta_0}} - z^*\beta_0(\pi_l^M - \pi_l^D)\pi_h^{D^{\beta_0-1}} - (\beta_0 - 1)\pi_h^{M^{\beta_0}} - z^*\beta_0\pi_l^{D^{\beta_0}} = 0 \tag{9-58}$$

其中，

$$\bar{z} = \left[\frac{(1/\alpha)\pi_h^{M^{\beta_0}} - (\pi_l^M - \pi_l^D)\pi_h^{D^{\beta_0-1}}}{\pi_l^{D^{\beta_0}}}\right]^{\frac{1}{\beta_0-1}}$$

根据定理 2、3 可得推论 1(证明见附录 G)。

推论 1　$c_n \leqslant c_m$。

两企业间必定存在的竞争均衡类型有：当 $c \in (0,\ c_n]$ 时，两企业的竞争均衡一定是高质量企业占先的序贯均衡；当 $c \in [c_m,\ \infty)$时，两企业的竞争均衡一定是低质量企业占先的序贯均衡；当 $c \in (c_n,\ c_m)$时，两企业的竞争均衡为抢先均衡。

值得注意的是，在定理 1、2、3 中，虽然本节以成本差距表示了竞争企业领先价值和追随价值关系的判定条件，但 c_l、c_h、c_n和 c_m最终是由质量差距、市场偏好和市场波动率共同决定，质量差距、市场偏好和市场波动率如何对 c_l、c_h、c_n和 c_m产生影响，鉴于本书研究目的，在此不再赘述。实际上，这些因素对 c_l、c_h、c_n和 c_m的间接影响在投资时间间隔分析中有反映；其次，c_l、c_h、c_n和 c_m是判断成本差距和市场不确定性 Y 能否满足竞争企业领先价值和追随价值大小关系的临界值。

根据定理 1、2、3，为了便于理解，图 9-5 给出了 $c_l < c_n < c_m < c_h$时成本差距系数 c 由小到大变化时会出现的均衡类型情况。

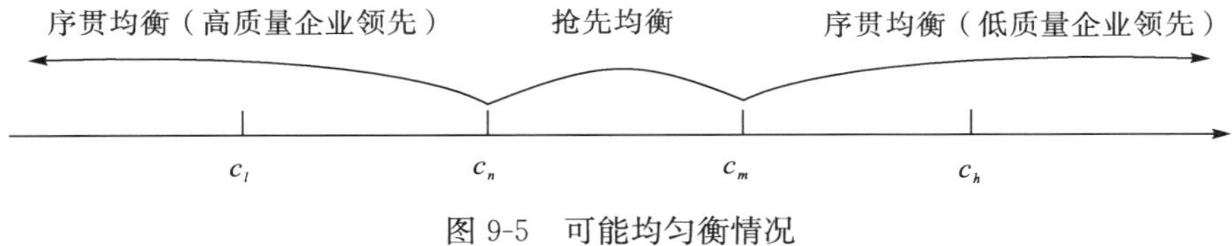

图 9-5　可能均匀衡情况

根据图 9-5 还可以推断出另外两种情况：

第一种情况：$c_l = c_n$，或 $c_m = c_h$，此时既存在高质量企业占先的抢先均衡和序贯均衡，也存在低质量企业占先的抢先均衡和序贯均衡；

第二种情况：$c_l = c_m$，此时只存在高质量企业占先的序贯均衡和低质量企业占先的序贯均衡[①]。

可以根据以上两种情况更深入地研究所需的市场偏好、质量差距和波动率条件，但是由于一些结果无法得到解析解而难以推导的缘故，并且本节重要目的是研究两企业间的投资时间间隔，所以市场偏好、质量差距、波动率对两企业竞争均衡类型影响的讨论在此省略。

9.2.3　合作序列投资

所谓的合作序列投资，就是存在一个“中央计划”机构，以两企业总价值最大化为决策准则，对企业的投资顺序和投资时机做最优安排。两企业合作序列投资价值如下[②]：

---

①　实际上，如 $c_{n*} = c_h$ 等情况由于 $c_{m*} > \alpha$ 和 $c_{n*} < \alpha$ 条件的限制并不存在。

②　合作序列投资和竞争决策模型在价值表达式在形式上类同，区别在于：前者由于是最优计划决策，所以式(9-59)的第 2、3 行不但要满足价值匹配条件，还要满足平滑粘贴条件。而竞争决策中，式(9-49)的 1、2 行只满足价值匹配条件。

$$V_i^{L+F}=\begin{cases}C_iY^{\beta_0} & Y<Y_i\\ \dfrac{\pi_i^MY}{r-\mu}+\dfrac{K_{i-}}{\beta_0-1}\left(\dfrac{Y}{Y_{i-}}\right)^{\beta_0}-K_i & Y_i\leqslant Y<Y_{i-}\\ \dfrac{(\pi_i^D+\pi_{i-}^D)Y}{r-\mu}-(K_i+K_{i-}) & Y\geqslant Y_{i-}\end{cases}\tag{9-59}$$

根据式(9-59)的第一行和第二行的价值匹配和平滑粘贴条件，以及式(9-59)的第二行和第三行的价值匹配和平滑粘贴条件可得：

$$Y_i=\frac{\beta_0}{\beta_0-1}\frac{r-\mu}{\pi_i^M}K_i$$

$$Y_{i-}=\frac{\beta_0}{\beta_0-1}\frac{r-\mu}{\pi_i^D-\pi_i^M+\pi_{i-}^D}K_{i-}$$

根据引理 3，当高质量企业先投资时，低质量企业跟随投资临界值小于 0，所以在合作序列投资时，只会出现低质量企业先投资、高质量企业随后投资的情况。

合作的另外一种情况是两企业共谋同时投资，可以证明在本文条件假设下不存在同时投资的情况(证明见附录 H)，在此不做深入讨论。

9.2.4　分析和比较

1. 不对称竞争企业的投资时间间隔

为了考察市场偏好 b、企业间专利产品质量差距 α 和投资成本差距 c 对两企业先后投资时间间隔的影响，从而回答市场上低质量产品比高质量产品后出现的原因，首先要得到两企业先后投资时间间隔的期望值。

如果企业 i 先在 $T_i^L=\inf\{t\mid Y_t\geqslant Y_i^P\}$ 时投资($Y_i^P=\min\{Y^{P1i-},Y_i^L\}$)，企业 $i-$ 必然在 $T_{i-}^F=\inf\{t\mid Y_t\geqslant Y_{i-}^F\}$ 时投资，令两企业投资的期望时间间隔为 E(T)。当 $\mu-0.5\sigma^2>0$ 时，投资时间间隔的期望 E(T)一定存在，根据 Grenadier(1997)的结论，其值为：

$$\mathrm{E}(T)=\ln(Y_{i-}^F/Y_i^P)/(\mu-0.5\sigma^2)\tag{9-60}$$

根据式(9-60)，先得到序贯均衡中两企业投资时间间隔的变化规律，见定理 4(证明见附录 I)，然后通过数值分析得到抢先均衡中两企业投资时间间隔的变化规律。

定理 4　在序贯均衡中：

(1)市场偏好和两企业质量差距固定的情况下，高质量企业占先时，高质量企业与低质量企业的投资时间间隔随着成本差距的增加而缩小，而低质量企业占先时却相反。

(2)成本不变的情况下，两企业各自占先时，两企业的投资时间间隔随着产品质量差距的扩大而缩小，随着市场偏好的提高而扩大。

定理 4 的结果如图 9-6 所示。从定理 4 可知，在序贯均衡中，对于占先的高质量企业，其成本与低质量企业的差距越大，两者间的投资时间间隔越小，而对占先的低质量企业却相反。其原因在于，在两企业质量差距固定的情况下，成本差距增大会减弱高质量企业高质量给其带来的相对优势，相反会提高低质量企业的相对优势。UT 斯达康公司把日本 PHS 技术同固话的程控交换技术融合产生了 PAPS 技术，极大降低了小灵通入网和运营成本，促进了小灵通在中国的推出。

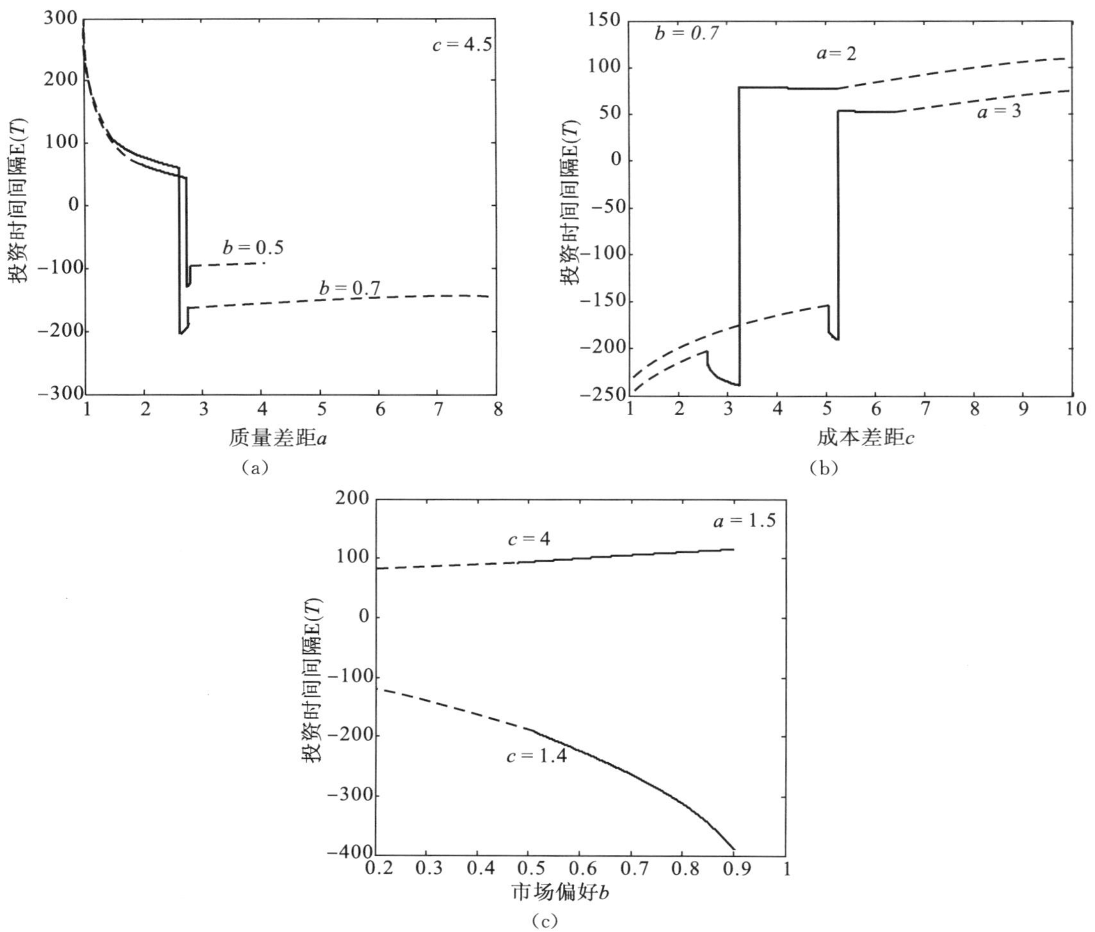

基本参数：$\sigma=0.2$，$\mu=0.04$，$r=0.06$。注意，E(T)>0 表示低质量企业占先，E(T)<0 表示高质量企业占先虚线表示序贯均衡，实线表示抢先均衡。

图 9-6 质量差距、成本差距和市场偏好对竞争企业投资时间间隔的影响

在专利产品质量差距方面，无论是高质量企业还是低质量企业先投资，两产品质量差距的扩大都会促使追随者尽快投资。这是因为，在一个 Bertrand 式的价格竞争中，质量差距的扩大意味着两产品的差异化增大，从而两企业在产品市场上的竞争强度降低。对低质量企业而言，质量差距的扩大不会改变其完全垄断利润，但会提高其寡头垄断利润，但是对高质量企业而言，质量差距的扩大会提高其完全垄断利润和寡头垄断利润。在低质量企业占先的序贯均衡区域内，时间间隔的缩短主要缘于高质量企业寡头垄断利润的提高，而在高质量企业占先的序贯均衡区域内，时间间隔的缩小缘于：高质量企业完全垄断利润对

低质量企业寡头垄断利润提高的相对速度随着质量差距的扩大而逐渐变缓①。

定理 4 关于市场偏好的结论隐含着这样的情况，如果低水平技术(质量)的企业具有综合优势而领先于对手投资，市场偏好越大，低质量企业领先于竞争对手的时间越长。实际上，无论是高质量企业还是低质量企业，先于竞争对手投资的目的是为了获得一段暂时的完全垄断利润，这也正是激励企业创新的重要动力。市场整体偏好越高，综合优势强的企业领先对手的时间越长。

根据商业化投资不同专利质量水平的两企业的竞争均衡策略和定理 4 可知，在不同参数条件下，两企业在竞争中的角色发生着变化。这也意味着，在高质量企业先投资的情况下，低质量企业也会根据外部市场条件追随投资，从而产生低质量产品落后于高质量产品出现的现象。市场偏好越低、质量差距越大，低质量产品随高质量产品出现的时间越快，而且低质量产品追随投资的价值越高。例如，UT 斯达康公司基于 PHS 技术，针对中国大陆、中国台湾和越南等不同市场开发出了不同的无线接入技术，赢得了这些国家和地区广大的市场。同时 UT 斯达康股票在纳斯达克不俗的表现，更充分说明了准确的市场定位、潜在的巨大收益，促使 UT 斯达康在 1997 年把小灵通推向中国市场，那时相距中国第一个 GSM 通讯网络的建成约三年时间。

由于在抢先均衡中，可根据：

$$V_i^L(Y_i^{P1}) - V_i^F(Y_i^{P1}) = 0$$

求得 Y_i^{P1}，但该式难以求得解析解，因此本书通过数值方法对抢先均衡情况下两企业的投资时间间隔进行分析和说明。

综合图 9-6(a)、(b)、(c)可得到结论 1：

结论 1

(1)专利产品质量差距和市场偏好对抢先均衡区域内两企业投资时间间隔的影响趋势与序贯均衡区域的影响趋势相同。

(2)成本对抢先均衡区域中两企业投资时间间隔的影响趋势与序贯均衡区域的影响趋势相反，即在高质量企业的抢先均衡区域中，成本差距越大两企业的投资时间间隔越大；在低质量企业的抢先均衡区域内，成本差距越大两企业投资时间间隔越小。

结论 1 的第(2)点说明，在低质量企业抢先均衡中，低质量企业与高质量企业的投资时间间隔与成本差距成反向关系。其原因在于，随着成本差距的增大，高质量企业抢先投资的可能性越来越小，表现为高质量企业抢先投资临界值逐渐增大，从而成本优势企业为了提高投资价值会随高质量企业抢先投资临界值的增大而推迟投资，最终造成两企业投资时间间隔缩小②。结论 1 的第(2)点表明，在高质量企业的抢先均衡区域中，两企业的投资成本差距成正向关系。这是因为，成本差距的增大并不会影响低成本企业的追

① 根据式(9-60)可知，投资时机比较的是相对变化而不是绝对变化。例如，根据式(9-40)和(9-42)，绝对变化 $\pi_h^M - \pi_l^D$ 随着质量差距 α 的增大而增大，但是相对变化 π_h^M / π_l^D 却随着质量差距 α 的增大而缩小。

② 如果低成本企业 i 要通过抢先投资的方式领先对手，它只要在和 Y^{P1i-1} 处投资即可。Y_{i-1}^{P1} 越大，高成本企业抢先投资的可能性越小。当成本差距增大时，实际上 Y_{i-1}^{P1} 和 Y_{i-1}^{P1} 都在增大。两企业投资时间间隔是否缩小和扩大，本质上取决于 Y_{i-1}^{P1} 和 Y_{i-1}^{P1} 相对变化速度。

随投资时间，但会促进低质量企业抢先投资。因此，拥有综合优势的高成本高质量企业为了避免对手抢先必然会越早投资，从而两企业的投资时间间隔逐渐扩大[①]。

接下来对合作序列投资和竞争投资决策做比较。

2. 合作与竞争比较

在合作中，由于两企业协调优化他们的商业化投资计划，使得两企业合作价值总和始终不小于他们非合作价值的总和。其原因在于，在非合作竞争中，当优势企业先投资后，追随企业的投资对其价值产生负面影响；而在合作竞争中，后投资企业的价值对率先投资的企业价值产生的是正面影响。因此，合作序列投资对两企业实际上是最优的。

对比合作和非合作投资的投资临界值，根据引理 3 和合作投资中第二个投资临界值 Y_{i-} 可知，最优投资安排是低质量企业先投资，然后高质量企业再投资。否则，高质量先投资，$Y_{i-}<0$，没有意义。所以，在合作序列投资时，低质量(水平)技术先投资，高质量(水平)技术后投资，而且有下面显然的结果：

定理 5 ①在低质量企业占先的序贯均衡情况下，$Y_l^L=Y_l<Y_h^F<Y_h$；②在低质量企业占先的抢先均衡情况下，$Y_l^{P1}\leqslant Y_l<Y_h^F<Y_h$。

根据定理 5 的①，所有参数相同时，$Y_l^L=Y_l$，即合作序列投资中最早投资时机和序贯均衡中的最早投资时机是一致的；但是，$Y_h^F<Y_h$，即高质量技术出现的时机是前者落后于后者，落后的时间与成本差距无关，但与市场波动率、市场偏好和质量差距有关，即落后时间随着波动率的增大而增大，随着质量差距的增大而缩小，随着市场偏好的增大而增大[②]。

根据定理 5 的②，合作中低质量技术出现的时机要比竞争中的要晚，二者间的时间差距随着成本差距的增大而增大，随着质量差距的增大而缩小，随着市场偏好的增大而增大，结果如图 9-7 所示。总之，竞争促进了创新速度，但付出的代价是牺牲了企业投资的期权价值。这与我们的直觉是一致的。

以上分析深层次的含义在于，为了提高技术创新速度和提高国家整体技术水平，政府应根据实际情况制定鼓励竞争、避免合作(垄断)的政策。因为如果政府鼓励合作投资，市场上只能出现高水平专利技术(产品)在低水平专利技术(产品)之后推出的现象。这种现象尤其在具有极强垄断力和技术优势的国外技术企业投资中较为常见。例如，在我国汽车和早期通信电子行业，外资独资企业和合资企业为了占领中国市场，总是先投资低水平专利技术(产品)，然后才投资高水平专利技术(产品)。但是，当国内企业逐渐发展壮大之后，竞争越来越激烈，这种情形才逐渐有所改善。

---

① 即在 Y_{i-}^{P1} 处投资，具体的数字示例见附录图 J-1。

② $$E(T)=\frac{\ln(Y_H/Y_h^F)}{\mu-0.5\delta}=\frac{\left(\dfrac{\pi_h^D}{\pi_1^D-\pi_l^M+\pi_h^D}\right)}{\mu-0.5\delta^2}=\frac{-\ln\left[\left(\dfrac{1-b}{b+2}\right)^2-\dfrac{9}{4(\alpha-1)}\left(\dfrac{b+1}{b+2}\right)^2+1\right]}{\mu-0.5\delta^2}$$

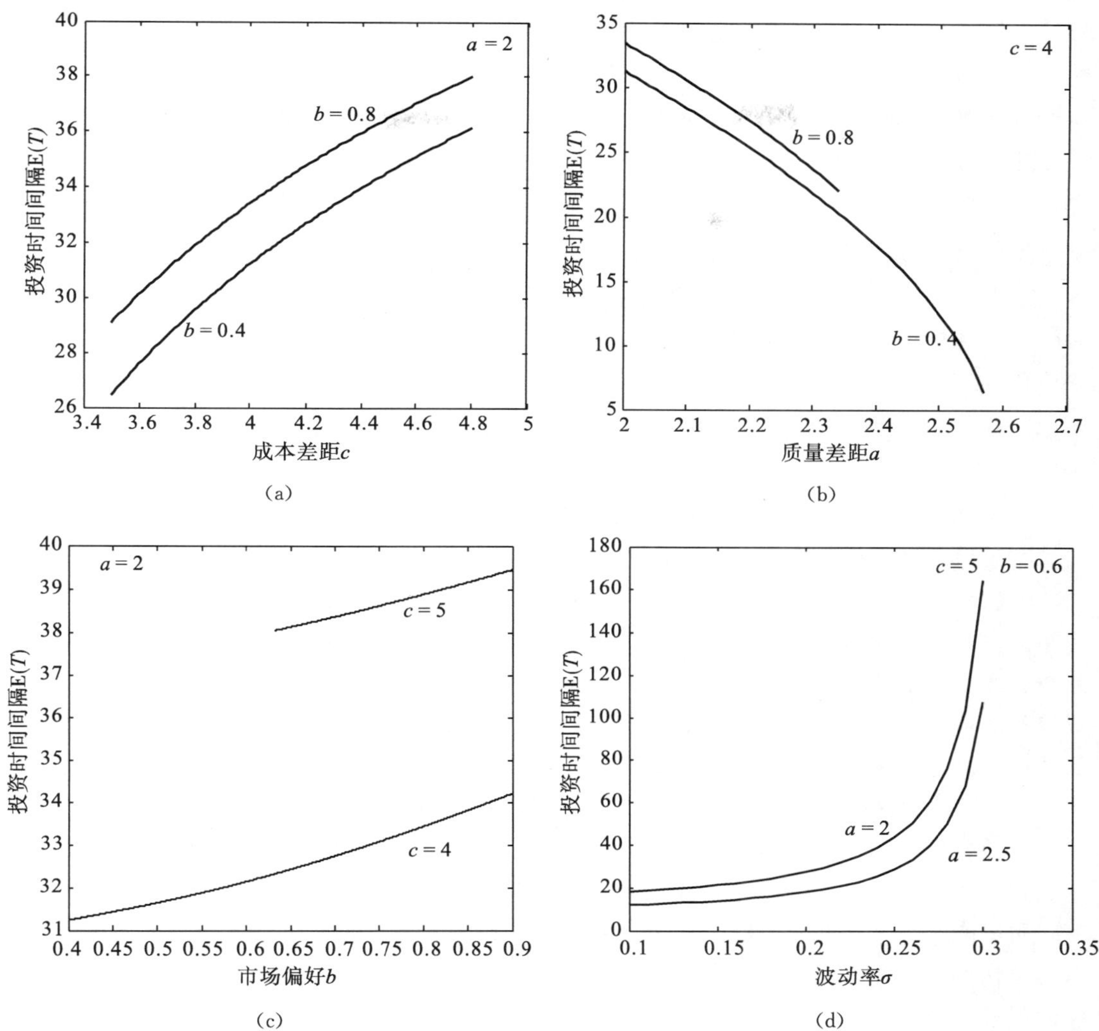

图 9-7　质量差距、成本差距、市场偏好和波动率对合作投资和抢先投资两情况下低质量企业率先投资时间差异的影响

但值得注意的是，在强化竞争时可能会出现低水平专利技术(产品)落后于高水平专利技术(产品)出现的现象，我们对此不应采取排斥的态度。在特定条件下，会出现低质量产品落后于高质量产品出现的情况，而且市场偏好越低，质量差距越大，低质量产品落后于高质量产品出现的时间越短。小灵通在国内外不同环境下不同的发展经历说明了这样一个道理：没有永恒的技术标准，只有永恒的市场需求。企业选择技术投资时应牢记该准则。

9.3　本 章 小 结

本章在双寡头已有市场模型框架下，针对将要替代现有市场的未来新兴市场，就两非对称企业所研发或购买的两种不同专利技术的最优商业化投资时机选择问题，展开期权博弈分析。由于企业的非对称性和由不同技术路线等因素所导致的两专利本身的差异性，使得两企业的专利商业化新产品在共同面市时将会具有不同市场表现。因此，两企业拥有的专利商业化投资期权是非对称的，双方为同一新兴市场而展开的博弈是一种非对称期权博弈。

受两种专利技术在市场上所表现出的非对称程度的影响，博弈将产生三种不同的均衡结果。当 K 较小即 $\hat{K} \leqslant K < K^*$ 时，优势企业面临劣势企业的抢先进入威胁，只好将进入临界点提前至 Y_{21}^P，丧失较大的期权价值；当 K 较大即 $K \geqslant K^*$ 时，顺序投资均衡就会产生。优势企业无需考虑对手的交互策略，只需最大限度地“消化”掉期权价值，从容地在 Y_1^L 处进入市场，而劣势企业则完全放弃成为领导者的愿望，等待 Y_2^F 到来时进入市场；当 K 进入最小区域即 $K < \hat{K}$ 时，博弈将产生同时投资均衡，即双方均在 Y_1^M 处投资。

当考虑两竞争企业在专利商业化成本和专利产品质量都不一样时，基于实物期权方法构建了竞争和合作投资决策模型，对专利商业化投资决策进行了研究。首先，在分析竞争博弈均衡的基础上，重点考察了竞争双方先后投资的时间间隔问题，结论指出，无论是高成本的高质量企业还是低成本的低质量企业都存在成为领先者的可能，而且企业间专利产品质量差距越大，两企业的专利商业化投资时间间隔越小，市场偏好越高两企业专利商业化投资时间间隔越长。这些结论解释了现实中有时高质量产品先出现、有时低质量产品先出现的内在原因。

另外，本章还重点研究了合作中先投资者相对于竞争中的领导者投资时机的延迟程度，以及合作中后投资者相对于竞争中的追随者投资时机的延迟程度。研究结果表明，企业间合作的结果是低质量企业先投资，高质量企业后投资；竞争和合作投资两种情况下同质量产品出现的时间差距随着成本差距的增大而增大，随着质量差距的增大而缩小，随着市场偏好的增大而增大。这些结论能为企业和政府制定创新政策、组织和实施创新提供理论参考。

附录 A

式(9-49)的推导：

根据 Dixit 和 Pindyck（1994）（中译本第 295 页）关于期望折现因子的结论，即，$\mathrm{E}(\mathrm{e}^{-rT_{i-}^F}) = \left(\frac{Y_T}{Y_{i-}^F}\right)^{\beta_0}$，在时间 $T(\leqslant T_{i-}^F)$，领先者投资价值为：

$$
\begin{aligned}
V_i^L &= \mathrm{E}\left[\int_T^{T_{i-}^F} \pi_i^M Y_t \mathrm{e}^{-r(t-T)}\,\mathrm{d}t - K_i + \int_{T_{i-}^F}^{\infty} \pi_i^D Y_t \mathrm{e}^{-r(t-T)}\,\mathrm{d}t\right] \\
&= \mathrm{E}\left[\int_T^{T_{i-}^F} \pi_i^M Y_t \mathrm{e}^{-r(t-T)}\,\mathrm{d}t - K_i + \int_T^{\infty} \pi_i^D Y_t \mathrm{e}^{-r(t-T)}\,\mathrm{d}t - \int_T^{T_{i-}^F} \pi_i^D Y_t \mathrm{e}^{-r(t-T)}\,\mathrm{d}t\right] \\
&= \frac{\pi_i^M Y_T}{r-\mu} - \frac{(\pi_i^M - \pi_i^D)}{r-\mu} Y_{i-}^F \left(\frac{Y_T}{Y_{i-}^F}\right)^{\beta_0} - K_i \qquad \text{(A-1)}
\end{aligned}
$$

附录 B

引理 2 的证明：

根据式(9-40)和(9-42)，可得：

$$\pi_l^M - \pi_l^D = \left[\frac{(b+1)^2}{4} - \frac{(1-b)^2}{9}(\alpha-1)\right]S$$

令 $f = \dfrac{(b+1)^2}{4} - \dfrac{(1-b)^2}{9}(\alpha-1)$

因为 $1 \leqslant \alpha \leqslant \left(\dfrac{3b}{1-b}+1\right)$，令 $\alpha = \dfrac{3b}{1-b}+1$，代入 $\pi_l^M - \pi_l^D$ 得：

$$\begin{aligned} f &= \frac{(b+1)^2}{4} - \frac{(1-b)^2}{9}\frac{3b}{1-b} \\ &= \frac{(b+1)^2}{4} - \frac{b(1-b)}{3} \\ &= \frac{7b^2+2b+3}{12} > 0 \end{aligned}$$

所以 $\pi_l^M > \pi_l^D$。

$$\begin{aligned} \pi_h^M - \pi_h^D &= \frac{(b+1)^2}{4}\alpha S - \frac{(b+2)^2}{9}(\alpha-1)S \\ &= \frac{(5b+7)(b-1)}{36}\alpha S + \frac{(b+2)^2}{9}S \end{aligned}$$

因为 $0 \leqslant \mathrm{b} \leqslant 1$，所以$\dfrac{(5b+7)(b-1)}{36}\alpha S \leqslant 0$，令质量差距 α 取最大值，$\alpha = \dfrac{3b}{1-b}+1$，那么

$$\begin{aligned} \pi_h^M - \pi_h^D &> \frac{(5b+7)(b-1)}{36}\left(\frac{3b}{1-b}+1\right)S + \frac{(b+2)^2}{9}S \\ &= \frac{-6b^2-3b+9}{36}S \end{aligned}$$

令 $g = -6b^2 - 3b + 9$，则$\dfrac{\partial g}{\partial b} = -12b - 3$。

因为 $g(b)$是一个单调递减函数，$g(0)=9$，$g(1)=0$，所以 $\pi_h^M > \pi_h^D$。

附录 C

引理 3 的证明：

$$\pi_h^D - \pi_h^M + \pi_l^D = \frac{-b^2-10b+11}{36}\alpha S - \frac{2b^2+2b+5}{9}S$$

因为 $1\leqslant\alpha\leqslant\left(\frac{3b}{1-b}+1\right)$，令$\alpha=\frac{3b}{1-b}+1$，代入上式得：

$$\pi_h^D-\pi_h^M+\pi_l^D=\frac{-2b^2+5b-3}{12}S$$

令 $f(b)=-2b^2+5b-3$，可知 $b\in(0,1)$时，f 为一个单增函数。又因为 $f(0)=-3$，$f(1)=0$，所以 $\pi_h^D-\pi_h^M+\pi_l^D\leqslant0$。

采用相同的方法可证明，

$$\pi_h^D-\pi_l^M+\pi_l^D=\frac{(b+2)^2}{9}(\alpha-1)S+\frac{(1-b)^2}{9}(\alpha-1)S-\frac{(b+1)^2}{4}S$$

$$=\frac{2b^2+2b+5}{9}\alpha S-\frac{17b^2+26b+29}{36}S$$

因为 $1\leqslant\alpha\leqslant\left(\frac{3b}{1-b}+1\right)$，令 $\alpha=\frac{3b}{1-b}+1$，代入上式得：

$$\pi_h^D-\pi_l^M+\pi_l^D=\frac{2b^2+2b+5}{9}\frac{2b+1}{1-b}S-\frac{17b^2+26b+29}{36}S$$

$$\pi_h^D-\pi_l^M+\pi_l^D=\frac{33b^3+33b^2+51b-9}{36(1-b)}S$$

令 $g=33b^3+33b^2+51b-9$，$g(0)=-9$，$g(1)=108$，$\frac{\partial g}{\partial b}=99b^2+66b+51>0$，所以必存在一个唯一的 b_{l*}，从而当 $b>b_{l*}$时，只要满足$\frac{3b_l^*}{1-b_l^*}+1<\alpha\leqslant\frac{3b}{1-b}+1$ 就能保证 $\pi_h^D-\pi_l^M+\pi_l^D>0$。

附录 D

定理 1 的证明：

为了保证低质量企业占先的序贯均衡发生，则在 $Y\geqslant0$ 的任何范围内，高质量企业作为领先者的价值都低于其作为追随者的价值而不愿成为领先者，因此必须满足：

$$R_h(Y)=V_h^L(Y)-V_h^F(Y)<0 \tag{D-1}$$

同时要保证低质量企业在 $Y\in(Y_l^{P1},Y_l^{P2})$内作为领先者的价值高于其作为追随者的价值，而愿意成为领先者，即：

$$R_l(Y)=V_l^L(Y)-V_l^F(Y)\geqslant0 \tag{D-2}$$

其中，Y_l^{P1}、Y_l^{P2} 为 $V_l^L(Y)$和 $V_l^F(Y)$的两个交点。下面，我们根据两不等式(D-1)和(D-2)分别得到满足它们的条件。

(1)先根据条件(D-1)，由 $V_h^L(Y)$和 $V_h^F(Y)$的表达式得：

$$R_h(Y)=\frac{\pi_h^M Y}{r-\mu}-\frac{\pi_h^M-\pi_h^D}{r-\mu}Y_l^F\left(\frac{Y}{Y_l^F}\right)^{\beta_0}-K_h-\frac{K_h}{\beta_0-1}\left(\frac{Y}{Y_h^F}\right)^{\beta_0} \tag{D-3}$$

如果存在成本差距条件，使得(D-4)取得的最大值始终小于 0，那么就能满足条件(D-1)。

首先，$R_h(0)=-K_h<0$。

其次，

$$R_h(Y_l^F) = \frac{\pi_h^M Y_l^F}{r-\mu} - \frac{\pi_h^M - \pi_h^D}{r-\mu} Y_l^F - K_h - \frac{K_h}{\beta_0 - 1}\left(\frac{Y_l^F}{Y_h^F}\right)^{\beta_0}$$
$$= \frac{\pi_h^D Y_l^F}{r-\mu} - K_h - \frac{K_h}{\beta_0 - 1}\left(\frac{Y_l^F}{Y_h^F}\right)^{\beta_0} < 0$$

因为期权价值大于净现值，故 $R_h(Y_l^F)<0$。然后，对 $R_h(Y)$ 求一阶和二阶导：

$$\frac{\partial R_h(Y)}{\partial Y} = \frac{\pi_h^M}{r-\mu} - \beta_0 \frac{\pi_h^M - \pi_h^D}{r-\mu}\left(\frac{Y}{Y_l^F}\right)^{\beta_0 - 1} - \frac{\beta_0 K_h}{\beta_0 - 1}\frac{1}{Y_h^F}\left(\frac{Y}{Y_h^F}\right)^{\beta_0 - 1}$$

$$\frac{\partial^2 R_h(Y)}{\partial Y^2} = -\beta_0(\beta_0 - 1)\frac{\pi_h^M - \pi_h^D}{r-\mu}\frac{1}{Y_l^F}\left(\frac{Y}{Y_l^F}\right)^{\beta_0 - 2} - \beta_0 K_h \frac{1}{Y_h^{F2}}\left(\frac{Y}{Y_h^F}\right)^{\beta_0 - 2} < 0$$

判断是否存在一个 Y^* 使得式(D-3)取得最大值且最大值为 0，即满足：

$$R_h(Y^*) = \frac{\pi_h^M Y^*}{r-\mu} - \frac{\pi_h^M - \pi_h^D}{r-\mu} Y_l^F \left(\frac{Y^*}{Y_l^F}\right)^{\beta_0} - K_h - \frac{K_h}{\beta_0 - 1}\left(\frac{Y^*}{Y_h^F}\right)^{\beta_0} = 0 \quad \text{(D-4)}$$

$$\frac{\partial R_h(Y^*)}{\partial Y} = \frac{\pi_h^M}{r-\mu} - \beta_0 \frac{\pi_h^M - \pi_h^D}{r-\mu}\left(\frac{Y^*}{Y_l^F}\right)^{\beta_0 - 1} - \frac{\beta_0 K_h Y_h^{F-1}}{\beta_0 - 1}\left(\frac{Y^*}{Y_h^F}\right)^{\beta_0 - 1} = 0 \quad \text{(D-5)}$$

上式乘以 $\frac{Y^*}{\beta_0}$ 得：

$$\frac{Y^*}{\beta_0}\frac{\partial R_h(Y^*)}{\partial Y} = \frac{Y^*}{\beta_0}\frac{\pi_h^M}{r-\mu} - \frac{\pi_h^M - \pi_h^D}{r-\mu} Y_l^F \left(\frac{Y^*}{Y_l^F}\right)^{\beta_0} - \frac{K_h}{\beta_0 - 1}\left(\frac{Y^*}{Y_h^F}\right)^{\beta_0} = 0 \quad \text{(D-6)}$$

根据式(D-4)和(D-6)得 $Y^* = Y_h^M = \frac{\beta_0}{\beta_0 - 1}\frac{r-\mu}{\pi_h^M}K_h$①。

把 Y^* 代入式(D-4)得最大值：

$$R_h(Y^*) = \frac{\beta_0}{\beta_0 - 1}K_h - \frac{\beta_0}{\beta_0 - 1}\frac{\pi_h^M - \pi_h^D}{\pi_l^D}K_l\left(\frac{\pi_l^D}{\pi_h^M}\frac{K_h}{K_l}\right)^{\beta_0} - K_h - \frac{K_h}{\beta_0 - 1}\left(\frac{\pi_h^D}{\pi_h^M}\right)^{\beta_0} = 0$$
(D-7)

求解式(D-7)可得满足式(D-3)最大值为 0 的成本差距条件为：

$$c_h^* = \frac{K_h}{K_l} = \frac{1}{\pi_l^D}\left[\frac{\pi_h^{M\beta_0} - \pi_h^{D\beta_0}}{\beta_0(\pi_h^M - \pi_h^D)}\right]^{\frac{1}{\beta_0 - 1}} \quad \text{(D-8)}$$

此时 Y^* 是 $c_h^*(\alpha, b, \sigma)$ 的函数。当 $c>c_h^*$，$R_h[Y^*(c>c_h^*)]<0$，则可以保证 $Y>0$ 时，$\max(R_h)<0$。反之，当 $c\leqslant c_h^*$，$R_h[Y^*(c\leqslant c_h^*)]\geqslant 0$，则可以保证存在 $Y\in(Y_h^{P1}, Y_h^{P2})$ 使得 $\max(R_h)\geqslant 0$。

---

① 这是一种简便的求法。如果先判断 $\frac{\partial R_h(Y^*)}{\partial Y}=0$，可以得到 $Y^* = \frac{\beta_0(r-\mu)}{(\beta_0 - 1)\pi_h^M}K_h \left[\frac{\pi_h^{M\beta_0}}{\beta_0(\pi_h^M - \pi_h^D)\pi_l^{D\beta_0 - 1}\left(\frac{K_h}{K_l}\right)^{\beta_0 - 1} + \pi_h^{D\beta_0}}\right]^{\frac{1}{\beta_0 - 1}}$，因为 $\frac{\partial^2 R_h(Y)}{\partial Y^2}<0$，所以 $R_h(Y)$ 是严格的凹函数，再把 Y^* 代入 $R_h(Y)$ 使其最大值为 0 时也可得到成本差距条件 $c_h^* = \frac{K_h}{K_l} = \frac{1}{\pi_l^D} = \frac{1}{\pi_l^D}\left[\frac{\pi_h^{M\beta_0} - \pi_h^{D\beta_0}}{\beta_0(\pi_h^M - \pi_h^D)}\right]^{\frac{1}{\beta_0 - 1}}$，此时把 c_h^* 代入 Y^* 表达式得 $Y^* = \frac{\beta_0}{\beta_0 - 1}\frac{r-\mu}{\pi_h^M}K_h$。本节类似的证明都采取文中的方法。

(2)不等式(D-2)与(D-1)的区别仅在于逻辑符号的变化，因此同理可证：

如果$\frac{K_l}{K_h} \leqslant \frac{1}{\pi_h^D}\left[\frac{\pi_l^{M^{\beta_0}} - \pi_l^{D^{\beta_0}}}{\beta_0(\pi_l^M - \pi_l^D)}\right]^{\frac{1}{\beta_0 - 1}}$，则$R_l(Y)$的最大值大于等于0，则低质量企业存在成为领先者的可能。因为成本差距定义为K_h / K_l，令

$$c_l{}^* = \pi_h^D\left[\frac{\beta_0(\pi_l^M - \pi_l^D)}{\pi_l^{M^{\beta_0}} - \pi_l^{D^{\beta_0}}}\right]^{\frac{1}{\beta_0 - 1}}$$

则$c \geqslant c_l^*(b, \alpha, \sigma)$时，存在满足式(D-2)的条件。

总之，如果一定存在低质量企业占先的序贯均衡，则成本差距必须满足$c > c_h = \max\{c_h{}^*, c_l{}^*\}$，此时，定理1的(1)两种情况成立；

为了保证高质量企业竞争中占先，采用相同的证明方法，如果均衡是高质量企业占先的序贯均衡，其先投资的成本差距必须满足：$c \leqslant c_l = \min\{c_h{}^*, c_l{}^*\}$，此时定理1的(2)两种情况成立。

附录 E

定理2的证明：

首先，要保证低质量企业具有成为领先者的动机，即存在Y>0，使得$R_l(Y) = V_l^L(Y) - V_l^F(Y) \geqslant 0$，为了保证该条件成立，根据定理1中的证明，可得成本差距条件c>c$_l$。

其次，为了保证均衡是低质量企业占先的序贯均衡，即$Y_l^L \leqslant Y_h^{P1}$，因此低质量企业在Y_l^L处投资时，要满足在该处高质量企业不能抢先成为领先者，即$V_h^L(Y_l^L) \leqslant V_h^F(Y_l^L)$。其中，$Y_h^{P1}$为$V_h^L(Y)$和$V_h^F(Y)$相交时最小的一个交点。为了证明存在使该条件成立的成本差距条件，根据V_h^F、V_h^L表达式，令$R_h(Y) = V_h^L(Y) - V_h^F(Y)$得：

$$R_h(Y) = \frac{\pi_h^M Y}{r - \mu} - \frac{\pi_h^M - \pi_h^D}{r - \mu} Y_l^F \left(\frac{Y}{Y_l^F}\right)^{\beta_0} - K_h - \frac{K_h}{\beta_0 - 1}\left(\frac{Y}{Y_h^F}\right)^{\beta_0} \tag{E-1}$$

把$Y_l^L = \frac{\beta_0}{\beta_0 - 1}\frac{r - \mu}{\pi_l^M} K_l$代入上式得：

$$R_h(Y_l^L) = \frac{\pi_h^M}{\pi_l^M}\frac{\beta_0 K_l}{\beta_0 - 1} - \frac{\pi_h^M - \pi_h^D}{\pi_l^D}\frac{\beta_0}{\beta_0 - 1} K_l \left(\frac{\pi_l^D}{\pi_l^M}\right)^{\beta_0} - K_h - \frac{K_h}{\beta_0 - 1}\left(\frac{\pi_h^D}{\pi_l^M}\right)^{\beta_0}\left(\frac{K_l}{K_h}\right)^{\beta_0} \tag{E-2}$$

式(E-2)乘以$\frac{\beta_0 - 1}{K_h}\pi_l^{M^{\beta_0}}$得：

$$f = \frac{\pi_h^M}{\pi_l^M}\beta_0 \pi_l^{M^{\beta_0}}\frac{K_l}{K_h} - \beta_0(\pi_h^M - \pi_h^D)\pi_l^{D^{\beta_0 - 1}}\frac{K_l}{K_h} - (\beta_0 - 1)\pi_l^{M^{\beta_0}} - \pi_h^{D^{\beta_0}}\left(\frac{K_l}{K_h}\right)^{\beta_0} \tag{E-3}$$

令$z = K_l / K_h$，因为$\pi_h^M / \pi_l^M = \alpha$，代入式(E-3)得：

$$f(z) = z\alpha\beta_0\pi_l^{M^{\beta_0}} - z\beta_0(\pi_h^M - \pi_h^D)\pi_l^{D^{\beta_0 - 1}} - (\beta_0 - 1)\pi_l^{M^{\beta_0}} - z^{\beta_0}\pi_h^{D^{\beta_0}} \tag{E-4}$$

如果能够证明z在某区间能保证$f(z)$小于0，就能确定高质量企业在此区间V_h^F

$(Y_l^L)\geqslant V_h^L(Y_l^L)$而不能抢先成为领先者。下面证明该区间的存在性。

因为

$$\frac{\partial f(z)}{\partial z}=\alpha\beta_0\pi_l^{M^{\beta_0}}-\beta_0(\pi_h^M-\pi_h^D)\pi_l^{D^{\beta_0-1}}-\beta_0 z^{\beta_0-1}\pi_h^{D^{\beta_0}} \tag{E-5}$$

$$\frac{\partial^2 f(z)}{\partial z^2}=-\beta_0(\beta_0-1)z^{\beta_0-2}\pi_h^{D^{\beta_0}}<0 \tag{E-6}$$

$$f(0)=-(\beta_0-1)\pi_l^{M^{\beta_0}}<0 \tag{E-7}$$

$$\begin{aligned}\left.\frac{\partial f(z)}{\partial z}\right|_{z=0}&=\alpha\beta_0\pi_l^{M^{\beta_0}}-\beta_0(\pi_h^M-\pi_h^D)\pi_l^{D^{\beta_0-1}}\\&=\beta_0[\pi_h^M(\pi_l^{M^{\beta_0-1}}-\pi_l^{D^{\beta_0-1}})+\pi_h^D\pi_l^{D^{\beta_0-1}}]\\&>0\end{aligned} \tag{E-8}$$

根据式(E-6)可知$\frac{\partial f(z)}{\partial z}$是一个单调递减函数，再根据式(E-8)可知必定存在一个区间 $z\in[0,\hat{z}]$使得$\left.\frac{\partial f(z)}{\partial z}\right|z\in[0,\hat{z}]\geqslant 0$，从而保证在此区间内，$f(z)$是一个单调递增的凹函数。如果进一步能够保证 $f(\hat{z})$是最大值并且 $f(\hat{z})\geqslant 0$，再根据式(E-7)$f(0)<0$，则存在一个 $\hat{z}^*\in[0,\hat{z}]$使 $f(\hat{z}^*)=0$，在 $z\in[0,\hat{z}^*]$使得高质量企业不能成为领先者，即 $V_h^L(Y_l^L)\leqslant V_h^F(Y_l^L)$。

因此，我们寻找 $f(\hat{z})$是最大值并且 $f(\hat{z})\geqslant 0$ 的成本差距条件。根据式(E-9)，令$\left.\frac{\partial f(z)}{\partial z}\right|z=\hat{z}=0$ 得：

$$\hat{z}=\left[\frac{\alpha\pi_l^{M^{\beta_0}}-(\pi_h^M-\pi_h^D)\pi_l^{D^{\beta_0-1}}}{\pi_h^{D^{\beta_0}}}\right]^{\frac{1}{\beta_0-1}} \tag{E-9}$$

把 $\hat{z}$ 代入式(E-4)得：

$$f(\hat{z})=\hat{z}\alpha\beta_0\pi_l^{M^{\beta_0}}-\hat{z}\beta_0(\pi_h^M-\pi_h^D)\pi_l^{D^{\beta_0-1}}-(\beta_0-1)\pi_l^{M^{\beta_0}}-\hat{z}^{\beta_0}\pi_h^{D^{\beta_0}} \tag{E-10}$$

把 $\pi_h^M=\alpha\pi_l^M$ 代入上式并整理得：

$$f(\hat{z})=(\beta_0-1)[\hat{z}^{\beta_0}\pi_h^{D^{\beta_0}}-\pi_l^{M^{\beta_0}}] \tag{E-11}$$

要使 $f(\hat{z})\geqslant 0$，根据式(F-3)必须满足条件：$\hat{z}^{\beta_0}\pi_h^{D^{\beta_0}}-\pi_l^{M^{\beta_0}}\geqslant 0$，即 $\hat{z}\geqslant\frac{\pi_l^M}{\pi_h^D}$，不等式变为：

$$\hat{z}=\left[\frac{\alpha\pi_l^{M^{\beta_0}}-(\pi_h^M-\pi_h^D)\pi_l^{D^{\beta_0-1}}}{\pi_h^{D^{\beta_0}}}\right]^{\frac{1}{\beta_0-1}}\geqslant\left(\frac{\pi_l^M}{\pi_h^D}\right) \tag{E-12}$$

消去分母得：

$$\alpha\pi_l^{M^{\beta_0}}-(\pi_h^M-\pi_h^D)\pi_l^{D^{\beta_0-1}}\geqslant\pi_l^{M^{\beta_0-1}}\pi_h^{D^{\beta_0}}\pi_h^{D^{1-\beta_0}}$$

为证明该不等式成立，令 $g=\alpha\pi_l^{M^{\beta_0}}-(\pi_h^M-\pi_h^D)\pi_l^{D^{\beta_0-1}}-\pi_l^{M^{\beta_0-1}}\pi_h^{D^{\beta_0}}\pi_h^{D^{1-\beta_0}}$，因为 $\pi_h^M=\alpha\pi_l^M$，所以 $\alpha\pi_l^{M^{\beta_0}}=\pi_h^M\pi_l^{M^{\beta_0-1}}$，对 g 化简得：

$$g=(\pi_h^M-\pi_h^D)(\pi_l^{M^{\beta_0-1}}-\pi_l^{D^{\beta_0-1}})\geqslant 0$$

所以能够保证 $f(\hat{z})$是最大值并且 $f(\hat{z})\geqslant 0$。可以断定存在一个 $\hat{z}^*\in[0,\hat{z}]$满足单调递增函数 $f(\hat{z}^*)=0$，在 $z\in[0,\hat{z}^*]$内满足 $V_h^F(Y_l^M)\geqslant V_h^L(Y_l^M)$。因为成本差距 $c=K_h/K_l$，而 $z=K_l/K_h$，所以满足以上条件的成本差距为 $1/z$。令 $c_m^*=1/\hat{z}^*$。$\hat{z}^*$ 由式(E-13)确定：

$$\hat{z}^*\alpha\beta_0\pi_l^{M^{\beta_0}}-\hat{z}^*\beta_0(\pi_h^M-\pi_h^D)\pi_l^{D^{\beta_0-1}}-(\beta_0-1)\pi_l^{M^{\beta_0}}-\hat{z}^*\beta_0\pi_h^{D^{\beta_0}}=0 \quad \text{(E-13)}$$

虽然上式要得到的是 $\hat{z}^*\in[0,\hat{z}]$的解①，但是因为 $f(\infty)<0$，那么上式在$[\hat{z},\infty]$还存在另一个解②，为得到有意义的解，所以应取 $c_m^*\geqslant\alpha$ 的解。因为，如果高质量企业本身具有先投资的动机，那么在 $Y\in(Y_h^{P1},Y_h^{P2})$内，满足 $V_h^L(Y)\geqslant V_h^F(Y)$，在交点 Y_h^{P1} 处有 $V_h^F(Y_h^{P1})=V_h^L(Y_h^{P1})$。如果低质量企业能够先于高质量企业投资，并有能力在对手抢先投资之前选择最优投资时机(临界值 Y_l^L 对应的时间)投资，那么应满足 $Y_l^L\leqslant Y_h^{P1}$，又因为高质量企业(能够从容选择的)最优投资临界值为 $Y_h^L\in(Y_h^{P1},Y_h^{P2})$，所以应满足 $Y_l^L\leqslant Y_h^L$。因为 $Y_h^L=Y_h^M$，$Y_l^L=Y_l^M$，根据 $Y_l^L/Y_h^L=\alpha/c$，要获得有意义的解，质量差距与成本差距应满足 $c\geqslant c_m^*\geqslant\alpha$ 条件(注意，α 和 c 仅仅是系数，无量纲)。

最后，为了与定理 1 中低质量企业序贯均衡条件 $c\geqslant c_h$ 保持一致，并结合前面的 3 个条件可知，当 $c\geqslant c_m=\min(\max(c_l,c_m^*),c_h)$时定理成立。

附录 F

定理 3 的证明：

对定理 3 的证明同样遵循定理 2 的证明逻辑。

首先，要保证在 Y_h^L 处高质量企业的领先价值高于其作为追随者的价值：$R_h(Y_h^L)=V_h^L(Y_h^L)-V_h^F(Y_h^L)\geqslant 0$，为了保证该条件成立，根据定理 1 中的证明，可得成本差距条件 $c<c_h$。

其次，为了保证均衡是高质量企业占先的序贯均衡，即 $Y_h^L\leqslant Y_l^{P1}$，因此高质量企业在 Y_h^L 处投资时，只需满足在该处低质量企业不能抢先成为领先者，即 $V_l^L(Y_h^L)\leqslant V_l^F(Y_h^L)$。其中，$Y_l^{P1}$ 为 $V_l^L(Y)$和 $V_l^F(Y)$相交时最小的一个交点。为了证明该不等式成立，令 $R_l(Y)=V_l^L(Y_h^L)-V_l^F(Y_h^L)$，根据 V_l^L、V_l^F 表达式得：

$$R_l(Y)=\frac{\pi_l^MY}{r-\mu}-\frac{\pi_l^M-\pi_l^D}{r-\mu}Y_h^F\left(\frac{Y}{Y_h^F}\right)^{\beta_0}-K_l-\frac{K_l}{\beta_0-1}\left(\frac{Y}{Y_l^F}\right)^{\beta_0} \quad \text{(F-1)}$$

把 $Y_h^L=\dfrac{\beta_0}{\beta_0-1}\dfrac{r-\mu}{\pi_h^M}K_h$ 代入上式得：

$$R_l(Y_h^L)=\frac{\pi_l^M}{\pi_h^M}\frac{\beta_0K_h}{\beta_0-1}-\frac{\pi_l^M-\pi_l^D}{\pi_h^D}\frac{\beta_0}{\beta_0-1}K_h\left(\frac{\pi_h^D}{\pi_h^M}\right)^{\beta_0}-K_l-\frac{K_l}{\beta_0-1}\left(\frac{\pi_l^D}{\pi_h^M}\right)^{\beta_0}\left(\frac{K_h}{K_l}\right)^{\beta_0}$$

---

① 该解对应的情况是 $Y_l^L=Y_h^{P1}$。

② 该解对应的情况是 $Y_l^L=Y_h^{P2}$。

上式乘$\frac{\beta_0-1}{K_l}\pi_h^{M\beta_0}$得：

$$f=\frac{\pi_l^M}{\pi_h^M}\beta_0\pi_h^{M\beta_0}\frac{K_h}{K_l}-\beta_0(\pi_l^M-\pi_l^D)\pi_h^{D\beta_0-1}\frac{K_h}{K_l}-(\beta_0-1)\pi_h^{M\beta_0}-\pi_l^{D\beta_0}\left(\frac{K_h}{K_l}\right)^{\beta_0} \tag{F-2}$$

令 $\alpha=K_h/K_l$，因为 $\pi_h^M/\pi_h^M=1/a$，由式(F-2)得：

$$f(z)=z(1/\alpha)\beta_0\pi_h^{M\beta_0}-z\beta_0(\pi_l^M-\pi_l^D)\pi_h^{D\beta_0-1}-(\beta_0-1)\pi_h^{M\beta_0}-z^{\beta_0}\pi_l^{D\beta_0} \tag{F-3}$$

同定理 2 中证明类似，如果能够证明 z 在某区间能保证 $f(z)$小于 0，就能确定低质量企业在此区间不能抢先成为领先者。下面证明该区间的存在性。

$$\frac{\partial f(z)}{\partial z}=(1/\alpha)\beta_0\pi_h^{M\beta_0}-\beta_0(\pi_l^M-\pi_l^D)\pi_h^{D\beta_0-1}-\beta_0 z^{\beta_0-1}\pi_l^{D\beta_0} \tag{F-4}$$

$$\frac{\partial f(z)}{\partial z^2}=-\beta_0(\beta_0-1)z^{\beta_0-2}\pi_1^{D\beta_0}<0 \tag{F-5}$$

$$f(0)=-(\beta_0-1)\pi_h^{M\beta_0}<0 \tag{F-6}$$

$$\begin{aligned}\left.\frac{\partial f(z)}{\partial z}\right|_{z=0}&=(1/\alpha)\beta_0\pi_h^{M\beta_0}-\beta_0(\pi_l^M-\pi_l^D)\pi_h^{D\beta_0-1}\\&=\beta_0\pi_l^M(\pi_h^{M\beta_0-1}-\pi_h^{D\beta_0-1})+\beta_0\pi_l^D\pi_h^{D\beta_0-1}\\&<0\end{aligned} \tag{F-7}$$

根据式(F-5)可知$\frac{\partial f(z)}{\partial z}$是一个单调递减函数，再根据式(F-7)可知必定存在一个区间 $z\in[0,\bar{z}]$，使得$\left.\frac{\partial f(z)}{\partial z}\right|_{z\in[0,\bar{z}]}\geqslant0$，从而保证在 $z\in[0,\bar{z}]$ 区间内，$f(z)$是一个单调递增的凹函数。如果进一步能够保证 $f(\bar{z})$是最大值并且 $f(\bar{z})\geqslant0$，再根据式(F-3)有 $f(0)<0$，则必存在 z^* 使 $f(z^*)=0$，在 $z\in[0,z^*]$使得低质量企业不能成为领先者，即 $V_l^F(Y_h^M)\geqslant V_l^L(Y_h^M)$。

下面，我们寻找 $f(\bar{z})$是最大值并且 $f(\bar{z})\geqslant0$ 的条件。根据式(F-4)，令$\left.\frac{\partial f(z)}{\partial z}\right|_{z=\bar{z}}=0$ 得：

$$(1/\alpha)\beta_0\pi_h^{M\beta_0}-\beta_0(\pi_l^M-\pi_l^D)\pi_h^{D\beta_0-1}-\beta_0 z^{\beta_0-1}\pi_l^{D\beta_0}=0$$

求解上式得：

$$\bar{z}=\left[\frac{(1/\alpha)\beta_0\pi_h^{M\beta_0}-(\pi_l^M-\pi_l^D)\pi_h^{D\beta_0-1}}{\pi_l^{D\beta_0}}\right]^{\frac{1}{\beta_0-1}} \tag{F-8}$$

把 $\bar{z}$ 代入式(F-3)得：

$$f(\bar{z})=\bar{z}(1/\alpha)\beta_0\pi_h^{M\beta_0}-\bar{z}\beta_0(\pi_l^M-\pi_l^D)\pi_h^{D\beta_0-1}-(\beta_0-1)\pi_h^{M\beta_0}-\bar{z}^{\beta_0}\pi_l^{D\beta_0}$$

把 $\pi_h^M=\alpha\pi_l^M$ 代入上式并整理得：

$$f(\bar{z})=(\beta_0-1)[\bar{z}^{\beta_0}\pi_l^{D\beta_0}-\pi_h^{M\beta_0}] \tag{F-9}$$

要使 $f(\bar{z})\geqslant0$，必须满足条件 $\bar{z}^{\beta_0}\pi_l^{D\beta_0}-\pi_h^{M\beta_0}\geqslant0$，即 $\bar{z}\geqslant\frac{\pi_h^M}{\pi_l^D}$，该不等式变为

$$\bar{z} = \left[\frac{(1/\alpha)\pi_h^{M^{\beta_0}} - (\pi_l^M - \pi_l^D)\pi_h^{D^{\beta_0-1}}}{\pi_l^{D^{\beta_0}}}\right]^{\frac{1}{\beta_0-1}} \geqslant \frac{\pi_h^M}{\pi_l^D}$$

上式展开：

$$(1/\alpha)\pi_h^{M^{\beta_0}} - (\pi_l^M - \pi_l^D)\pi_h^{D^{\beta_0-1}} \geqslant \pi_h^{M^{\beta_0-1}}\pi_l^D$$

证明上面的不等式成立，令 $g = (1/\alpha)\pi_h^{M^{\beta_0}} - (\pi_l^M - \pi_l^D)\pi_h^{D^{\beta_0-1}} - \pi_h^{M^{\beta_0-1}}\pi_l^D$，因为 $\pi_h^M = \alpha\pi_l^M$，化简得：

$$g = (\pi_h^{M^{\beta_0-1}} - \pi_h^{D^{\beta_0-1}})(\pi_l^M - \pi_l^D) \geqslant 0$$

所以能够保证 $f(\bar{z})$是最大值并且 $f(\bar{z})\geqslant 0$。可以断定存在一个 $z^* \in [0, (\bar{z})]$ 满足单调递增函数 $f(z^*)=0$，在 $z\in[0, z^*]$内满足 $V_l^F(Y_h^M) \geqslant V_l^L(Y_h^M)$。把 z^* 代入(F-3)得：

$$z^*(1/\alpha)\beta_0\pi_h^{M^{\beta_0}} - z^*\beta_0(\pi_l^M - \pi_l^D)\pi_h^{D^{\beta_0-1}} - (\beta_0 - 1)\pi_h^{M^{\beta_0}} - z^{*\beta_0}\pi_l^{D^{\beta_0}} = 0$$

z^* 由上式确定，并令 $z^* = c_n^*$。虽然上式我们要得到的是 $z\in[0, z^*]$的解(该解对应的情况正好是 $Y_h^L = Y_l^{P1}$)，但是因为 $f(\infty)<0$，那么上式在$[\bar{z}, \infty]$还存在另一个解(该解对应的情况正好是 $Y_h^L = Y_l^{P2}$)，为了得到有意义的解，所以还应取 $c_n^* \leqslant \alpha$ 的解。因为，如果低质量企业本身具有先投资的能力，那么在 $Y\in(Y_l^{P1} = Y_l^{P2})$内，满足 $V_l^L(Y) \geqslant V_l^F(Y)$，在交点 Y_l^{P1} 处有 $V_l^F(Y_l^{P1}) = V_l^L(Y_l^{P1})$。如果高质量企业能够先于低质量企业投资，并有能力在对手抢先投资临界值之前选择最优投资时机(临界值 Y_h^L 对应的时间)投资，应满足 $Y_h^L \leqslant Y_l^{P1}$，又因为低质量企业的最优时机对应的投资临界值为 $Y_l^L(Y_l^{P1}, Y_l^{P2})$，所以存在且至少要满足 $Y_h^L \leqslant Y_l^L$ 条件。因为 $Y_h^L = Y_h^M$，$Y_l^L = Y_l^M$，根据 $Y_l^L/Y_h^L = \alpha/c$，要获得有意义的解，质量差距与成本差距应满足 $c \leqslant c_n^* \leqslant \alpha$ 条件。

最后，为了与定理 1 中高质量企业的序贯均衡条件 $c \leqslant c_l$保持一致，并结合上面的 3 个条件可知，$c \leqslant c_n = \max[\min(c_h, C_n^*), c_l]$ 时定理成立。

附录 G

推论 1 的证明：

已知 $c_m = \min[\max(c_l, c_m^*), c_h]$，$c_n = \max[\min(c_h, c_m^* > \alpha > c_n^*), c_l)$，$c_m^* > \alpha > c_n^*$，且 $c_h > c_l$。证明见表 G-1。

表 G-1

<table>
<tr><th>$\max(c_l, c_m^*)$</th><th>$\min(c_h, c_n^*)$</th><th>c_m</th><th>c_n</th><th>结果</th></tr>
<tr><td rowspan="3">如果 $c_l \gt c_m^*$，则 $\max(c_l, c_m^*) = c_l$</td><td rowspan="2">如果 $c_n^* \lt c_h$，则 $\min(c_h, c_n^*) = c_n^*$</td><td rowspan="2">$\min(c_l, c_h) = c_l$</td><td>如果 $\max(c_n^*, c_l) = c_l$</td><td>$c_m = c_n$</td></tr>
<tr><td colspan="2">如果 $\max(c_n^*, c_l) = c_n^*$，则与 $c_l \gt c_m^*$、$c_m^* \gt c_n^*$ 假设矛盾</td></tr>
<tr><td>如果 $c_n^* \gt c_h$，则与 $c_l \gt c_m^*$、$c_m^* \gt c_n^*$ 和 $c_h \gt c_l$ 矛盾</td><td></td><td></td><td></td></tr>
</table>

$\max(c_l, c_m^*)$	$\min(c_h, c_n^*)$	c_m	c_n	结果
如果 $c_l < c_m^*$，则 $\max(c_l, c_m^*) = c_m^*$	如果 $c_n^* < c_h$，则 $\min(c_h, c_n^*) = c_n^*$	如果 $\min(c_m^*, c_h) = c_h$	如果 $\max(c_n^*, c_l) = c_l$	$c_m > c_n$
			如果 $\max(c_n^*, c_l) = c_n^*$	$c_m > c_n$
		如果 $\min(c_m^*, c_h) = c_m^*$	如果 $\max(c_n^*, c_l) = c_l$	$c_m > c_n$
			如果 $\max(c_n^*, c_l) = c_n^*$	$c_m > c_n$
		$\min(c_m^*, c_h) = c_h$	$\max(c_h, c_l) = c_h$	$c_m = c_n$
	如果 $c_n^* > c_h$，则 $\min(c_h, c_n^*) = c_h$	如果 $\min(c_m^*, c_h) = c_m^*$ 则与 $c_m^* > c_n^*$ 矛盾		

根据上表可知，$c_m \geqslant c_n$。

附录 H

不存在同时投资情况的证明：

同时投资时企业价值为：

$$V_i^s(Y) = \begin{cases} A_i^s Y^{\beta_0} & Y < Y_i^s \\ \dfrac{\pi_i^D Y}{r-\mu} - K_i & Y \geqslant Y_i^s \end{cases}$$

其中，$A_i^s = A_i^F$，追随者的投资临界值为 $Y_i^s = Y_i^F$，且同时投资的价值与他们各自作为追随者投资的价值相同。

假设企业 i 具有综合优势，由企业 i 主导的同时均衡的存在必须满足：①$Y_i^s < Y_{i-}^s$，此时，企业 i 在 $Y \in (Y_i^{p1}, Y_{i-}^F)$ 应满足 $V_i^s(Y) > \max[V_i^L(Y), V_i^F(Y)]$，否则企业 i 将在 $\min(Y_{i-}^{P1}, Y_i^L)$ 处投资，而企业 $i-$ 则在 Y_{i-}^F 处投资。在此区间内，对手 $i-$ 也无意成为领先者，即 $V_{i-}^s(Y) > \max[V_{i-}^L(Y), V_{i-}^F(Y)]$；② $Y_{i-}^F < Y_i^s$，即 i 选择同时投资，$i-$ 也被迫立即投资。由于 $Y_l^s = Y_l^F$，$Y_h^s = Y_h^F$，很显然，①和②的假设存在矛盾。加之，本书假设 $\mathrm{E}_0\left(\int_0^\infty \mathrm{e}^{-rt}\pi_i^{(*)} Y_t \mathrm{d}t\right) - K_i < 0$，故不存在同时投资的情况。

附录 I

定理 4 的证明：

根据式(9-60)，首先求高质量企业占先的序贯均衡中两企业投资时间间隔的变化：

因为 $\dfrac{Y_l^F}{Y_h^M} = \dfrac{K_l \pi_h^M}{K_h \pi_l^D} = \dfrac{1}{c}\dfrac{9\alpha}{4(\alpha-1)}\left(\dfrac{1+b}{1-b}\right)^2$，令 $f = \ln\dfrac{1}{c}\dfrac{9\alpha}{4(\alpha-1)}\left(\dfrac{1+b}{1-b}\right)^2$

对 c，α 和 b 分别求导得：

$$\frac{\partial f}{\partial c}=\frac{1}{c}<0$$

$$\frac{\partial f}{\partial \alpha}=\frac{1}{\alpha}-\frac{1}{\alpha-1}<0$$

$$\frac{\partial f}{\partial b}=\frac{2}{1+b}+\frac{2}{1-b}>0$$

低质量企业占先的序贯均衡中两企业投资时间间隔的变化：

因为$\frac{Y_h^F}{Y_l^M}=\frac{K_h\pi_l^M}{K_l\pi_h^D}=c\ \frac{9}{4(c-1)}\left(\frac{b+1}{b+2}\right)^2$，令

$$f=\ln\left[c\ \frac{9}{4(\alpha-1)\left(\frac{b+1}{b+2}\right)}^2\right]$$

对 c、α 和 b 分别求导得

$$\frac{\partial f}{\partial c}=1/c>0$$

$$\frac{\partial f}{\partial \alpha}=-1(\alpha-1)<0$$

$$\frac{\partial f}{\partial b}=\frac{2}{b+1}-\frac{2}{b+2}>0$$

附录 J

抢先均衡中各投资临界值的比较：

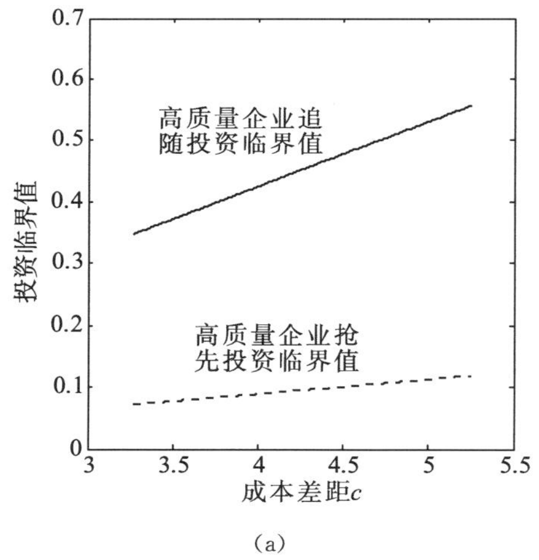

(a)

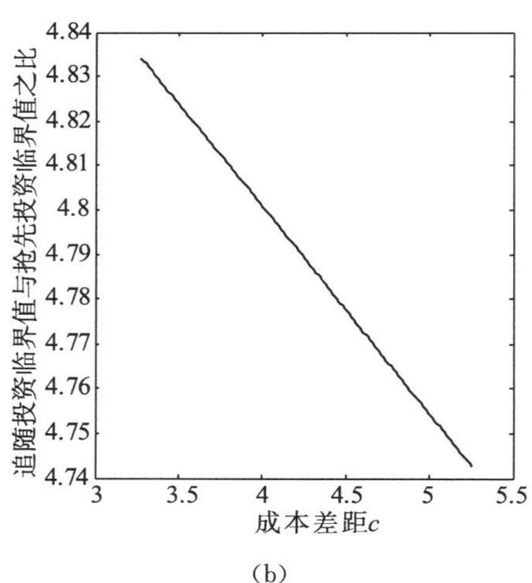

(b)

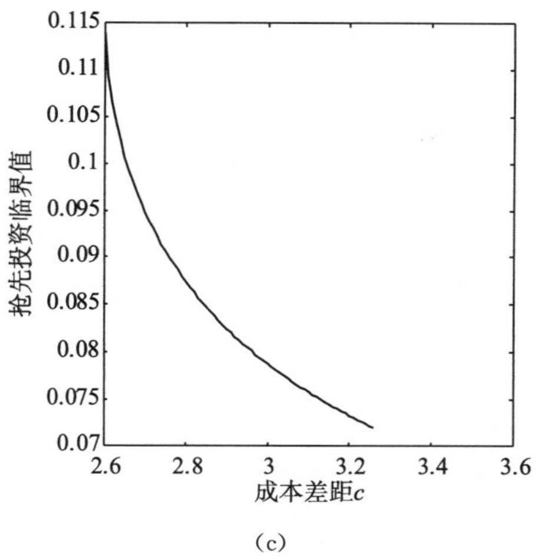

(c)

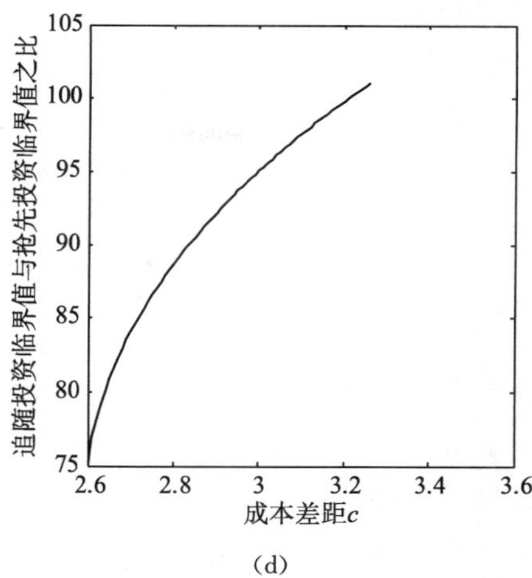

(d)

图(a)表示在低质量企业占先的抢先均衡中，随着成本差距的变化高质量企业抢先投资临界值的变化情况；图(b)表示作为追随企业，高质量企业追随投资临界值和抢先投资临界值之比；图(c)表示在高质量企业占先的抢先均衡中，低质量企业抢先投资临界值随着成本差距的扩大而变化的情况。注意，由于在本书假设中，低质量企业的投资成本固定不变，所以，其追随投资临界值不变，因而图(c)省略了低质量企业的追随投资临界值；图(d)表示低质量企业追随投资临界值和抢先投资临界值之比。

图 J-1　抢先均衡中各投资临界值的比较

第 10 章　专利研发战略与社会福利

本章以旨在通过研发专利技术从而垄断新兴市场的两非对称企业即各自拥有不同的研发能力为背景，分别就双方开展专利竞赛和合作博弈两种情形构建投资时机选择期权博弈模型，得到两种情形下两家企业的总投资净现值；构建消费者剩余模型得到两种情形下的消费者剩余现值；最后，比较分析合作与非合作博弈条件下由总投资净现值与消费者剩余现值所构成的社会福利间的差异与影响该差异变化的诸多因素间的动态变化特征，并给出相应的创新政策建议。

10.1　基本模型

第 2 章专利研发的一般期权博弈模型中，已对两研发能力非对称企业在专利竞赛和合作研发中的投资时机选择期权博弈特征及其均衡结果进行了详细讨论，在此就不再描述过程而是直接应用其分析结果。为以免混淆和便于理解，发生专利竞赛时优势企业的抢先投资点用 P_L 表示，对应于第 2 章中的 P_{2L}。劣势企业的追随者投资临界点用 P_F 表示，并对应于第 2 章中的 P_{2F}。合作研发时优势企业的投资点 P_1 对应于前面的 P_{21}，劣势企业的的投资点 P_2 对应于前面的 P_{22}。参数 β_1 对应于前面的 β_{21}，其他参数如 λ_1、λ_2、r、α、P_0、I、σ、$\mathrm{d}z$ 等均与第 2 章中的含义完全相同。

10.2　企业价值

10.2.1　专利竞赛

双方一旦产生专利竞赛，其博弈结果必然是优势企业在 P_L 处抢先投资成为领导者，劣势企业在 P_F 处投资成为追随者。则两家企业的研发投资净现值之和 NPV_{L+F} 表示如下：

$$\begin{aligned}\mathrm{NPV}_{L+F} &= E\left[\int_{T_L}^{T_F} \mathrm{e}^{-(r+\lambda_1)t} P_t \lambda_1 \mathrm{d}t\right] - E\left[\mathrm{e}^{-rT_L}\right] I + E\left[\int_{T_F}^{+\infty} \mathrm{e}^{-(r+\lambda_1+\lambda_2)t} P_t \lambda_1 \mathrm{d}t\right] \\ &\quad + E\left[\int_{T_F}^{+\infty} \mathrm{e}^{-(r+\lambda_1+\lambda_2)t} P_t \lambda_2 \mathrm{d}t\right] - E\left[\mathrm{e}^{-rT_L}\right] E\left[\mathrm{e}^{-r(T_F-T_L)}\right] I \end{aligned} \tag{10-1}$$

上式中，等式右边的第一排表示优势企业的投资净现值，第二排表示劣势企业的投资净现值；T_L 表示随机过程第一次到达 P_L 的时刻；T_F 表示随机过程第一次到达 P_F 的时刻。利用几何布朗运动的性质并采用 Dixit 和 Pindyck(1994)中计算预期现值的类似方法计算式(10-1)得式(10-2)：

$$\mathrm{NPV}_{L+F}=\begin{cases}\left(\dfrac{P_0}{P_L}\right)^{\beta_0}\left\{\dfrac{\lambda_1 P_L}{r+\lambda_1-\alpha}\left[1-\left(\dfrac{P_L}{P_F}\right)^{\beta_1-1}\right]-I+\left(\dfrac{P_L}{P_F}\right)^{\beta_1}\left[\dfrac{(\lambda_1+\lambda_2)P_F}{r+\lambda_1+\lambda_2-\alpha}-I\right]\right\} & P_0\leqslant P_L\\ \dfrac{\lambda_1 P_0}{r+\lambda_1-\alpha}\left[1-\left(\dfrac{P_0}{P_F}\right)^{\beta_1-1}\right]-I+\left(\dfrac{P_0}{P_F}\right)^{\beta_1}\left[\dfrac{(\lambda_1+\lambda_2)P_F}{r+\lambda_1+\lambda_2-\alpha}-I\right] & P_L<P_0<P_F\\ \dfrac{(\lambda_1+\lambda_2)P_0}{r+\lambda_1+\lambda_2-\alpha}-2I & P_0\geqslant P_F\end{cases}\tag{10-2}$$

这样就得到了两研发能力非对称企业在非合作博弈情形下(即产生专利竞赛)的总投资净现值。

10.2.2　合作研发

双方在合作情形下采取的投资策略一定是力求双方的总价值最大化。类似于 Weeds (2002)知，双方合作时的最优投资策略必定是一个顺序投资策略，而且一定是优势企业首先在 P_1 处投资，劣势企业必定在此之后的 P_2 处再投资，两投资临界点分别满足(10-3)和式(10-4)：

$$(\beta_0-1)\frac{\lambda_1 P_1}{r+\lambda_1-\alpha}-\frac{\beta_1-\beta_0}{\beta_1-1}I\left(\frac{P_1}{P_2}\right)^{\beta_1}-\beta_0 I=0\tag{10-3}$$

$$P_2=\frac{\beta_1}{\beta_1-1}\frac{(r+\lambda_1+\lambda_2-\alpha)(r+\lambda_1-\alpha)}{\lambda_2(r-\alpha)}I\tag{10-4}$$

类似于上面专利竞赛时的 NPV_{L+F} 计算过程，可得式(10-5)中合作情形下的总投资净现值 $\overline{\mathrm{NPV}_{L+F}}$：

$$\overline{\mathrm{NPV}_{L+F}}=\begin{cases}\left(\dfrac{P_0}{P_1}\right)^{\beta_0}\left\{\dfrac{\lambda_1 P_1}{r+\lambda_1-\alpha}\left[1-\left(\dfrac{P_1}{P_2}\right)^{\beta_1-1}\right]-I+\left(\dfrac{P_1}{P_2}\right)^{\beta_1}\left[\dfrac{(\lambda_1+\lambda_2)P_2}{r+\lambda_1+\lambda_2-\alpha}-I\right]\right\} & P_0\leqslant P_1\\ \dfrac{\lambda_1 P_0}{r+\lambda_1-\alpha}\left[1-\left(\dfrac{P_0}{P_2}\right)^{\beta_1-1}\right]-I+\left(\dfrac{P_0}{P_2}\right)^{\beta_1}\left[\dfrac{(\lambda_1+\lambda_2)P_2}{r+\lambda_1+\lambda_2-\alpha}-I\right] & P_1<P_0<P_2\\ \dfrac{(\lambda_1+\lambda_2)P_0}{r+\lambda_1+\lambda_2-\alpha}-2I & P_0\geqslant P_2\end{cases}\tag{10-5}$$

类似于 Weeds(2002)知：$P_1>P_L$，$P_2>P_F$，即合作时的两投资临界点均大于竞争时。

10.3　消费者剩余

社会福利通常被看作消费者剩余和生产者剩余的总和。在这里，企业以付出研发成本为“代价”，以未来产品市场上的净现金流为“回报”，因此本书将社会福利定义为消费者剩余和企业投资净现值之和①。前面已经分析了企业投资净现值，而要发现合作与非合作两种情形下的社会福利变动规律，还必须分析消费者剩余并将它与企业投资净现值相结合。

为简化分析，我们忽略专利商业化通常需要的一段时间，假定专利一旦研发成功就立刻商业化，即蕴含专利技术的新产品立即面世。新产品将填补市场空白且不可替代，并带给消费者更高的效用和更大的消费者剩余。假定两家企业的新产品对消费者而言是无差别的，并且由于专利的"赢者通吃"属性，市场上只会出现一家企业的新产品。另外，消费者越早享用到新产品则得到的效用越高，即消费者剩余同样具有现值效应，在本模型中，我们将对其贴现。

借鉴 Pawlina 和 Kort(2002)中的做法，设专利产品将对消费者产生一个瞬时消费者剩余②：

$$U_{it} = \theta_i h - p_t \tag{10-6}$$

式中，h 表示新产品的质量特征系数；θ_i 为衡量消费者对专利产品的价值判断的一个特性参数，并均匀分布于随机区间 $[0, A_t]$，即不同的消费者对专利产品具有不同的价值判断；p_t 为 t 时刻的产品价格；用 $F(\theta)$表示 θ 的分布函数，$f(\theta)$为其分布密度函数。

消费者购买新产品的条件是 $U_{it} \geqslant 0$，即 $\theta_i \geqslant p_t/h$，因而偏好区间 $[0, A_t]$ 中消费者购买新产品的概率为 $1-F(p_t/h)$。该购买概率与市场对新产品的瞬时需求量 ω_t 成正比，即：

$$1 - F\left(\frac{p_t}{h}\right) = \gamma\omega_t \tag{10-7}$$

利用均匀分布的性质化简式(10-7)得瞬时需求函数：

$$p_t = (A_t - \gamma\omega_t)h \tag{10-8}$$

在不考虑生产成本情况下，按利润最大化原则可得完全垄断下的新产品价格和产量(需求量)为：

$$p_t{}^* = \frac{hA_t}{2}; \gamma\omega_t^* = \frac{A_t}{2} \tag{10-9}$$

相应的最大瞬时利润为 $hA_t^2/4\gamma$。

瞬时消费者剩余 cs_t(图 10-1 中 cs_t 所在的小三角形面积)就为：

$$cs_t = \int_{\frac{A_t}{2}}^{A_t} \left(\theta_i h - \frac{hA_t}{2}\right) \frac{1}{A_t} \mathrm{d}\theta_i$$

---

① 实际上，在本书的简化(忽略生产成本)情况下，成功研发新技术的企业生产新产品的瞬时利润即为瞬时生产者剩余，生产者剩余流的现值扣除研发成本即为企业的投资净现值。

② 实际上，V 是边际效用。以负指数效用函数为例，相当于消费者的效用函数为：$u(X)=1-\mathrm{e}^{-\theta_i hX}$。其中：$h$ 为新产品的质量特征系数，质量越高，消费者效用越高；θ_i 为偏好特性参数，越喜欢该产品，θ_i 越大；$\theta_i h$ 也是绝对风险回避因子，X 的性能波动越大，期望效用越低。在 $X=0$ 的边际效用为：$\left.\frac{\mathrm{d}u}{\mathrm{d}X}\right|_{X=0}=\theta_i h\mathrm{e}^{-\theta_i hX}$。在经济学中的基本定价(价值)原则是边际效用(消费者愿意支付的价格)。因此，我们将其与购买成本 P_t 相比较，超出部分即为消费者剩余。

$$= \frac{1}{2}\left(A_t h - \frac{A_t h}{2}\right)\frac{A_t}{2}$$

$$= \frac{h}{8}A_t^2 \tag{10-10}$$

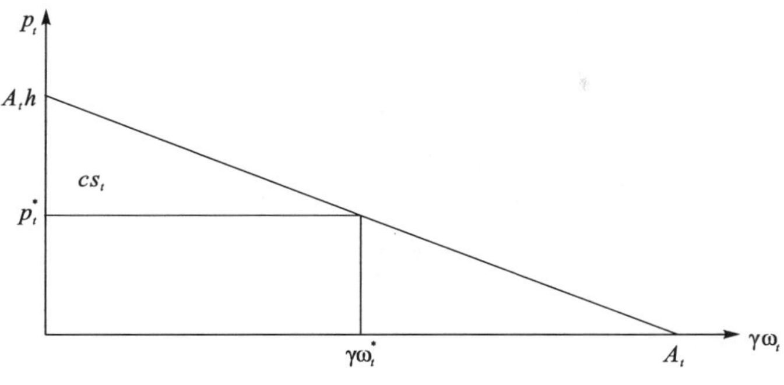

图 10-1　消费者剩余图示

此外，根据本书的简化(见上页脚注①)，有：

$$P_t = \frac{h}{4\gamma}A_t^2 \tag{10-11}$$

由伊藤引理有①：

$$\mathrm{d}A_t = \frac{1}{2}\left(\alpha - \frac{1}{4}\sigma^2\right)A_t\mathrm{d}t + \frac{1}{2}\sigma A_t \mathrm{d}z_t \tag{10-12}$$

其中，参数 α、σ、$\mathrm{d}z$ 均与式(2-1)中的相同。

前面已经讲到，消费者越早享用到新产品得到的效用会越高，则“真实”的消费者剩余还与新产品的上市时机有关。为了发现消费者剩余与研发投资策略的关系，需要比较专利竞赛和双方合作两种不同情形下的预期消费者剩余现值，前者记为 CS，后者记为 $\overline{\mathrm{CS}}$(在下节“社会福利分析”的各图中，则分别用 $\mathrm{CS^R}$ 和 $\mathrm{CS^C}$ 表示，意义完全相同)，则有：

$$\mathrm{CS} = E[\mathrm{e}^{-rT_L}]\left\{E\left[\int_{T_L}^{T_F}\mathrm{e}^{-(r+\lambda_1)t}cs_t\lambda_1\mathrm{d}t\right] + E[\mathrm{e}^{-r(T_F-T_L)}]E\left[\int_{T_F}^{+\infty}\mathrm{e}^{-(r+\lambda_1+\lambda_2)t}cs_t(\lambda_1+\lambda_2)\mathrm{d}t\right]\right\} \tag{10-13}$$

$$\overline{\mathrm{CS}} = E[\mathrm{e}^{-rT_1}]\left\{E\left[\int_{T_1}^{T_2}\mathrm{e}^{-(r+\lambda_1)t}cs_t\lambda_1\mathrm{d}t\right] + E[\mathrm{e}^{-r(T_2-T_1)}]E\left[\int_{T_2}^{+\infty}\mathrm{e}^{-(r+\lambda_1+\lambda_2)t}cs_t(\lambda_1+\lambda_2)\mathrm{d}t\right]\right\} \tag{10-14}$$

将式(10-10)和(10-11)代入式(10-13)和(10-14)，并不失一般性，令常数 $h/4\gamma=1$，分别解得：

---

①　因 $A_t = \sqrt{\frac{4\gamma}{h}}P_t^{\frac{1}{2}}$，$\mathrm{d}P_t = \alpha P_t\mathrm{d}t + \delta P_t\mathrm{d}z$，由 Ito's 引理有：

$$\mathrm{d}A_t = \frac{\partial A_t}{\partial P_t}\mathrm{d}P_t + \frac{\partial A_t}{\partial t}\mathrm{d}t + \frac{1}{2}\frac{\partial^2 A_t}{\partial P_t^2}(\mathrm{d}p_t)^2 = \frac{1}{2}\left(\alpha - \frac{1}{4}\delta^2\right)A_t\mathrm{d}t + \frac{1}{2}\sigma A_t\mathrm{d}z_t$$

$$
CS=\begin{cases}\left(\frac{P_0}{P_L}\right)^{\beta_0}\frac{h}{8}\left\{\frac{\lambda_1 P_L}{r+\lambda_1-\alpha}\left[1-\left(\frac{P_L}{P_F}\right)^{\beta_1-1}\right]+\left(\frac{P_L}{P_F}\right)^{\beta_1}\left[\frac{(\lambda_1+\lambda_2)P_F}{r+\lambda_1+\lambda_2-\alpha}\right]\right\} & P_0\leqslant P_L\\ \frac{h}{8}\frac{\lambda_1 P_0}{r+\lambda_1-\alpha}\left[1-\left(\frac{P_0}{P_F}\right)^{\beta_1-1}\right]+\frac{h}{8}\left(\frac{P_0}{P_F}\right)^{\beta_1}\left[\frac{(\lambda_1+\lambda_2)P_F}{r+\lambda_1+\lambda_2-\alpha}\right] & P_L<P_0<P_F\\ \frac{h}{8}\frac{(\lambda_1+\lambda_2)P_0}{r+\lambda_1+\lambda_2-\alpha} & P_0\geqslant P_F\end{cases} \tag{10-15}
$$

$$
\overline{CS}=\begin{cases}\left(\frac{P_0}{P_1}\right)^{\beta_0}\frac{h}{8}\left\{\frac{\lambda_1 P_1}{r+\lambda_1-\alpha}\left[1-\left(\frac{P_1}{P_2}\right)^{\beta_1-1}\right]+\left(\frac{P_1}{P_2}\right)^{\beta_1}\left[\frac{(\lambda_1+\lambda_2)P_2}{r+\lambda_1+\lambda_2-\alpha}\right]\right\} & P_0\leqslant P_1\\ \frac{h}{8}\frac{\lambda_1 P_0}{r+\lambda_1-\alpha}\left[1-\left(\frac{P_0}{P_2}\right)^{\beta_1-1}\right]+\frac{h}{8}\left(\frac{P_0}{P_2}\right)^{\beta_1}\left[\frac{(\lambda_1+\lambda_2)P_2}{r+\lambda_1+\lambda_2-\alpha}\right] & P_1<P_0<P_2\\ \frac{h}{8}\frac{(\lambda_1+\lambda_2)P_0}{r+\lambda_1+\lambda_2-\alpha} & P_0\geqslant P_2\end{cases} \tag{10-16}
$$

将竞争和合作时的社会福利分别用 SW、$\overline{SW}$表示，则有：

$$SW=NPV_{L+F}+CS \tag{10-17}$$

$$\overline{SW}=\overline{NPV_{L+F}}+\overline{CS} \tag{10-18}$$

10.4 社会福利分析

社会计划者的目标是使社会福利即企业价值与消费者剩余之和最大化。从前面得到的专利竞赛和双方合作时的企业净现值与消费者剩余表达式可知，影响两者进而影响社会福利的因素较多，我们将就一些主要因素对社会福利的影响来对研发投资策略进行评价，从而得到一般性政策建议。

首先，专利竞赛与合作研发的根本不同在于投资临界点的不同，前者的抢先进入点和追随者投资临界点均分别小于后者预先安排好的两个投资临界点。通常来讲，因 $0<\alpha<r$，投资成本 I 通过因子 e^{-rt} 而减少，而收益则以一个更小的因子 $e^{-(r-\alpha)t}$ 减少，只要初始价值大于 I 并不太多，则推迟投资会更有价值，这在确定性条件下已有严格的证明。

而一旦去除这些条件，情况会变得有些不同。如较大的技术不确定性会使投资后的期望收益较小，而较晚投资使得企业在投资成本现值上的“收益”就有可能“弥补”因推迟投资造成的期望收益的现值“损失”，从而使晚投资更为有利。反之，若技术不确定性较小，投资后的期望收益较大特别是远大于投资成本时，推迟投资在成本上所获得的“收益”不足以抵消期望收益的现值“损失”此时，较晚投资就会得不偿失。同时，两企业所面临技术不确定性的差异也是影响投资时机的重要因素。

另一方面，早投资意味着消费者可能会更早享用到新产品，即较早从事专利研发会有较大的消费者剩余现值。因此，早或晚投资通常会分别对企业价值和消费者剩余产生增大和缩小两种效应，从而导致对社会福利的不确定影响。而这种不确定影响会常常令将社会福利最优视为己任的社会计划者或技术创新激励政策的制定者们感到困惑。通过下面对社会福利与影响其变化的诸多因素间的动态变化特征的分析，希望能为政策制定者的科学决策有所帮助。

10.4.1　技术不确定性

就技术不确定性而言，较大的 λ 值意味着较高的期望收益和较低的投资门槛值，反之亦然。由于模型中的非对称性正在于两企业的研发能力不同，或者说企业面临不同的技术不确定性，而这种技术不确定性的差异程度是影响社会福利的一个重要因素。为此，首先让劣势企业的风险率保持不变而让优势企业的风险率不断增加，得到非对称程度越来越大时的投资净现值、消费者剩余、社会福利变化，如图 10-2 所示；然后，再让两企业的风险率在始终相同的情况下不断增大即两企业始终相互对称，并得到图 10-3。其中：缺省参数取值为 $\alpha=0.02$，$r=0.05$，$\sigma=0.1$，$I=5$，$P_0=5$，$h=4$。

图 10-2 中，$\lambda_2=0.05$ 并保持不变，λ_1 则从 0.05 不断增加至 0.2，两种模式下的投资净现值、消费者剩余、社会福利均呈单调递增趋势。原因是：λ_1 的不断增大，不仅有利于合作研发下的“单位”价值，也能增加消费者剩余，从而有利于社会福利的增加；竞争时，λ_1 的不断增大意味着优势企业的优势不断增加，则来自于劣势企业的“威胁”也就越来越小，抢先投资点、追随者投资点均随之推迟，企业得到较高的期权价值，使得总投资净现值不断增加。而由于优势企业的技术不确定性不断减小，尽管投资点在推迟，综合来看消费者剩余仍是递增的。

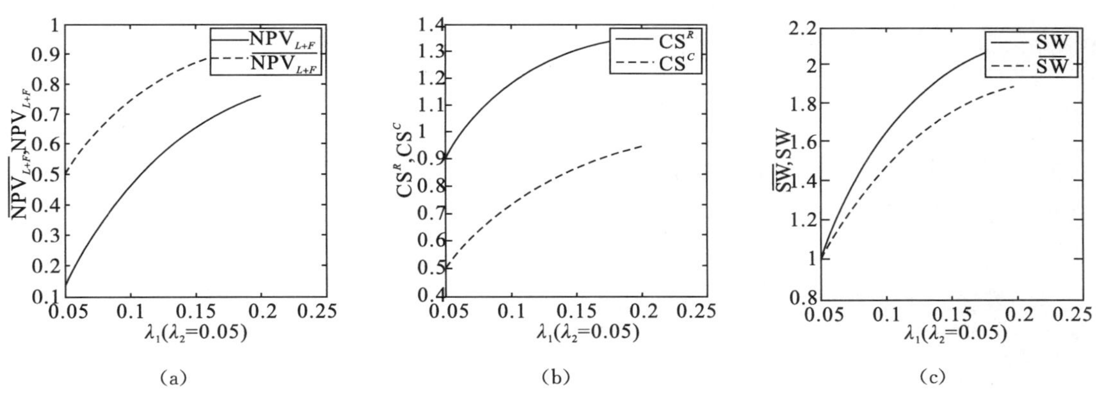

图 10-2　技术不确定性对社会福利的影响(非对称情形)

对比对称情形下的图 10-3，发生专利竞赛时的净现值却先“上升”而后又“下降”。这是由于随着技术不确定性的逐渐消除，刚开始会增加投资的期望价值从而增大净现值，而到达一定程度后，专利的“赢者通吃”属性使得专利竞赛的竞争程度越来越加剧，抢先进入点不断提前，期权价值不断丧失，致使净现值持续下降。

而就社会福利而言，随着优势企业优势的不断增加，竞争模式的优势也随之增大[见图 10-2(c)]。

值得注意的是，图 10-2(c)中的 SW 始终大于$\overline{SW}$并不是一般规律，若新产品的质量特征系数 h 高到一定程度，就可能会出现$\overline{SW}$大于 SW 的情况(这是因为消费者剩余是 h 的单增函数，而净现值却与 h 无关。显然，$\overline{CS}$关于 h 的直线斜率大于 CS 的，故单独增

加 h 有可能使得$\overline{\mathrm{SW}}$大于 SW)。但这并不影响我们的结论，我们关注的是两企业间的研发能力相差越来越大时社会福利的变动特征，从图可知两种模式间的社会福利差异的确随双方研发能力差异的增大而增大。而对称情形下的技术不确定性对两种模式下的社会福利差异的影响却表现出一种“非线性”特征，即相互关系并不确定。

因此，当企业间的研发能力相差越大(或更为一般地讲，企业间的非对称性越强，“力量”相差越悬殊)，政策越应鼓励竞争，以提高研发效率，增加社会福利。同时，也有利于科研资源的市场化配置，并促进劣势企业努力提高研发能力以迎接以后的竞争。

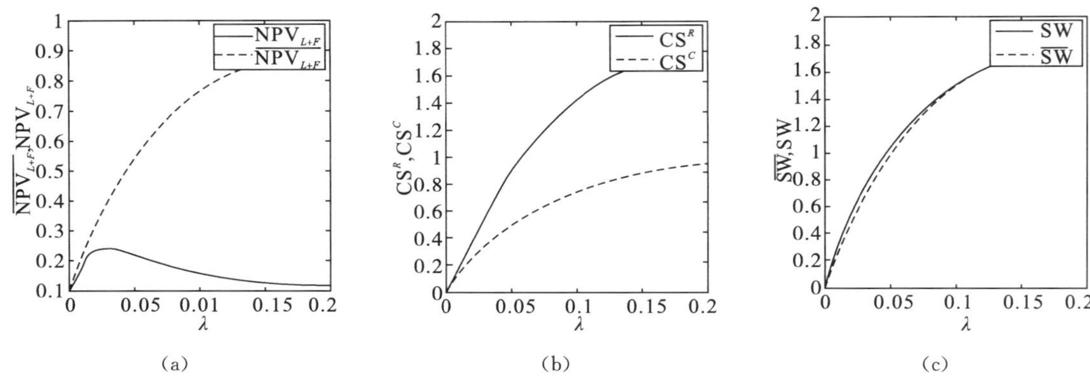

图 10-3 技术不确定性对社会福利的影响(对称情形)

10.4.2 专利价值增长性

与不确定性一样，增长($\alpha>0$)也能创造等待价值，这从图 10-4 中的$\overline{\mathrm{NPV}}_{L+F}$始终大于$\mathrm{NPV}_{L+F}$可得到印证。特别地，若 $\alpha\to r$，按 Dixit 和 Pindyck(1994)的说法，推迟投资而保持投资期权有活力的机会成本为 0，人们将永远不投资，无论项目的 NPV 有多高。这从数学模型上也可得到印证：因 $\alpha\to r$，则 $\beta_0\to 1$，由 P_1、P_2 表达式知，$P_1\to\infty$，$P_2\to\infty$，即出现合作研发模式下的极端情况——无限期地推迟投资。因为推迟不会减少投资期望收益的现值，但却能无限降低投资成本的现值。这显然对消费者剩余、社会福利不利。

而当双方竞争时，尽管等待勿需“成本”，但专利的“赢者通吃”属性不会让双方“无限等待”。在我们的非对称模型中，一方面，α 的不断增加使企业更有理由去等待以获取更大的收益；另一方面，由于能增加投资后的期望收益，在“赢者通吃”的背景下，使得劣势企业抢先的动机也随之增强，即投资点有提前的趋势。

显然，这是两股作用相反的力量，当 α 相对较低时［见图 10-4(a)，缺省参数取值为 $\lambda_1=0.1$，$\lambda_2=0.05$，$r=0.05$，$\sigma=0.1$，$I=5$，$P_0=5$，$h=4$］，前者“占上风”，投资点推迟致使净现值单调上升；而当 α 相对较高时，则后者“占上风”，投资点提前致使净现值单调下降。社会福利方面，从图 10-4(c)可知，当 α 较低时，等待更久才投资的合作研发的净现值优势较小。因此，$\mathrm{SW}>\overline{\mathrm{SW}}$；否则，即 α 较高的话，就有$\overline{\mathrm{SW}}>\mathrm{SW}$。

通过对增长率 α 对社会福利的影响分析，政策方面的建议是：当专利的成长性较好(α 较大)时，政策应利于合作研发，但要防止企业因过度延迟开发，操纵市场，使消费者迟迟享受不到新技术成果，丧失消费者剩余的现象发生。而当专利的成长性较差时，应适当鼓励竞争鼓励争先，除保护率先创新者的垄断利润外还可适当给与其他政策优惠，但也要尽可能减少重复投资，避免研发资源的浪费，特别是研发成本较大时。

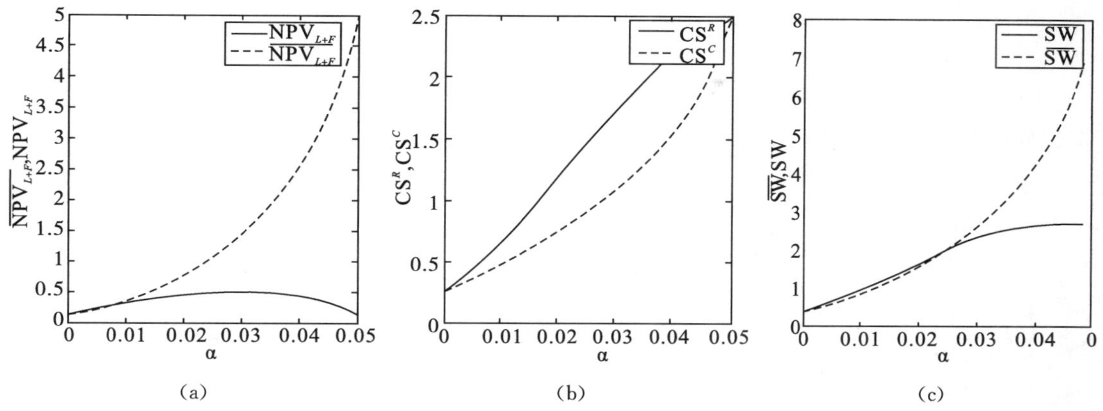

图 10-4　专利价值增长性对社会福利的影响

10.4.3　专利产品质量特征

从前面消费者剩余公式知，消费者剩余为专利产品质量特征系数 h 的单增函数，即专利产品的质量越高即质量特征系数 h 越大，消费者剩余随之增大。设缺省参数：$\lambda_1=0.1$，$\lambda_2=0.05$，$r=0.05$，$\sigma=0.1$，$\alpha=0.02$，$I=5$，$P_0=5$，图 10-5 给出专利产品质量对社会福利的影响。

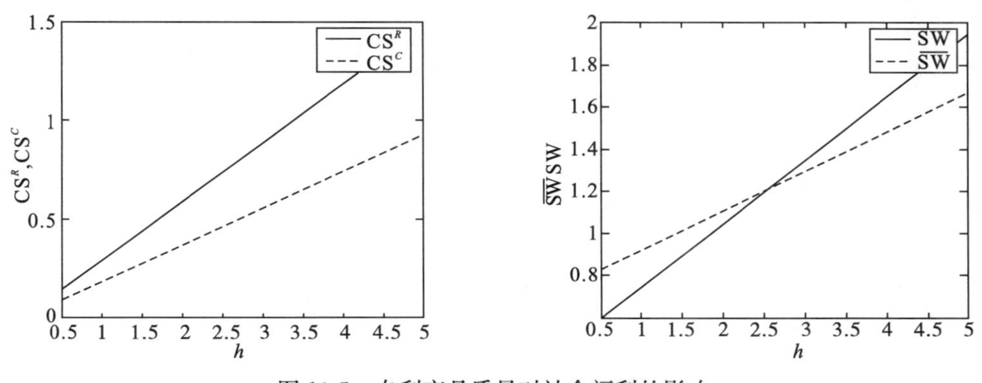

图 10-5　专利产品质量对社会福利的影响

由图可见，两条直线的斜率不同，较大者为专利竞赛时的社会福利线，这是由于没有企业投资所必须考虑的沉没成本因素，而只剩下研发投资时间因素，则竞争所导致的较早投资会使消费者剩余的现值更大。

当 h 较小时，$\overline{SW}>SW$；当 h 增大到一定程度后就有 $SW>\overline{SW}$。就政策制定者而言，对质量或边际效用较低的专利技术应提倡合作研发，避免过度、过急投资；反之，对那些明显提高消费者生活质量水平、改善环境、有利于可持续发展的新技术、新工艺，其激励政策应有利于竞争，除保护率先创新者的垄断利润外，必要时甚至可对其实施奖励和补贴。如我国对节能新技术、新能源的开发和利用所采取的奖励措施和贴息政策等。

10.4.4 专利初始价值

从投资净现值和消费者剩余关于初始价值的分段函数表达式可知，不同的初始价值会影响投资时机的选择从而影响企业价值和消费者剩余。

从经济意义上讲，当其他参数恒定时，专利初始价值的变化会影响博弈的均衡类型，并最终影响企业投资净现值、消费者剩余和社会福利，即不同的初始价值会使式(10-2)、(10-5)、(10-15)、(10-16)各分段函数的取值不确定。

设定参数：$\lambda_1=0.1$，$\lambda_2=0.05$，$r=0.05$，$\sigma=0.1$，$\alpha=0.02$，$I=5$，$h=4$，图 10-6 给出了专利初始价值对社会福利的影响。显然，当初始价值较小时，两种模式下的企业均会选择等待，净现值和剩余均差别不大，而社会福利更是相差无几；当初始价值较大时，特别大到足以让无论哪种模式下的两企业均会同时投资时，两者的社会福利同样会“无差别”；但当初始价值处于“中间状态”时，社会福利的差异就会显现，而到底哪种模式会占优势，则与具体的参数有关。

因此，初始价值社会福利差异的影响表现出一种“非线性”特征。也就是说，对于新兴的“前途未卜”的和较成熟且“前途光明”的新技术或产业，政府在一定程度上可以“不作为”，静观其变；而对于“中庸”型的专利技术，则要根据具体情况如专利产品的质量特征等做出有利于社会福利的倾向性政策，即如果$\overline{SW}>SW$则政策可鼓励或有利于合作研发，反之则应鼓励竞争。

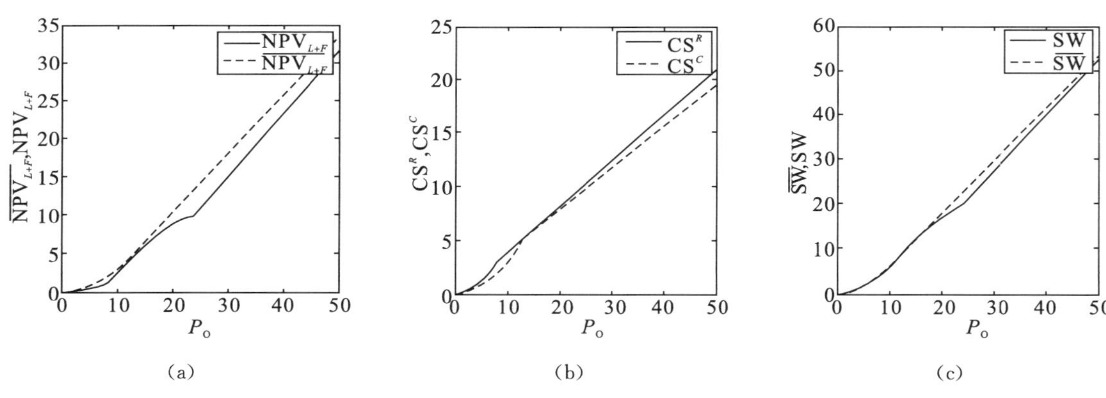

图 10-6 专利初始价值对社会福利的影响

10.4.5 专利研发成本

研发成本对社会福利差异的影响同样表现出一种“非线性”特征。与专利初始价值的影响类似，从经济意义上讲，研发成本直接影响到两种模式下两投资临界点的“位置”，当成本较低时，无论合作还是竞争时的两投资临界点均相差不大且距离博弈之初较近，使得企业价值和消费者剩余的差别较小，从而使得社会福利的差别更小；当成本较高时，两投资临界点均相差较大且距离初始位置较远，尽管合作时的两临界点相距会更远，但这种差异性对社会福利的影响就越来越不显著了；而位于较“中段”的研发成本会使两种模式下的社会福利关系特征不确定，也就是说，此时，合作时的企业价值优势和竞争时的消费者剩余优势均有可能“占上风”，这与其他参数的取值有关。

再从直观上看，成本较低时企业愿意及早投资且不担心失败，甚至两家企业越来越接近于同时投资；反之，它们会“望而生畏”，即使是竞争时的抢先临界点也会较晚，最终表现出与前面初始价值相似的特征。

设参数 $\lambda_1=0.1$，$\lambda_2=0.05$，$r=0.05$，$\sigma=0.1$，$\alpha=0.02$，$P_0=5$，$h=4$，如图10-7所示，当研发成本较大和较小时，两种情况下的社会福利状况相似；而在“中间状态”，社会福利的变化是不规则的。

特别地，当 $I=0$ 时，两种情况下的企业均立即资，因 $P_0>P_L=P_F=P_1=P_2=0$，则 $\mathrm{NPV}_{L+F}=\overline{\mathrm{NPV}_{L+F}}=\dfrac{(\lambda_1+\lambda_2)P_0}{r+\lambda_1+\lambda_2-\alpha}$，$\mathrm{CS}^R=\mathrm{CS}^C=\dfrac{h}{8}\dfrac{(\lambda_1+\lambda_2)P_0}{r+\lambda_1+\lambda_2-\alpha}$，则 $\mathrm{SW}=\overline{\mathrm{SW}}$。当 $I\to+\infty$时，企业永不投资，$\mathrm{SW}=\overline{\mathrm{SW}}=0$。

更一般情况，随着 I 的不断增大，投资所需的各临界值 P_L、P_F、P_1、P_2 也随之增大，初始价值 P_0 则分别“落入”两种情形下的三种数值区间即：$[P_F,+\infty)$、$[P_L,P_F)$、$(0,P_L)$和 $[P_2,+\infty)$、$[P_1,P_2)$、$(0,P_1)$，致使图中曲线由三段不“光滑”曲线组成，而合作博弈下的曲线之所以较“光滑”是因其投资临界点由平滑粘贴条件而得①。

从图 10-7 总的来看，研发成本对两种模式下社会福利差异的影响并不“显著”，政策的倾向性也就不明显。若希望提高企业价值增强企业活力，则政策应有利于合作投资；反之，若希望增加消费者剩余刺激需求，激励政策就应倾向于竞争；另一方面，从大的技术创新环境来讲，政策制定者应尽可能地通过减免税收、专利维护费用等减少研发专利的“外在成本”，让研发企业“轻装上阵”，敢于早投资以谋求更高的社会福利。

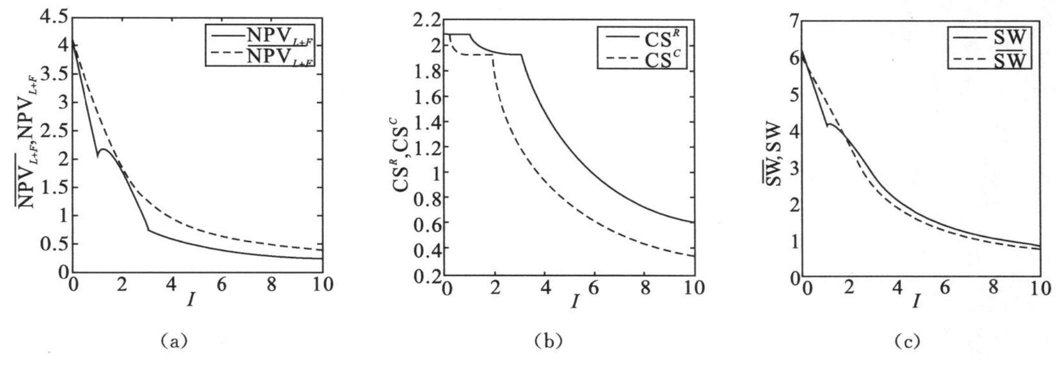

图 10-7　专利研发成本对社会福利的影响

① 隐含其中的原因正是合作时以“单位”的利益最大化为原则，临界点的选择较“自然”，与竞争时的那种“被迫”和“不情愿”相区别。

10.4.6　无风险利率

当增长率 α 保持不变，无风险利率 r 变化时，推迟专利研发投资的机会成本 δ 则相应变化。因 $\delta=r-\alpha$，当 r 较小时，δ 也较小，推迟投资的现值“损失”就小，则晚投资更为有利。也就是说，较低的利率会“要求”推迟投资，按 Dixit 和 Pindyck(1994)的说法，这是期权理念的一种纯粹表现：低利率使未来相对更重要，因此它提高了执行期权的机会成本。而“赢者通吃”的专利竞赛显然“无暇顾及”此时较高的期权价值。

另一方面，竞争时的消费者剩余优势同样随利率的增大而减弱，设参数 $\lambda_1=0.1$，$\lambda_2=0.05$，$\sigma=0.1$，$\alpha=0.02$，$P_0=5$，$I=5$，$h=4$。由图 10-8 可见：当 r 从 0.03 增加到 0.1 的过程中，合作投资相对于专利竞赛的净现值优势在 0.03 处达到最大而后越来越小，而专利竞赛相对于合作投资的消费者剩余优势也在 0.03 处最大随后减小，两种情形下的社会福利均在 0.03 处最大，其相互关系随着无风险利率的不断增加而发生变化，但“变化率”不同，这样，大约在 0.04 之前有 $\overline{\mathrm{SW}}>\mathrm{SW}$，之后则 $\mathrm{SW}>\overline{\mathrm{SW}}$。

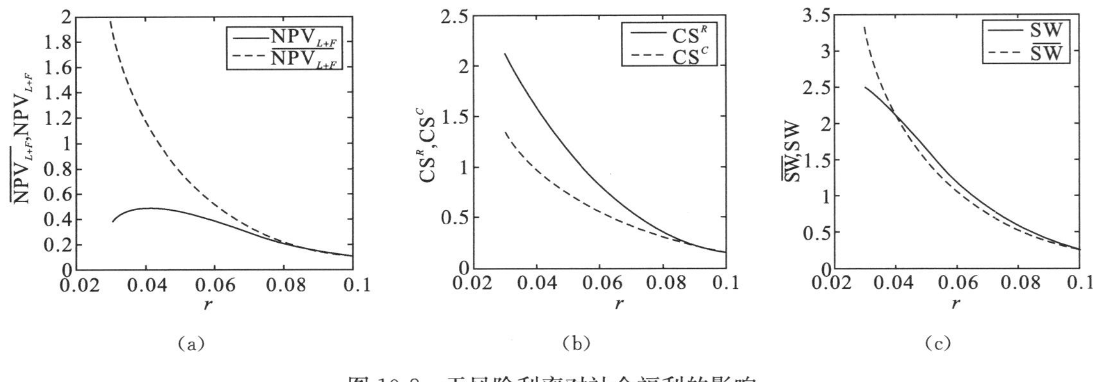

图 10-8　无风险利率对社会福利的影响

需要说明的是，图 10-8(a)中 r 刚开始增加时，NPV_{L+F} 有一段短暂的“上升”过程，这是由于非对称企业间的竞争不如对称企业间激烈，此时，利率的上升会削弱劣势企业的抢先动机，优势企业会略显“从容”(企业非对称时优势企业即领导者的投资临界点总是视劣势企业的抢先动机而定)，尽管此时推迟投资的机会成本 δ 在增加，但两相比较还是前者“占上风”。但随着 r 的持续增加，投资期望收益“快速”下降，净现值则进入“下行通道”。

因此，在激励政策方面，当利率较低或经济发展过热时，政策制定者应着重考虑如何让企业“走向”合作，避免过早陷入专利竞赛、造成无谓损失；反之，政策的引导作用应“偏向”竞争，让企业加速投资以减少消费者剩余的现值损失。

10.5　本 章 小 结

专利技术的研发投资策略不仅影响企业价值还会影响消费者剩余，通常情况下这是作用相反的两种影响。即影响若对企业价值是积极的，那对消费者剩余就是消极的，反之亦然。因此，研发投资策略对于社会福利的影响并不确定，这常常令将社会福利最大化视为己任的政策制定者在制定创新激励政策时难以决策。

本章在投资时机选择期权博弈模型和消费者剩余模型框架下，针对两非对称企业，得到非合作博弈(即专利竞赛)和合作博弈两种模式下的总投资净现值和消费者剩余，分析了社会福利与影响其变化的诸多因素间的动态变化特征并提出相应的创新政策建议。

结果表明，若以社会福利最大化为目标，则两企业的研发能力差异越小、专利技术的成长性越好、无风险利率越小、专利产品质量越低时，政策制定者的政策越应有利于合作研发模式；反之，政策越应鼓励竞争。而专利研发投资成本及初始价值会对两种模式下的社会福利差异的影响表现出“非线性”特征，政策的倾向性不确定。对实际创新外部环境的科学营造具有一定借鉴意义。

需要说明的是，实际上，在专利投资的各个阶段，企业投资决策均会对社会福利施加影响。首先是基于专利研发是以后个阶段的“基础”，且距离产生实际社会福利尚有相当长的时间。因此，蕴含其中的不确定性最大，相应地，政策制定者面临的“困惑”也最大。对它的研究自然会具有更为重要的意义。其次，其他阶段如专利商业化阶段，Pawlina 和 Kort(2002)针对已有市场中由成本非对称引发的新产品面市时机选择中的期权博弈问题，研究了企业间的成本非对称性对社会福利的影响，对专利商业化投资中的类似问题起到很好的启示和借鉴作用，限于篇幅，我们在此就不“面面俱到”了。

第 11 章　专利投资中的实物期权应用①

11.1 引　　言

实物期权概念自 Myers(1977)提出以来，一直存在不能被实践者广泛采纳的问题。Lander(1998)文献回顾总结指出，实物期权方法在实践应用中存在如下困难：①各种实物期权模型的理解和使用要求实践者具有较高的数学水平；②许多实物期权模型的假设同实际情况相差甚远；③为了便于数学处理而做的额外数学假设进一步限制了模型的使用范围。虽然存在这样的困难，推动实物期权方法应用于实践一直是学术界努力的方向。

把实物期权方法应用于实际，首先要解决的理论问题是：能否把金融期权的理论、模型和方法应用到实际项目的资本预算和投资决策中？Mason 和 Merton(1985)指出，虽然投资项目不存在市场交易而导致实物期权也不存在市场交易，但依旧可以按照金融期权定价的基本思路和方法对实物期权定价。这是因为，既然资本预算决策的目标在于使企业价值最大化，所以是否投资某项目首要考虑的问题应该是，如果项目上市交易，会给企业增加多少市场价值。项目定价关键是在市场上找到一个与项目具有相同风险特征的可交易证券，即“孪生证券(twin security)”，然后用该证券与无风险债券组合，复制项目中蕴涵的实物期权收益特征。这样，就可以按照金融期权定价的思路对项目中的实物期权定价。

但是，对于一些全新的、研发周期长、不确定性高和多阶段的技术创新投资项目，难以在市场上交易，而且该类投资没有历史数据，不存在“孪生证券”，因而在实践中用实物期权方法对项目的投资决策和定价存在困难。为解决该问题，Copeland 和 Antikarov(2000，2001)提出了这样的假设：不含灵活性的项目现值是该项目在市场上交易价值(市场价值)的最优无偏估计。该假设被称为可交易资产放弃声明(marketed asset disclaimer，MAD)。根据该假设可知，不含灵活性的项目现值是项目本身的“孪生证券”。采用 MAD 解决了寻找“孪生证券”的麻烦，并且计算出的结果同我们使用“孪生证券”得到的结果完全一致。

在识别和应用实物期权方面，Amram 和 Kulatilaka(1999)与 Copeland 和 Antikarov

① 实物期权在不确定条件下投资中的实际应用问题，曾勇等(2007)已在其专著《不确定条件下的技术创新投资决策——实物期权模型及应用》中进行过全面地归纳、描述和系统性总结，为便于作者阅读和理解，本部分将直接引用专著《不确定条件下的技术创新投资决策——实物期权模型及应用》中有关技术创新投资中的实物期权应用部分并在此基础上开展实际专利投资案例分析。

(2001)分别以专著的形式全面系统地提出了实物期权的应用框架。前者侧重于实物期权的构造和识别过程，后者侧重于具体的解决步骤和方法，二者的结合对实物期权在实践中的应用提供了较为简洁、易懂和实用的分析与计算框架。

本章在简要评介实物期权分析、计算方法的基础上，对 Amram 和 Kulatilaka(1999)与 Copeland 和 Antikarov(2001)的实物期权应用框架和计算方法进行介绍，并通过两个专利投资案例加以总结和说明。

11.2　实物期权的基本计算方法及评介

图 11-1 列举了实物期权计算的常用模型和方法，现有许多专著对这些方法进行论述，在此仅对这些方法进行简要评述，为读者提供一个概要。

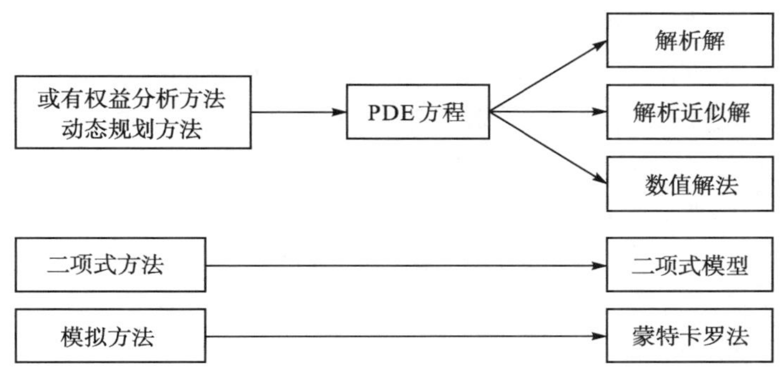

图 11-1　实物期权计算方法

建立 PDE 方程一般采用或有权益分析法或动态规划方法①。或有权益分析方法是金融产品定价的基本方法，它基于无套利均衡的动态组合复制方法对金融资产进行定价②。但或有权益分析方法要求期权的价值由可交易资产来复制是一项很强的要求，在技术创新投资中，绝大多数情况项目本身不存在交易市场，因而难以找到可交易资产来复制。

Mason 和 Merton(1985)认为：不管项目是否是可以交易的，代表股东利益的管理者在项目投资时必然追求项目价值最大化，从而实现企业市场价值最大化的目标。因此，管理者在项目投资时总是要判断项目对公司市场价值贡献的大小，而且在项目估价过程中，应避免他们的主观偏好对项目价值分析的影响，以防止套利机会的出现。如果由于管理者的主观原因导致估价产生偏差从而引起套利的机会，市场会对此进行修正。Benaroch 和 Kauffman(1999)对此做了进一步解释，其原因是：①当管理者用于分析该投资项目的资本成本太高时，计算出的项目 NPV 值将会低于它本身的价值。这样会导致公司投资不足(underinvest)而不能开发其潜能去获得较高的收益，进而公司的市场价值低于其真实的价值，最终面临被收购的结局；②当管理者分析该项目所用的资本成本太低时，公司则会结束其他项目的投资，因为其他项目产生的利润与其机会成本不一致。这种情

① Dxit 和 Pindyck(1994)对或有权益分析法和动态规划法进行了较详细的分析。

② 宋逢明(1999)以简洁易懂的语言介绍了无套利均衡的动态组合复制方法。

况会导致企业价值“虚高”。总之，无论出现哪种情况，在一个竞争市场上，如果决策者的定价偏差太大，该公司在市场上就会无法生存。由于市场通过对企业价值的“修正”作用而间接地对项目价值进行“修正”，所以项目的价值可以用或有权益定价方法进行定价。

因此，实物期权定价的关键是在市场上找到一个与项目具有相同风险特征的可交易证券，即“孪生证券”，然后用该证券与无风险债券组合，复制相应的实物期权的收益特征。这样，就可以按照金融产品定价的相同思路对项目定价。

由于或有权益分析方法要求在市场上存在充分多的可交易风险资产，因而在使用上依然存在一定的限制。Copeland 和 Antikarov(2001)指出，可以直接使用不含灵活性的项目本身的现值作为该项目的“孪生证券”。他们基于这样的假设：不含灵活性的项目现金流现值是该项目市场价值的最优无偏估计(如果把该项目放在市场上进行交易)，该假设称为可交易资产放弃声明假设。Copeland 和 Antikarov(2001)通过数值示例说明，采用该假设所计算出的结果，同我们使用“孪生证券”得到的结果一致。基于 MAD 假设的实物期权方法免去了寻找与其完全相关的其他“孪生证券”的麻烦，因此，在实践上依旧可以采用或有权益分析方法对实物期权分析和求解。

动态规划方法的核心是贝尔曼法则，即一种最优决策具有这样的性质，无论初始行为怎样，剩余决策组成一个以初始行为的结果为初始状态的最优决策[①]。这种方法将未来价值和现金流折现到当前决策点，用逆向递推方式求解最优决策问题。

Dixt 和 Pindyck(1994)对或有权益分析方法和动态规划方法两者的关系进行了详细的阐述。或有权益分析方法和动态规划方法的相同之处在于，动态规划方法的价值函数与或有权益分析中的资产价格满足非常相似的偏微分方程，两者解的性质在数学上没有原则区别。动态规划的贝尔曼方程可以根据资产价值和投资者持有该资产的愿望来解释，而或有权益分析方法中的边界条件来自于这种思想：投资者希望最优地选择期权的执行时间来最大化他们资产的价值。

两种方法的区别在于，动态规划方法由一个特定的折现率出发，该折现率是外生的且是目标函数的一部分(决策者主观确定)。在或有权益分析方法中资产回报率是由资本市场的整体均衡条件推导出来的，只有无风险利率被认为是外生的(由市场客观确定)。因此或有权益分析方法提供了对折现率一种较好的处理方法。

通过或有权益分析方法和动态规划方法得到的 PDE 方程，多数情况下不存在解析解，解决该问题的一种方法是通过求解经过调整后的 PDE 方程来得到期权价值，这种方法被称为期权定价的解析近似法。其中最著名的是由 Macmillan(1986)最初提出，并由 Barone-Adesi 和 Whaley(1987)扩展的二次方程近似方法。

我们还可以借助 Margrabe(1978)、Geske(1979)和 Carr(1988)提供的期权定价公式对多阶段项目的实物期权进行求解，Taudes(1998)对他们进行了详细的讨论。但是，这些公式在处理现实的实物期权时存在两种缺陷：①这些公式最多只能处理三个投资时点，

---

① Dxit 和 Pindyck(1994)中译本 94 页。

当投资时点多于三个时，则不存在现成的金融期权定价解析公式；②无法同时计算多个期权。

如果 PDE 方法得不到解析解和近似解析解，则只能采用数值解法，其中有限差分方法是常用的数值解方法，Hull(2000)对此进行了详细的讨论和分析。

另一个重要的求解实物期权的方法是模拟方法。Boyle(1977)提出可用蒙特卡罗(Monte Carlo)方法求解欧式期权。他认为模拟的标的资产价值的轨迹能够接近资产最终价值的概率分布。蒙特卡罗模拟方法能够处理实物期权应用中许多方面的问题，包括复杂的决策规则以及期权价值与标的资产的复杂关系。该方法的具体使用可以参见 Hull(1997)的有关章节。

还有一个可选的求解方法是 Cox 和 Rubinstein(1985)提出的二项式模型。在对金融产品定价时，二项式模型假设标的资产价值服从二项分布，二项分布与对数正态分布相同之处在于，标的资产价值可以无限增长，但不小于 0。然而，标的资产价值很少服从经典的二项过程，而且在二项分布中对上升和下降的比例的确定是一个困难的问题。解决该问题可以通过 Hull(2000)提供的确定上升和下降的比例参数的方法①，当阶段数趋于无穷(各阶段间隔趋于 0)时，服从二项分布的资产价格将逼近 B-S 模型中所假设的对数正态分布，而且二项式模型定价结果也逼近 B-S 模型的结果。因此，在实物期权定价的过程中，可以采用二项式模型对项目价值进行定价，并且二项式模型可以较方便地求解多阶段、拥有多期权的项目价值。

Hull(2000)指出，在有限差分、蒙特卡罗模拟和二叉树方法中，在处理三个或三个以上多个随机变量时，标准的蒙特卡罗模拟方法是很有效率的。因为随变量个数的增加，蒙特卡罗模拟运算的时间近似为线性增长，而其他大多数方法随着变量个数的增加其计算时间呈指数增长。蒙特卡罗模拟方法还有一个优点就是给出了估计值的标准误差，并适用于仿真随机过程以及复杂终值的计算。但蒙特卡罗方法的局限是它只能用于欧式衍生证券的估值。从二项树图和有限差分的基本计算方法可以看出，两种方法既可以计算欧式期权，也可以计算美式期权。但是，随机变量个数不能太多，而且随着阶段个数的增加，计算量会很快增加。

11.3　技术创新投资决策分析框架

在识别和应用实物期权方面，Amram 和 Kulatilaka(1999)与 Copeland 和 Antikarov(2001)分别提出了自己的应用框架。前者侧重于实物期权的构造和识别过程，后者侧重于具体的解决方法和步骤。下面分别对二者进行阐述。

---

① 上升比例：$u=\exp(\delta\sqrt{\Delta t})$，下降比例 $d=1/u=\exp(\delta-\sqrt{\Delta t})$。其中，$\sigma$ 是标的资产价值的标准偏差，Δt 为各阶段的时间间隔。

11.3.1 Amram 和 Kulatilaka 实物期权分析框架

图 11-2 是 Amram 和 Kulatilaka(1999)提出的实物期权分析框架。构造应用框架的目的是识别实物期权和设计投资决策方案，其过程如下：

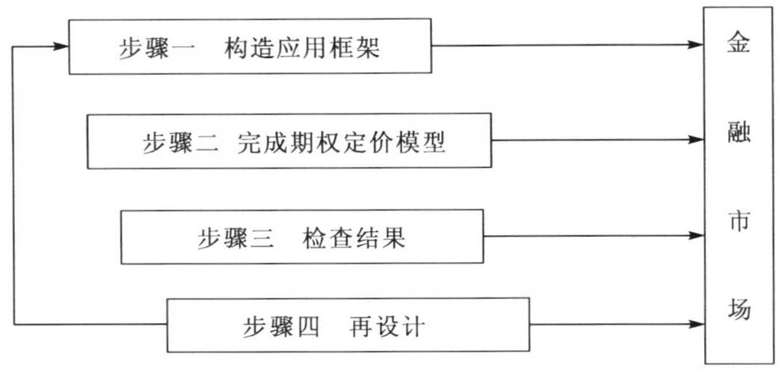

图 11-2 问题解决过程

步骤一、构造应用框架

(1)决策分析

其主要任务是深刻认识投资项目的特点，弄清决策目的是什么，在项目实施过程中，包括有哪些可能的决策？什么时候做出决策？在多阶段项目中，要根据各阶段所具有的不确定性做出相应的决策。对于项目中包含的多个实物期权，要注意并理清各期权之间的相互关系。尽量构造简单合理的决策框架，并用简洁清晰的语言加以阐述，提高决策方案的透明性和可操作性。最好的方案应是高层易于理解和实施的方案。

(2)确定不确定性来源

列出所有影响现金流或到期收益率的不确定性因素，并识别出每种不确定性的来源和演化形式。

(3)决策准则

例如项目在某个阶段存在着继续、放弃和扩张等期权时，决策准则是使项目价值最大化，即 $V=\max$ {项目继续经营的价值，项目放弃的价值，项目扩张的价值}，决策者根据该准则选择相应的决策方案。值得注意的是，决策准则和项目收益的数学表达式应力求明确和简洁。

(4)考察金融市场

其目的是分清非市场因素和市场因素的不确定性对决策会产生什么样的影响，以确定是否存在能够更好地使用金融市场信息的其他可选应用框架。

(5)检查决策方案，增强透明性和简单性

整个决策框架应该简单明了便于理解，方便使用者能结合自己的经验参与分析做出决策。如果决策框架复杂难懂，不会引起决策者的兴趣，此时应重新设计决策框架。

步骤二、期权定价模型的实现

根据决策框架，选择相应的计算实物期权价值的方法。例如，首先要确定标的资产的现值、现金流或持有期收益率、每种不确定性因素的波动率、无风险收益率等参数。然后选择定价方法求得期权价值。

步骤三、检查结果

当求解出项目的价值之后，要对定价结果、制定战略决策的临界值、策略空间和投资的风险特征进行分析，为项目决策提供参考和建议。

步骤四、再设计

对结果进行检查之后，应考虑是否还存在其他的可选投资方案以寻找更好的可选方案。因此，再设计的关键是重新构造能够提高项目价值的投资战略，例如，如果分阶段投资能增加期权的话，则应该采取分阶段投资的战略。重复几次这种过程，最终可以设计出具有更高价值的投资战略。

11.3.2 Copeland 和 Antikarov 实物期权求解步骤

表 11-1 是 Copeland 和 Antikarov(2001)提出的求解实物期权的步骤，该步骤和方法侧重于从微观层次来对实物期权进行求解。

表 11-1　四个步骤

步骤	1. 不考虑灵活性、使用 DCF 定价模型计算现值	2. 采用事件树对不确定性建模	3. 建立决策树、识别并加入管理柔性	4. 进行实物期权分析(ROA)
目标	在 t=0 时刻计算不存在柔性时项目的折现值。	理解随着时间变化现值如何变化。	分析事件树，根据新信息进行识别并加入管理灵活性。	对整个项目进行估价。
注释	不存在柔性时用传统 DCF 方法计算的现值。	仍不考虑灵活性。这个值应等于步骤 1 的值。利用历史数据或管理者的估计作为输入变量来估计不确定性。	灵活性加入到事件树，再转化成决策树。灵活性改变了项目的风险特征，因此资本成本也改变。	ROA 将包括项目的 NPV 加上期权(灵活性)价值。在高度不确定性和管理灵活性下，期权价值非常重要。

步骤一、使用 DCF 方法计算项目的现值

采用加权平均资本成本(WACC)把项目未来各期产生的现金流进行折现、累加，最后得到项目的现值。根据 MAD 假设，项目的现值是项目价值的无偏估计，可作为项目价值的“孪生证券”。

步骤二、在综合了不确定性的基础上建立事件树

在识别对项目价值产生影响的不确定性因素后，一个关键问题是估计不确定性因素对项目价值影响的程度大小，即参数波动率的估计。波动率的大小可以根据项目所在行业的历史数据进行估计，或者通过专家咨询的方式进行估计。获得波动率参数后，可建立二项式或四项式网格图表示项目现值的变化情况，这种网格图在此称为事件树。一个事件树不需把所有的决策都包含进去，它只需对标的风险资产价值产生影响的不确定性进行建模。

步骤三、构造决策树

根据事件树中列出的不确定性进行相应的决策，这样就产生了决策树。决策树上显示了最优决策所获得的项目价值。而这些价值正是我们试图要获得的期权价值。

步骤四、实物期权分析

使用复制方法或风险中性定价方法对决策树中的价值进行定价。

Amram 和 Kulatilaka(1999)与 Copeland 和 Antikarov(2001)上面的两种步骤和方法，应结合使用。前者侧重于从宏观上把握实物期权的价值评估。我们应把实物期权的结果看作是企业价值的理论结果，即企业管理者对于投资项目的不确定性具有很好的把握和控制而得到的理论结果。因此前者侧重于宏观上的把握而不囿于小的细节，这也给决策者的素质提出了较高的要求。后者，建立了一套完整且比较实用的求解方法。其算法建立在二项式或四项式的基础上，对于项目的各种不确定性，如销售量、产品价格和成本的不确定性可以采用仿真的方法综合成收益的不确定性，或者把市场不确定性和技术不确定性分开，利用彩虹期权(rainbow option)对销量和产品价格的不确定性建立四项式(quadranomial)进行求解，同时对各种期权建立相应的求解方法。

下面，我们将简要介绍 Copeland 和 Antikarov(2001)提出的求解实物期权的方法。

11.4　Copeland 和 Antikarov 方法应用

Copeland 和 Antikarov(2001)的计算方法建立在二项式和四项式模型的基础上，下面对这两个模型进行介绍，以备后文案例分析之用。

11.4.1　二项式模型

当投资项目的价值只受到一种市场不确定性的影响时，可采取图 11-3 所示的二项式模型进行定价。

假设项目当前的现值为 V，它是项目未来产生的现金流采用加权平均资本成本折现后的累加和。一年后 V 上升到 V^+ 的概率为 q，下降到 V^- 的概率为 $1-q$，上升的比例为 u，下降的比例为 d，无风险利率为 r_f。1 年后有一个继续投资 I_2 的机会，此时的问题是，项目的价值是多少？现在是否应该投资 I_1？

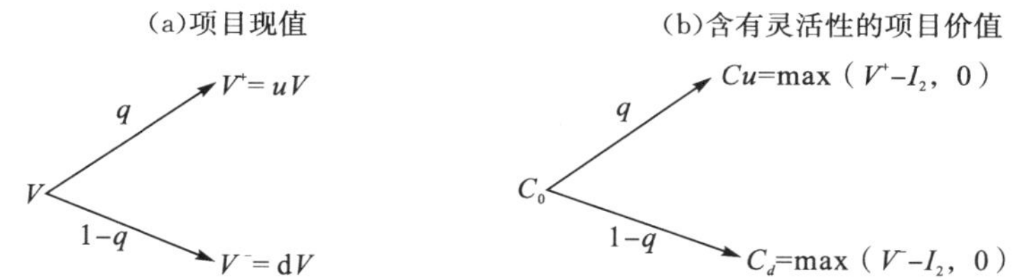

图 11-3　在 MAD 假设下计算含有灵活性的项目的价值

采用可交易资产放弃声明假设，项目现值就是项目价值的无偏估计，因此可以把项目现值作为该项目的“孪生证券”。然后构建一个组合：m 份价值为 V 的孪生证券，B 份价值为 1 的无风险债券。一年后 V 变为 V^+ 或 V^-，两种情况下该组合的价值分别为：

$$mV^+ + B(1+r_f) = C_u$$
$$mV^- + B(1+r_f) = C_d$$

其中，$C_u = \max(V^+ - I_2, 0)$，$C_d = \max(V^- - I_2, 0)$。根据上面两式得：

$$m = (C_u - C_d)/(V^+ - V^-)$$
$$B = (C_u - mV^+)/(1+r_f) \tag{11-1}$$

在无套利情况下，在起初含有灵活性价值的项目价值为：

$$C_0 = mV + B \tag{11-2}$$

若采用风险中性的方法进行定价，此时：

$$C_0 = [qC_u + (1-q)C_d]/(1+r_f) \tag{11-3}$$

其中，风险中性概率 $q=(1+r_f-d)/(u-d)$，$u=\exp(\delta\sqrt{\Delta t})$，$d=1/u$，$\sigma$ 是标的资产价值 V 的标准偏差，Δt 为各阶段的时间间隔(此处 $\Delta t=1$)。

最后根据决策规则 $\max\{C_0-I_1, 0\}$ 判断现在是否应该投资。

11.4.2　四项式模型

有时影响项目价值的不确定性因素可能有多个，如产品的销量和价格都是不确定的，都会对产品的销售收入产生影响。针对这种情况，我们可以采用四项式模型计算项目的价值。

假设产品销量 S 和产品价格 P 在时间间隔Δt 后的变化如图 11-4 所示。

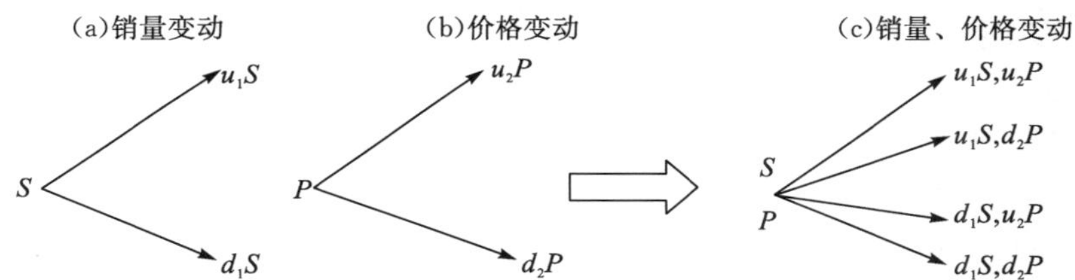

图 11-4　两种不确定性下的四项式

在图 11-4(a)、11-4(b)中，在时间间隔Δt 后，产品销量可能上升到 u_1S，或下降到 d_1S；产品价格上升到 u_2P，或下降到 d_2P。其中，$u\exp(\delta_1\sqrt{\Delta t})$，$d_1=1/u_1$，$u_2=\exp(\sigma_2\sqrt{\Delta t})$，$d_2=1/u_2$、$\sigma_1$、$\sigma_2$ 分别是销量和价格的标准偏差。根据图 11-4(a)、11-4(b)，通过上升和下降的组合转换成图 11-4(c)，即由原来的二项式转变为四项式。

在间隔Δt 后，销售收入分别以概率 Pr_1、Pr_2、Pr_3、Pr_4从初始状态变化为四种状态：$u_1S\times u_2P=V_1$、$u_1S\times d_2P=V_2$、$d_1S\times u_2P=V_3$、$d_1S\times d_2P=V_4$。如图 11-5 所示。Pr_1Pr_2、Pr_3、Pr_4 为风险中性概率，它们分别为：

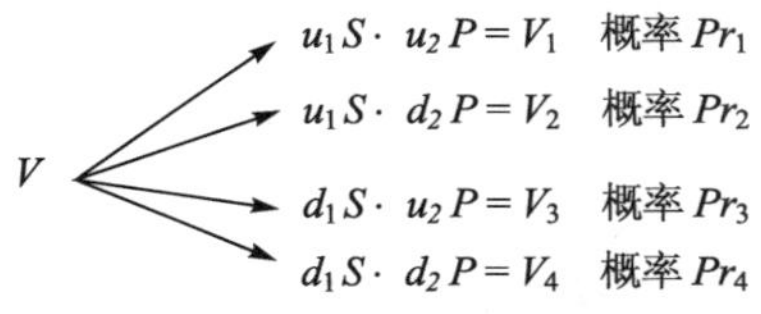

图 11-5　项目现金流现值

$$Pr_1 = (a_1a_2 + a_2g_1\Delta t + a_1g_2\Delta t + \rho_{12}\rho_1\rho_2\Delta t)/4a_1a_2 \tag{11-4}$$

$$Pr_2 = (a_1a_2 + a_2g_1\Delta t + b_1g_2\Delta t + \rho_{12}\rho_1\rho_2\Delta t)/4a_1a_2 \tag{11-5}$$

$$Pr_3 = (a_1a_2 + b_2g_1\Delta t + a_1g_2\Delta t + \rho_{12}\rho_1\rho_2\Delta t)/4a_1a_2 \tag{11-6}$$

$$Pr_4 = (a_1a_2 + b_2g_1\Delta t + b_1g_2\Delta t + \rho_{12}\rho_1\rho_2\Delta t)/4a_1a_2 \tag{11-7}$$

其中，$a_1 = \delta_1\sqrt{\Delta t}$，$b_1 = -a_1$，$a_2 = \delta_2\sqrt{\Delta t}$，$b_2 = -a_2$，$g_1 = (r_f - \delta_1^2/2)\Delta t$，$g_2 = (r_f - \delta_2^2/2)\Delta t$，$\rho_{12}$为销量和价格的相关系数，表示二者间的相互影响程度。

项目现值 V 为：

$$V = (Pr_1V_1 + Pr_2V_2 + Pr_3V_3 + Pr_4V_4)/(1 + r_f) \tag{11-8}$$

其中，r_f为无风险折现率①。

如果时间Δt 后有一个继续投资 I_2的机会，此时的问题是，项目的价值是多少？现在是否应该投资 I_1？决策规则如图 11-6 所示。那么，包含灵活性价值的项目价值为：

$$C = \max\{(Pr_1C_1 + Pr_2C_2 + Pr_3C_3 + Pr_4C_4)/(1 + r_f) - I_1, 0\} \tag{11-9}$$

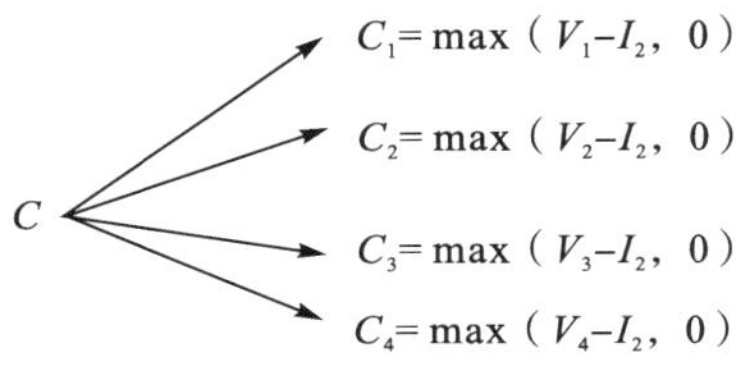

图 11-6　包含灵活性的项目价值

11.4.3　Copeland 和 Antikarov 方法应用示例

下面通过一个简单的信息系统投资例子说明 Copeland 和 Antikarov(2001)方法的应用。

在典型信息系统投资中，由于企业业务、产品生产流程、顾客需求和行业环境的改变，需要在原有信息系统基础上，对基础设施进行改造和对信息系统进行升级，以适应新的业务和市场的竞争压力。因此，开始或最初的信息系统投资，为信息系统将来进一步的升级(投资)提供了基础和选择。该类型投资拥有进一步升级系统的增长期权。信息系统投资为企业带来的收益来自于在生产和管理中所节省的成本，信息系统价值的不确定性主要源于市场环境的不确定性，因为市场环境的变化导致企业销售和生产水平出现波动，从而导致信息系统为企业所节省的成本发生波动。

假设有一个信息系统，头一年平均每使用一次可节省成本 150 元，每年使用的次数为 300 次，忽略固定成本，因此一年节省下的成本为 45000 元。以后使用的次数每年递增 10%。假设起初投资成本 150000 元进行可行性分析和系统分析，一年后进行系统设计和实施，需成本 100000 元，在第 2 年末或第 3 年年末企业可根据情况把系统投入运行，

① 这里之所以采用风险中性概率的方法求项目的价值，是因为组合复制时要确定风险证券和无风险债券的数量时，只有两个变量，但有四个方程式。可参见 Copeland 和 Antikarov(2001)第 280 页。

成本为 100000 元，在第 4 年年末或第 5 年年末企业可根据自身的战略规划进行系统升级，需成本 100000 元。系统升级后可使间接收益增加 10%。软件系统在开发时提供商要求有版权保护，故不能够出售获得残值。

根据表 11-1 的步骤，计算过程如下。

步骤一、使用 DCF 方法计算项目的现值 PV

首先建立一个计算表，如表 11-2 所示。

表 11-2　NPV 方法分析结果(考虑所有投资)

项目	0 年	1 年	2 年	3 年	4 年	5 年	6 年——
使用次数			300	330	363	399	
使用增长率	0.1						
间接收益元/次			150	150	150	150	
连续年增长率	0						
现金流(FCF)		0	45000	49500	54450	59850	598500
WACC	0.2						
投资	150000	100000		100000		100000	
总投资 PV	323542						
项目 PV	284079	346975	378796	413162	450187	490010	0
NPV	−39463	346975	423796	462662	504637	549860	598500
R=FCF/NPV	0	0	0.106	0.107	0.108	0.109	

从表 11-2 可以看出，如果在第 0、第 1、第 3 和第 5 年必须投资，则 NPV 为−39463 元。项目现值为 284079 元，我们将以此建立 PV 事件树描述项目价值的二项分布。

步骤二、建立项目 PV 事件树

如表 11-3 所示。建立项目 PV 事件树时需要确定参数：无风险利率 $r_f=0.05$(在计算时取复利)；设项目价值变化的波动率 $\sigma^2=0.2$；项目价值上升比例 $u=\exp(\delta)=1.5639$；项目价值下降比例 $d=1/u=0.6394$。

表 11-3　PV 事件树

0	1	2	3	4	5	i/j
284078.88	444284.66	694838.25	971302.81	1356543.12	1892648.38	0
284078.88	**444284.66**	**621058.12**	**867383.62**	**1210173.25**	**1686641.50**	
	181642.11	284078.88	397109.09	554611.38	773793.50	1
	181642.11	**253914.47**	**354622.59**	**494769.25**	**689569.31**	
		116143.30	162354.77	226748.28	316359.06	2
		103810.83	**144984.52**	**202282.31**	**281924.6**	

0	1	2	3	4	5	i/j
计算方法： $PV_{i,j}$：未付红利（当年比例现金流）项目的价值。 $PV'_{i,j}$：（粗体数值）付红利之后项目的价值。$PV'_{i,j}=PV_{i,j}(1-R)$，R 在表11-2中表示。$PV_{i,j}=PV'_{i,j-1}*u$，$PV_{i,j}=PV'_{i-1,j-1}*d$ 例如：444284.66 $*u=$694838.25，694838.25$*(1-R)=$621058.12			66377.41 **59275.72**	92704.16 **82701.46**	129340.80 **115262.60**	3
				37901.33 **33811.81**	52879.92 **47124.16**	4
					21619.52 **19266.32**	5

步骤三、建立决策树

判断管理者所拥有的实物期权（增长期权）。

步骤四、实物期权分析

在第三步的基础上根据决策规则进行定价和实物期权分析，决策规则如下：

第5年末：$C_{i,5}=\max(P_{i,5}，1.1\times P_{i,5}-I_3)$，$i=0，1，\cdots，5$。$P_{i,5}$代表第 i 行第5年的项目值，以下以此类推。

第4年末：$C_{i,4}=\max(1.1\times P_{i,4}-I_3，C_{i,5}^*)$，$i=0，1，\cdots，4$。$C_{i,5}^*$由$C_{i,5}$和$C_{i+1,5}$利用式(11-1)和(11-2)得到。此处要判断是持有期权还是投资。

第3年末：要投资 I_2完成项目实施阶段，信息系统才能产生间接效益，所以 $C_{i,3}=\max(C_{i,4}^*-I_2，0)$，$i=0，1，\cdots，3$。$C_{i,4}^*$由$C_{i,4}$和$C_{i+1,4}$利用式(11-1)和(11-2)得到。

第2年末：如果第2年投资完成项目实施阶段 $C_{i,2}=\max(C_{i,3}^*-I_2，C_{i,4}^{**})$，$i=0，1，2$。$C_{i,3}^*$由$C_{i,3}$和$C_{i+1,3}$利用公式(11-1)和(11-2)复制得到。$C_{i,4}^{**}$由$C_{i,4}^*$和$C_{i+1,4}^*$利用式(11-1)和(11-2)得到。此处要判断是持有期权还是投资 I_2。

表 11-4 决策结果

第0年	第1年	第2年	第3年	第4年	第5年	i/j
39894.12 **39894.12**	346498.69 **346498.69**	700063.06 **626282.94**	883632.62 **779713.44**	1385639.75 **1239269.88**	1961312.50 **1755305.62**	0
	81642.11 **81642.11**	284078.88 **253914.47**	297109.09 **254622.59**	554611.38 **494769.25**	773793.50 **689569.31**	1
		116143.30 **103810.83**	62354.77 **44984.52**	226748.28 **202282.31**	316359.06 **281924.69**	2
计算方法： C_{ij}：未付红利（当年比例现金流）时含灵活性价值的项目价值。 C'_{ij}：（粗体数值）付红利之后含灵活性价值的项目价值。$C_{ij}=PV_{i,j}*R+C'_{i,j}$ $C'_{i,j}$根据决策规则来计算。			7101.68 **0.00**	92704.16 **82701.46**	129340.80 **115262.60**	3
				37901.33 **33811.81**	52879.92 **47124.16**	4
					21619.52 **19266.32**	5

第 1 年末：选择投资 I_1 完成项目分析，为项目实施打基础：$C_{i,1}=\max(C_{i,2}^{*}-I_{1,0})$，$i=0$，1。$C_{i,2}^{*}$ 由 $C_{i,2}$ 和 $C_{i+1,2}$ 利用式(11-1)和(11-2)得到。

第 0 年有启动资金进行项目的可行性分析。$C_{0,0}=\max(C_{i,1}^{*}-I_0,\ 0)$，$i=0$，$C_{i,1}^{*}$ 由 $C_{i,1}$ 和 $C_{i+1,1}$ 利用式(11-1)和(11-2)得到。最终得到含有灵活性价值的项目价值。结果如表 11-4。

表 11-5 表明了项目在不同价值情况下的决策情况，其结果表明，应立即投资。

表 11-5　决策路径

第 0 年投资 I_0	第 1 年投资 I_1	第 2 年投资 I_2	第 3 年投资 I_2	第 4 年投资 I_3	第 5 年投资 I_3
1	1	0	1	0	1
	1	0	1	0	0
		0	1	0	0
			0	0	0
				0	0
					0

注：0——不投资，1——投资

含有灵活性价值的项目价值为 39894.12 元，项目可以投资。采用 DCF 方法计算出的 NPV<0，根据 NPV 准则，项目应该不投资。DCF 方法最大的缺点是用孤立、静态的观点对待所投资的项目，项目要么立即执行，要么放弃，忽略了管理者在各时点上可以选择投资，但无义务必须投资的决策灵活性，因此 DCF 方法不能够抓住项目灵活性的价值。而从表 11-5 可以看到，决策者在每个时点上都要根据项目当前所处的情况并根据得到的信息最大限度地消除不确定性，同时采取相应的策略来保证投资项目收益最大(损失最小)化。从整个计算过程可以看到实物期权定价方法抓住了管理者决策的灵活性，从而抓住了项目灵活性价值。

11.5　本 章 小 结

本章对实物期权的分析框架和计算方法进行了分析和总结。在实际应用中，把 Amram 和 Kulatilaka(1999)的实物期权分析和构造框架与 Copeland 和 Antikarov(2001)提出的求解实物期权的步骤相结合，具有一定的实用性和可操作性。

在附录中，将以案例分析的形式对实际中的专利研发投资项目进行投资决策分析与定价。在分析和定价过程中，考虑了市场不确定性和技术不确定性等因素对投资决策的影响，从而对专利研发项目中存在的实物期权进行识别和定价。其中，案例一将为一种新型肿瘤治疗专利产品的投资决策进行详细分析，尽管案例以及案例中提及的时间距本书的写作已有一段时间，但作为案例分析依然具有一定借鉴价值；案例二将对具有分阶段投资期权特征的新兴技术专利投资为例，分析其投资决策过程。

附录 A 案例一：一种新型肿瘤治疗设备的案例分析

一、技术、项目背景

某科研机构在光、机、电、声、控制等多学科领域具有较强的技术开发和创新能力，经过与相关医疗部门的多次接触，在详尽掌握国际国内目前肿瘤治疗手段的现状和最新动态的基础上，与其他医疗部门和风险投资机构达成意向，共同研发一种治疗肿瘤的新型专利产品——智能控制电子超声高能肿瘤治疗系统。

该专利产品根据发烧可以调动人体内部机能、增强人体抗病能力这一原理，采用人工制造一种发烧环境，以达到治疗疾病特别是癌症的目的。这种治疗肿瘤的方法在医学上称为热疗①。因为多数肿瘤细胞致死温度的临界点在 42.5～43℃，该治疗系统则通过控制在此温度范围内的加热时间，以达到加重肿瘤细胞的损伤和抑制增生的目的。

该专利产品将综合运用智能功率半导体技术、高能电子超声、计算机检测及智能控制、人工智能、计算机信息处理、图形图像处理、光机电声一体化、系统工程、医学外科学等先进技术，在高能电子超声穿透骨骼、多频率焦距可控及生态(呼吸)检测与随动控制等方面实现技术创新。该专利产品可对乳腺癌、肝癌、软组织肉瘤、骨癌和良性乳腺癌等实现全无创伤治疗，治疗效率预计可达到 97%，对于肾癌、腹腔内转移淋巴瘤也有较高疗效；对于有骨骼阻挡超声入路的癌症如颅脑癌，可实现无创颅内电子高能超声手术。

该专利产品由于采用了多项目前国际首例或处于国际领先水平的新技术，将使其在产品质量、智能水平方面有着明显优势。通过对目前市场上常见的几种热疗产品(SR1000、NRL-001、HG2000、HIFV9000、CSZ-9)的比较分析，该专利产品在诸如价格水平、产品附加值、客户满意度、功能性价比等方面都会有不错的表现。

二、市场前景分析

我国有 31 万多个医疗卫生机构，医疗仪器有广阔的市场前景。随着我国的经济从温饱进入小康，人民生活水平和医疗情况有了显著改善。中国已成为全球医疗仪器十大新兴市场之一，已成为除日本以外亚洲最大的市场。

随着我国改革开放的继续深入，首先社区卫生服务将进一步展开，加上广大农村医疗条件进一步改善，客观上使量大面广的常规诊治仪器的需求上升；其次，我国人口已达 13 亿，超过 65 岁的人口占总人口比例已超过 6%，我国已进入老龄化社会，从而使我国医疗仪器市场的总需求量高于国际市场的增长。第三，我国的疾病谱也正处于从发展

① 对肿瘤的治疗方法，国内外大致可以归纳为外科手术治疗、药物化疗、免疫方法、放射治疗、三刀治疗(X—刀、γ—刀、光子刀)及热源治疗等六种基本疗法。

中国家到发达国家转化阶段，要求更多、更安全可靠的医疗仪器满足市场需求；第四，随着城镇职工医疗保险制度的逐步实施，医疗机构逐步向明确分工转变，综合性全能医院数量将有所抑制。据此，国家相关权威部门预测，“十五”期间基本诊治项目的常规诊断和治疗仪器需求将会有较大增长，而高档医疗仪器的增长率将有所回落，具体预测诸如热疗仪器这类品种将有 10～15%的增长率。

总的来说，该专利产品的市场前景广阔，在今后的发展过程中，一旦在各方面条件成熟的前提下进入市场，可永续生产，产生巨大的现金流。

三、专利开发过程

该专利产品在研发过程中将经历三个阶段性过程，即研究阶段、系统的开发阶段及临床测试阶段。只有每个阶段成功之后，研发才能进入后续阶段。在完成三个阶段的工作后，面临的将是生产阶段或进入市场阶段。届时，将面临两种进入市场的方式的选择：一是直接投放市场，二是先经历一个检验比较测试阶段后，再投放市场。下面就各阶段面临的问题、成功的可能性分析等做简要介绍。

1. 研究阶段

尽管该专利产品将综合应用多项先进技术，但在研究阶段主要面临且必须攻克的是几项关键技术，如高能电子超声可穿透骨骼技术，多频率焦距可控技术，生态(呼吸)检测与随动控制技术等。由于研究阶段的成功与否直接关系到该 R&D 活动能否进行到第二阶段(开发阶段)，所以研究阶段是整个研发过程的关键。对该阶段的分析我们主要考虑以下影响因素：筹集资金能力、研究人员素质及优化程度、技术性能的前瞻性、超声机构波产生及稳定性、聚焦镜的换位旋转性能、照射源的不扩散技术处理。结合目前已掌握或分析情况，我们采用沃尔沃评分法，由专家评分和根据市场调查结果，得到实际的评估得分值，最终得到该阶段成功和失败可能性分别为 0.2 和 0.8。该阶段预计一年完成。

2. 开发阶段

该阶段建立在研究阶段成功的基础上，即在几项关键技术已充分掌握并得到相关权威部门认可的情况下进入的。该阶段涉及的技术环节众多，涉及多门新兴学科，需进行大量的安装调试工作，再加上医疗设备对系统可靠性、控制精度的要求高，任何一个细小的环节出现差错，都可能导致系统的失败。对本阶段成功和失败的分析同样采用沃尔沃评分法，分析的主要影响因素有：筹集资金能力及技术准备程度，诊治机械手的运动控制精度及稳定性，运动集成装置的设计指标完成情况、柔性波纹管储介与 B 超探头的性能、治疗过程闭环智能控制系统性能状况、生命呼吸实时动态测试与随动系统的实时性和可靠性等。最终得到本阶段成功和失败的可能性分别为 0.75 和 0.25。该阶段预计一年完成。

3. 临床测试阶段

进入到本阶段，主要是将专利产品应用于实际临床测试时，将根据来自于医患双方的感受和建议，做一些必要的改进和调整，使该系统真正达到预期治疗效果，并能让使用者操作方便，易于掌握，进一步得到国家医疗主管部门的认可。对本阶段的成功和失败分析，考虑的主要因素有：资金筹措能力，与医疗单位的合作关系，对行业标准的认知水平，产品设计的人性化重视程度，系统本身的技术创新程度、临床测试效果比较等。同样用沃尔沃评分法，最终预计该阶段成功和失败的可能性分别为 0.85 和 0.15。该阶段预计一年完成。

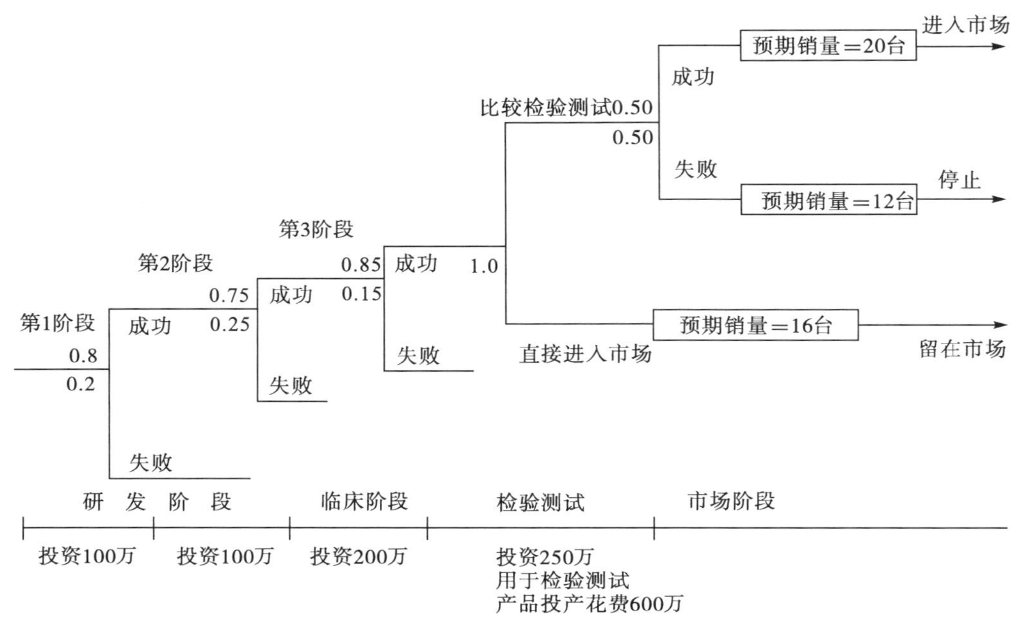

图 11A-1 “超声高能肿瘤治疗系统”专利 R&D 过程

前面已提到，在完成并通过临床测试阶段后，该专利 R&D 活动就已成功，技术不确定性也就完全消除，接下来就是生产阶段，进入市场。由于进入市场面临两种方式：一是直接进入，二是再经历一个比较测试阶段。前者当然只有一种可能，即成功；后者就会有好、坏两种可能结果，就目前掌握的情况来看，各为 0.5 的概率。尽管这两种结果只是在产品年销量上表现为不同的数值，但为了与前面三个阶段的成功和失败可能性相对应，我们仍将它们看成“成功”和“失败”。

综上，图 11A-1 是“超声高能肿瘤治疗系统”研发投资的决策过程。

四、基本参数估计

我们针对西南市场和有关科研、医疗机构进行了大量深入细致的市场调查、取证和分析工作，取得了诸如市场需求量预测、三个研发阶段及比较检验阶段、生产阶段的投资额估计、技术不确定性分析(前面研发阶段介绍中已做说明)、成本分析、利率分析、价格波动率等结果。下面分别简要说明其数据来源过程。

1. 市场需求量、市场价格及价格波动率

我们采用了德尔菲法、回归模型分析法对市场需求量、市场价格进行了估计。参与预测的人员来自若干个大型医院具有多年临床经验的专家学者。我们首先得到该产品的价格权重结果，具体如下：价格(单位：万元)分别为 220、210、200、190、180 时所对应的权重(概率)为 0.08、0.18、0.48、0.18、0.08。接下来假设在经过比较测试阶段以后再进入市场，并且针对比较测试结果为“好情况”即“成功”的情形，让专家预测打分，得到不同价格水平下的预测需求量：产品价格为 180 万元时，预期需求量为 23 台；产品价格为 190 万元时，预期需求量为 22 台；产品价格为 200 万元时，预期需求量为 20 台；产品价格为 210 万元时，预期需求量为 19 台；产品价格为 220 万元时，预期需求量为 16 台。

以这些数据为基础，我们用线性回归分析法可确定出该产品的需求预测回归方程，具体结果如下：

$$y = 54 - 0.17x$$

其中，y 代表该产品的市场需求量(单位：台)，x 代表产品价格(单位：万元)。

关于该线性回归方程的准确性，我们可以通过计算相关系数，估计所预期的产品需求量的置信区间和标准差来测定整个回归分析的准确程度，限于篇幅的关系，在此不再赘述，仅对产品价格变化的标准差和需求量预测的标准差做一说明。

前面已得知产品价格的分布概率，则产品的预期价格为：

$180 \times 0.08+190 \times 0.18+200 \times 0.48+210 \times 0.18+220 \times 0.08=200$(万)；

价格方差：$0.08(180-200)^2+0.18(190-200)^2+0.18(210-200)^2+0.08(220-200)^2=100$；标准差$=\sqrt{100}=10$；价格的波动率$=\frac{10}{200}\times 100\%=5\%$。

假定预期需求量呈正态分布，我们根据正态分布的特性，可计算出在置信概率为 95%的情况下，置信区间的下限为 12 台，这是我们预测的比较检测结果为“坏情况”时的参考需求量，而当结果为“好情况”，实际就是指预料中的正常情况下的需求量即为：$y=54-0.17\times 200=20$ 台。

另外，如不进行比较检测阶段，选择直接进入市场时，此时的需求量就取以上两值的均值，即：$\frac{20+12}{2}=16$(台)。

2. 无风险利率及风险调整折现率

无风险利率参照国家有关部门的统计及预测报告和国债利率标准，假定无风险利率为 3%，由于该新产品的生产，我们已较乐观地假定其为永续生产，即第四年末或第五年末的现金流为永续现金流。根据谨慎性原则，在假设风险调整折现率方面，应相对保守地做出估计，为此在风险补偿率方面，经分析应由以下几方面因素构成：

A. 通货膨胀补偿率：根据国家有关部门的统计和未来预测可定为 5%。

B. 违约风险报酬率：本专利 R&D 项目为典型的风险投资项目，所有投资来源于风险投资家，根据该产品的投资特点及风险的分析，估计其违约风险报酬率为 4%。

C. 期限风险报酬率：它是指对于一项债务，到期日越长，债权人承受的不确定因素就越多，承受的风险就越大，为弥补这种风险则需要求提高利率。根据本项目的特点设其为 5%。

D. 流动性风险报酬率：这是指由于债务人资产的流动性不好(如市场发生变化)会给债权人(或投资人)带来的风险，为补偿这种风险也需要求提高利率。经估计项目流动性风险报酬率为3%。

综合起来，风险调整折现率=20%(当然，我们也可通过确定同类项目的风险报酬率和我们这个特定R&D项目的标准折现率的方法来估计风险调整折现率，但限于该方面的资料不全，难以做出更准确的估计)。

在确定风险调整折现率后，对第四年末(或第五年末)项目价值的估计就可得到，即

$$项目价值=第四(或第五)年末净现金流入\times\frac{1}{1-\frac{1}{1+20\%}}=6倍于净现金流入。$$

3. 投资成本、生产成本

企业根据研发的特点，制定了投资计划，在研究阶段，预计投资100万元，投资期为一年。在开发阶段，预计投资100万元，投资期为一年；临床测试阶段，预计投资200万元，投资期一年；在生产阶段预计投资600万元，投资期一年；如果在生产阶段前进行比较测试，需再投资250万元，投资期一年。

企业生产成本包括：产品单位变动成本为120万元，固定成本为400万元。

五、实物期权分析

该专利产品的研发过程经历了多个阶段，其间面临着技术不确定性、产品价格和产品销量的不确定性，这些不确定性共同影响该研发项目的价值。该研发过程可看成是由一系列的学习期权(learning option)组合而成的复合期权(compound option)，每一阶段的期权价值都是建立在前一阶段期权被执行的基础之上的。在每阶段投资者都有选择是否继续投资、放弃投资的权利。

下面根据Copeland和Antikarov(2001)的步骤对该项目的价值和决策进行分析。

步骤一、模拟不确定性

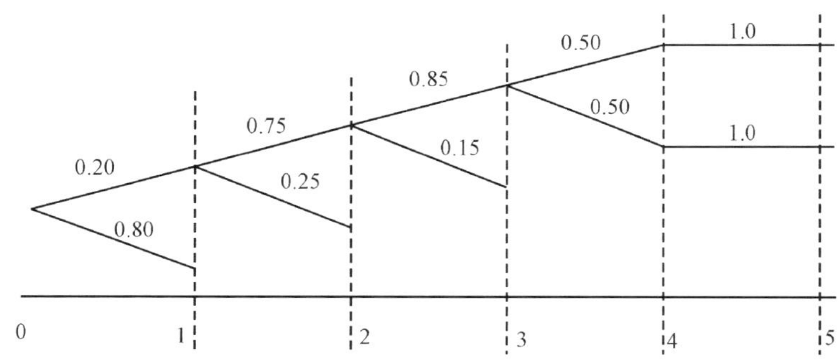

图11A-2　技术不确定性

由于技术不确定性不依赖于市场的变化，因此技术不确定性独立于产品/市场不确定性。图11A-2表示项目在整个研发过程中的变化情况。

图11A-3表示价格不确定性的演变情况，初始时刻的价格为每台200万(即产品立刻面市)，价格的年标准偏差估计为5%，则年上升和下降程度分别为：

$$u = e^{0.05} = 1.051, d = 1/u = 0.951$$

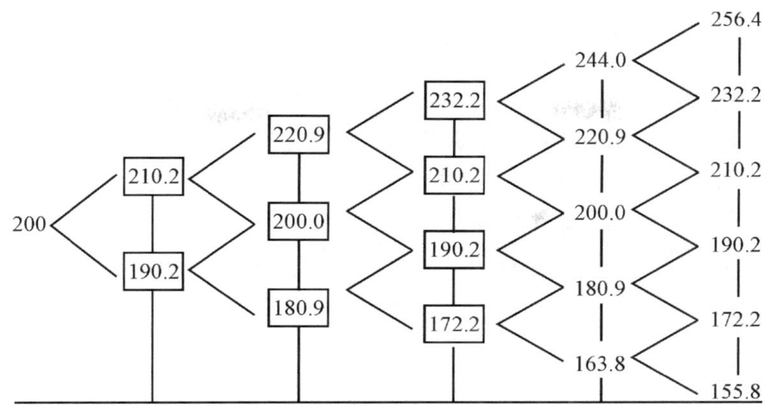

图 11A-3　价格不确定性（单位：万元）

将价格和销量的不确定性综合为单一不确定性，最终构成一个四项式变动树。如图 11A-4 所示。

步骤二、计算原问题 PV

由于第 3 阶段成功后，进入市场的方式为相互排它的两种，即先进行检验比较测试后再进入市场或直接进入市场。整个计算过程如下：

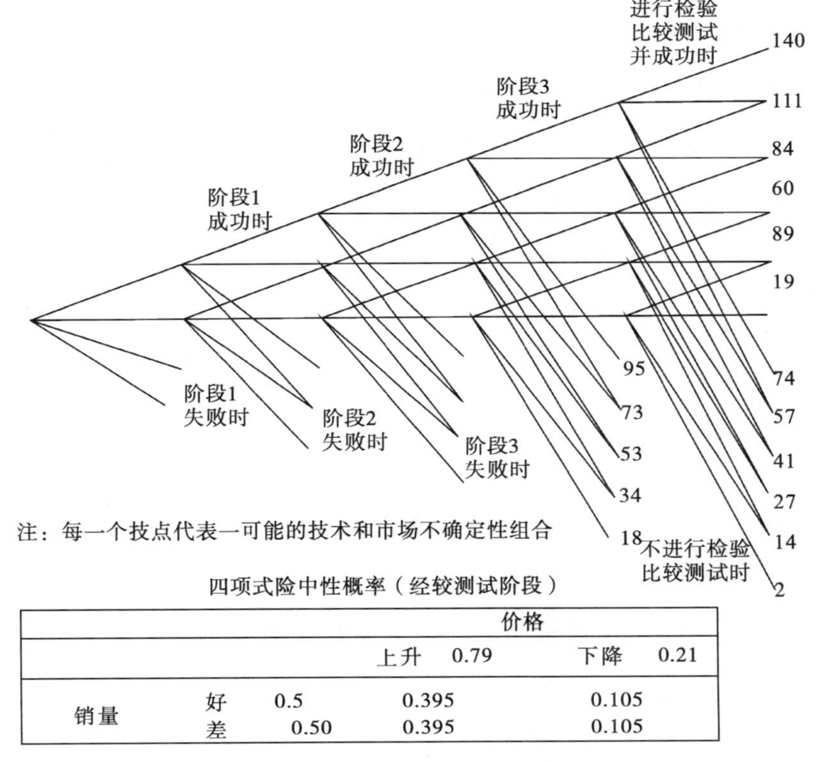

四项式险中性概率（经较测试阶段）

		价格	
		上升　0.79	下降　0.21
销量	好　0.5	0.395	0.105
	差　0.50	0.395	0.105

图 11A-4　不确定性的四项式事件树

(1)要进行检验测试时，先计算投资成本的现值：

$$PV(I)=1+\frac{1}{1.03}+\frac{2.0}{1.03^2}+\frac{2.5}{1.03^3}+\frac{6.0}{1.03^4}=11.48\text{ 百万}$$

图 11A-5 表示在各状态下，基于产品的市场价格和产品销售条件下的项目价值变动树。以点 A 为例，如果检验测试成功的话，现金流为 CF= ［$(P-\text{VC})\ Q-F$］ = ［(256.4－120) × 20－400］ =23.28 百万元，价值为 CF×6=140 百万元。在点 G(测试不成功时)，CF= ［(256.4－120) × 12 － 400］ =12.37 百万元，价值为 CF × 6=74 百万元。树的其他末端节点的价值(从 $B\rightarrow L$)可采取相同的方法得到。

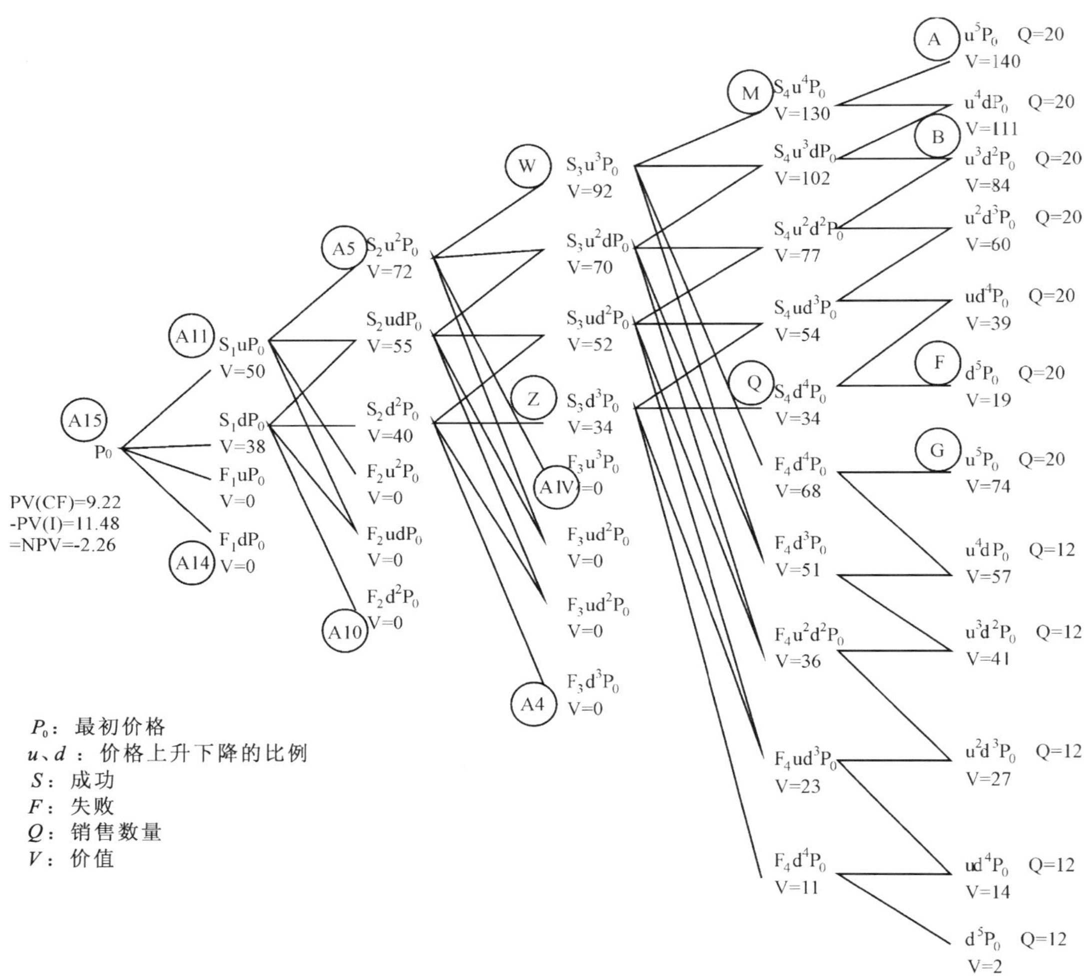

图 11A-5　要进行检验测试时的 NPV 计算(单位：百万)

接下来求风险中性概率。假设产品目前的市场价格是每台 200 万元并以每年 5%的波动率上下变化。

则上升的风险中性概率为 $p'=(e^{rf}-d)/(u-d)=0.79$，下降时的风险中性概率为 $1-p'=0.21$。现在用风险中性概率计算各点价值，图 11A-5 中末端各点沿树往后计算。以点 M 为例：

$$V_M=\frac{p'140+(1-p')111}{1+r_f}=\frac{0.79\times140+0.21\times111}{1.03}=130$$

这里存在技术、价格和销量三类不确定性，且彼此独立。其中前三个阶段存在技术、价格不确定性(尚未进入市场因而无销量不确定性)，而最后的比较测试阶段则只存在价格和销量不确定性。在每个阶段每个节点有四个分枝——四项树，为了确定各点处的值，需要估计每个分枝的风险中性概率，各节点的风险中性概率如表 11A-1 所示。

在 W 点项目的现值等于各节点上的收益值分别乘上各枝点的风险中性概率，然后相加，最后以无风险利率折现：

$$V_W = \frac{0.395(130) + 0.105(102) + 0.395(68) + 0.105(51)}{0.03} = 92$$

类似的计算可用于点 W 到 A_4 各点，然后沿树往后直到初始点 A_{15}。但值得注意的是，从 1 到 3 阶段，如果研发失败，则项目的现值为 0。最后，项目的现值为 9.22(百万)，NPV=9.22 − 11.48=−2.26(百万)。

(2)直接进入市场时 $PV(I) = 1 + \frac{1}{0.03} + \frac{2.0}{1.03^2} + \frac{6.0}{1.03^3} = 9.35$(百万)。NPV 计算过程与前面一样，其 NPV=− 0.71(百万)。

比较两种进入市场方式下的 NPV，单纯从大小来讲，我们一定会选择直接进入市场(因为−0.71>− 2.26)，当然由于均小于 0，我们两者都不会接受。

表 11A-1　所有分枝概率

阶段数(i) \ 分枝概率	$P_{i,(u,s)}$	$P_{i,(d,s)}$	$P_{i,(u,f)}$	$P_{i,(d,f)}$
第 1 阶段	0.158	0.042	0.632	0.168
第 2 阶段	0.5925	0.1575	0.1975	0.0525
第 3 阶段	0.6715	0.1785	0.1185	0.0315
第 4 阶段	0.395	0.105	0.395	0.105

其中，i 代表阶段，u 代表价格上升，d 代表价格下降，s 代表技术成功(或销售)，f 代表技术失败(或销售)。如 $P_{i,(u,s)}$ 代表第 i 阶段价格上升且技术成功的概率。

步骤三和四、ROA 分析及决策

接下来，用实物期权分析法来为带有经营柔性的项目定价，在本案例中，经营柔性为放弃期权和投资的复合期权，图 11A-6 所示为实物期权计算和最优决策情况。为了说明此时的计算过程，仍对点 W 计算。

图 11A-7 表示出四项式风险中性概率，各自然状态的收益值和点 W 处的价值：

$TestV_W = \frac{0.395(124) + 0.105(96) + 0.395(62) + 0.105(45)}{1.03} = 84.0$。点 W 处的另外一个选择是直接进入市场，不进行比较检验测试，则项目价值为：

$$V_W = \frac{0.79(95) + 0.21(73)}{1.03} = 88.0$$

由于直接进入市场的净现值大于经检验测试后再进入市场的净现值，即

$$\max = [88.00 - 6, 0] > \max[84.0 - 2.5, 0]$$

故在点 W 决定直接进入市场，对其他各点进行相似计算和分析。

沿着所有的路径往后计算最终到达初始点。我们发现项目的实物期权价值为正，6.6百万元，因而可以进行该项目的研发工作。

当在第三阶段末时，对于高价格的自然状态(W、X)选择直接进入市场的方式，而对于低价格的自然状态(Y、Z)则选择先进行比较测试再进入市场。

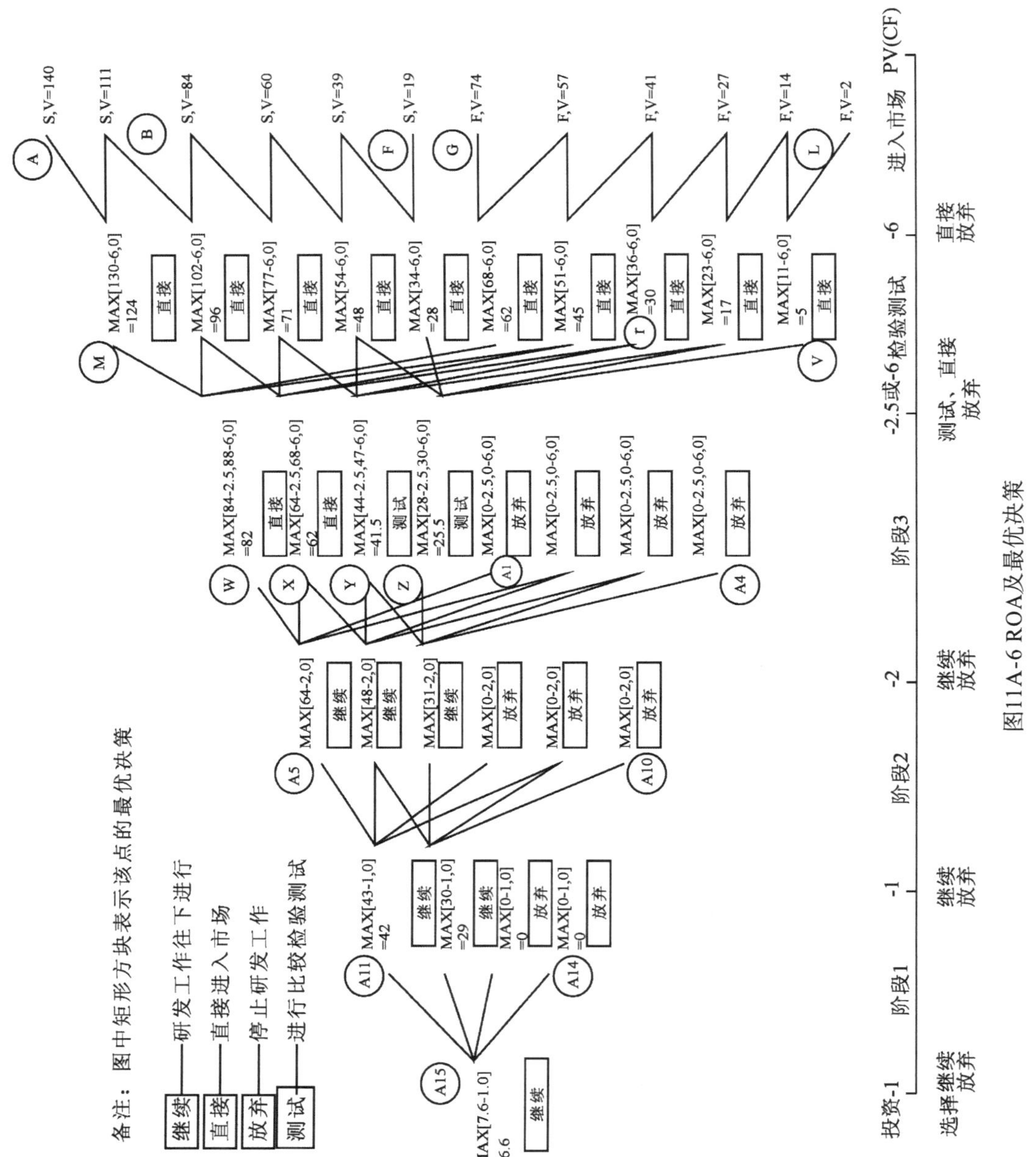

图11A-6 ROA及最优决策

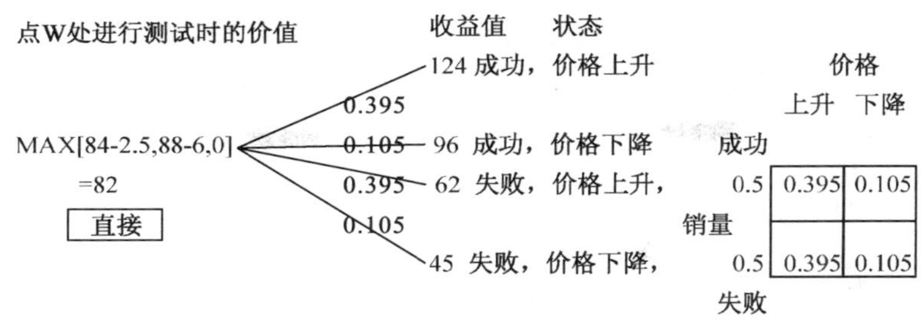

图 11A-7　检验测试的结果可能成功或失败

六、分析评价

本案例采用具有普遍适用性且易被企业决策者掌握的四项式定价法对该专利研发投资项目进行了评估，为决策者提供了参考，目前项目进展顺利并取得了满意效果。

本案例的特点在于，在评估多阶段技术创新投资决策过程中，采取了多种方法和手段对项目定价参数进行了分析。该方法适合于一些难以找到类比对象的技术创新投资项目的定价。

附录 B　案例二：基于新兴技术微观特征的投资决策

一、新兴技术及其相关背景

20 世纪 80 年代后期，特别是进入 90 年代以后，人们已经越来越清楚地认识到，由复杂性和动态性所规定的不确定性已经成为我们所面对的环境的本质属性。基于技术对于社会的发展，尤其是对经济发展的推动和贡献，理论界、产业界和政府对于新兴技术及其行为与特征表现出了极大的关注。

新兴技术对于企业的生存与发展、国家和区域经济增长、市场经济的规范与建设以及国际经济合作都具有举足轻重的地位和至关重要的作用。新兴技术是建立在科学基础上的革新，它可以创立一个新行业或改变某个老行业，通常具有非持续性、“创造性的毁灭”、巨大的不确定性和复杂性等特点。新兴技术的特征决定了新兴技术行为是一个复杂的系统工程，需要和包括系统工程、管理科学、知识系统工程、金融工程等在内的许多学科进行交叉和融合。所以，新兴技术管理是一门新兴的交叉性学科。

“新兴技术”一词在管理科学中有着严格的定义。沃顿的定义：新兴技术是建立在科学基础上的革新，它们(作用是)可能创造一个新行业或者改变某个老行业。具体是指：①其(技术)知识在扩展，即不断发展的技术知识。②在现有市场中的应用在经历着革新。③新市场正在发展或形成，发现或开辟了新的市场。例如，磁性材料具有记忆作用，这是科学发明，把磁性材料做成磁性记忆圈，就是革新；计算机的发明，创造了计算机行业，晶体管、集成电路的发明，形成了微电子产业。

经对大量文献资料的归纳和总结，笔者认为，新兴技术是指那些新近出现或正在发展的、对经济结构或行业发展将产生重要影响的高技术。新兴技术的微观过程，是指新兴技术从构思(创意)、研发、中试、小批量生产直到大批量商业化的各过程。之所以强调其微观性，原因有二：一是由于其各阶段存在的高度不确定性和复杂性，要求我们对它的研究必须更加细致和微观；二是由于各阶段的非连续性甚至非相关性，使得各阶段对新兴技术最终成功的“贡献”缺乏显著性特征，从而表现出明显的微观特性。

二、新兴技术的微观特征

由于新兴技术本身的特殊性，以及由此产生的对其商业化的要求，新兴技术研发活动与其他产业新品开发活动相比，在微观方面表现出以下特性：

1. 研发时间长

在新兴技术的研发过程中，完成的时间受到多种因素的影响和制约，也存在着高度的不确定性。新兴技术研发成功的时间受到相关科学技术发展的影响和制约之外，还受到企业内部的组织管理、技术能力、创新动力、研究积累、组织学习等因素的制约。研发成功的时间不同，面临的市场和管理环境将各异，可能竞争对手在技术和市场领先了，可能市场的需求已经发生了变化。或者出现了新的需求替代品等，这些要么需要更新的技术，要么要求对新兴技术的需求特征组合进行重新定义。

一个新兴技术从研究到实现的全部过程包括：立项研究、商业化和市场成熟阶段以及贯穿于整个研发过程中的注册申报工作。一般技术的研发有时还会有学习和模仿的对象或蓝本，而新兴技术的研发则没有这个有利条件。新兴技术不仅涉及到本学科领域科学研究的理论支撑，而且还需要相关配套学科的科技支持。新兴技术涉及到的都是科学技术的最新成就，这就更加大了这种不确定性，而研发的不确定性则相应的延长了开发时间。研究项目的时间越长，对项目成败的前景做出合理预测的难度就越大，因而对新兴技术的投资决策带来了困难。

2. 研发投资大

相比普通行业的技术而言，新兴技术开发耗资巨大。有数据表明，在欧美市场，往往一个新兴技术仅在研发阶段就要花费上亿美元，并且对于某些高端领域，该成本还在不断上升，比如说对于3G技术的研发。新兴技术开发的巨额成本主要取决于两个方面：首先，随着科技的不断发展，新兴技术的产生与创新难度越来越大，更大规模、更广范围的筛选识别工作必然导致成本上升；其次，近年来各国政府在新兴技术审批安全性方面不断提高要求，也大大增加了新兴技术商业化应用之前验证阶段的费用。企业有限的资源与新兴技术巨额开发的成本使得新兴技术研发决策分析成为项目是否成败的关键因素。

3. 市场不确定性高

由于既要保证技术的创新和可行性，又要保证技术的商业前景，新兴技术项目开发具有很大的不确定性。任何一项新近出现的高技术都会令人兴奋地憧憬其美好的前景，然而现实常常并不以人的意志为转移，最终前景如何，是由市场规则所决定。一些新近出现的高技术具有爆发性市场，而另一些则可能不被市场所接受。

比如，2003年底欧盟第六期架构计划下的新兴科技研究计划中，有一项人体疾病的侦测与预防技术研究项目，这项技术的科学基础就是基因工程，虽然在2000年5月，国际人类基因组计划完成了人类基因组全部 DNA 序列的“工作框架图”，但人类关于基因的探索只是刚刚融化了冰山边缘的雪，基因工程的科学基础仍然是不确定的，很多知识领域是未知的，因此不难预见，欧盟研究的这项新兴技术在未来的发展和应用都具有极大的不确定性。

从西方发达国家新兴技术产业的经验来看，往往在 10 万个项目中，才能筛选出 100 个真正具有价值的项目，且其中可能只有 10 个符合我们所说的新兴技术，而可能最终能在市场上成功的也仅有一个而已。一般来说新兴技术开发的不确定性首先来自于技术的不确定性，而科学基础、技术应用等方面的缺陷往往也会加剧这种不确定性。

4. 管理难度高

由于新兴技术存在高度的市场的不确定性和技术的不确定性，由此带来的结果是：管理新兴技术需要完全不同的思路、技巧和方法。简单地讲，在新兴技术的投资评价、战略规划、市场拓展、组织结构设计、学习方法等，都会对传统的管理提出严峻的挑战，相当大一部分传统管理的思路和方法在新兴技术管理中将不再适用，需要建立新的管理思路和管理方法。在管理新兴技术时，采取何种管理思维和方法，需要针对不同的技术和环境，不断探索和总结、发展。例如，在战略选择上，现有技术采用集中精力于获得优势，聚焦思考法，使用传统的战略工具，提供明确的时间表的思维方式；而新兴技术强调保持战略的灵活性，遵循实时、以问题为中心的程序，采用情节发展、发散思考、创造和保留期权等思维方式。在新兴技术的投资评价方法上，而主要应采用实物期权等方法，才能对新兴技术未来的不确定性给予足够反映。

三、新兴技术的微观行为研究

从上述新兴技术的特征，我们可以看出，对于新兴技术无论是从研发还是从后期的商业化运作过程中，都存在极大的风险和不确定性。普遍来说，新兴技术均要经过可行性研究、研发、市场化和成熟阶段，因此对于新兴技术的可行性研究至关重要，即我们必须要做好新兴技术前期的决策。

1. 传统决策手段在新兴技术研发及应用上的局限性

一般来说，传统项目评估主要采用净现值(NPV)法。NPV 法是将未来的现金流量期望值以适当的贴现率进行贴现，再将得到的收益现值减去所需要的投资额现值，得出项目的净现值。这种方法由于考虑到了资金时间价值以及在一定程度上包含了项目不确定性对决策的影响，因此目前在周期长、投资大的项目决策中应用较广。但是这种方法在解决新兴技术研发的项目决策问题时，存在明显的缺陷：

第一，关于不确定性。新兴技术研发的项目具有很大的不确定性，往往在项目实施的早期很多风险和问题是无法预测的。但是净现值法的基本前提首先是能够准确预期项目在其寿命期内各年产生的净现金流量，并且能够确定相应的风险调整贴现率；其次它对投资内外部环境也要求相对稳定，市场条件和竞争状况严格按照预期的方式发展。显然，这与新兴技术研发项目的高不确定性是不相匹配的；

第二，关于决策的灵活性。根据净现值法的原理，项目投资决策具有“刚性”，要么立即投资，要么永不投资；并且一旦投资，随后很少根据项目实际情况调整投资，未来的行动都在决策初期锁死。但是新兴技术研发项目要经历多个阶段，项目决策因此也是多阶段性的，所以简单地在项目初期就决定“不做”或者“全部投入”就会明显降低一个企业在新兴技术研发活动上的灵活性。举例来说，虽然一个新兴技术研发累积的投资额非常大，但是这并不代表一个企业必须在项目开始的时候就全部投入。据统计，一个新兴技术的研发成本主要发生在实验方面，达到70％左右。因此如果一个研发项目在实验前甚至更早的阶段就决策退出或停止，企业并不需要投入很多的资金。也就是说，企业可以根据一个新兴技术研发项目前期的实际情况，来决定后期行动，在继续投资、停止、转让等方案中灵活地选择，但是这种灵活性的价值无法在净现值法中体现出来。

总之，运用传统财务方法的研发投资评估，将创新视为一种静态的决策过程，假设未来的情境是确定的，因此排除所有不确定与信息不齐全的因素，并认为在此刻就可以对未来选择做出正确的决策；此外，现金流量折扣的计算方式，将研发创新的不确定风险视为负面因素，因此会给予较高的折扣值，而产生对于研发创新不利的决策。

2. 实物期权在新兴技术决策中的应用

期权(option)从英文的解释来看是指一种抉择权，它赋予其所有者在预定期限内按预定价格购买或出售资产的权利(而不是义务)。实物期权提供了所有者在某个特定时间以特定成本采取特定行动的权利，也就是说，对一个特定的实物投资项目，投资者保留了相机抉择的权利，这就为投资决策提供了灵活性，从而创造了价值。显然，如果考虑到这种决策灵活性带来的价值，一个新兴技术项目的投资价值则应该包含两个部分：一部分是不考虑实物期权的存在，投资项目固有的内在价值，可以通过净现值法求出；另一部分就是由于项目的期权特性所产生的期权价值。用公式表示为：项目价值＝NPV＋实物期权值。因此，项目期权的特性就直接影响了项目的投资价值，进而可能产生不同的投资决策。

一般来说，实物期权的价值是通过对一个项目的延迟投资、分阶段投资、放弃投资、扩大或缩小投资，甚至转换经营等多种多样的灵活行动来实现的。这些行为从本质上来说，都是否定了在净现值评估方法中关于投资“刚性”的假设：“对关闭、重新启动或者放弃经营有抉择权的公司，比其他条件相同而没有这些抉择权的公司灵活，因而更有价值”。

实物期权的内涵与价值可以归结为：①将未来的不确定性视作一种创造价值的机会，更重视创新可能带来的潜在机会与策略价值；②将弹性以及无形资产也视为一种价值，并且十分重视未来各种可能发展趋势的信息判断；③是一种逐步渐进式的决策方式，依据未来的发展情景，经理人可拥有自由抉择的空间；④实物期权的价值高低，可由企业依据投资决策需求而自行设计；⑤实物期权价值的实现，最终还是需要视企业本身的经营管理能力与对未来发展的打算 。

可见，实物期权本身不仅是一种价值评估的方法，更是一个新的分析价值、评估价值的理念。在这种理念中，不确定性成为创造价值的机会，同时决策本身的弹性和过程也可以通过决策者的合理安排而创造价值。按照实物期权的原理，一个新兴技术研发项目期权价值主要来源于分阶段投资期权。

所谓分阶段投资期权是指把项目所需的投资按时间顺序分成若干个相互联系的分期支付的序列投资，每一阶段的投资决策取决于前面已经执行的各阶段投资的实际结果，而每一阶段的投资都代表必须支付的执行价格，以获得继续经营直到下一期投资开始的后续期权，由于新兴技术项目开发需要经历多个阶段，而在各个阶段交替的节点都为决策者提供了下一步行动的灵活性，例如在初期研究阶段结束后，对于是否继续进入商业化前的研究，管理层可以根据技术上的指标、市场上竞争对手的研究进展以及其他信息来做出判断，选择继续投入实验，还是停止项目等。保留在新兴技术项目研发各阶段交替的决策选择权，将使企业避免盲目进入后期活动而导致过大的损失，为企业创造价值。

本节中的模型将新兴技术投资分为五个阶段，体现了新兴技术的特征。作为以往所研究的一般风险投资项目或者高技术项目，并不会全部经历种子期投资、创建期投资、成长期投资、扩张期投资和成熟期投资这几个阶段。而新兴技术则无一例外必须经历这几个阶段；以往的二项期权定价模型都是将上一阶段项目价值变化终值做为下一阶段的初始值，而由于新兴技术的极大不确定性和复杂性，使得各阶段间的相关性大大减弱(我们回过头来不难看到这样的例子：一个看似没有希望的技术，却最终成为风靡全球的新兴技术，如当初的互联网技术；同样，目前进展良好的技术却未必会成为未来的赢家，如刚起步不久的 3G 是否会成为明天移动通信的主流？还是被 4G 和 Wi-Fi 所替代？我们都无从知晓!)。因此，本节中所应用的二项期权定价模型中各阶段的价值是独立的，与前一阶段并不相关；新兴技术的极大不确定性和复杂性赋予给投资决策明显的实物期权特征，使得风险投资者并不一定经历种子期到成熟期的全过程，与以往的研究不同的是.本节的模型假定投资者可从任一阶段介入和退出。模型的基础是 Copeland 和 Antikarov 提出的求解实物期权的步骤和方法，但做了相应的变形。

3. 基于二项式期权定价的新兴技术投资决策模型

按照新兴技术所处发展阶段的不同，可将投资划分为种子期投资、创建期投资、成长期投资、扩张期投资和成熟期投资。假设企业在新兴项目处于第 i 个阶段时进入，$i=1，2，\cdots，5$ 分别对应新兴项目的 5 个阶段。企业在投资行为上需进行两项决策：投资时机选择决策和投资期限决策。令 ρ 为描述投资这两项决策组合的变量，ρ_n^i 定义为描述企业第 i 个阶段进入新兴技术项目且连续投资 n 个阶段的变量，则 ρ_n^i 可表示为：

$$\rho_n^i=\begin{cases}1，\text{新兴技术项目第 } i \text{ 个阶段进入并连续投资 } n \text{ 个阶段}\\0,\text{否}\end{cases}\tag{B-1}$$

Pindyck 所提出的项目未来收益的不确定服从几何布朗运动的假设，导致模型复杂求解困难，成为实物期权方法在实际推广中的最大障碍。Taudes 总结并利用 Carr、Margrabe、Black Scholes、Gesk 和伪美式期权公式对信息系统中包含的实物期权进行了举例计算。这些公式只适用于某些特定的情况，在处理现实的实物期权时存在以下两种缺陷：

(1)这些公式最多只能处理三个投资时点，当投资时点多于三个时，则不存在现成的金融期权定价解析公式。

(2)无法同时计算多个期权。在同时处理两种期权和两种期权间的相互影响时，难以得到定价的解析表达式。Copeland 和 Antikarov 提出了具体的求解实物期权的步骤和方法，其计算方法在二项式模型的基础上采用动态复制技术进行实物期权的求解。求解时需要找到一个同该资产完全相关的债券或股票——“孪生证券”来完成投资项目的复制。所谓完全相关。就是股票的上升和下降的比例，以及上升和下降的概率完全相同。但是在进行一个以前从未有的研究和开发项目或全新的投资时，无法找到一个恰当的“孪生证券”。Copeland 和 Antikarov 指出，可以直接使用不含灵活性的该项目本身的现值作为标的风险资产的“孪生证券”。他们认为，不含灵活性的项目的现金流现值是在市场上交易的项目资产价值最好的无偏估计，该假设称为已交易资产放弃声明假设。由于采用该假设所计算出的结果，同使用孪生证券得到的结果完全一致，因此采用这种方法更具有实用性。

为提高模型的可操作性，假设不同阶段收益均服从二叉树过程且相互独立。企业在第 m 阶段以 P_m 的概率获得较高的现金流入 V_m(乐观预测)，$m=1$，2，…，5；以 $1-P_m$ 的概率获得较低的现金流人 V'_m(保守预测)，例如 V_3、P_3 分别表示企业投资于新兴技术成长期所可能获得的较高现金流入及其概率。

结合决策树的思想和决策分析方法，计算企业从新兴技术投资项目中获得的净现值(NPV)。企业从第 i 阶段开始投资，连续投资 n 个阶段，其收益(即现金流入，下同)的概率分布是一个含有 2^n 个数组的行向量 $A=[a_j]$。则收益的分布与其概率相对应，也是一个 2^n 个数组的行向量 $B=[b_j]$，其中 a_j 和 b_j 是一一映射的。则 a_j 和 b_j 可分别表示为

$$a_j=\prod_{m=1}^{i+n-1}[\tau_m^1 P_m+\tau_m^2(1-P_m]\qquad j=1,2,\cdots,2^n;\tau_m^1+\tau_m^2=1 \tag{B-2}$$

$$b_j=\prod_{m=1}^{i+n-1}[\tau_m^1 V_m+\tau_m^2 V'_m]\qquad j=1,2,\cdots,2^n;\tau_m^1+\tau_m^2=1 \tag{B-3}$$

式中，τ_m^1、τ_m^2 为 0－1 变量。

令企业在第 i 个阶段进入新兴技术项目的投资额现值为 I_i，从第 i 个阶段进入并连续投资 n 个阶段的净现值是 M_n^i($i=1$，2，…，5；$n=1$，2，…，$5-i+1$)，则 M_n^i 可表示为

$$M_n^i=\rho_n^i(AB'-I_i)=\rho_n^i\left(\sum_{m=1}^{i+n-1}[P_m V_m+(1-P_m)V'_m]-I_i\right) \tag{B-4}$$

通过经验法或专家评估法估算企业投资于新兴项目各阶段不同年度的现金流入，从而计算出 V_m 和 V'_m。分别表示为：

$$V_m=\sum_{t=t_{m1}}^{t_{m2}}\frac{F_{m,t}}{(1+r_m)^t}+\frac{\lambda_m C_m}{(1+r_m)t_{m2}} \tag{B-5}$$

$$V'_m=\sum_{t=t_{m1}}^{t_{m2}}\frac{F'_{m,t}}{(1+r_m)^t}+\frac{\lambda_m C_m}{(1+r_m)t_{m2}} \tag{B-6}$$

式中，$F_{m,t}$ 为乐观预测时的第 m 阶段中第 t 年份的现金流人；$F'_{m,t}$ 为保守预测时的第 m 阶段中第 t 年份的现金流人；C_m 为投资者于第 m 阶段末风险投资清算所收回的资金；λ_m 为 0－1 变量，当 $\rho_n^i=1$ 时，$\lambda_m=1$；当 $\rho_n^i=0$ 时，$\lambda_m=0$，$m=i+n-1$；t_{m1}、t_{m2} 为

第 m 阶段的开始年份和结束年份；r_m 为第 m 阶段现金流量的折现率。

采用二项式期权定价模型(binomial option-pricing model)计算各阶段投资机会的价值，即期权的价格。在第 m 阶段现金流入为 V_m 时的期权价值 $E_m^u = \max[0, V_m - I_m]$，在第 m 阶段现金流入为 V_m' 的期权价值 $E_m^d = \max[0, V_m' - I_m]$，则该新兴技术项目第 m 阶段实物期权溢价 O_m(real option premium)为：

$$O_m = \frac{[q_m E_m^u + (1 - q_m) E_m^d]}{1 + \tau_f} \tag{B-7}$$

式中，τ_f 为无风险利率，$q_m = [(1+\tau_f)I_m - V_m'] / (V_m - V_m')$。

企业在其投资时机选择和投资期限决策上的目标为包含期权价值的战略净现值(strategic net present value，SNPV)S_n^i(从第 i 个阶段进入并连续投资 n 个阶段的战略净现值)最大化，将该问题描述为不确定规划的期望值模型，其目标函数为

$$\max S_n^i (S_n^i = M_n^i + \sum_{m=i}^{i+n-1} O_m) \tag{B-8}$$

约束条件为：

$$\sum_i \sum_n \rho_n^i = 1, \qquad S_n^i \geqslant 0 \tag{B-9}$$

四、新兴技术专利投资案例

某企业拟投资于一个处于种子期阶段的新兴技术专利项目，投资金额为 1000 万元(若缓期投资，获得相同股权投资现值相同)，经聘请专家对该企业及目标市场进行调查分析，得出该专利投资所带来的预期现金流入和其他参数值，有关数据见表 11B-1。

表 11B-1　现金流量预测和相关参数表

发展阶段	m	t	$F_{m,t}$/万元	$F'_{m,t}$/万元	P_m	r_m	C_m/万元
种子期	1	1	124	26	0.53	0.06	1010
创建期	2	2	127	34	0.46	0.09	1100
		3	135	−56			
成长期	3	4	105	−46	0.44	0.11	1568
		5	124	−45			
		6	137	−23			
扩张期	4	7	323	−140	0.45	0.12	1987
		8	345	−123			
成熟期	5	9	256	−135	0.4	0.09	2000
		10	265	−140			
		11	230	−120			

对 ρ_n^i($i=1, 2, \cdots, 5$；$n=1, 2, \cdots, 5-i+1$)取值为 1，根据式(B-1)～(B-6)计算 M_n^i，计算结果如表 11B-2 所示.

表 11B-2 $\rho^i n$ 取值为 1 时 M_n^i 计算结果

i	M_1^i/万元	M_2^i/万元	M_3^i/万元	M_4^i/万元	M_5^i/万元
1	26.36	12.16	57.3	87.8	87.25
2	−61.37	−16.23	14.27	13.72	—
3	−105.45	−74.96	−75.51	—	—
4	−131.19	−131.74	—	—	—
5	−198.04	—	—	—	—

由表 11B-2 可知，$\max M_n^i = M_4^1 = 87.80$，表明企业按照传统的现金流量折现法(NPV 法是其中最为常用的一种)当前最佳策略为 $\rho_4^1=1$，即从第 1 阶段(种子期)开始投资连续投资 4 个阶段(扩张期)退出。取 τ_f 为企业投资于国债的收益率，$\tau_f=0.05$. 根据式(B-7)～(B-9)计算出 S_n^i，如表 11B-3 所示：

表 11B-3 ρ_n^i 取值为 1 时 S_n^i 计算结果

i	S_1^i/万元	S_2^i/万元	S_3^i/万元	S_4^i/万元	S_5^i/万元
1	78.6	67.12	108.25	163.59	168.68
2	−6.41	34.72	90.06	95.15	—
3	−54.51	−0.84	5.93	—	—
4	−55.39	−50.3	—	—	—
5	−116.06	—	—	—	—

由表 11B-3 可知，$\max S_n^i = S_5^1 = 168.68$，表明企业按照基于实物期权的投资决策模型的运算结果，当前最佳投资策略为 $\rho_5^1=1$，即从第 1 阶段开始连续投资 5 个阶段。此结果表明，该新兴技术专利投资项目的第 5 个阶段具有投资价值的。通过以上分析可知，传统的投资决策方法由于没有计算新兴技术风险投资活动中的期权价值，低估了该专利投资机会的价值，会导致错误投资决策，丧失投资机会。

第 12 章　总结与展望

通过对专利战略投资中各个不同阶段、各种不确定条件下的期权博弈环境的模拟，详细分析和讨论了对称、非对称企业间的理性竞争行为、客观均衡结果以及相关社会福利问题，现总结如下。

12.1　专利研投资

专利研发不仅是获取专利技术的重要手段，而且能为企业创造出持续的市场竞争力。这在技术创新速度加快，市场需求快速变化的当今，研发能力的高低成为衡量企业竞争力的重要指标。而只有参与到技术研发的竞争浪潮中，企业才能不断提高研发能力，培养研发团队，并为一轮又一轮的竞争积蓄力量，才能掌握未来新市场的主导权。为此，本书不惜花费大量的篇幅去描述、研究竞争性专利研发环境中的企业竞争行为，力图为面临各种复杂不确定性的企业的专利研发投资决策提供有益参考。

就专利研发的一般期权博弈模型而言，首先，专利价值不确定性的增大将直接导致投资临界值的增加。这就是说，即使有竞争者的交互策略，如果不确定性很大，企业仍然会倾向于推迟投资。这是由于在投资成本不可逆的条件下，市场不确定性的增大会降低投资者的期望收益，企业自然会倾向于推迟投资。但与单个企业相比，由于专利的“赢者通吃”属性，竞争会使期权价值大为“缩水”，甚至可能出现在较低专利价值处同时投资的“集体非理性”局面。此时，如果企业进行合作研发则是一个不错的选择，期权价值能得以充分“吸收”。

同样的，技术不确定性的增加也会降低投资者的期望收益并使企业推迟投资，特别是对追随者还有另一层意义，即 λ 的减小导致加成因子 $\beta_1/(\beta_1-1)$ 的增大，这将进一步提升期权价值，因为追随者可以更为“放心”地去等待。

但如果企业非对称则情形有较大不同，此时，优势企业注定成为领导者，劣势企业注定成为追随者。双方的同时投资均衡只可能出现在较高专利价值处。

为适应快速变化的国内外市场，企业间为专利研发而组建的动态联盟越来越受到学界和业界的关注，通过对企业核心能力所产生的成本节约效应和创新效应以及成员在联盟中的相对重要性如何影响动态联盟组建及其组建时机的研究，结果表明：成本节约效应愈大，盟主越倾向于组建联盟，也越能促进动态联盟的快速组建；而创新效应对动态联盟组建的影响要受到盟主和成员成本系数以及他们在专利 R&D 动态联盟创新中的相对重要性的影响：在 Nash 均衡情况下，动态联盟组建的时机随着盟主和成员成本系数的增加越来越接近成本节约效应的情况，而随盟主在技术创新效应中的相对重要性降低而逐渐降低，组建联盟的时机呈现出倒“S”的非线性非单调变化。

在不完全信息专利竞赛中，如果没有信息披露效应即追随者没有后发优势时，与其他不确定性不同的是，信息越不完全、信号到达频率越低(即 α、μ 值越小)，企业越不敢“奢望”较高的临界信念，只得在较低临界信念时进入。另外，风险率 λ 对单个企业投资产生推迟效应，而对竞争中的追随者的投资则产生提前效应，这仍然缘于专利的“赢者通吃”属性。

当存在后发优势即领导者的投资将产生信息披露效应时，企业可通过两种途径来了解目标专利的未来市场前景，博弈将首先变成对先发优势和后发优势的比较，进而决定是产生占先博弈还是消耗战。而信息披露滞后时间 T 越长、风险率 λ 越大均会增大先发优势，而较高的信号到达频率和信号质量则会减小后发优势。而 λ 的增加会增加领导者的占先优势，减少追随者的后发优势(追随者一定是在领导者以 $e^{-\lambda T}$ 的概率研发没有成功的前提下投资，λ 越大该概率越小)。

特别地，当 $\lambda \to +\infty$时，类似于专利购买情形，只要一投资就成功，追随者毫无后发优势可言。就信号参数 μ 和 α 对企业投资产生的影响而言，由于追随者的后发优势是以接受比领导者更低的期望价值为“代价”的，则较高的信号到达频率和信号质量会使追随者等待对手投资后再做决策的“价值”降低，进而减小其后发优势，反之亦然。因此，信息越不完全越不确定，越会增大后发优势。

如果将专利研发的风险率变成时间的单增有界函数，则企业间的竞赛变得有记忆。此时，任何一方都不愿永远落后于对手(无记忆专利竞赛模型中，尽管追随者刚开始也落后于领导者，但一旦投资后就与领导者回到同一条“起跑线”。)，双方展开最为激烈的专利争夺战，谁也顾不上期权价值的存在。结果极易出现双方在较低的专利价值处产生同时投资均衡的不利局面，“集体非理性”达到极致。

一旦放松“赢者通吃”这一专利竞赛的标志性假设条件，就会出现不完全保护下的专利竞赛问题。此时，博弈双方一定是非对称的，本书将融资渠道、资金储备情况、研发能力、管理组织水平、吸收新技术的速度等非对称因素“统一”为研发投资成本这一个非对称因素，研究了源于研发投资成本非对称的不完全保护下的专利竞赛问题，研究结论表明：对于投资成本不对称的企业来说，专利研发成功所需时间和投资成本差异是影响均衡类型的主要原因。如果先动优势足够大，除个别情况外，在抢先均衡和序贯均衡中，投资成本差异对企业专利研发投资时间间隔的影响是完全相反的，并由此可以得到一些创新政策启示。

12.2 专利购买

与专利研发相比，由于已没有技术不确定性，不确定程度大为降低。但这丝毫不能较少竞争的激烈程度，反而有加剧之势。

在不完全信息下，一方面，加成因子 ρ 因少了风险率λ(与专利竞赛时相比)使投资所需临界信念降低；另一方面，投资期望收益也会因此而增大。这两方面的作用再加上“赢者通吃”属性最终使得对称双方的购买时机大大提前，从而增加了出现同时投资均衡的可能。考虑到这种同时投资的特殊性，即专利由两家企业所分享而购买成本也会被双方分摊，从而导致同时投资临界信念与抢先投资信念的大小关系并不确定，我们分三种情况分析了由此而带来的对均衡结果的影响，并对各种情形下的投资概率进行计算。

从某种意义上讲，这种不完全信息下的专利购买问题类似于不完全信息专利竞赛中没有技术不确定性时这一极端情形。

当目标专利具有市场不确定性时，双方的期权博弈类似于 Dixit 和 Pindyck(1994)的新兴市场模型，不同的是专利购买中的追随者已没有投资的机会，这使得双方占先的动机明显强于新兴市场模型。与不完全信息下的专利购买一样，也会出现竞争使得期权价值完全丧失，甚至“个体理性导致集体不理性”局面。尽管专利的这种竞争性购买问题似乎比较极端，但我们认为其研究意义更大地在于对日益发展的技术交易市场的建设、引导、制度制定、风险规避等更为宏观的问题的思考以及在诸如土地竞拍、招投标等其他问题中所具有的借鉴价值。

12.3　专利申请投资

专利竞赛的“赢家”在首先获得专利技术后通常紧接着面临另一个不确定条件下的投资决策问题，即是否和何时申请专利问题，这在专利申请费用较高而竞争对手将随机到达(如专利竞赛的“输家”在“赢家”尚未申请专利保护前随时会“迎头赶上”)时显得尤为重要。本书围绕 Riess(1998)的基本模型，考虑潜在竞争者随机进入的情况下，运用实物期权定价方法对拥有创新技术的企业的四种投资策略(先申请专利再等待商业化投资、申请专利与商业化投资同时进行、先商业化投资再等待申请专利以及延迟决策)展开全面研究，以揭示竞争和专利费用对专利申请和商业化投资策略的影响规律。研究结论表明，只有当项目价值较低，波动性和漂移率较大，无风险利率较低时，企业将延迟商业化投资和专利申请。否则，企业的最优战略依赖于专利费用与专利商业化投资成本间的某种相对关系。

12.4　专利商业化投资

在专利商业化投资中，我们引入专利的最优保护宽度思想，使得针对同一个市场的不同专利在理论及政策上成为可能，这是摆在专利持有者面前的又一难题。而期权博弈方法再次帮助我们理清思路、找到对策。

从模型假设来看，由于是两个不同专利，自然有理由让它们的未来市场表现非对称。其实，这种非对称的原因不会对分析结果造成实质上的影响，因为非对称的必然后果是打破了企业间的实力均衡，即一方必有优势另一方必有劣势，重要的或值得关注的是其中的非对称程度。

从结果来看，非对称程度 K 的大小将直接决定双博弈的均衡结果，即：当 K 较大时，优势企业的优势较大，无需考虑劣势企业的抢先，劣势企业也不敢抢先(如果抢先必然遭到优势企业的迅速反应，反而得不偿失)，优势企业会“从容”地在它认为最好的时机进入市场，劣势企业则在作为追随者的最佳投资临界点进入，即产生顺序投资均衡；当 K 较小时，双方力量悬殊较小，极有可能产生同时投资均衡；当 K“不大不小”时，优势企业面临劣势企业的抢先进入威胁，需将进入临界点提前，丧失部分期权价值，但领导者仍然只可能是优势企业，即出现占先均衡结果。

在单因素非对称的专利商业化投资期权博弈模型基础上，我们进一步通过考虑市场偏好、技术或质量水平、成本等因素，对专利商业化投资成本和专利质量双不对称的两企业的专利商业化投资的竞争均衡策略、合作策略、竞争投资时间间隔和合作与竞争在促进专利商业化投资时机的差异等方面进行分析，以此揭示技术变迁的内在规律。研究结论表明，无论是高成本的高质量企业还是低成本的低质量企业都存在成为领先者的可能，企业间专利产品质量差距越大，两企业的专利商业化投资时间间隔越小，市场偏好越高两企业专利商业化投资时间间隔越长。这也正是现实中有时高质量产品先出现、有时低质量产品先出现的内在原因。

另外，通过对合作中先投资者相对于竞争中的领导者投资时机的延迟程度，以及合作中后投资者相对于竞争中的追随者投资时机的延迟程度等展开研究。结果表明，企业间合作的结果是低质量企业先投资，高质量企业后投资；竞争和合作投资两种情况下同质量产品出现的时间差距随着成本差距的增大而增大，随着质量差距的增大而缩小，随着市场偏好的增大而增大。这些结论能为企业和政府制定创新政策、组织和实施创新提供理论参考。

12.5 专利研发投资与社会福利

前面已提到，对社会福利的关注和思考应贯穿于专利投资的每一个阶段，因为专利制度本身就是为了激励创新保护首先创新者的垄断利润而设立的一项公共制度，从目标专利的选择到专利研发再到商业化，社会福利的“烙印”无处不在。如国家优先发展、扶持何种新技术等政策将明显影响企业的战略目标选择，而这种政策的出台难以不考虑国计民生、社会福利。再比如决定专利价值或垄断者利润的专利保护期限和保护宽度因素是专利商业化投资时机选择中决不可忽略的，而专利保护期限和保护宽度的设定无不包含着政策制定者对社会福利的良苦用心。限于篇幅，本书选择不确定性最大但对社会福利的影响最为深远的研发投资阶段进行详细讨论，尽管我们以完全信息、无记忆专利研发中的非对称企业为研究对象，但主要结论对其他诸如不完全信息、有记忆专利研发等不同条件下的类似问题仍具参考价值。

研究表明，正是由于专利竞赛与合作研发投资临界点的不同才导致不同的研发模式对企业价值和消费者剩余产生增大和缩小两种效应，若以社会福利最大化为目标，则两企业的研发能力差异越小、专利技术的成长性越好、无风险利率越小、专利产品质量越低时，政策制定者的政策越应有利于合作研发模式；反之，政策越应鼓励竞争。而专利研发投资成本及初始价值会对两种模式下的社会福利差异的影响表现出“非线性”特征，政策的倾向性不确定。

12.6 研究展望

如前所述，专利本身是基于社会福利最优原则下的产物。同时，竞争环境的高度复杂性、高不确定性、强竞争性(“赢者通吃”)以及高昂的、不可逆投资成本与掌握有限资源的企业始终是一对乃至多重矛盾。也就是说，企业的专利战略问题实际上是一典型的“看得见的手”和“看不见的手”在同时起作用的复杂性问题、系统性问题，解决这类问题自然成了包括研发管理、产业组织、福利经济学等多学科多领域的理论及实践工作者共同的使命和方向。而实物期权及期权博弈理论、方法的出现无疑为我们提供了很好的思考视角和解决方案。

但就本书乃至目前大多期权博弈模型都只是限于在双寡头市场的框架下进行讨论，而如何将模型扩展到多寡头市场并且更好地应用于实际应该是未来期权博弈研究的主要方向。

总结起来，至少可以发现以下富有价值的研究方向：

在不完全信息专利竞赛、专利购买问题中，基于对现实的思考，一方面可以考虑将模型扩展到多家企业、非对称企业，另一方面，专利竞赛可以“变成”多阶段，让追随者存在追赶甚至超越的可能。另外，在信号的获取方面可以考虑引入成本问题。在竞争策略方面，让信息披露成为进攻或防御的一种策略，从而让对手彻底放弃竞争或者将对手拖入“加时赛”等。

在专利申请投资方面，进一步的拓展可考虑引入多代新技术创新问题，此时，专利申请中的实物期权不一定源于竞争和商业化，专利申请可能会成为取得下一轮技术竞争优势的一种策略。还可将专利保护程度、保护期限以及关于未来竞争的不完全信息等引入模型，建立各种情形下企业专利申请投资决策的实物期权模型，以发现这些因素对企业专利申请投资投资策略选择的影响。

在专利商业化方面，若将专利的非对称性仅归于保护宽度的不同，那决定和影响保护宽度的其他因素又应是什么呢？这种不同专利间的非对称期权博弈又是如何在影响社会福利呢？这不仅是政策制定者在专利制度设计中所必须考虑的，也是理论工作者不可回避的话题。

另外，随着经济一体化的发展，产业结构的日趋成熟以及来自于IT业的冲击，各类边缘性产业层出不穷，这使得即使再强大的企业也不能忽视合作、双赢、多赢的竞争理念和行为方式。这种以双方、多方利益最大化为目标的行为准则决定了合作博弈可能更有利于提高社会经济效益和福利水平，也更有可能达到帕雷托最优。因此，专利战略领域的合作博弈研究应该也一定会成为又一研究热点。

参 考 文 献

艾五荣．2002.小灵通海外兴衰记［J］.移动通信，8：25－26

安瑛晖，张维．2001.期权博弈理论的方法模型分析与发展［J］.管理科学学报，4(1)：38－44

曹洪铎，韩文秀，李昊．2000.投资机会决策中分数布朗运动理论［J］.系统工程学报，16(1)：45－49

陈菊红，汪应洛，孙林岩．2002.虚拟企业收益分配问题博弈研究［J］.运筹与管理，11(1)：11－16

陈小悦，杨潜林．1998.实物期权的分析与估值［J］.系统工程理论方法应用，7(3)：6－9

蔡强．2009.基于期权博弈的专利投资决策研究［D］.成都：电子科技大学博士学位论文

蔡强，邓光军，曾勇．2009.随机到达的不完全信息对专利竞赛的影响［J］.系统工程理论与实践，29(4)：81－91

蔡强，曾勇．2010.基于专利商业化投资的非对称期权博弈［J］.系统工程学报，25(4)：512－519

蔡强，曾勇，邓光军．2008.不完全信息下的专利投资［J］.系统工程，26(9)：64－67

蔡强，曾勇，夏晖．2010.具有后发优势的不完全信息专利竞赛［J］.管理工程学报，24(1)：51－58

蔡强，曾勇，夏晖．2011.有记忆专利竞赛中的期权博弈［J］.管理工程学报，25(2)：232－238

蔡强，曾勇.2011.专利投资分析的期权博弈方法综述［J］.系统工程学报，26(3)：427-434.

蔡强，曾勇，夏晖．2012.基于社会福利的专利研发投资策略评价［J］.管理科学学报，15(2)：1－14

戴雪梅，王浣尘，王意冈．1999.动态联盟实例比较研究［J］.工业工程与管理，5：11－15

邓光军．2006.研发与新兴技术投资的实物期权模型及应用研究［D］.成都：电子科技大学博士学位论文

邓光军，曾勇．2005.持续创新的投资决策研究［J］.数量经济技术经济研究，22(12)：50－60

邓光军，曾勇．2008.R&D联盟的组建及其组建时机研究［J］.系统工程学报，23(2)：201－207

邓光军，曾勇．2011.双不对称下的技术投资竞争决策［J］.管理科学学报，14(2)：1－18

邓光军，曾勇，刘强．2003.信息系统投资的实物期权定价分析［J］.科研管理，24(5)：109－115

邓光军，曾勇，唐小我．2004.新兴技术初创企业价值的实物期权定价分析［J］.系统工程，22(2)：74－81

邓光军，曾勇，唐小我．2004.实物期权及其在IT投资中的应用评介［J］.预测，23(2)：35－40

董川远．2003.虚拟企业与沉没资产的再配置——上海碳素与宜昌碳素企业联盟的实例分析［J］.上海管理科学，2：24－25

范龙振，唐国兴．2000.投资机会价值的期权评价方法［J］.管理工程学报，14(4)：34－37

冯蔚东，陈剑．2002.虚拟企业中伙伴收益分配比例的确定［J］.系统工程理论与实践，22(4)：45－49

冯蔚东，陈剑．2002.虚拟企业中核心能力的定性与定量识别［J］.系统工程理论与实践，22(5)：48－54

傅家骥．1998.技术创新学［M］.北京：清华大学出版社

高山行．2005.企业专利竞赛——理论及策略［M］.北京：科学出版社

郭斌．2002.现实期权理论与方法在技术创新管理中的应用与发展［J］.研究与发展管理，14(4)：10－15

韩伯棠，李燕．2008.技术溢出——知识产权保护与社会福利研究——基于累积创新框架分析［J］.经济与管理，22(10)：11－18

韩建军，郭耀煌．2003.基于事前协商的动态联盟利润分配机制［J］.西南交通大学学报，38(6)：686－690

何佳，曾勇．2003.技术创新速度对新技术购买行为的影响——两代未来创新的情况［J］.管理科学学报，6(1)：13－19.

扈文秀，叶光．2003.管理人因素对风险项目期权估值的影响［J］.运筹与管理，12(1)：105－109.

简志宏，李楚霖．2001.杠杆公司破产决策：实物期权方法［J］.系统工程理论方法应用，10(4)：320－324

简志宏，李楚霖．2002a.高新技术产业化的实物期权分析［J］.管理工程学报，16(4)：76－79

简志宏，李楚霖．2002b.公司债务重组的实物期权方法研究［J］.管理科学学报，5(5)：38－43

李洪江，曲晓飞，冯敬海．2003.阶段性投资最优比例问题的实物期权方法［J］.管理科学学报，6(1)：20－26

李强，曾勇．2005a.资不抵债情形下企业创新投资行为研究［J］.研究与发展管理，17(1)：7－13

李强，曾勇. 2005b. 不确定环境下企业技术创新投融资决策研究 [J]. 系统工程理论与实践，25(3)：32—38

刘向华，李楚霖. 2005. 公司债务与内生破产的实物期权方法分析 [J]. 管理工程学报，19(1)：95—99

柳剑平，郑绪涛，胡蕲. 2005. 开放条件下 R&D 政策的福利分析 [J]. 产业经济研究，3：30—34

彭程，刘星. 2006. 代理冲突下企业多元化投资行为的实物期权分析 [J]. 中国管理科学，14(5)：81—86

齐安甜，张维. 2003. 实物期权理论及在企业并购价值评估中的应用 [J]. 中国软科学，7：129—132

宋逢明. 1999. 金融工程原理——无套利均衡分析 [M]. 北京：清华大学出版社

孙利辉，高山行，徐寅峰. 2002. 研究合作组织过程激励实施模式 [J]. 研究与发展管理，14(3)：26—30

孙利辉，徐寅峰，高山行. 2003. 研究合作组织非对称合作伙伴战略选择 [J]. 系统工程理论与实践，23(2)：40—44

谭跃，何佳. 2001. 实物期权与高科技战略投资 [J]. 经济研究，4：58—66

王惠，吴冲锋，王意冈. 1999. 期权定价理论在敏捷企业战略分析中的应用 [J]. 系统工程与电子技术，21(11)：5—6

王惠，吴冲锋，王爱民. 2004. 动态联盟合作协议的期权分析 [J]. 管理工程学报，18(1)：120—122

魏锋，刘星. 2004. 融资约束、不确定性对公司投资行为的影响 [J]. 经济科学，2：35—43

文家春，朱雪忠. 2009. 政府资助专利费用及其对社会福利的影响分析 [J]. 科研管理，30(3)：89—95

吴建祖，宣慧玉. 2004. 企业研发投资决策的不对称双头垄断期权博弈模型 [C]. 哈尔滨：全国博士生学术论坛管理科学与工程分论坛会议论文集

吴建祖，宣慧玉. 2006. 不完全信息条件下企业 R&D 最优投资时机的期权博弈分析 [J]. 系统工程理论与实践，26(4)：50—54

夏晖. 2005. 基于实物期权的技术创新扩散、竞争和交互模型研究 [D]. 成都：电子科技大学博士学位论文

夏晖，曾勇. 2005a. 不完全竞争环境下不对称企业技术创新战略投资 [J]. 管理科学学报，8(1)：30—41

夏晖，曾勇. 2005b. 多代新技术的最优投资策略和扩散研究——一种实物期权方法 [J]. 管理工程学报，19(3)：21—27

夏晖，曾勇，唐小我. 2004a. 企业采用技术创新的最优时机研究 [J]. 系统工程学报，19(6)：607—614.

夏晖，曾勇，唐小我. 2004b. 技术创新战略投资的实物期权方法综述 [J]. 管理科学学报，7(1)：88—96

薛明皋，龚朴. 2006. 具有专利的 R&D 项目实物期权评价 [J]. 管理科学学报，9(3)：39—44

杨家伟，邓光军，曾勇. 2002. 高校科技成果转化的实物期权分析 [J]. 电子科技大学学报(社科版)，4(1)：21—23

曾勇，邓光军，夏晖，等. 2007. 不确定条件下的技术创新投资决策——实物期权模型及应用 [M]. 北京：科学出版社

张延锋，刘益，李垣. 2003. 战略联盟价值创造与分配分析 [J]. 管理工程学报，17(2)：20—23

张维迎. 1996. 博弈论与信息经济学 [M]. 上海：上海人民出版社

郑文军，张旭梅，刘飞，等. 2001. 敏捷虚拟企业利润分配机制研究 [J]. 管理工程学报，15(1)：26—28

赵天奇，陈禹六. 2000. 大型复杂产品研制与生产的动态联盟模式 [J]. 计算机集成制造系统——CIMS，6(5)：1—7

赵秀云，李敏强，寇纪松. 2000. 风险项目投资决策与实物期权估价方法 [J]. 系统工程学报，15(3)：243—246

Agrawal，Thakkar. 1997. Surviving Patent Expiration：Strategies for Marketing Pharmaceutical Products [J]. Journal of Product & Brand Management，6(5)：305—314

Alvarez L H R，Stenbacka R. 2001. Adoption of Uncertain Multistage Technology Projects：A Real Options Approach [J]. Journal of Mathematical Economics，35(1)：71—97

Amram M，Kulatilaka N. 1999. Real Options Managing Strategic Investment in an Uncertain World [M]. Harvard Business School Press

Aspremont C，Jacquemsn A. 1988. Cooperative and Non-Cooperative R&D in Duopoly with Spillovers [J]. The American Ecoonomic Review，88：1133—1138

Baecker P N. 2007. Real Options and Intellectual Property：Capital Budgeting under Imperfect Patent Protection [M]. Heidelberg：Springer

Baldwin C Y. 1991. How capital budgeting deters innovation and what to do about it [J]. Research Technology Management，34(6)：39—45

Baldwin C Y, Clark K B. 2000. Design Rules: The Power of Modularity [M]. Cambridge: MIT Press

Baker S, Mezzetti C. 2000. Disclosure and Investment as Strategies in the Patent Race [R]. Chicago

Barone-Adesi G, Whaley R E. 1987. Efficient Analytic Approximation of American Option Values. Journal of Finance, 42(2): 301—320

Benaroch M, Kauffman R J. 1999. A Case for Using Real Options Pricing Analysis to Evaluate Information Technology Project Investments [J]. Information Systems Research, 10(1): 70—86

Benaroch M, Kauffman R J. 2000. Justifying Electronic Banking Network Expansion Using Real Options Analysis [J]. Mis Quarterly, 24(2): 197—225

Beschorner P. 2006. Patent Races when the Firms Learn about the Value of Patents [R]. 33rd conference of the EARIE, Amsterdam Conference Presentation

Black F, Scholes M. 1973. The Pricing of Options and Corporate Liabilities [J]. Journal of Political Economy, 81(3): 637—654

Bloch F, Markowitz P. 1996. Optimal Disclosure Delay in MultiStage R&D Competition International [J]. Journal of Industrial Organization, 14(2): 159—179

Bloom N, Reenen V. 2002. Patents, Real Options and Firm Performance [J]. The Economic Journal, 112(March): 97—116

Benaroch M, Kauffman R J. 1999. A Case for Using Real Options Pricing Analysis to Evaluate Information Technology Project Investments [J]. Information Systems Research, 10(1): 70—86

Boyle P. 1977. Options: A Monte Carlo Approach [J]. Journal of Financial Economics, 4(3): 323—338

Brennan M J, Schwartz E S. 1985. Evaluating Natural Resource Investments [J]. Journal of Business, 58(2): 135—157.

Cai Qiang. 2007. Investment Decision-Making Reserch Based on Microcosmic Characteristics of the Emerging Technologies. The First International Conference on Management Science and Engineering Management(MSEM2007). Chengdu, July 14—16

Campbell J A. 2002. Real Options Analysis of the Timing of IS Investment Decisions [J]. Information & Management, 39: 337—344

Carr P. 1988. The Valuation of Sequential Exchange Opportunities [J]. Journal of Finance, 43(5): 1235—1256

Chan K M, Kwok Y K. 2010. Asymmetric Preemptive Patenting Races and Sleeping Patents [R]. Social Science Research Network

Chan S H, Kensiger J W, Keown A J, et al. 1997. Do strategic alliance create value [J]. Journal of Financial Economics, 46(2): 199—221

Choi J P. 1993. Dynamics R&D Competition, Research Line Diversity and Intellectual Property Rights [J]. Journal of Economics and Management Strategy, 2(2): 277—297

Christine Halmenschlager. 2006. Spillovers and Absorptive Capacity in Patent Races [J]. The Manchester School, 74(1): 85—102

Claude D, et al. 1988. Cooperative and Non-Cooperative R&D in Duopoly with Spillovers [J]. The American Ecoonomic Review, 88: 1133—1138

Cohen W M, Levinthal D A. 1994. Fortune favors the prepared firm [J]. Management Science, 40(2): 227—251

Copeland T, Antikarov V. 2001. Real Options: A Practitioner' s Guide [M]. New York: Texere LLC

Cortazar G, Casassus J. 1998. Optimal Timing of a Mine Expansion: Implementing a Real Options Model [J]. The Quarterly of Review of Economics and Finance, 38: 755—769

Cox J C, Rubinstein M. 1985. Options Markets [M]. New York: Prentic-Hall

Dasgupta P, Stiglitz J. 1980. Uncertainty, Industrial and the Speed of R&D [J]. Bell Journal of Economics, 11(1): 1—28

Decamps J, Mariotti T, Villeneuve S. 2005. Investment Timing under Incomplete Information [J]. Mathematics of Operations Research, 30(2): 472—500

Dias M A G. 1997. The Timing of Investment in E&P: Uncertainty, Irreversibility, Learnning, and Strategic Consideration [J]. SPE Paper, No. 37949, Presented at 1997 SPE Hydrocarbon Economics and Evaluation Symposium, Dallas 16—18 March Proceedings: 135—148

Dixit A K, Pindyck R S. 1994. Investment under uncertainty [M]. Princeton: Princeton University Press

Doraszelski U. 2001. The Net Present Value Method Versus the Option Value of Waiting: A Note on Farzin, Huisman and Kort(1998) [J]. Journal of Economic Dynamics and Control, 25(8): 1109—1115

Doraszelski U. 2002. Innovations, Improvements, and the Optimal Adoption of New Technologies [R]. Working Paper, Hoover Institution, Stanford University

Dutta P K. 1995. Better Late than Early: Vertical Differentiation in the Adoption of a New Technology [J]. Journal of Economics and Management Strategy, 4: 563—589

Farzin Y H, Huisman K J M, Kort P M. 1998. Optimal Timing of Technology Adoption [J]. Journal of Economic Dynamics and Control, 22(5): 779—799

Fudenberg D, Tirole J. 1985. Preemption and Rent Equalization in the Adoption of New Technology [J]. Review of Economic Studies, 52(3): 383—401

Fudenberg D, Gilbert R, Stiglitz J, et al. 1983. Preemption, Leapfrogging and Competition in Patent Races [J]. European Economic Review, 22(1): 3—31

Gallini N. 1992. Patent Length and Breadth with Costly Imitation [J]. RAND Journal of Economics, 23(1): 52—63

Gallini N T. 2002. The Economics of Patents: Lessons From Recent U. S. Patent Reform [J]. Journal of Economic Perspectives, 16(2): 131—154

Garlappi L. 2000. Preemption Risk and the Valuation of R&D Ventures [R]. Working paper, The University of British Columbia

Geske R. 1979. The Valuation of Compound Options [J]. Journal of Financial Economics, 7(1): 63—81

Gilbert R, Newbery D. 1982. Preemptive Patenting and the Persistence of Monopoly [J]. American Economic Review, 72(3): 514—526

Gilbert R, Shapiro C. 1990. Optimal Patent Length and Breadth [J]. RAND Journal of Economics, 21(1): 106—112

Grenadier S R. 2000. Game Choices: The Intersection of Real Options and Game Theory [M]. London: Risk Books

Grenadier S R. 1996. The strategic exercise of options: development cascades and overbuilding in real estate markets [J]. Journal of Finance, 51(5): 1653—1679

Grossman G, Shapiro C. 1987. Dynamic R&D Competition [J]. Economic Journal, 97(386): 372—387

Halmenschlager C. 2006. Spillovers and Absorptive Capacity in Patent Races [J]. The Manchester School, 74(1): 85—102

Harris C, Vickers C. 1985. Perfect Equilibrium in a Model of a Race [J]. Review of Economic Studies, 52(2): 193—209

Harris C, Vikers J. 1987. Racing with Uncertainty [R]. Review of Economic Studies, 54(1): 1—21

HarrisonJ M. 1985. Brownian motion and stochastic flow systems [M]. New York: John Wiley & Sons, Inc

Hartwick J M. 1999. Patent Races Optimal with Respect to Entry [J]. International Journal of Industrial Organization, 9: 197—207

Hoppe H C. 2000. Second-mover Advantages in the Strategic Adoption of New Technology under Uncertainty [J]. International Journal of Industrial Organization, 18: 315—338

Hoppe H C. 2002. The Timing of New Technology Adoption: Theoretical Models and Empirical Evidence [R]. Working Paper, University Hamburg

Hsu Y, Lambrecht B. 2007. Preemptive patenting under uncertainty and asymmetric information [J]. Annals of Operations Research, 151(1): 5-28

Hui Xia, Yong Zeng, Xiao-wo Tang. 2003. A Study on Firms' Optimal Adoption Timing of Technology Innovations [J]. Lecture Notes in Decision Sciences, Hong Kong: Global-Link Publisher, 202-216

Hui Xia, Yong Zeng. 2003. A Study on Firms' Optimal Adoption Timing and Diffusion of New Technology Under Multiple Generations of Future Innovations: A Real Option Analyzing Approach [J]. Proceedings of The Fourth International Conference on Systems Science and Systems Engineering, Hong Kong: Global-Link Publisher, 526-534

Huisman K J M. 2001. Technology Investment: A Game Theoretic Real option Approach [M]. Boston: Kluwer Academic Publishers

Huisman K J M, Kort P M. 1998. A further analysis on strategic timing of adoption of new technologies under uncertainty [R]. Working Paper, No. 9803, Tilburg, Netherlands: CentER, Tilburg University

Huisman K J M, Kort P M. 1999a. Strategic Technology Investment Under Uncertainty [R]. CentER Discussion Paper 9918, Tilburg University, CentER, Tilburg, The Netherlands

Huisman KJ M, Kort P M. 1999b. Effects of Strategic Interactions on the Option Value of Waiting [R]. Working Paper, No. 9992, CentER, Tilburg University

Huisman K J M, Kort P M. 2000. Strategic Technology Adoption Taking Into Account Future Technological Improvements: A Real Option Approach [R]. CentER Discussion Paper 2000-52, Tilburg University, CentER, Tilburg, The Netherlands

Huisman K J M, Kort P M. 2004. Strategic Technology Adoption Taking into Future Technology Improvements: A Real Option Approach [J]. European Journal of Operational Research, 159(3): 705-728

Hull J C. 2000. Options, Futures and Other Derivatives 4th ed [M]. Princeton: Prentice Hall Inc

Ishibashi I, Matsumura T. 2005. R&D competition between public and private sectors [J]. European Economic Review, 50(6): 1347-1366

Jensen R. 1982. Adoption and Diffusion of an Innovation of Uncertain Profitability [J]. Journal of Economic Theory, 27(2): 182-193

Judd K. 1985. Closed-Loop Equilibrium in a Multi-Stage Innovation Race [R]. Northwestern MEDS Discussion Paper, No. 647, February

Katz M L. 1986. An Anlysis of Cooperative Research and Development [J]. Rand Journal of Economics, 17(4): 527-543

Katz M L, Shapiro C. 1987. R&D Rivalry with Licensing or Limitation [J]. American Economic Review, 77(3): 402-420

Kauffman R J, Li X T. 2005. Technology Competition and Optimal Investment Timing-A Real Options Model [J]. IEEE Transactions on Engineering Management, 52(1): 15-29

Kemna A G Z. 1993. Case Studies on Real Options [J]. Financial Management, 22(3): 259-270

Kester W C. 1984. Today's Options for Tomorrow's Growth [J]. Harvard Business Review, 62(2): 153-160

Klemperer P. 1990. How Broad Should the Scope of Patent Protection be? [J]. RAND Journal of Economics, 21(1): 113-130

Kogut B. 1989. The Stability of Joint Ventures: Reciprocity and Competitive Rivalty [J]. Journal of Industrial Ecoonomics, 38: 183-198

Kong J J, Kwok Y K. 2007. Real Options in Strategic Investment Games between Two Asymmetric Firms [J]. European Journal of Operational Research, 181(2): 967-985

Kort P M. 1998. Optimal R&D Investment for the Firm [J]. OR-Spektrum, 20(3): 155-164

Kulatilaka N. 1988. Valuing the Flexibility of Flexible Manufacturing Systems [J]. IEEE Transactions in Engineering Management, 35(4): 250-257

Lambrecht B, Perraudin W. 1994. Options Game [R]. Working Paper, Cambridge University

Lambrecht B, Perraudin W. 1997. Real Options and Preemption [R]. Working paper, University of Cambridge mimeo, Cambridge

Lambrecht B, Perraudin W. 2003. Realoptions and Preemption under Incomplete Information [J]. Journal of Economic Dynamics & Control, 27(4): 619−643

Lander D M, Pinches G E. 1998. Challenges to the Practical Implementation of Modeling and Valuing Real Options [J]. The Quarterly Review of Economics and Finance, 38(4): 537−567

Laxman P R, Aggarwal S. 2003. Patent Valuation Using Real Options [J]. IIMB Management Review, December: 44−51

Lemley M A, Shapiro C. 2005. Probabilistic Patents [J]. Journal of Economic Perspectives, 19(2): 75−98

Loury G C. 1979. Markt Structure and Innovation [J]. Quarterly Journal of Economics, 93(3): 395−410

Luehrman T A. 1998a. Investment Oppoutunities as Real Options Getting Started on the Numbers [J]. Harvard Business Review, 76(4): 51−67

Luehrman T A. 1998b. Strategy as a Portfolio of Real Options [J]. Harvard Business Review, 76(5): 89−99

Luigi Sereno. 2007. Real Option and Economic Valution of Patent [R]. Working Paper

Mason S P. Merton R C. 1985. The Role of Contingent Claims Analysis in Corporate Finance, In Recent Advances in Corporate Finance, ed. Altman E, Subrahmanyam M, Irwin

MacMillan L W. 1986. Analytic Approximation for the American Put Option. Advances in Futures and Options Research, 1: 119−39

Manasakis C, Petrakis E. 2009. Union Structure and Firms' Incentives for Cooperative R&D Investments [J]. Canadian Journal of Economics, 42(2): 665−693

Margrabe W. 1978. The Value of an Option to Exchange One Asset for Another [J]. Journal of Finance, 33(1): 177−186

Martin, Siotis, Hernan. 2000. An Empirical Evaluation of the Determinants of Research Joint Formation [R]. CEPR Discussion Paper

McDonald R, Siegel D. 1986. The value of Waiting to Invest [J]. Quarterly Journal of Economics, 101: 707−727

Miltersen K R, Schwartz E S. 2003. R&D Investments with Competitive Interactions [R]. Working Paper, Norwegian School of Economics and Business Administration

Miltersen K R, Schwartz E S. 2004. R&D Investment with Competitive Interactions [J]. Review of Finance, 8(3): 355−401

Myers S C, Majd S. 1990. Abandonment Value and Project Life [J]. Advances in Futures and Options Research, 4: 1−21

Myers S C. 1977. Determinants of Corporate Borrowing [J]. Journal of Financial Economics, 5(2): 47−176

Nordhaus W. 1969. Invention, Growth and Welfare: A Theoretical Treatment of Technological Change [M]. Cambridge, MA: MIT Press

Pakes A. 1986. Patents as Options: Some Estimates of the Value of Holding European Patent Stocks [J]. Econometrica, 54(4): 755−784

Patrick Beschorner. 2006. Patent Races when the Firms Learn about the Value of Patents [R]. 33rd conference of the EARIE, Amsterdam, Conference Presentation, Aug 25−27

Pawlina G, Kort P M. 2002. Real options in an asymmetric duopoly: who benefits from your competitive disadvantage? [R]. Working Paper, No. 2001−95, Tilburg, Netherlands: CentER, Tilburg University

Pawlina G, Kort P M. 2003. Strategic Capital Budgeting: Asset Replacement under Market Uncertainty [J]. OR Spectrum, 25(4): 443−479

Pawlina G, Kort P M. 2002. Real Options in an Asymmetric Duopoly: Who Benefits From Your Competitive Disadvantage? [R]. Working Paper, No. 2001—95, CentER, Tilburg University

Petit M L, Tolwinski B. 1999. R&D Cooperation or Competition? [J]. European Economic Review, 43: 185—208

Pindyck R S. 1988. Irreversible Investment, Capacity Choice, and the Value of the Firm [J]. The American Economic Review, 78(5): 969—985

Podolny J M, Stuart T E. 1995. A Role-Based Ecology of Technological Change [J]. The American Journal of Sociology, 100(5): 1224—1261

Reinganum J F. 1981a. Dynamic games of Innovation [J]. Journal of Economic Theory, 25(1): 21—41.

Reinganum J F. 1981b. On the Diffusion of New Technology: A Game Theoretic Approach [J]. The Review of Economic Studies, 48(3): 395—405

Reinganum J F. 1982. A Dynamic Game of R&D: Patent Protection and Competitive Behavior [J]. Econometrica, 50 (3): 671—688

Reiss A. 1998. Investment in Innovations and Competition: An Option Pricing Approach [J]. The Quarterly Review of Economics and Finance, 38(3): 635—650

Robert L, Hong B, Elmer S. 2001. Investment, capital market imperfections, and uncertainty: theory and empirical results [M]. Cheltenham UK: Edward Elgar Publishing Inc

Rosenkranz S. 1995. Innovation and cooperation under vertical production differentiation [J]. International Journal of Industrial Organization, 13(1): 1—22.

Schwartz E S, Moon M. 2000. Rational Pricing of Internet Companies [J]. Financial Analysts Journal, 62—75

Schwartz E S. 2001. Patents and R&D as Real Options [R]. Working paper, Anderson School

Scherer F M. 1972. Nordhaus' Theory of Optical Patent Life: A Geometric Reinterpretation [J]. The
American Economic Review, 62: 422—427

Schwartz E S. 2004. Patent and R&D as Real Options [J]. Economic Notes, 33(1): 23—54

Sereno L. 2007. Real Option and Economic Valution of Patent [R]. Working Paper

Shaked A, Sutton J. 1982. Relaxing price competition through production differentiation [J]. Review of Economic Studies, 49(1): 3—13

Shapiro C. 2003a. Antitrust Limits to Patent Settlements [J]. Rand Journal of Economics, 34(2): 391—411

Smets F. 1991. Exporting versus FDI: The Effect of Uncertainty, Irreversibilities and Strategic Interactions [R]. Working Paper, Yale University

Smit H T J, Ankum L A. 1993. A Real Options and Game-Theoretic Approach to Corprate Investment Strategy Under Competition [J]. Financial Management, 22(3): 241—250

Smit H T J, Trigeorgis L. 2004. Strategic Investment Real Option and Games [M]. Princeton: Princeton University Press

Stewart M B. 1983. Non-cooperative Oligopoly and Preemptive Innovation without Winner-Take-All [J]. Quarterly Journal of Economics, 98(4): 681—694

Stenbacka R, Tombak M M. 1994. Strategic timing of adoption of new technologies under uncertainty [J]. International Journal of Industrial Organization, 12(3): 387—411

Takalo T, Kanniainen V. 2000. Do patents Slow Down Technological Progress? Real options in Research, Patenting, and Market Introduction [J]. International Journal of Industrial Organization, 18: 1105—1127

Taudes A. 1998. Software Growth Options [J]. Journal of Management Information System, 15(1): 165—185

Tellis G J, Golder P N. 1996. First to Market, First to Fail? the Real Causes of Enduring Market Leadership [J]. Sloan Management Review, 37: 65—75

Thijssen J J J, van Damme E E C, Huisman K J M, et al. 2001a. Investment under Vanishing Uncertainty due to Information Arriving over Time [R]. Working Paper, No. 2001—14, Center, Tilburg University

Thijssen J J J, Huisman K J M, Kort P M. 2001b. Strategic Investment under Uncertainty and Information Spillovers

[R]. Working Paper, No. 2001—91, Center, Tilburg University

Tirole J. 1988. The theory of industrial organization [M]. Massachusettts Institute of Technology

Tirole J. 1999. Incomplete Contract: Where Do We Stand? [J]. Econometrica, 67(4): 741—781

Tom L, Wilde L L. 1980. Markt Structure and Innovation: A Reformulation [J]. Quarterly Journal of Economics, 94 (2): 429—436

Trigeorgis L. 1996. Real options-Managerial Flexibility and Strategy in Resource Allocation [M]. Cambridge: MIT press

Trigeogis L. 1995. Real options in Capital Investment: Models, Strategies, and Applications Praeger Weatport Connecticut [M]. Praeger Press

Trigeorgis L. 1993a. The Nature of Option Interactions and the Valuation of Investments with Multiple Real Options [J]. Journal of Financial and Quantitative Analysis, 28(1): 1—20

Trigeorgis L. 1988. A Conceptual Options Framework for Capital Budgeting [J]. Advances in Futures and Options Research, 3: 145—167

Trigeorgis L, Mason S P. 1987. Valuing Managerial Flexibility [J]. Midland Corporate Financial Journal, 5(1): 14—21

Weeds H. 1999. Sleeping Patents and Compulsory Licensing: An options Analysis [R]. Working paper, Fitzwilliam College, University of Cambridge

Weeds H. 2002. Strategic Delay in a Real Options Model of R&D Competition [J]. The Review of Economic Studies, 69 (3): 729—747

Weiss A M. 1994. The Effects of Expectations on Technology Adoption: Some Empirical Evidence [J]. Journal of Industrial Economics, 42(4): 341—360

索　引